校勘標點

退溪全書

4

특수고전협동번역사업 2차 연도 사업 연구진

연 구 책 임 : 송재소(宋載卲)
책 임 교 열 : 이상하(李相夏)
연 구 원 : 이관성(李灌成), 강지희(姜志喜), 김성훈(金成勳)
　　　　　　서사봉(徐士奉), 조창록(曺蒼錄), 오보라(吳寶羅)
연구보조원 : 장연수(張硯洙)

이 책은 2021년도 정부(교육부)의 재원으로 한국고전번역원의 지원을 받아 수행된 특수고전협동번역사업(난해서) 2차 연도 사업의 결과물임.

This work was supported by Institute for the Translation of Korean Classics - Grant funded by the Korean Government.

校勘標點

退溪全書

4

李滉 著

書
卷9 ～ 卷15上

凡例

1. 本書는 社團法人 退溪學研究院에서 간행한 《定本 退溪全書》의 校勘·標點을 따르되, 필요에 따라 수정하였다.
2. 일반적인 이체자 및 관행적인 혼용자는 바로 代表字로 수정하고, 代表字 여부 판정은 韓國古典飜譯院 異體字 檢索 시스템을 準據로 하였다. 《定本 退溪全書》의 분명한 오류를 수정한 경우, 중요한 자구에 차이가 있는 경우, 오류가 의심되는 경우에는 교감기에 그 내용을 밝혔다.
3. 本書에 사용된 標點 符號는 《定本 退溪全書》를 따랐다.

    。　　疑問文과 感歎文을 제외한 文章의 끝에 쓴다.
    ?　　疑問文의 끝에 쓴다.
    !　　感歎文이나 感歎詞의 끝, 강한 어조의 命令文·請誘文·反語文의 끝에 쓴다.
    ,　　한 文章 안에서 일반적으로 句의 구분이 필요한 곳에 쓴다.
    、　　한 句 안에서 並列된 단어 사이에 쓴다.
    ;　　複文 안에서 구조상 분명하게 並列된 語句 사이에 쓴다.
    :　　완전한 引用文의 경우 引用符號와 함께 쓰거나 話題 혹은 小標題語로서 文章을 이끄는 語句 뒤에 쓴다.
    " " ' '　　직접 引用된 말이나 強調해야 하는 말을 나타내는 데 쓰되, 1차 引用에는 " "를, 2차 引用에는 ' '를, 3차 引用에는 「 」를 쓴다.
    【 】　　원문의 注를 나타내는 데 쓴다.
    ·　　書名號(《 》) 안에서 書名과 篇名 등을 구분하는 데 쓴다.
    《 》　　書名을 나타내는 데 쓴다.
    〈 〉　　篇名, 樂曲名, 書畫名 등을 나타내는 데 쓴다.
    ( )　　癸卯校正本과 續集에서 산절된 것을 樊南本에 의거해 복원한 경우에 쓴다.
    ──　　人名, 地名, 國名, 民族名, 建物名, 年號 등의 固有名詞를 나타내는 데 쓴다.
    □　　缺落字 자리에 쓴다.
    ▨　　毀損字 자리에 쓴다.
    { }　　보충할 글자를 나타내는 데 쓴다.

目次

凡例 · 4

退溪先生文集 卷九

答聾巖李相國【賢輔○己酉】 … 21

答聾巖相公 … 25

上沈方伯【通源○己酉】 … 25

答李相國【浚慶○己未】 … 31

答李相國【浚慶○甲寅】 … 33

答李相國 … 35

答權相國【轍○丙寅】 … 36

答權相國【戊辰】 … 39

答權相國 … 40

答權相國 … 40

答權相國【庚午】 … 41

答洪判書退之【暹○甲子】 … 42

答洪贊成退之【丙寅】 … 43

答洪退之 … 44

答洪退之 … 44

答洪退之 … 45

答洪相國退之 … 46

答洪相國退之 … 46

答洪相國退之【戊辰】… 47

答洪相國退之 … 48

答洪相國退之 … 50

答洪退之 … 51

答閔判書【箕○丙寅】… 52

答任方伯【丁未】… 55

與任判決【虎臣】… 56

與宋台叟【麒壽○甲辰】… 57

慰宋台叟【壬子】… 57

與宋台叟【麒壽○壬子】… 58

答宋台叟 … 59

答宋台叟 … 60

答宋台叟 … 61

答宋台叟別紙 … 63

答宋台叟【癸丑】… 65

與宋台叟【乙卯】… 66

與宋台叟 … 67

答宋台叟 … 67

答宋台叟 … 68

別紙 … 69

與宋台叟 … 70

別紙 … 71

答宋台叟【丙辰】… 71

答宋台叟 … 72

與宋台叟 … 73

答宋台叟【丁巳】… 74

與宋台叟【丁巳】… 74

答宋台叟【戊午】… 75

答宋台叟【己未】… 76

與宋台叟 … 77

答宋台叟 … 78

答宋台叟【庚申】… 80

與宋台叟【辛酉】… 81

答宋台叟 … 82

答宋台叟 … 83

與宋台叟【壬戌】… 84

答宋台叟【癸亥】… 84

與宋台叟【甲子】… 85

與宋台叟【甲子】… 86

與宋台叟別紙 … 86

與宋台叟【乙丑】… 87

答宋台叟【丁卯】… 88

別紙 … 89

答宋台叟 … 89

與宋台叟【丁卯】… 89

答宋台叟 … 90

答宋台叟【戊辰】 … 90

答宋台叟 … 91

與宋台叟 … 91

謝宋台叟 … 92

答宋台叟 … 92

答宋台叟【己巳】 … 92

與宋台叟 … 93

答宋台叟 … 93

答宋台叟【庚午】 … 94

答朴參判【淳○丙寅】 … 95

答沈參議【義謙○庚午】 … 99

退溪先生文集 卷十

與曺楗仲【植○癸丑】 … 103

答曺楗仲 … 106

答曺楗仲【甲子】 … 106

與盧伊齋寡悔【守愼○甲寅】 … 108

別紙 … 112

答盧伊齋【庚申】 … 119

別紙 … 129

答盧伊齋 … 152

答盧伊齋問目 … 153

答盧伊齋 … 155

答盧伊齋問目 … 156

答李仲久【湛○甲寅】… 160

答李仲久 … 161

與李仲久 … 162

答李仲久 … 162

答李仲久 … 163

答李仲久 … 163

答李仲久 … 163

答李仲久【庚申】… 164

答李仲久【辛酉】… 166

答李仲久【壬戌】… 167

答李仲久 … 167

答李仲久【癸亥】… 169

與李仲久 … 173

退溪先生文集 卷十一

答李仲久【癸亥】… 177

答李仲久問目【《朱子書》疑語】… 178

答李仲久 … 182

答李仲久【甲子】… 183

答李仲久 … 184

別紙 … 185

答李仲久 … 191

答李仲久問目【《朱子大全》疑義】 … 193

答李仲久【乙丑】 … 210

答李仲久 … 212

與李仲久 … 213

與李仲久 … 214

答李仲久 … 215

別紙 … 216

答李仲久【丙寅】 … 234

答李仲久【丁卯】 … 235

與李仲久【丁卯】 … 235

答李仲久 … 236

別紙 … 237

答李仲久【此下二簡, 戊辰在都時。】 … 237

答李仲久 … 238

答李仲久 … 238

與李仲久【己巳在都】 … 239

與李仲久 … 239

答李仲久【己巳】 … 240

退溪先生文集 卷十二

與林士遂【亨秀】… 243

答盧仁甫【慶麟○庚申】… 245

答盧仁甫 … 246

答盧仁甫 … 248

答李子發【文楗】… 250

答柳仁仲【希春】… 253

與柳仁仲【丙寅】… 256

別紙 … 257

答柳仁仲 … 262

答柳仁仲論趙靜菴行狀別紙 … 263

與朴重甫【承任○己酉】… 265

答朴重甫【承任】… 266

答朴訓導【承文】、進十【承健】、開寧【承侃】、正郎【承任】… 267

答朴重甫【見《嘯皐集》。】… 268

慰朴重甫【癸丑】… 269

與朴重甫【丙辰】… 270

與朴重甫 … 271

答朴重甫【己未】… 271

答朴重甫【辛酉】… 272

答朴重甫【丙寅】… 273

與朴重甫 … 273

與朴重甫 … 274

與朴重甫【戊辰】 … 274

與朴重甫【己巳】 … 275

答白士偉【仁傑】 … 275

答白士偉 … 276

答朴澤之【雲○丁巳】 … 277

答朴澤之【丁巳】 … 278

答朴澤之 … 280

與朴澤之 … 281

別紙 … 285

論朴澤之《擊蒙編》別紙【見《龍巖集》。】 … 286

答朴澤之【戊午】 … 287

與朴澤之【戊午】 … 289

答朴澤之【己未】 … 289

答朴澤之【己未】 … 290

答朴澤之【庚申】 … 291

答朴澤之 … 292

答朴澤之【辛酉】 … 292

答李君浩 … 293

答李君浩【源○甲辰】 … 294

答李君浩 … 295

答李君浩 … 296

答李君浩 … 296

答李君浩【辛酉】 … 297

答李君浩【源○甲子】 … 298

答李君浩 … 299

答李君浩【乙丑】… 300

答李君浩 … 300

答李君浩【丙寅】… 301

答李君浩 … 302

答李君浩 … 303

與周約之【博○甲子】… 303

擬與榮川守論紹修書院事【丙辰○郡守安瑺卽文成公之後】… 304

擬與豐基郡守論書院事【丁巳○郡守金慶言】… 307

答成浩原【渾○庚午】… 312

答成浩原 … 313

答崔見叔【應龍○庚午】… 314

答崔見叔【應龍】問目【庚午】… 314

答崔見叔 … 315

與崔見叔 … 316

答崔見叔 … 317

答崔見叔 … 317

答崔見叔問目 … 317

答崔見叔 … 319

退溪先生文集 卷十三

答鄭靜而【之雲○庚申】… 323

答金成甫【德鷗】別紙【○癸亥】 … 324

與洪應吉【仁祐】 … 326

答洪應吉 … 327

答洪應吉 … 328

與洪應吉 … 329

與洪應吉 … 329

答洪應吉 … 330

答洪應吉【癸丑】 … 330

與洪應吉 … 331

答洪應吉 … 332

與洪應吉 … 333

與洪應吉 … 334

與洪應吉【見《恥齋集》】 … 335

答金伯純【克一○癸亥】 … 336

答金伯純【己巳】 … 337

答權景受【大器○丁卯】 … 338

答權景受 … 338

答權景受【大器】 … 339

答權景受【庚午】 … 340

答李全仁【壬戌】 … 340

與李全仁【丙寅】 … 341

答李全仁【丙寅】 … 342

別紙 … 343

答李全仁【丁卯】 … 344

別紙 … 345

答李全仁 … 345

別紙 … 347

答李全仁【戊辰】… 348

答李達、李天機 … 349

答金思儉【希禹】… 352

答宋寡尤【言愼○庚午】… 353

別紙 … 356

與李子修【憙○丙寅】… 357

與李子修【憙○戊辰】… 358

答李子修 … 358

答李子修 … 359

答李子修 … 359

答金文卿【箕報】… 360

與金文卿【箕報】… 361

答金文卿 … 362

答金文卿 … 362

答金文卿 … 363

答金亨彦【泰廷】問目【己巳】… 364

答黃君擧【遂良○甲子】… 366

與黃君擧【遂良○丙寅 先生十代孫彙溥家藏】… 367

答黃君擧【丁卯】… 367

答李淳問目 … 368

退溪先生文集 卷十四

答南時甫 … 373

答南時甫【彥經○丙辰】… 374

別幅 … 375

答南時甫【戊午】… 379

答南時甫 … 380

答南時甫 … 381

答南時甫 … 382

別紙 … 385

答南時甫 … 386

答南時甫 … 388

答南時甫 … 390

答南時甫、張甫【彥紀○甲子】… 391

答南張甫【乙丑】… 392

答李叔獻【珥○戊午】… 393

別紙 … 396

答李叔獻 別紙 … 402

答李叔獻 … 402

答李叔獻【甲子】… 403

答李叔獻【庚午】… 405

答李叔獻問目 … 406

答李叔獻 … 411

答李叔獻 … 417

退溪先生文集 卷十五上

答許太輝【曄】 … 421

答許太輝【曄○戊午】 … 422

答許太輝 … 423

答許太輝【甲子】 … 423

與許太輝 … 424

答許太輝【乙丑】 … 425

答許太輝【丙寅】 … 426

答許太輝 … 426

答許太輝【丁卯】 … 427

答許太輝 … 428

答許太輝【戊辰】 … 429

答柳彥遇【仲郢】 … 429

答柳彥遇 … 430

與柳彥遇 … 431

答柳彥遇 … 432

答柳彥遇 … 432

答柳彥遇 … 433

答柳彥遇 … 433

答柳彥遇【仲郢○丙寅】 … 434

答柳彥遇 … 436

答柳彥遇 … 436

答柳彥遇【戊辰】 … 437

答柳彥遇【己巳】… 438

答柳彥遇 … 438

答柳彥遇 … 439

退溪先生文集

卷九

KNL0001(書-李賢輔-1)(癸卷9:1右)(樊卷9:1右)

答聾巖 李相國【賢輔○己酉】¹

伏蒙令慈賜書誨諭, 兼示辭狀草及〈漁父辭〉等, 仍審台候萬福, 不勝感欣瞻賀之至。伏見辭狀草, 辭簡而義明, 禮恭而情懇, 上以盡忠愛之誠, 下以遂退閑之願, 雖有遲延之恨, 不爲病也。² 而眞足以使人仰德而起敬, 聞風而激懦。以此報國酬恩, 亦已³ 多矣。何必不度禮義, 聞命奔走而後, 可以盡事君之道乎?

況近日形迹, 果爲不留之計, 惟⁴不得擅離, 故淹留過⁵日,

---

1 己酉年(明宗4, 1549년, 49세) 8월 초순 豊基에서 쓴 편지로 추정된다. 〔編輯考〕 退溪가 聾巖 李賢輔에게 보낸 편지는 2통이다. 1통은 庚本에 실렸고, 다른 1통은 樊本에 추가로 실렸다. 〔資料考1〕《聾巖集》에는 聾巖이 退溪에게 보낸 편지(1543~1554)가 原集(卷2:1右~9右)에 11통, 續集(卷1:5左~7左)에 5통, 총 16통이 실려 있으나 이들 편지와 與答 관계에 있는 편지는 없다. 〔資料考2〕 中本 상란에 李本이라 표기된 本의 對校 기록이 다수 있다. 여기에서 李本이란 당시 남아 있던 별도의 傳寫本을 가리키는 것으로, 初本 계통에 해당하는 자료로 추정된다. 목판본 문집을 편성할 때 聾巖家에서 納本된 整寫資料일수도 있고, 혹은 뒤에 다른 자료에서 나오는 李字, 곧 표지에 천자문 순서에 따라 '李'字가 쓰여 있는 初本을 가리키는 것일 수도 있다. 현재 初本에는 "宿"(冬)字 책에 BNL0002(書-李賢輔-2) 1통이 실려 있고, 이 편지는 실려 있지 않다. 初本 '李'字 책은 현재 남아 있지 않다. 中本에〈答聾巖 李相國【賢輔】〉로 되어 있으며, 부전지에 '○己酉'라고 하였다. 擬本에〈答聾巖 李相國【己酉】〉로 되어 있다.

2 也 : 中本에는 없고, 부전지에 "李本, '病'下有'也'字"라고 하였다.

3 已 : 中本·樊本·上本에 "足"으로 되어 있다. 中本의 부전지에 "'足', 李本作'已'"라고 하였다.

4 惟 : 中本의 부전지에 "'惟'字, 李本無"라고 하였고, 樊本·上本의 두주에 "'惟', 一本作'無'"라고 하였다. 〔今按〕 中本의 부전지 내용은 단순히 이 글자가 없다는 것이었는데, 樊本과 上本의 두주에서 '作' 자를 잘못 넣은 것으로 보인다.

5 過 : 中本의 부전지에 "'過', 李本作'逡'"이라고 하였고, 樊本·上本의 두주에 "'過',

以待監司之所處。茲承指迷之勤，惕然有改圖易慮之意，然一去一留，跋前疐後，莫適所從，不知如何而可也。衙中無人，雖似寂寥，然適爾如此，滉之去住，實不係於此事也。且此邑非大路傍輪蹄、輻輳之比，詞訟又不至煩劇，雖謂養病之地，可矣。[6] 但以滉羸瘵之疾，日益歲增，豈惟自悶？人亦知滉不敢[7]從吏役也。氣且枯損，精神昏憒，臨事茫然，昨之所爲，今日已忘；朝之所令，夕已不省。本領旣如此，政之日紊，何足怪也？

朝旨惻怛，視民如傷，而恩不能下究；閭閻愁痛，轉徙流亡，而冤不得上通，皆守令不職之罪。[8] 號令不行，催科不及，簿書多闕，譴責沓至，上不能事乎上，下不能使[9]乎下，中不能護[10]其身，傍不能濟親舊之急[11]，猶冒居其位，貪食其祿，此滉所以不能一日[12]安於心而欲去之速也。豈有矯激希慕而欲爲不

一作送'"이라고 하였다.

6 矣：中本・樊本・上本에는 "也"로 되어 있다. 中本의 부전지에 "'也', 李本作矣'"라고 하였다.

7 敢：鄭校에 "'敢'恐'堪'字【鄭景任校】"라고 하였다.〔今按〕'堪'으로 보는 것이 문리상 더 타당해 보이지만 고치지 않았다. 鄭校는 庚本 초기 인쇄본으로 추정되는 龜鶴亭本 상란에 기록된 교정기록이다. 대체로 교정기록 옆에 '鄭景任' 혹은 '鄭'이라 표기가 붙어 있는데, 鄭景任은 곧 西厓 柳成龍의 제자인 愚伏 鄭經世이므로, 그것이 鄭經世의 교정기록인 것을 알 수 있다.

8 罪：두주에 "'罪'下, 一本有'也'字"라고 하였다. 甲本・樊本・上本에도 동일한 두주가 있고, 中本의 부전지에 "'罪'下, 李本有'也'字"라고 하였다.

9 使：中本의 부전지에 "'使', 李本作'吏'"라고 하였다.

10 護：中本・樊本・上本에는 "讓"으로 되어 있다. 中本의 부전지에는 "'讓', 李本作'護'" "'(讓)'可疑, 當作'護'"라고 하였고, 樊本・上本의 두주에 "'護', 本草作讓"이라고 하였다.

11 急：두주에 "'急'下, 一本有'而'字"라고 하였고, 甲本・樊本・上本에도 동일한 두주가 있다. 中本의 부전지에는 "'急'下, 有'而'"라고 하였다.

近情之舉乎?

　至於書末云云之戒, 尤有[13]以見垂憐之厚, 欲令愚拙微蹤, 獲保其終之盛意也。滉雖謬計, 亦嘗慮及於此矣。然於朝則動輒辭病, 於外則忍病久處, 竊恐緣此而反招人[14]之疑怒也。故爲滉之計, 不問在朝在外與在家之日, 苟遇病深則可辭, 病稍[15]歇則可仕。[16] 若是, 庶幾已直而人釋然矣, 如何如何?

　蓋滉之仕否, 非敢論禮之如何、事之如何, 視身病輕重爲去就, 故其迹或似固執, 或似無端, 或謂之矯激, 或謂之濡滯也。一病爲一生之患, 人非不知, 而不免於疑謗。滉之處身, 其亦難矣。

　近日賤累之遣, 固爲無端, 其實病深, 不得已爲歸計也。監司在遠, 待報遲回之際, 公私事故, 互相掣肘。邑中之人, 君子論說紛紜[17], 以義見責爲不當去; 小民咸咨怨, 以爲不恤我穡事, 不念我輸債, 敦我以迎送之弊, 滉固已不快於心矣。

　又家兄來月旬間, 自湖西來省丘壟, 已請于朝, 而書告于滉矣。相望數旬, 而[18]滉先去郡, 亦有未安之私, 正如去年丹山

12　一日 : 中本·樊本·上本에는 없다.
13　有 : 中本·樊本·上本에는 "足"으로 되어 있다. 中本의 부전지에 "'足', 李本作有"라고 하였다.
14　人 : 中本·樊本·上本에는 "人人"으로 되어 있다. 中本의 부전지에 "李本無一'人'字"라고 하였다.
15　稍 : 中本에는 없고, 부전지에 "'病'字下有'稍'字"라고 하였다.
16　仕 : 中本에는 "任"으로 되어 있다.
17　紛紜 : 中本·樊本·上本에는 "紛紛"으로 되어 있다. 中本의 부전지에 "'紛紛', 一作'紛紜'"이라고 하였다.
18　而 : 中本·樊本·上本에는 없다. 中本의 부전지에 "李本, '旬'字下有'而'字"라고

之事。不意猥蒙大人之記念, 辱加諄諄又如此。滉雖固陋, 寧不感動周旋, 思所以承敎意乎? 呈辭回音, 朝夕且至, 得請則當去, 不得請則欲觀病勢而處之。若此則將[19]至於濡滯, 而衝風烈寒, 過冬之難, 又可虞也。此所謂跋前疐後, 不知如何而可者然[20]也。

〈漁父辭〉, 去春與任城主所議者, 誠不穩愜, 誠爲叨僭。其後自龍壽寺寄來一本, 謹以承見, 但以前日妄改爲悔, 故不敢輒有回稟。今來所定章次及短歌新作一闋, 皆勝於前日之所示, 可歌而可傳者也。因此又知江湖之景、風月之淸、漁釣之樂, 天所以餉高退之境。自世俗規規者觀之, 不啻黃鵠之與壤蟲, 固不得窺其涯際也。跋語何敢輕易爲之? 惟當楷寫以上, 尙有欲稟之條, 俟後日面承提警而後爲之也。

山紅水綠, 正好陪賞之時, 又有令孫氏之招, 敢不趨拜? 得請則固可及矣, 不得請而濡滯, 則當待兄來而偕進, 其前恐未暇又作往來也。俟罪俟罪。惶恐不宣。《謹上先生台座下。》

하였다.

19 將 : 中本·定草本에는 "將不"로 되어 있다. 中本의 부전지에 "李本, '將'下, 無'不'字"라고 하였다.

20 然 : 中本·樊本·上本에는 없다. 中本의 부전지에 "李本, '可者'下有'然'字"라고 하였다.

BNL0002(書-李賢輔-2)(樊卷9:4右)

答聾巖相公[21]

今日宣傳之行, 拜書附上後, 具幹等來, 伏承賜簡, 謹審神相起居萬福休慶, 不勝抃[22]賀之至。滉拘攣世故, 畏怖人言, 春而待秋, 秋而待春, 奄過三霜。其貪戀鄙屑之態, 已不可勝言。今秋未歸之, 故尤不厭人意。

　玆蒙下教, 兼因具幹傳道, 得聞江寺黃花之盛, 且有垂待之意, 至欲召見代身。於此益仰俯念之勤, 而恨役役無狀未及陪賞花傍也。明春桃節, 庶欲不後, 但恐復如前日, 故不敢言。伏惟令鑑。不備。謹拜復狀。

KNL0003(書-沈通源-1)(癸卷9:4右)(樊卷9:4左)

上沈方伯【通源○己酉】[23]

豐基郡守李滉謹齊[24]沐百拜, 上書于觀察使相公閤下。滉疾病

---

21 甲寅年(明宗9, 1554년, 54세) 10월 26일 서울에서 쓴 편지로 추정된다. 初本에는 〈答聾巖相公書【甲寅十月二十六日】〉로 되어 있다.

22 抃 : 初本에는 "怦"으로 되어 있다.

23 己酉年(明宗4, 1549년, 49세) 12월 1~15일 豐基에서 쓴 편지로 추정된다. 〔編輯考〕 退溪가 沈通源에게 보낸 편지는 1통으로, 庚本에 실렸다. 〔資料考〕 安軸(1282~1348)의 문집인 《謹齋集》(〈附錄〉 卷4:7右~11左)에 같은 내용의 편지 〈與沈方伯【通源】書〉가 실려 있고, 또 《要存錄》(209~212쪽)에는 白雲洞書院所藏 手本과 대교한 내용이 실려 있다. 《要存錄》에 대교된 手本은 약간의 오탈을 제외하고는 기본적으로 《謹齋集》에 실려 있는 것과 일치한다. 《謹齋集》에 수록된 것이 原稿이고,

駑鈍, 守職無狀, 輒有愚懇, 敢效一得之見。伏以郡有白雲洞書院者, 前郡守周侯世鵬所創建也。竹溪之水發源於小白山下[25], 流經於古順興廢府之中, 實斯文先正安文成公裕之故居也。洞府幽邃, 雲壑窈窕, 周侯之理郡, 尤以興學育才爲先務, 旣拳拳於鄕校, 又以竹溪是前賢[26]遺迹之所在, 乃就相其地, 營構書院, 凡爲屋三十餘間, 有祠廟[27]以奉享文成公, 以[28]安文貞公軸、文敬公輔配之[29], 而旁立堂齋、亭宇, 以爲諸生遊處講讀之所。掘地得瘞銅若干斤, 貿經、史、子、集百千卷以藏之, 給息米, 置贍田, 使郡中諸生員主[30]其事。郡士金仲文幹其務, 招集學徒, 四面而至, 勸奬誘掖, 不遺餘力。旣而周侯去郡, 而文

현재 문집에 수록된 것은 퇴계가 나중에 수정을 가한 修正稿를 대본으로 한 것으로 추정할 수 있다. 그런데《謹齋集》에 실려 있는 것에는 '謹昧死奉書以稟云' 이하 부분이 없다. 퇴계는 경술년(1550) 白雲洞書院이 '紹修書院'으로 賜額을 받은 뒤, 풍기 유생들의 요청에 따라 이 편지를 베껴서 보내주었으며 이 친필 원고(手本)는 오래도록 紹修書院에 보관되어 왔던 것으로 짐작된다. 그것이 李野淳이《要存錄》을 엮을 때 또《謹齋集》을 간행할 때 이용되었지만 지금은 일실되어 전하지 않는다. 현재 소수서원에 보관되어있는, 퇴계 친필 원고(手本)로 알려진 편지(紹修書院本)는 친필 원고(手本)가 일실된 다음《退溪集》(庚本이나 擬本으로 추정됨)에 실려 있는 것을 필사해둔 것으로 보인다. 庚本에는〈上沈方伯【通源】〉으로 되어 있고,《謹齋集》에는〈與沈方伯【通源】書〉로 되어 있다.

24　齊　:　中本·定草本·庚本·擬本·《謹齋集》·紹修書院本에는 "齋"로 되어 있다.
25　下　:《謹齋集》에는 없다. 李校에 "謹按白雲洞書院所藏先生手本, '山下'之'下'字無"라고 하였다.
26　前賢　:《謹齋集》에는 "大賢"으로 되어 있다. 李校에 "手本作'大賢'"이라고 하였다.
27　祠廟　:《謹齋集》에는 "廟"로 되어 있다. 李校에 "手本'祠'字無"라고 하였다.
28　以　:《謹齋集》에는 없다.
29　之　:《謹齋集》에는 없다.
30　主　:《謹齋集》에는 "管"으로 되어 있다. 李校에 "'主'亦作'管'"이라고 하였다.

成之後今判書³¹公玹適來按道, 謁廟禮士, 凡所以增飾作養之方, 極盡其慮, 役隷之充、魚鹽之供, 無³²不措畫, 使之永賴。自是監司之來, 亦皆加意於此而獎勵之, 無敢忽矣。

夫書院之名, 古未有也。昔³³南唐之世, 就李渤舊隱廬山³⁴白鹿洞, 創立學宮, 置師生以教之, 謂之國庠, 此書院之所由始也。宋朝因之, 而其在中葉猶未盛, 天下只有四書院而已。渡江以後, 雖當百戰搶攘之日, 而閩、浙、湖、湘之間, 斯文蔚興, 士學日盛, 轉相慕效, 處處增置。雖以³⁵胡元竊據, 猶知首立太極書院以倡天下。逮我大明當天, 文化大闡, 學校之政, 益以修擧。今以《一統志》所載考之, 天下書院, 總有三百餘所, 其所不載者, 想又³⁶多也。夫自王宮國都以及列郡, 莫不有學, 顧何取於書院, 而中國之所尚如彼, 何哉? 隱居求志之士、講道肄業之倫, 率多厭世之囂競, 抱負墳策, 思逃於寬閑之野、寂寞之濱, 以歌詠先王之道, 靜而閱天下之義理, 以蓄其德, 以熟其仁, 以是爲樂, 故樂就於書院。其視國學、鄉校在朝市城郭之中, 前有學令之拘礙, 後有異物之遷奪者, 其功效豈可同日而語哉? 由是言之, 非惟士之爲學, 得力於書院, 國

---

31 判書 :《謹齋集》에는 "兵判"으로 되어 있다. 李校에 "'判書'一作'兵判'"이라고 하였다.
32 無 :《謹齋集》에는 "靡"로 되어 있다. 李校에 "手本'無'作'靡'"라고 하였다.
33 昔 :《謹齋集》에는 없다. 李校에 "手本'昔'字無"라고 하였다.
34 山 :《謹齋集》에는 뒤에 "之"로 되어 있다. 李校에 "下有'之'字"라고 하였다.
35 雖以 :《謹齋集》에는 없고, 그 대신 "無廢不復, 非獨我文成公之於白鹿爲然也。"라고 하였다. 李校에 "手本'置'下有'無廢不復, 非獨我文成公之於白鹿爲然也。'"라고 하였다.
36 又 :《謹齋集》에는 "尤"로 되어 있다. 李校에 "手本作'尤'"라고 하였다.

家之得賢, 亦必於此而優於彼也。古之明君知其然, 故宋太宗之於白鹿洞, 因江州守臣周述建請, 旣驛送九經, 又擢用其洞主明起[37], 其後直史館孫冕以疾辭于朝, 願得白鹿洞[38]以歸, 則從其請。理宗尊尙儒學, 如考亭書院之類, 皆敕賜扁額以寵榮之。此[39]則中國士風之美, 非獨士之自美, 亦由於上之所養也。

惟我東國, 迪敎之方, 一遵華制, 內有成均、四學, 外有鄕校, 可謂美矣, 而獨[40]書院之設, 前未有聞, 此乃吾東方一大欠典也。周侯之始建書院也, 俗頗疑怪, 而周侯之志益篤, 冒衆笑, 排群謗, 而辦此前古所無之盛擧。噫！天其或者由是而興書院之敎於東方, 使可同於[41]上國也。雖然, 滉竊以爲敎必由於上而達於下, 然後其敎也有本, 而[42]可遠可長。不然, 如無源之水, 朝滿而夕除, 豈能久哉？上之所導, 下必趨之；一人所尙, 一國慕之。今大周侯之所作, 雖信奇偉；安公之所成, 亦甚完密, 然此特一郡守、一方伯之爲耳。事不經宣命, 名不載國乘, 則恐無以聳四方之觀聽, 定衆人之疑怪, 爲一國之效法, 而傳於久遠也。

滉自到郡以來, 於書院一事, 未嘗不欲盡其心焉, 魯拙無能, 加有羸瘵之疾[43], 略不能振奮激勵, 以爲多士之勸。氣艷日

---

37 起 : 中本・定草本・庚本・擬本・紹修書院本에는 "紀"으로 되어 있다. 養校에 "'起', 一本作'紀'"라고 하였다.

38 洞 : 《謹齋集》에는 없다. 李校에 "手本無'洞'字"라고 하였다.

39 此 : 《謹齋集》에는 "是"로 되어 있다. 李校에 "手本作'是'"라고 하였다.

40 獨 : 中本의 부전지에 "李本無'獨'字"라고 하였다.

41 於 : 中本의 부전지에 "李本無'於'字"라고 하였다.

42 有本而 : 中本의 부전지에 "李本無'有本而'三字"라고 하였다.

就於陵替, 朋徒漸至於怠散, 大懼昔賢流芳之地, 吾東人創見之美, 遂至於衰墜, 妄欲陳乞于朝, 冀蒙萬一之裁[44]幸, 而地遠言微, 恐懼而不敢發也.

伏惟閣下任旬宣之寄, 崇敎化之務[45], 凡係[46]一面利害, 亦宜陳達, 況此聖世宏模[47]之所關乎? 儻閣下不以詢蕘爲不可, 則[48]取其言而芟正之, 轉以聞于上, 則欲請依[49]宋朝故事, 頒降書籍, 宣賜扁額, 兼之給土田臧獲, 以贍其力, 又令監司、郡守, 但旬檢其作養之方、贍給之具, 而勿拘以苛令煩條. 至於爲郡守而闒茸癃疾如滉者, 閣下亦宜擧其曠闕之罪, 顯加貶黜, 而請於朝, 別揀儒紳之有德望、經術、節行、風義可爲士林矜式者, 爲之郡守, 以責其任.[50]

如是則書院非止爲一邑一道之學, 乃可[51]爲一國之學矣. 如是則敎原於君上, 士樂於來游, 可傳之永久而無壞矣, 如是則四方欣慕, 爭相效法, 苟有先正遺塵播馥之地, 若崔冲、禹倬、鄭夢周、吉再[52]、金宗直、金宏弼之居, 莫不立書院, 或出

---

43 疾:《謹齋集》에는 "苦"로 되어 있다. 李校에 "'疾', 手本作'苦'"라고 하였다.

44 裁:《謹齋集》에는 없다.

45 務:《謹齋集》에는 "本"으로 되어 있다. 李校에 "'務', 手本作'本'"이라고 하였다.

46 係:《謹齋集》에는 "繫"로 되어 있다.

47 模:《謹齋集》에는 "撫"로 되어 있다. 李校에 "手本'模'作'撫'"라고 하였다.

48 則:《謹齋集》에는 없다. 李校에 "手本'則'字無"라고 하였다.

49 請依:《謹齋集》에는 "請遵依"로 되어 있다. 李校에 "一本, '請'字下有'遵'字"라고 하였다.

50 責其任:《謹齋集》에는 "任其責"으로 되어 있다.

51 可:《謹齋集》에는 없다.

52 吉再: 中本·《謹齋集》에는 뒤에 "李穡"이 있다. 中本의 부전지에 "{佞}佛, 此書去

於朝命, 或作於⁵³私建, 以爲藏修之所, 以賁揚聖朝右文之化, 明時⁵⁴樂育之盛矣. 如是則將見吾東方文敎之大明, 可與鄒、魯、閩、越, 幷稱其美矣.

滉竊見今之國學, 固爲賢士之所關, 若夫郡縣之學, 則徒設文具, 敎方大壞, 士反以游於鄕校爲恥. 其刓敝之極, 無道以救之, 可爲寒心. 惟有書院之敎, 盛興於今日, 則庶可以救⁵⁵學政之缺, 學者有所依⁵⁶歸, 士風從而丕變, 習俗日美, 而王化可成, 其於聖治, 非小補也. 獻芹之誠, 如得上徹⁵⁷, 則病退溝壑, 死無所⁵⁸憾. 不⁵⁹勝區區之願, 謹昧死奉書以稟云.

滉謹按故事, 凡書院必有洞主或山長爲之師, 以掌其敎, 此一件大事, 尤當擧行. 但此須擇於遺逸之士或閑散之員, 而其人才德望實, 必有出類超群之懿, 卓然爲一世師表者, 乃可爲之. 如不得其人, 而徒竊其號, 則與今敎授、訓導

其名【此亦去之何如】" 李穡存亦無妨. 先生旣去之, 不書如何."라고 하였다. 〔今按〕 원래 편지에는 '李穡'이 있었으나 퇴계가 추후 수정하면서 삭제하였고, 목판본으로 간행 시 그것을 반영한 것으로 보인다. 부전지 기록에 의하면 삭제의 이유는 그가 '佞佛'했다는 것이다.

53 作於 : 《謹齋集》에는 "由於"로 되어 있다. 李校에 "手本作'作於'"라고 하였다.

54 明時 : 《謹齋集》에는 없다. 李校에 "二字, 手本無"라고 하였다.

55 救 : 《謹齋集》에는 "補"로 되어 있다. 李校에 "手本, '救'作'補'"라고 하였다.

56 依 : 《謹齋集》에는 없다.

57 如得上徹 : 《謹齋集》에는 "如獲采聞"으로 되어 있다. 李校에 "一作'如獲采聞'"이라고 하였다.

58 所 : 《謹齋集》에는 "餘"로 되어 있다. 李校에 "'所'作'餘'"라고 하였다.

59 不 : 《謹齋集》에는 앞에 "滉"이 있다. 李校에 "'不'字上有先生諱字"라고 하였다.

之不職者無異, 有志之士必望望⁶⁰而去之。竊恐反有損於
書院, 故今不敢竝以爲請。此則在閤下之裁度獻替、朝廷
之商推⁶¹可否何如⁶²耳。滉又再拜上稟。⁶³

KNL0004(書-李浚慶-1)(癸卷9:8左)(樊卷9:9右)
答李相國【浚慶○己未】⁶⁴

滉謹齊⁶⁵沐再拜言。頃者, 安奇察訪來見, 傳致鈞翰, 惶悚伏讀,
因竊承審爕理多暇, 神相台躔, 起居萬福, 無任慶抃。

　　滉去年入都, 嘗一趨門下, 不獲祗謁。厥後, 病日深劇, 當
職不供, 蒙恩未謝, 種種窘蹙, 不可名狀。逮至今春, 又發浮
腫, 欲及未死之前, 得反田里, 因事亟下, 竟未遂掃門之役。中
間柳判書以鈞帖轉惠慰病之貺, 徒積銜戢, 亦未申謝。其昧慢
頑率, 得罪於門下, 極矣。

60　必望望 : 李校에 "手本, '必'字下有'且'字"라고 하였다.
61　推 : 中本에는 "確"으로 되어 있고, 교정기에 "推"으로 되어 있다. 養校에 "推當
　　考"라고 하였고, 李校에 "手本, '推'作'酌'"이라고 하였다.
62　何如 : 李校에 "手本作'如何'"라고 하였다.
63　謹昧死奉……上稟 : 《謹齋集》에는 없다.
64　己未年(明宗14, 1559년, 59세) 11월 25일 禮安에서 쓴 편지로 추정된다. 〔編輯
　　考〕退溪가 東皐 李浚慶에게 보낸 편지는 3통이다. 庚本에 1통이 실렸고, 續集에
　　2통이 추가로 실렸다. 〔資料考〕이 편지는《東皐遺稿》(〈附錄〉50右~52右,〈退溪先
　　生答公書【己未】〉)에도 실려 있다.《東皐遺稿》에는〈退溪先生答公書【己未】〉로 되어
　　있다.
65　齊 : 中本·定草本·庚本·擬本·《東皐遺稿》에는 "齋"로 되어 있다.

今乃降損德威, 遠辱手札, 深存謙挹, 掖勵踰越。益仰盛德待物之洪, 誠非小人之腹所能窺測也。抑嘗聞之, 古云: "明主愛一嚬一笑。"不獨明主宜然, 宰相尤當存此戒也。故其於一時人物, 一字之許, 榮於華袞; 一言之斥, 嚴於斧鉞。若不擇其人之當否, 而苟加之許斥, 則豈爲愛嚬笑之道哉? 且滉之至愚極陋, 疇昔固已無遺形於鑑裁之下, 一朝猥加惠許, 非但一二字而已。其何以激一世之人才而使之振德於陶甄之內乎? 滉所以震惕自失而無所容也。

滉去年蹭蹬, 旣難追補, 今夏又大病, 幾不免死。其不能奔走供職, 天日昭臨, 萬目共見, 而人言猶或不以爲然。滉身在譏謗之中, 積有年紀, 每竊歎念自古未有愚病如滉之甚而當此虛名難處之地者, 不幸而今有之, 若非鈞衡之位, 素憫其如此, 而置⁶⁶力於其間, 則將何以善其後而不爲淸朝之羞哉?

古之士非不知台鼎之嚴, 禮絶百寮, 然而或奏記論事或抗書陳情者多矣, 故敢援例披訴。今滉正所恐憫者, 樞府之職, 尙未鐫免, 稽逋在外, 不遑寧處。然而不敢爲陳乞辭免, 慮恐無益而或有他虞也。伏惟大相公閤下特垂矜察, 或因某機而方便措救, 俾得解樞府作前銜, 而分死田間, 則其於恥一物不得其所之盛業, 豈不恔⁶⁷乎?

蓋高爵厚祿, 旣非病廢所堪, 而身旣在外, 又何可仍冒朝銜? 此理確然, 兩不可違。明知如此, 而不得遂願, 斯乃死而不瞑之憾, 而亦大人君子之所宜軫惻也。狂妄僭易, 死罪死罪。

---

66 置 : 中本의 추기에 "'置', '致', 更詳"이라고 하였다.
67 恔 : 養校에 "'恔', 快也。"라고 하였다.

兩色紙六幅, 謹具[68]承諭。第滉於此技, 不知操筆, 其初不過與鄕里後生相習爲戲, 不意遂至叨誤鈞聽。此亦滉不善謀身之一事, 旣已至此, 又不敢白地[69]回納。其六幅外, 多[70]有一幅, 誤寫不用, 所寫得六幅, 闕誤亦非一二。病心昏錯, 不得比數於人人[71], 此一事可知。伏增汗恧, 伏惟鈞照。正此寒沍, 竊祝益懋明德以福斯民。惶恐不宣。《謹拜上復狀。嘉靖三十八年十一月二十五日, 嘉善大夫前工曹參判李滉頓首。》

SNL0005(書-李浚慶-2)(續卷3:1右)(樊續卷3:1右)

答李相國【浚慶○甲寅】[72]

滉頓首言。柳秀才來, 伏承賜翰, 具審鈞候起居萬福, 感懼之

---

68 具 : 鄭校에 "'具'恐'俱'"라고 하였다.
69 地 : 養校에 "'地'恐'紙'"라고 하였다.
70 多 : 李校에 "'多'字恐'加'字"라고 하였다.
71 人人 : 鄭校에 "下'人'字疑衍, 不然, 似'因'字.【鄭】"라고 하였다.
72 壬戌年(明宗17, 1562년, 62세) 5월 18일 禮安에서 쓴 편지로 추정된다.〔年代考〕續集·續草本·樊本·上本 題下에는 연도 표기가 "甲寅"(1554)으로 기록되어 있으나, 中本·拾遺·樊本·上本 끝에 "嘉靖四十一年五月十八日前工曹判書"라고 하였다. 嘉靖 41년은 壬戌年(1562)이다. 그런데 그때까지 퇴계는 공조 참판에 임명된 적은 있어도 공조 판서에 임명된 적은 없다. 퇴계가 공조 판서에 임명된 것은 嘉靖 45년 丙寅年(1566)의 일이다. 그렇다면 작성연월일과 관직 기록이 또한 맞지 않는다. 拾遺의 "四十一年則乃壬戌年, 前工曹判書恐誤, 疑當{工}曹參判."이라는 부전지 기록에 의거할 때, '工曹判書'는 '工曹參判'의 오기일 수 있다. 한편《退溪先生文集考證》卷 8:32右-左에서는 "案此書之出, 似在丙寅, 題下年條, 恐商."이라고 하여, 이 편지를 丙寅年(1566)에 보낸 것으로 추정하였다. 이것은 관직 기록과 작성연도를 맞춘 것이

餘, 無任忭⁷³賀萬萬。秀才誤計欲來, 鈞慈不禁, 反枉書導, 尤深⁷⁴踧踏。其來故⁷⁵無補益, 但一月漏屋, 頗嘗艱苦, 是則似少有困拂之益耳。

滉老病昏謬, 稽違無狀, 伏荷聖朝寬恩, 獲此閑屛, 雖免一死, 靜循義分, 實非所安, 日夜惶惕無地。年前, 引儀申遑來鄕, 伏蒙指迷之諭, 感幸之至, 銘佩無已。擬上一書, 少陳所以未得遵依之意, 畏瀆鈞嚴, 不果, 謹託遑還, 口申下情, 未審徹聞與否?

除命許久, 老病日甚, 旣無由前進供職, 自因辭狼狽後, 又不敢冒控乞解, 兩途俱礙, 苟延累歲, 莫可如何。危懇所懸, 每望相公閤下或因有某幾會, 善爲敷啓, 許其鐫罷, 俾微物得所, 以畢餘生。是亦朝廷政體當然, 非獨滉一已遂願爲終身之感而已。伏願鈞慈俯賜諒察, 不勝大幸。秀才旋歸, 謹此修報, 惶恐不備。惟祝調燮懋重, 用副群顒。《謹拜上狀。嘉靖四十一年五月十八日, 前工曹判書⁷⁶李滉頓首拜狀。》

지만, 내용상 맞지 않는 듯하다. 拾遺에는 〈答李相國〉으로 되어 있다.

73 忭 : 樊本·上本에는 "抃"으로 되어 있다. 續草本의 추기에 "'忭', 初本'抃', 依"라고 하였다. 〔今按〕 續草本 추기에서 初本이라고 한 것은 中本을 가리키는 것으로 보인다. 續草本은 癸本을 편성할 때 함께 다시 간행하기 위해 草本으로 만든 것으로 추정된다. 이하 마찬가지이다.

74 深 : 上本에는 "甚"으로 되어 있다.

75 故 : 柳校에 "'故'疑'固'之誤"라고 하였다.

76 工曹判書 : 拾遺의 부전지에 "四十一年則乃壬戌年, '前工曹判書'恐誤, 疑當'(工)曹參判'"이라고 하였다.

SNL0006(書-李浚慶-3)(續卷3:2右)(樊續卷3:2右)

答李相國[77]

滉頓首再拜。季秋乍寒，伏惟領議政相公台候起居萬福。滉頃者伏蒙台慈枉賜手翰，存問甚渥，賤庸踰涯，不勝惶感隕越之至。

校理先生令德高義，如彼其至，銘文之責，非滉所敢當，妄欲撰述，叨僭已多。其復科一事，不敢無據而輒入，猥以小紙叩問於柳生員，不意因遂徹聞於下執事，悚汗[78]尤深。玆承別紙錄示首末，謹以具實，修入末端，草寫封上。但文詞本鄙拙，老昏蕪廢，雖欲自力為之，都發揚盛美不出，使懿行卓軌，沒沒無傳於後。恐如此而表墓，不如不為之為愈也，愧恧無地。

況判書契丈碑銘，事體尤為重大，決非如滉所能辦得。故前日誤垂委託，反復懇辭，未嘗拜受嚴命矣。今奉台諭云云，恐慄增劇。人雖不自知，若其顯顯短處，亦豈不知？滉自見闇淺無文，不足以擔當此事，故從前抵死辭避者，無慮十數家，非相知契，則親厚分深之人，然而不甚被其家怨責者，以未嘗一有所作也。

今至白首將死之日，而始一開端，則向之不得者，爭加怨怒，新者又叢于徵索，不知將何辭以應答、何力以支堪？用是徒聞有命，不克奉承，竟至孤負判書年契義分於幽冥[79]之間。愚

77　己巳年(先祖2, 1569년, 69세) 9월 29일 禮安에서 쓴 편지로 추정된다.
78　汗：樊本·上本에는 "恨"으로 되어 있다.
79　冥：上本에는 "明"으로 되어 있다.

病殘生, 事事不滿隅如此, 痛慨無窮。伏惟大相公仁恕明鑑, 矜諒危悚[80], 曲垂寬貰, 不勝祈幸。

　　滉來作鄉人, 稍得本分, 秖以名齒班簿, 日夕兢仄, 煩瀆是畏, 亦不敢控辭, 窘悶靡措。惟祝加護鼎衡, 贊襄隆祚, 以慰朝野之望。惶恐不備。《謹拜狀。隆慶三年九月二十九日, 崇政大夫判中樞府事李滉拜狀。》

KNL0007(書-權轍-1)(癸卷9:11右)(樊卷9:11左)

答權相國【轍○丙寅】[81]

滉頓首再拜言。近日齎辭狀人回, 伏蒙鈞慈手書曉諭, 以示可生之道, 不勝感激惶恐之至。滉雖頑愚, 其於鈞旨勤厚懇惻如此, 豈不知回惑而改圖乎？ 第以在滉私義, 實有所大不可者, 非可一二數。既承軫念, 安敢有隱而不之悉乎？

　　夫辭小受大以退媒進之決不可爲, 從品三日遽陞正品之決不可受, 辭狀中已略陳之。只此二事, 已絶冒進之路矣。此外尤更有大不可者, 滉以遠不及常人之資, 抱人所無之大病, 雖尋常百執事之役, 猶不能堪當, 故從前苦辭退伏, 豈復有絲髮之材可適時用？ 不知何故馴致不幸之極, 時議無端紛起, 擬人

---

80 悚 : 上本에는 "慓"로 되어 있다. 〔今按〕 이 글자는 원래 "慄"이 되어야 할 듯하다. 上本에 "慓"라 한 것은 "慄"을 잘 못 쓴 것으로 보인다.

81 丙寅年(明宗21, 1566년, 66세) 3월 16~20일 禮安에서 쓴 편지로 추정된다. 〔編輯考〕 퇴계가 權轍에게 보낸 편지는 5통으로서, 庚本에 2통이 실렸고, 樊本에 3통이 추가로 실렸다.

於不倫, 張皇夸詡, 似若以昔之大賢人事業責望於無狀一夫之身者? 今玆恩禮之荐降, 雖不可妄言其所由, 然其所以上誤之端, 寧不以時議太過之所致耶?

夫以其人言之則如此, 以其事言之則若彼, 而乃不自量已. 徒以君命之故敢進而當之, 不知相公以爲能堪任不敗事乎? 以此人而當此責, 猶不至敗事, 則君命固不可一日稽也. 如其不然, 則與急趨君命之事不得以竝行, 明矣. 況此三事外, 又復有一事, 尤使人惶惑畏怯而不敢言者.

嗟夫! 滉以至微至陋當此際不能奔走應命之故, 略擧之, 有此四條, 四條之外, 又豈可勝陳乎? 事至此極, 則極衰積病之身在途加病委篤瀕死之故, 反有所不暇言矣. 故當初一辭也, 猶有病差或進之望, 及聞新命而再辭也, 亦庶冀物論處置之幸. 旣不能然, 而反益加焉, 則滉之不顧前後隱然而進受, 豈不萬萬無理哉?

伏惟相公閤下, 知滉之病深難仕, 不爲不熟, 故向來常加保護, 令得遂願, 又如領相閤下鈞慈之盛, 亦皆如是. 自餘公卿大夫, 苟曾見滉在朝曠闕之實, 孰不以爲不可用也? 惟是後來諸賢, 或與滉不相見知, 而徒欲以名使人, 於是, 執虛以責實, 輾[82]轉相誤, 以至此耳. 用人得失, 治亂所係, 而朝廷此擧, 大段落虛如此. 愚竊伏料, 在諸謀國大人之中, 必有仰屋而長嘆俟時而盡言者, 則誤恩之改, 指日可望, 而稽違之罪, 因可少逭.

---

82 輾 : 中本·定草本·樊本·上本에는 "展"으로 되어 있다. 中本·定草本에는 교정기에 "輾"으로 되어 있다.

今奉鈞旨, 乃以速副朝望爲督, 又云: "雖前賢處之, 亦不可不來." 噫! 何其與前日之庇庥者相反[83]耶? 且使前賢而處此際, 則固不可不來, 果如領相[84]閤下之鈞喩, 滉非其人, 而欲依前賢以處之, 則其罪尤大, 豈可託此以敢進乎? 且非人之進, 又豈有朝望之可言乎?

是以, 始也感佩至意, 而反復思忖, 則終有不能盡依者, 謹已復修一狀, 託安東府送于本道, 轉以上聞矣. 因復伏思, 在途俟命, 猶是未定於進退, 今則知不可進而在途難矣, 故歸田里, 以俟盛[85]命之下. 此亦必招人疑駭. 然宋之杜範, 元之吳澄非不知事君之義者, 二公皆有請辭徑歸之例. 恐事到不得已處, 如是爲之, 是亦一道故也.

伏惟相國閤下俯賜矜察, 念平日保護之勤, 轉一時誤恩之機, 乘便亟圖, 庶令微物得所以終大惠. 不任區區切祝之至. 情隘辭蹙, 莫罄鄙悃. 謹《拜上謝復》狀.

---

83 反 : 上本에는 "返"으로 되어 있다.
84 領相 : 養校에 "'領相'恐'相公'之誤"라고 하였다. 〔今按〕養校는 甲本에 해당하는 養閑堂(소장)本 본문 상란에 기록된 교정기록이다. 養校에서는 여기에서의 '領相'을 權轍을 가리키는 것으로 보았기 때문에, 당시 右議政이던 權轍을 '領相'으로 기록한 것은 '相公'의 오기라고 한 것이다. 하지만 《退溪先生文集考證》에서 '領相'은 당시 領議政이던 李浚慶을 가리키는 것 같다고 한 것처럼, 위 편지 문맥 내에서의 '領相'은 權轍을 가리키는 것이 아니라, 李浚慶을 가리키는 것으로 보인다.
85 盛 : 養校에 "'盛'恐'威'"라고 하였다.

KNL0008(書-權轍-2)(癸卷9:13左)(樊卷9:14右)

答權相國【戊辰】[86]

滉頓首再拜。去年秋, 伏蒙鈞慈甫稅遠駕, 首枉手翰辱答鄙書, 誨諭迷塗責譬分義, 諄悉懇厚, 庶幾可免。[87] 仰荷大庇, 不勝感激之至。

第緣滉方在罪責沸騰之中, 反被誤恩不一不再, 震恐憂迫, 闕於修謝, 忽已改歲。慙惶不敏, 死罪死罪。滉至愚長病, 命途多舛至老愈甚, 一身所遭, 無非僭分落虛之事。蠢物微忱, 若不自陳於新寧之前, 天日之明無由下燭。

頃者, 昧死自劾, 實不獲已, 或致重忤朝意, 以至謫罰未可知, 惕息戰慄, 無地自容。因竊記得昔忝豐郡, 閤下奉使經由, 追供於昌樂郵館。閤下責滉以爲郡不理, 且以滉常有退志爲不當。滉謹復之曰:"使滉有才業無疾病如奉使公, 吾亦何苦而必退? 正以病不能理郡, 故欲退耳。"閤下當時, 不以愚言爲不可, 一笑而罷。豈有以一人之身, 二十年前彊仕之時, 尙不能小施手而理一郡, 至二十年後瀕死之日, 乃可以大展抱而能補袞者乎?

往時閤下在銓曹, 亦常念滉困於虛名, 多周旋置[88]力於圖遂退閑之策。今在相位, 只在一言於細氈之上, 其爲置力, 想益無難。滉渴心蘄望, 敍在於斯。伏乞鈞慈留意終惠。滉惶恐死

---

86 戊辰年(明宗23, 1568년, 68세) 1월 16일경 禮安에서 쓴 편지로 추정된다.
87 可免 : 鄭校에 "'可免'上下疑有闕文誤字【鄭】"라고 하였다.
88 置 : 中本의 추기에 "'置'恐是'致'字, 下同"이라고 하였다.

罪。《拜狀。》

BNL0009(書-權轍-3)(樊卷9:15左)
答權相國[89]

頃日伏蒙軒從枉臨, 徒增惶感。尙闕趨謝, 復蒙誤垂囑託, 手書丁寧, 又遣令侄, 驚倒之極, 罔知裁報。滉本以荒拙, 病廢文業, 所以力免司文之職, 正以不堪此等傳後文字故也。況於此事, 曾經與時任俱在非一二, 滉以謬茫昏塞, 冒當盛囑, 豈其所宜？

且今來被囑, 懇辭與受而未辦[90], 不下數十餘家, 前後應否之間, 極有難處之事。茲承重喩, 不勝憂悶之至, 第緣無辭可以回納。謹此擎受, 因陳鄙悃如右。伏惟台鑑, 特賜寬諒。惶恐不備。謹拜上復狀。[91]

BNL0010(書-權轍-4)(樊卷9:15-1右)
答權相國[92]

伏承賜諭, 惶恐感怍。滉負罪濡滯, 爲累聖朝, 上章自劾, 亦已

---

89 戊辰年(明宗23, 1568년, 68세) 7월 19일 이후 서울에서 쓴 편지로 추정된다.
90 辦 : 上本에는 "辨"으로 되어 있다.
91 謹拜上復狀 : 拾遺에는 없다.

晩矣, 又未得請, 不勝悶迫。伏蒙俯臨之敎, 一猶不可, 況復至再！乞垂恕諒, 爲許停罷, 以安下情, 不勝祈懇之至。伏惟台鑑。惶恐不備。

BNL0011(書-權轍-5)(樊卷9:16右)

答權相國【庚午】[93]

滉頓首再拜。伏蒙台慈俯賜手翰, 具審燮理之暇, 泰慶萬茂, 遙增忭賀之至。滉得歸農畝, 天恩罔極。第以本職兼職, 迄未聞遞差之命, 至於數司提調, 亦尙仍舊。近方知其如此, 惶恐死罪, 無地措躬, 奈何！

　　滉犬馬之齒, 今及七十, 近方拜上乞致仕箋, 典禮有據, 宜無不得。萬或未遂如願, 伏乞台慈力圖扶濟, 庶令微物得所, 瞑目入地, 不勝祈懇切迫之情。滉早衰異甚, 百病交侵, 不及今日, 恐遂爲千古罪人, 尤增鬱抑, 更望曲加矜察。臘藥種種, 遠下窮閻, 病感無窮, 拜賜千萬。伏惟鑒諒。惶戰不備。

92　戊辰年(明宗23, 1568년, 68세) 7월 19일 이후 서울에서 쓴 편지로 추정된다.
93　庚午年(明宗25, 1570년, 70세) 1월 24일경 禮安에서 쓴 편지로 추정된다.

KNL0012(書-洪暹-1)(癸卷9:14左)(樊卷9:16左)

答洪判書退之【暹○甲子】[94]

頃者兒子寯回來, 獲奉令翰, 具審起居神相多福, 不任感賀交至。滉身在老病窟中, 光陰不貸, 眼霧頭雪, 殘生幾何? 尙持餘息, 承此珍問, 亦云幸矣。

若如松岡碑製事, 正是令公手裏事, 何乃爲此不近情之讓乎? 使滉稍可以堪此責者, 豈待人强之[95]後爲之? 去年, 松岡之孤亦以此事遠來扣懇, 滉留止數日, 反覆籌度, 以松岡知己則令公主文, 以傳後文章則時賢滿朝。滉以庸謬不文之甚, 病廢村野, 摯也不量其由, 左僻來求, 已足招人怪謗, 在滉又何敢抗顔爲之乎?

大抵此等事, 必欲得出於當世秉义之手, 以兩稱幽明之行, 此人之至情, 故雖無素分, 亦無不夤緣請述。令公身處其地, 忍令契分如松岡者, 逝後許多年, 尙未得一篇文字, 表之墓道, 至使其孤皇皇悶悶, 無處訴臆, 此豈亡友所期於令公者乎?

滉當少壯日, 尙不爲人作一碑, 至於今老朽將死之日而始爲之乎? 設令滉處可爲之時, 則必無託故以辭之, 若如令公處某之地, 則想必不肯爲。以此言之, 令不可終辭以負松岡, 決矣。行狀謹封回納, 伏惟鑑諒。惶恐不宣。

---

94 甲子年(明宗19, 1564년, 64세) 2월 禮安에서 쓴 편지로 추정된다. 〔編輯考〕 퇴계가 洪暹에게 보낸 편지는 11통이다. 庚本에 6통, 樊本 內集에 5통이 추가로 실렸다. 擬本에는 〈答洪判書退之【甲子】〉로 되어 있다.

95 之 : 養校에 "'强之'之'字疑'而'【愚伏標】"라고 하였다.

KNL0013(書-洪暹-2)(癸卷9:15左)(樊卷9:17左)

答洪贊成 退之【丙寅】[96]

朴世賢傳致令札, 叨承遠念指示迷塗, 兼以大義鐫曉諄至。滉亦人耳, 豈不知聳感圖改? 第以滉老病癃醜, 無復比數於人, 而朝廷所以湔[97]拂擢任, 如許其重大, 是無異蚊蚋負山僬僥扛鼎, 何可不量其敗而勇進以當之? 此已極難也。

從品亞卿, 猶不敢留而苦辭, 自知甚明故也。忽見躐陞正卿, 隆委文衡, 乃不顧前後, 遽進而受之, 諉曰"恩命至重, 不可辭也", 斯實假退梯進, 巧宦饕風, 其惡如何? 此尤極難者也。且高爵厚祿, 人情所慕, 召不俟駕, 一生講習。滉雖乖僻無知, 猶不至病風妄走, 若非其中有甚不得已之故, 亦何苦忍以父母遺體犯雷霆干斧鉞, 累累而不知止乎?

聖恩如天, 不加罪而釋兩重, 感祝洪造, 慚負天地, 猶以憲秩樞除, 未免壓重, 日夕憂惶, 罔知所爲。

來喩"久於朝著, 與晦迹山林者不同", 此誠切至之論。然嘗聞之, 古人以藩臣病歸家, 累加徵召, 而終不至者有之。此非晦迹山林之比而如此, 天下後世, 不以爲非而以爲是。由此觀之, 是亦一道也明矣。在彼尙然, 況庸品瑣流, 年近七十, 百病錮留者乎? 伏惟貳台仁鑑, 曲垂軫察焉。

---

96 丙寅年(明宗21, 1566년, 66세) 4월 18일경 禮安에서 쓴 편지로 추정된다. 〔年代考〕定草本에는 작성 연대가 '丙寅六月'이라는 小註로 기록되어 있으나,《月日條錄》에서는 丙寅年 4월 18일경으로 추정하였다. 定草本에는 〈答洪贊成退之【丙寅六月】〉로 되어 있다. 中本의 부전지에 "龍字"라고 하였다.

97 湔 : 鄭校에 "'湔'恐'前'"이라고 하였다.

徂茲鄭博士琢謄寄雅律二首, 其中辱有奬引之意, 深所悚服, 顧滉不足以承當, 如前所云, 慚靦, 奈何奈何！謹已撥病扳和, 恐未蒙原諒, 反增訶斥。今未可率爾幷呈, 姑俟事定後看如何？惶恐不宣。

BNL0014(書-洪遅-3)(樊卷9:19右)
答洪退之[98]

伏承垂問, 惶恐無地。滉昨於舟中, 遇大風雨, 進退不及, 因宿舟中, 致有加病, 僅入伏枕, 悶仰。伏惟鈞鑑。謹拜復上狀。[99]

BNL0015(書-洪遅-4)(樊卷9:20右)
答洪退之[100]

昨所諾當改處, 今見僉改本草, 其"得雨[101]"處"再"字、"害所當去"等處, 已用所稟之言, 而"熾漫"二字, 改爲"滋蔓", 甚當。然

---

98 丁卯年(明宗22, 1567년, 67세) 6월 25일 서울에서 쓴 편지로 추정된다.

99 謹拜復上狀 ∶ 拾遺에는 없다.

100 丁卯年(明宗22, 1567년, 67세) 7월 중순 서울에서 쓴 편지로 추정된다. 〔資料考〕이 편지는 퇴계 자신이 지은 〈明宗行狀〉의 초고에 대한 것으로 퇴계의 초고는 현재 개인 소장《明宗大王行狀草》(《韓國書藝史特別展㉑ 退溪 李滉》에 일부 수록됨)과 퇴계 종택 소장《先祖遺墨》(제23책)에 〈明廟行狀本草〉2종이 전한다.

101 雨 ∶ 拾遺에 "兩"으로 되어 있다.

則今所改只末端改"知"爲"覺"字耳。又有所稟，二十六年教大臣處"視民如傷之意乎"，此下本有"近日"二字，僉訂抹去，以"晝夜"接"意乎"下，語勢似欠，欲以"予今"二字改"近日"，何如？二十九年說書院處下諭"監司"，亦當改爲"觀察使"，何如？三十一年僉補云"其沈潛學問如此"，今欲於"問"下添一"類"字，何如？三十三年"教于八道監司"，同[102]總論。"垂意庶務"僉改"垂"爲"留"，但上有"留意"，留耶[103]似疊，只作"垂"，恐好。

BNL0016(書-洪遅-5)(樊卷9:20左)

答洪退之[104]

伏承再示，惶感惶感。滉亦追考，多有續稟處，卽刻已上呈矣。今蒙已入啓，則勢難屢改。但於中有不得已處，改付標入啓亦有例。量施何如？所改處，謹俱聞命。謹拜復。

102 同：中本의 부전지에 "'同'字未詳"이라고 하였고, 拾遺의 부전지에도 "草本, '同'未詳"이라고 하였고, 樊本・上本의 두주에 "'同'未詳"이라고 하였다.
103 耶：中本의 부전지에 "'耶'字未詳"이라고 하였고, 拾遺의 부전지에도 "草本, '耶'未詳"이라고 하였고, 樊本・上本의 두주에 "'耶'未詳"이라고 하였다.
104 丁卯年(明宗22, 1567년, 67세) 7월 중순 서울에서 쓴 편지로 추정된다.

BNL0017(書-洪暹-6)(樊卷9:20左)

答洪相國退之[105]

昨日群拜, 與明日之事, 大相不同。滉之不欲, 豈憚兩拜之難? 以積病癃殘人, 接見詔使, 瞻視埋沒, 有妨國體, 固亦爲華國謀也。令公不計此意, 而煎迫至此。滉之處身, 每如此極難, 奈何! 然稱頉果似爲難, 謹當如喩。謹拜復。

BNL0018(書-洪暹-7)(樊卷9:21右)

答洪相國退之[106]

謹伏承台慈, 賜以鐫誨, 惶感無地。滉頃欲歷參黃閣、三侍史, 披訴悃悶, 庶蒙諒察, 而遲鈍迂濶, 不及造溷門屛, 而先有此事, 窘蹙惶迫, 罔知所出, 終夜啜泣而已。因伏惟念平生飾虛盜名, 轉輾[107]至此, 固無取信於一世之理, 雖使百溷萬訴, 無益於事, 祗增罪戾, 則不及掃門之役, 未必不爲得計也。憂恐焚灼之中, 心病大發, 伏地呻痛, 妄發亂草, 死罪死罪。伏惟台敎是幸。謹拜上復狀。[108]

---

105 丁卯年(明宗22, 1567년, 67세) 7월 중순 서울에서 쓴 편지로 추정된다. 拾遺에는 〈答洪退之〉로 되어 있다.

106 丁卯年(明宗22, 1567년, 67세) 7월 28일경 서울에서 쓴 편지로 추정된다. 樊本·上本에는 〈答洪退之〉로 되어 있다.

107 轉輾: 拾遺에는 '轉轉'으로 되어 있다. 中本의 부전지에 "'轉輾'當乙"이라고 하였고 樊本의 두주에도 "'轉輾'當乙"이라고 하였다.

答洪相國 退之【戊辰】[109]

府騶之來, 辱賜手翰, 多方責喩, 指迷開惑, 庶得可生之路。自非見愛之深, 何以至此? 不勝銘感之至。

滉奇蹇蹠鼇, 得罪聖朝, 專由謬妄處身迷方盜竊虛名之故, 舉世皆知而不以直陳, 抗章自劾以達天聰。滉不得不爲, 或更觸忤朝意, 以速罪戾, 未可測識, 方當席稿以俟。今威命未下, 而先有此事, 不知相公以滉所自劾撲此恩除, 謂之當否何如也? 萬端危懇略具疏中, 茲不敢再瀆, 惶恐惶恐。

誨喩: "病旣少愈, 召赴[110]合禮。先哲處之, 未必一向辭疾。" 此固至當之言, 但只覺老病益甚。以今之愚, 豈敢效先哲乎? 橋山徑歸之罪, 疏中已引伏矣。"不滅夢卜", 相公筆下, 亦出此言乎? 相公平日視滉爲何等人耶? 其可以萬分有一上當於眷注之意乎? 相公亦以丙寅中滉所遭爲不可堪當, 辭不至爲宜, 今之所遭, 比於丙寅, 又甚夐越, 奈何勸之冒進乎? 若其不可堪, 而偃然承當, 其爲不恭, 恐有甚於踰垣者, 故不敢進耳。

至於書末: "爵秩先後崇卑之異, 非達人之所計較也。" 此則尤不敢聞命。夫貴通達而賤名檢, 西晉之所以亡也。方今聖上

---

108 狀 : 拾遺에는 없다.
109 戊辰年(宣祖元年, 1568년, 68세) 1월 24일경 禮安에서 쓴 편지로 추정된다.
110 召赴 : 두주에 "'召赴'恐當乙"이라 하였고, 甲本·樊本·上本에도 동일한 두주가 있다. 中本의 추기에 "'召赴'恐當乙" "傳本同"이라고 하였다. 定草本에도 앞뒤 바꿈 표시가 있다.

勵精至治, 廟謨所急, 莫先於貴名檢激風節以變頹靡之末習, 區區妄見, 正欲致謹於此。本品例¹¹¹召, 猶不敢當, 抗疏求免, 而反蒙峻擢, 至於此極, 乃欲出應而冒進, 是何前不通達而今忽通達耶? 此鄙隘妄見所以死執不知其爲非也。多言害道, 伏惟相公少留矜恕。惶恐再拜。《謹復。》

KNL0020(書-洪運-9)(癸卷9:18左)(樊卷9:23右)
答洪相國 退之¹¹²

朝廷以士君子之道處之, 己以市井之心進, 非但己所不敢, 亦非朝廷之所欲也。當辭本品時, 其心尙明, 及見大得, 遽忘前辭, 冒利而妄進, 誘曰"君命不可違", 此非市井之心乎?

竊觀來敎, 似有未盡恕察於鄙意者, 不得不妄引古人得失之跡以明之。趙以虛名使趙括, 致有長平之敗; 晉以虛名用殷浩, 竟見山桑之敗; 前漢夸召申公, 而大失望; 後漢强徵樊英, 而大貽譏。此虛名之士不可用之驗也, 而況滉盜取虛名, 有甚於此數人乎? 不如因其辭而棄之。

宋劉宰去後, 七除官而一不起, 滉不讀宰本傳, 未知其所除前後爵秩高下之如何, 至如崔與之, 以知成都府, 辭歸廣州, 後以禮部尙書召, 辭十三疏而不至, 繼以參政召, 又繼以右相召, 皆力辭終不至。與之之意, 必以辭小受大, 市井之心, 非朝

---

111 例 : 中本·定本에는 "禮"로 되어 있다. 교정기에 "例"로 되어 있다.
112 戊辰年(宣祖元年, 1568년, 68세) 2~3월 禮安에서 쓴 편지로 추정된다.

廷所以處己之道, 故寧不奉君命, 而必遂己志, 此豈可謂不知事君之義乎? 故後之尙論者, 謂"與之當時已老病, 不堪致力王事, 宜其不出." 且以與之爲有大臣風, 未聞以違君命罪之也.

以此等事觀之, 命官有不當受者, 力辭不出, 是或一道也. 若不量己分, 不問當否, 一切皆欲有受而無辭, 有進而無退, 以是爲事君之恭, 竊恐反理之評、斵[113]方之論, 不可以爲訓而率天下也.

楊龜山被召, 不辭而出; 尹和靖被召, 力辭, 强起之, 不得已而出. 二公皆以無所建明, 貽譏後世. 滉常謂龜山之意, 固不可知, 和靖爲人, 雖持敬功深, 本乏經綸之才, 初旣自知而辭之, 當終遂力辭乃善, 而竟不如志, 惜哉!

唐末, 以歜後鄭綮爲有隱德而相之. 綮自知不堪, 而辭之不得, 則就職未幾辭去, 君子之論, 善其辭去, 而惜其初不力辭而就職也. 如滉無良甚於鄭綮, 旣知不堪, 則當依君子之論, 力辭不就, 安可學綮之旣就而旋辭耶? 此亂世之事, 本不當引之, 以綮歜後, 證滉愚拙爲切, 故云.

范純仁自謫所放還, 遣中使, 以故相寵召, 純仁謝病徑歸家. 杜範被召來, 中道上疏自劾, 徑渡江歸, 其後至都而欲歸, 君命閉城門不許出, 猶伺隙而歸. 吳草廬罷史局, 賜宴, 不辭而徑去, 遣官追之, 不及而還. 當時廷臣建請: "澄耆老舊臣, 當優之." 遂不復召.

滉伏見宋、元時待士大夫, 旣有致仕之禮, 又有請去之路,

---

113 斵 : 中本에 "斷"으로 되어 있다. 추기에 "斷宜作'斵'"이라고 하였다.

臣之欲去者, 有坦坦大途, 請無不得, 猶有如此者, 爲其欲去之速, 恐或遲延而失去幾也。況今二途俱塞, 若又以上數人事爲罪而禁之, 不知欲使當去者, 由何路以去耶? 今或以去爲罪, 以退爲諱, 竊所未諭也。

何尙之旣去後來仕, 沈慶之猶知笑嘲。滉之去而復來者五, 今若進, 當爲六矣。無涓埃之報, 而六進七退, 豈當王良之友"往來屑屑"之譏耶?

去年, 滉出都門後數日, 安舜佐、金世憲以老病不職罷逐。滉若在朝, 則當同見逐, 若逐彼而遺滉, 是滉反不如彼也。

KNL0021(書-洪暹-10)(癸卷9:21右)(樊卷9:25左)
答洪相國退之[114]

復蒙台念, 手翰誨諭, 反覆懇到, 感激何勝? 心病之人, 白首近死, 忽逢如山之責, 怖畏錯謬, 置身無所。雖知本無可憂之若此, 愈抑愈甚, 晝益昏茫, 夜不能寐, 勢將爲難救之患。

今日吳貳相見過, 因知領相甚有矜濟之意, 方自欣幸。繼而獲承鐫督之勤, 與前日所聞頓異, 不知何故而然, 茫然若墜深井之中, 恨仰奈何! 悶仰何訴? 昨上小箚, 不審膽報閤下否? 今敎滿紙諸條, 非不懇切, 只以鄙箚籲訴之意觀之, 不待一一

---

[114] 戊辰年(宣祖元年, 1568년, 68세) 9월 21일 서울에서 쓴 편지로 추정된다. 定草本에는 〈答洪相國退之〉로 되어 있고 부전지에 "在都"라고 하였다.

發明而後知其不敢聞命矣。

實錄都廳, 仕日雖稀, 然其事體之重, 本非病人之事, 又豈[115]經冬不出者所敢溷耶?〈皇華集序〉, 數日呻吟, 不成數行, 所得皆陳腐不用之言, 似難了得, 其餘可知。

偶記得當閣下辭此任時, 領相議有曰:"文章與氣爲盛衰。洪暹[116]年近衰暮, 文章亦退, 故懇辭, 當聽許。"不知閣下當時行年, 視滉今日, 孰老孰少? 然而閣下在彼時, 則喜其言之能使釋負, 而到今則欲反其言, 以加之於滉, 可謂能絜矩乎? 今日萬一得蒙天許, 全仰諒察。情隘辭蹙, 不敢多言。《謹拜上狀。》

KNL0022(書-洪暹-11)(癸卷9:22右)(樊卷9:19右)

答洪退之[117]

伏承台慈遣醫屈札, 諭迷破惑, 庶得可生之路, 惶恐感刻, 罔知所對。滉爲人無狀, 處身乖宜, 一生常在欺大罔人之中, 盜名竊位, 愈久愈甚。陞嘉善仕三日, 而不足於心, 則退更飾僞以衒名, 爲[118]盜竊之階; 陞資憲仕一朔, 而又不足於心, 則又

---

115 豈: 定草本에 "豈可"로 되어 있다. 추기에 "'可'當衍"이라고 하였다. 樊本·上本의 두주에 "'豈'字下, 一本有'可'字"라고 하였다.

116 暹: 鄭校에 "'暹'恐本作'某'"라고 하였다.

117 戊辰年(宣祖元年, 1568년, 68세) 9월 이후 서울에서 쓴 편지로 추정된다. 〔編輯考〕中本에서는 이 편지를 위의 BNL0014(書-洪暹-3) 바로 다음에 실어 두었으며, 樊本에서도 그에 따랐다. 定草本·庚本에 이르러 현재의 편차로 바로 잡았다. 여기에서는 바로 잡힌 편차에 따라 편성하였다.

退而飾衒, 爲盜竊之階, 今得躋崇品矣。然則今之欲退, 亦必有不足之心橫在胸中, 故雖刳肝瀝血, 百千萬語, 終無以取信於世。

所謂欺世盜名、竊位叨恩等許多罪惡, 皆身自言之, 而身自蹈之, 七顚八倒, 窘束驅迫, 以至於此, 尙復何言? 尙復何言? 雖然, 事至於此, 亦無足怪。滉雖匪人, 得蒙辱知於閤下, 凡幾年矣, 而猶有如此不近情之敎, 則復何望見察於他人哉? 從當靦趨門下。妄陳區區, 惶恐辭甓, 不備。《謹拜復上狀。》

KNL0023(書-閔箕-1)(癸卷9:23右)(樊卷9:26左)

答閔判書【箕○丙寅】[119]

得見令翰, 今幾年矣, 奉緘顚喜。開讀之餘, 復令人怳然自失, 有求死不得之歎, 奈何奈何!

令公於我猶有不相悉者, 他人何望哉? 令公知我爲何如人哉? 其果有一事如人者乎? 其或有一長可取者乎? 以如此空

---

118 爲:中本・樊本・上本에는 없다. 中本의 부전지에 "'名'下恐有闕字"라고 하였고, 추기에 "傳本亦同"이라고 하였다.

119 丙寅年(明宗21, 1566년, 66세) 7월 하순 禮安에서 쓴 편지로 추정된다.〔編輯考〕퇴계가 閔箕에게 보낸 편지는 1통으로, 庚本에 실렸다. 편지 말미에 "申遲所稟, 眞是可笑. 其說在別幅."이라고 한 것으로 보아, 이 편지에는 원래 그 별지(別幅)가 있었던 것으로 추정된다.〔年代考〕퇴계가 丙寅年(1566) 7월 초순, 맏손자 李安道에게 보낸〈寄安道孫〉의 내용에 의거할 때, 퇴계가 申遲의 일과 관련하여 閔箕의 편지를 받은 것은 丙寅年(1566) 6월 말에서 7월 초순의 일로 추정된다. 이 편지는 그에 대한 답장이다. 따라서 이 편지는 같은 해 7월 하순에 보낸 것으로 추정할 수 있다.

疎，逢如許恩數，其可堪當於萬一乎？

聖上不知而誤加，微臣明知而冒受，其可乎哉？臣雖欲欺天瞞人，其奈貽朝廷羞辱何？是雖不有老病之故，猶不敢進，況年近七十百病錮留者乎？

令公平日視滉心病、勞病諸種沈痼爲何如耶？其他姑不言，戊己冬春，旅疾委篤，幾死者數，而誤恩驟加，欲辭則不許，欲受則難仕，惶窘百端，無可奈何，卒之蹭蹬而歸，令公其不目睹乎？彼時猶然，今更八九年，加老加病，其爲癃醜之狀，當何如耶？一進而竊取王爵，猶爲不饜，又可再進而再竊取乎？

人或有躐躋爵位，有未安之心而猶可受者，以其後日尙有報效也。如滉前受從品，旣已無一毫犬馬之力。今又因辭避之餘以爲階梯，而賭得六卿之列，問其後效，則如捕風者之無得，而徒諉曰：「君命不可違也。」攬爲己利，抗顔而不知恥，其爲饕爲賤，人有肯食其餘者乎？

來喩以爲「古今異宜，辭受之義，不當論也。」其指示可生之道，至矣。然鄙意終有所未安者，今世固不可一遵古道，然義理之在天下，是非之在人心，今猶古也，不容一日而磨滅。今若以是說斷置，是非可否，一切不問，而惟冒進之爲事，則愚恐士風頹壞，世道潰決，如渡江河而無維檝，此賈生之所寒心也。令公以爲「不當論」，無乃不可乎？

又謂「名在相列，與草野不同。召之不至，安有是理？」言至于此，心膽墮地。頃得洪貳相令書，所責亦然。執此成罪，眞古所謂「嶺海之間，乃吾死所也。」

雖然，鄙人之惑，於是又不能無也。若如所云，則爲人臣者進以禮退以義，但可行於卑官，及至爲卿爲相，則更不暇顧

禮義如何, 一以君命爲進退耶? 愚聞爵位愈高, 則責望愈重,
責望愈重, 則進退尤難, 故古之士大夫, 跡非山林, 或至卿相,
而召之不至者非一二, 猶可指數, 又恐人謂我援古賢以自託也,
故未敢焉。惟令公試爲之深考, 則當自見耳。故愚嘗妄以爲可
進而進, 以進爲恭; 可不進而不進, 以不進爲恭。古之不進者,
豈棄命中路而然乎? 可之所在, 卽恭之所在故也。若如滉者,
非有積病則可進; 不至癃老則可進; 非朽材無用則可進; 非辭
小得大則可進。今則不然, 垂死一身, 四患叢集, 非惟不可進
也, 兼亦不能進也。

　　來喩乃以"棄命中路當之", 其於議罪允否, 何如耶? 向者
三召, 未嘗不進, 必黽勉數年而乃退, 些少筋力尚存也。其第
四召也, 乞辭被譴而强進, 則病益重, 四五朔內, 僅仕五六[120]而
退, 事勢窮迫極矣。然而今年奉旨, 猶不敢安然, 自力奔程, 中
道中寒, 疾劇而輾轉顚沛, 以至于今日, 則今日之不能進, 豈
無故稽違傲上從康之謂乎?

　　合前後蹤跡而觀之, 斯亦仁人之所宜動念, 而聖朝之若宜
容許也。幸須令公母執前說, 曲採所控, 敦故舊不遺之義, 急
濡手拯溺之事, 公言於朝, "此人老病難仕, 前後躓困, 如此如
此。其不來, 不可以爲罪, 不如因其辭而聽許之, 收還前命, 而
以其舊職秩, 置之田里, 如古之致仕者之例以處之, 亦聖朝使
物各得所之弘規也。"廟堂之上, 仁厚達體執政諸相必多有同辭
以爲然者, 因以是轉聞于上, 而獲施行焉, 則聖朝包荒恤病之

120　六 : 養校에 "'六'下疑脫'日'字"라고 하였다.

典、微臣引分畢義之願，自令公發之而得兩全矣。豈不休哉？豈不快哉？而滉之情事，朝野所共知，久矣，豈以令公爲有私於滉而相爲之地耶？令公其勿疑之。《申暹所禀，眞是可笑。其說在別幅，幷冀亮照。情懇辭蹙，掛一漏萬。謹拜復。》

KNL0024(書-任虎臣-1)(癸卷9:26左)(樊卷9:30左)

答任方伯【丁未】[121]

承再惠音，慰諭良至，益見愛予之意，深荷深荷。《榮川只有空舍，不堪久留。今還禮安農墅，而寄藥隨至，此劑最宜羸病，曾所經驗。不能常繼者，卽蒙垂劑，且有續惠之示，幸莫甚焉。》

　　曾聞"盤錯別利器，肯綮恢游刃。"以本道浩繁，災極民困，正相公發蓄施仁之秋，何以有欲辭無路之嘆也？亦見憂國恤民不自滿足之心，是固君子之日乾乾也。如滉上負國恩，下傀時賢，直作一鄉里之陳人，枉過了一生，緣病至此，浩嘆奈何？《伏惟察諒。》區區鄙懷，屢發於左右，太似率然，幸有以容之。不宣。

121 丁未年(明宗2, 1547년, 47세) 1~9월 禮安에서 쓴 편지로 추정된다. 〔編輯考〕 退溪가 任虎臣에게 보낸 편지는 2통으로, 모두 약간씩 節錄되어 庚本에 실렸다.

KNL0025(書-任虎臣-2)(癸卷9:26右)(樊卷9:30右)

與任判決【虎臣】[122]

《伏問令候何似? 滉病遞, 又未得閑, 勢極爲難, 而病重尙未謝恩, 日夕惶悶而已。緣此未遂趨拜門屛, 恨仰。伏惟令照。謹拜白。》

《煩扣恐悚。》嘗聞先正鄭公諱汝昌先生之風, 而孤陋寡聞, 未得其詳, 心常愧欲。茲敢仰禀, 不審令公外舅氏於先生爲何親? 先生是何郡人? 何年出身? 仕至何官? 其爲安陰縣監, 是因何有此外補? 其得罪以佔畢門徒云, 然其詳亦不知爲何事。

其有著述及碑誌、行狀等, 或在令公處? 或藏其後嗣之家? 伏望暫許借觀, 以發蒙滯, 不勝千萬之幸。後嗣今日見存爲誰? 其謫關北, 的是何地? 被罪之年是何年? 葬之何地? 幷望諭及, 何如?《惶恐惶恐。》

---

122 壬子年(明宗7, 1552년, 52세) 6월 15~29일 서울에서 쓴 편지로 추정된다. 〔編輯考〕中本 이하의 모든 판본에서는 무슨 이유에서인지 이 편지를 丁未年(1547)에 보낸 앞의 편지 앞에 편집해 두었다. 여기에서는 작성 연대순으로 재편집하였다. 〔年代考〕洪暹이 지은 그의 碑銘에 의하면 任虎臣이 掌隸院判決事를 지낸 것은 1550년 이후 두 차례이다. 또한 편지 내용 중 "滉病遞, 又未得閑, 勢極爲難, 而病重尙未謝恩, 日夕惶悶而已。"라는 말은 退溪가 1552년 4월에 弘文館校理로 부름을 받고 서울로 올라와서 5월 25일 司憲府執義로 승진했다가 병으로 사직을 청해 6월 14일 弘文館副應敎로 遞職된 사실을 배경으로 한 것으로 보인다. 이러한 사실에 의거해서 이 편지의 작성 연대를 추정하였다. 이와 관련하여 좀 더 자세한 고증은 정석태, 〈퇴계 이황의 한시작품 개고와 그 의미〉, 2016, 《退溪學論集》제19호, 16번 주석을 참조.

BNL0026(書-宋麒壽-1)(樊卷9:31右)

與宋台叟【麒壽○甲辰】[123]

昨承簡示, 知公入直, 尤爲奈何? 然榜中之事, 不可置而不圖。公須修簡于蓮亭, 聯書僕名而圖之, 至佳至佳。僕則前旣借之, 今又再瀆甚難, 若於君簡連名, 則似無妨也。簡辭以吾兩人俱赴請之, 妓工旣會, 則入與不入, 可免其責。於君意何? 僕病不赴丁寧矣。

BNL0027(書-宋麒壽-2)(樊卷9:31左)

慰宋台叟【壬子】[124]

滉再拜。夏炎, 不審孝候安否何如? 滉在鄕日, 因蔡大述始聞遭懼凶變歸葬故山之故, 驚怛之餘, 旣無緣奔走問慰, 又未得附狀之便, 昕暮但有懸情。至都見彦貞, 頗聞讀禮動靜, 其於

---

123 甲辰年(中宗39, 1544년, 44세) 3월 이후 서울에서 쓴 편지로 추정된다. 〔編輯考〕퇴계가 宋麒壽에게 보낸 편지는 42통이다. 庚本에 11통이 실렸고, 續集에 9통이 추가되었으며, 樊本에 22통이 추가로 실렸다. 〔資料考〕宋麒壽의 문집인《秋坡集》(卷6:8左~22左) 重刊本에는 宋麒壽가 甲辰年(1544)부터 己巳年(1569)까지의 26년 동안 퇴계에게 보낸 편지가 25통 실려 있다. 다만 그 편지 중 이 편지와 與答 관계에 있는 편지는 없다.

124 壬子年(明宗7, 1552년, 52세) 4월 하순 서울에서 쓴 편지로 추정된다. 〔編輯考〕中本에 한 편지로 되어 있는 것을 庚本을 편성하면서 본문은 그대로 두고 追伸 부분은 刪節하였다. 그것을 나중에 樊本을 편성할 때 원래의 상태대로 복원하지 않고, 刪節된 부분을 별도의 편지로 편집하였다. 여기에서는 원래의 편지 형태를 복원하되, 추신

下情, 豈勝紆浣?

　　滉抱病俟死, 守愚無他, 不意蒙恩召, 强扶西來, 禍患餘生, 精神筋力, 斷不堪夙夜之勞, 少俟秋涼, 只得乞免爲首丘之計而已, 則他日還朝, 又作燕鴻之違, 此間懷慕, 如何可言? 伏聞自侍藥初喪以來, 傷毀悴損爲甚, 深以奉慮。況左右平時氣體殊未完實, 更望預虞曲護, 萬加節就, 以副遐祝。不宣。

KNL0027A(書-宋麒壽-2-1)(癸卷9:27右)(樊卷9:32右)
與宋台叟【麒壽○壬子】¹²⁵

青松李公幹, 以小燭四柄爲行贐, 今以二柄呈上, 視至何如? 似聞眉公遺嗣尙在淸境, 然否? 何以存活? 二柄幸付其嗣, 俾用於其禰之祭, 一明平生之心, 而祕之尤善。

부분을 이 편지의 別紙로 간주하였다. 〔資料考1〕 重刊本《秋坡集》에는 宋麒壽가 퇴계에게 보낸 편지 총 25통이 실려 있는데 그중 5통을 제외하고는 서로 구별할 수 있는 별도의 題下 小註 등이 없이 "答退溪"나 "與退溪"로 그 제목이 기록되어 있다. 여기에서는 그 편지들 또한 참조하였는데, 그들 편지를 언급하는 경우 앞에서부터 순서대로 세어서 '〈答退溪〉(2)', '〈與退溪〉(6)' 등의 형태로 제하에 번호를 붙여 구별해서 기록하였다. 〔資料考2〕 이 편지의 별지 부분은 初刊本《秋坡集》(卷5:4右《別附》)에 〈與宋台叟【壬子】〉란 제목으로 실려 있는데,《退溪集》(擬本)에 실려 있던 것을 그대로 옮긴 것으로 추정된다. 그리고 重刊本《秋坡集》(卷6:9右~左) 〈答退溪〉(2)는 이 편지에 대한 宋麒壽의 答書로 보인다. 中本에는 〈慰宋台叟【○壬子】〉로 되어 있다.
125 中本에는 별도 제목 없이 추기에 〈與宋台叟【壬子】〉로 되어 있다. 擬本과《秋坡集》(初刊本)에는 〈與宋台叟【壬子】〉로 되어 있다. 樊本과 上本에는 〈與宋台叟〉로 되어 있다.

SNL0028(書-宋麒壽-3)(續卷3:4右)(樊續卷3:4右)

答宋台叟[126]

懸仰思渴, 伏承垂報, 獲審孝候支持。慰寫之懷, 豈勝爲喩? 但所教紀敍先德, 雖云"略著標陰", 然如此等事, 世自有承當者, 決非朽劣無狀如滉者所敢冒爲。況頃年在散之日, 有朝貴持服在近鄕, 出於一時之誤料, 以此等事見託, 而力辭苦乞以得免者非一。

今何敢獨於令教, 不量前後, 徒以分義之故而承受乎? 今若不蒙矜察, 强投非宜, 欲辭則違慢, 欲受則得罪, 兩難所處, 而終不得不以寧甘違慢處之。伏乞萬賜採諒, 別託他人, 以幸孤危微陋之蹤。至祝至祝。

向見尊堂姪, 穎秀非凡, 今聞無恙, 此必有成就, 以慰後來, 深幸深幸。《朱溪先生詩集》, 曾幸窺管, 而未遂卒業爲恨, 承欲辱寄, 實所欣佇。但滉病日益深, 凡百俱不堪當, 不得已又出於前者之行止, 則其未卒業, 又恐如前日也。伏惟幷諒。區區所欲進者甚多, 鄭重未悉, 更祈千萬節就。

---

126 壬子年(明宗7, 1552년, 52세) 5~6월 서울에서 쓴 편지로 추정된다. 樊本과 上本에는 〈答宋台叟【壬子】〉로 되어 있다.

KNL0029(書-宋麒壽-4)(癸卷9:27左)(樊卷9:32左)

答宋台叟[127]

再蒙辱書, 伏承[128]孝候支迪, 豈勝慰紓? 但寄示敍述先德, 伏讀感歎, 深以得見爲幸。然滉所以不敢承當之意, 則前書不啻血誠縷陳, 奈何不賜諒察而有此強投乎?

滉平生絕無知識, 敍自知其不足則甚明。以魯鈍之資, 加之早年多病, 專[129]不讀書, 朝廷采虛名, 置之文翰之列, 職使難逭, 時有雕篆之效。當時不甚知恥, 數年退閑, 見古人述作如彼, 而吾之冒濫如許, 每一思之, 愧蹙汗背。

於時[130]適有以銘文見囑, 如權公繼祖、朴君[131]重甫、權公景信家子弟及鄕近士族數家, 滉既皆哀懇苦辭, 一切解免。雖幸得免, 而多以相疑相憾之言見加, 滉方深恐懼, 又自悼素不能取信於人, 以至無事而自困也。來京師, 復有數處或以文或以書來囑, 非徒病甚, 尤以前辭後許爲難, 亦皆懇免。

今至孝左右, 非不領前書之懇, 乃不矜悶, 必加以不近似之事, 使滉前却無地, 豈相知相悉之道乎? 況紀德傳後, 固欲後世之知名也。當今秉筆, 後世知名, 決不在於滉。乞速改圖

---

127 壬子年(明宗7, 1552년, 52세) 7월 중순 서울에서 쓴 편지로 추정된다. 中本에는 〈答宋台叟〉로 되어 있고 추기에 "壬子"라고 되어있다. 定草本에는 〈答宋台叟【壬子】〉로 되어 있다.

128 承 : 中本·樊本·上本에는 "審"으로 되어 있다.

129 專 : 養校에 "'專'恐'全'。"이라고 하였고, 柳校에 "'專'恐當作'全'"이라고 하였다.

130 時 : 樊本·上本에는 "是"로 되어 있다.

131 君 : 上本에는 "公"으로 되어 있다.

於他, 而計字度石, 作界樣送來, 則書役欲伺病間之隙而冒
爲之. 此亦他辭非一, 當取嫌怒於人, 只以再度下託之意不爲
偶然, 而不得已至於孤負, 心甚欿缺, 故欲以是少酬孝誠之厚
望耳.

　　滉衰憊癃疾日劇, 俟秋涼, 只有引退一路, 稍爲著脚穩處,
誠不意誤恩至此. 左右視敎胄重任, 豈罷病庸人所能堪耶? 顧
其間進退有極難處, 靦顔就職, 悶默爲過冬之計, 不幸之歎, 誰
與告語? 昔人恒以抱才不見知爲歎, 滉則每以無才不見斥爲
悶, 如之何如之何?

　　草稿兩件、空紙二幅, 謹同封再拜回納. 伏惟萬加寬恕, 勿
訝勿責. 滉無任慚悚死罪之至.

SNL0030(書-宋麒壽-5)(續卷3:5右)(樊續卷3:5右)
答宋台叟[132]

近又復承手簡兼敍述草稿, 乃與滉再次懇辭之意相左, 且怪且
悚. 然旣辱謬勤, 尤不敢徒然回納, 寧受謗傷於囂辭之人, 不欲
厚負於大孝之誠. 其不揆妄作之罪, 在左右矜察之如何耳.

---

132 壬子年(明宗7, 1552년, 52세) 8월 이후 서울에서 쓴 편지로 추정된다. 〔編輯考〕
中本에 의하면 이 편지는 원래 本篇과 別紙로 구성되어 있었는데, 庚本 편성 과정에
서 전체 편지를 산거하였다가, 續集을 엮을 때 本篇만 되살려 실었고, 樊本을 엮을
때 다시 別紙를 살려 〈答宋台叟別紙〉란 제목으로 그 內集에 실었다. 여기에서는 中本
에 의거하여 본 편지와 別紙를 合編하였다. 〔資料考〕 重刊本 《秋坡集》(卷6:10右~
左)에 실려 있는 〈答退溪〉(4)는 別紙의 네 번째 조목과 관련된 答書로 추정된다.

但所述狀辭, 完粹得實, 無可去取[133], 去一句則欠一事, 本不欲加手於其間。惟於世譜之敍, 略加整頓入式, 可矣。只恐如此則字多而標石有尺制, 必不容於陰刻也, 故不得不就其文而稍[134]裁節。今槪論所以裁節之意於此, 伏稟可否。

如先世持平公扈從南幸中淸州擧、雙淸公栖心淸淨、判官公視牟州之號, 去之似沒實, 未安。曾祖妣、祖妣不錄, 尤未安。然考古碑誌, 其大小寬狹可任意, 其文亦可肆筆盡言, 猶於先世不暇致詳。祖妣以上, 非因事別表, 則亦不皆現, 況碣陰小刻乎?

朱溪君名若日月, 恐不須書諱。槐院正字至博士云, 則著作在其中矣。敍先公志行之處, 文多截去, 殊未安, 然大意未嘗不約入於所存語中, 恐無妨也。如何如何? 左右敍爵秩處, 但擧其最顯吏參判, 餘雖不言, 在其中。

若先夫人墓碣, 則字不至多, 故幷存元文, 如何? 女適於長言之, 則次以下冒而成文, 故不須再下適字。胤祚氏參奉及兩生員之年, 亦不須云。曾孫男女, 亦於夫人言之, 此不言, 如何? 凡若是, 非不欲詳備, 勢不容詳也。如此痛節, 其文亦不少, 尙慮不容於四尺石之三面, 況又多存則如何可刻乎? 其下綴數句, 以拾餘意, 又有銘文四句。蓋碣陰只敍世系、鄕貫、子孫則止, 如元文之末, 可也。

今此上文, 旣言志行如許, 卽是碣銘之文, 恐不但若是而止爲無尾, 故粗足成之。然石小字多, 不能皆入, 則去之可也。

---

133 取:上本에는 "就"로 되어 있다.
134 稍:上本에는 없다.

夫人銘文, 去取大槪同於此, 不重云云。但朱溪君敎授諸生, 學徒傾城而往, 夫人習聞之云, 似溷言於丙[135]外之分, 不能無語病。嘗讀朱溪疏, 論禮敎甚確, 知爲好禮, 故改下語云云, 未知如何?

自知紕纇[136]疏脫多矣, 未能錘鍛得十分無闕處, 幸須更加精鍊, 又量石大小而減添之, 庶俾無後憾也。文章, 公器, 豈可一時緣情遷就, 貽譏後世乎? 惟尊諒。不宣。

BNL0030A(書-宋麒壽-5-1)(樊卷9:34右)
答宋台叟別紙[137]

大抵石制有度, 文多則字細, 字細則難深刻, 易至漫滅, 故文字極要簡節, 而先公碣文, 猶恐字多難刻也。

若不得已又當裁減, 則"當高麗恭愍朝", 作'當麗季', "府院君"之下, 去"謚文康公"四字, "承文院"下, 去"由正字"三字, "轉刑曹佐郞、奉常主簿、禮曹佐郞", 作'轉刑、禮曹佐郞'而去"奉常主簿",【右碑碣歷官之多者, 不必一一盡錄。】"慶尙都事"下, 去"兼史職"三字,【都事兼帶史常事, 不書無妨。】"忠淸道"下, 去"竣事"二字, "時母夫人年近八十上言陳乞留爲", 但云'以母老留爲',【上言陳乞之意, 在其中。】"噫"字以下及銘文皆去之, 何如?

---

135 丙 : 拾遺・續草本・上本에는 "內"로 되어 있다.
136 紕纇 : 中本에는 "秕類"로 되어 있고, 부전지에 "'紕纇', 考本草"라고 하였다.
137 中本에는 〈別紙〉로 되어 있다.

古云:"欲人不知,莫如不爲。"旣爲之而欲不知,無是理也。假如知之,諸公必以我爲有所取舍厚薄於其間,則何辭以答?到今日殊悔前之固執不爲也,奈何奈何?

大字依所命書上,但私心恐其太大,故又作中字幷上,擇可以用之。陽面旣有標題,陰面固不須更題標也,而去銘文,則又似無結,故銘文存之。贈字,初不省察,妄書而上,愧謬愧謬。

再言葬某邑某山,果如所教。然但言"公墓之下",又太無端,故去邑而存山。蘭玉再錄,亦果太煩,如所諭,略敍而終之,未審當否?就中末二行,字數不多,多空豁。鄙意第一行"太宗"字,上於第二行之上,其下以此推移作行,則最末一行之上,當書四五字而畢矣。因去"皇明"二字,而書嘉靖以下歲月,則上下兩端,疏密均齊,如何如何?

初不知石大如許,故極意裁減,想非無可否,向來諭一依,深用蹙惕。"忠清",今雖作'清洪',恐當依彼受命時道名爲當也。此事不錄亦無妨,但古誌碣,亦有錄奉使出入處者,存之無害,故仍書之。"執喪"下節去之言,示喩謹悉。"挾憾"字若太重,則改作'由是'二字,則無乃可乎?職銜幷書分行,滉亦未知某爲必當,故兩樣皆書上,惟孝意量處。

但所送界紙內,有夫人墓刻大字界樣,則已依書之,其傍又作中字界樣凡二十四,而不示以所書之字。意必當書府君碣額標題者,然未知此標當書何等爵,姑留之以聽後教耳。

BNL0031(書-宋麒壽-6)(樊卷9:36左)

答宋台叟【癸丑】[138]

伏承書諭, 孝候有小愆, 深以慮鬱慮鬱。滉素患心熱, 慣知其證, 每身勞則發, 氣虛則發, 最忌過用心力。曾知令公本有此證, 況誠孝之篤, 秖以碣銘一事觀之, 爲求惡筆之故, 至於四五往復而不怠, 其他可以類推[139]。三年虛極之候, 加此積勞, 其發無怪。

乞須諒照愚悃, 深體聖誡, 銘刻等凡干喪事, 一切付之令嗣輩, 養氣養體安心安神以爲本, 而其治法則摩足心爲上, 他藥次之。摩足心, 能使火降而水上, 有旋乾轉坤之力, 更望勿視尋常。若曰:"吾病不甚, 何遽爲憂?", 則其終必至於大憂, 惟大孝尤宜亟圖而改之。

近者鄭吉元亦甚殆, 猶幸及早而救之, 故蘇復, 幷祈曲照。示索四字, 依寫同封送納, 但追寫一二字補綴, 本難相似, 恐大小不倫, 故每字有數件, 揀而用之, 何如? 伏惟尊悉。餘萬不宣。

---

138 癸丑年(明宗8, 1553년, 53세) 4~9월 서울에서 쓴 편지로 추정된다. 〔資料考〕 重刊本《秋坡集》(卷6:10左~11右)에 실려 있는 〈答退溪〉(5)는 이 편지에 대한 答書로 추정된다. 〔年代考〕 편지 내용으로 볼 때, 宋麒壽가 執喪 중인 때, 그의 兩親의 墓碣銘을 完稿해서 부친 다음에 보낸 것으로 보인다. 퇴계가 宋麒壽 兩親의 묘갈명을 완성한 것은 癸丑年(1553) 4월이고, 宋麒壽가 內艱喪을 마친 것은 癸丑年(1553) 9월이다. 따라서 이 편지는 그사이에 보낸 것으로 추정할 수 있다. 拾遺에는 〈答宋台叟〉로 되어 있다.

139 類推 : 上本에는 "推類"로 되어 있다.

KNL0032(書-宋麒壽-7)(癸卷9:29右)(樊卷9:36左)

與宋台叟【乙卯】[140]

《伏問令候何似？馳慕日倍。》滉蒙恩遞職之日，適會有政，欲及其未下新命之前而出城，忽遽未得告行而來，恨恨悒悒，不可形言。滉如此舉措，人必笑之。然非由非罷非致仕，反覆思之，只有此一路，他無可以善處者，不知令意以爲如何？

《滉所寓家，臥堗當脚膝處，有濕氣。當時未覺受病，入舟以來，徧身皆有浮氣，腹下如以韋囊盛水包在其中，隨動滑稽。羸憊之極，忽有此證，極是可憂。惟平日略知導宣之理，賴此，時不至大發，得以生踰嶺歸。未知厥後如何。欲問趙伯陽以當藥，又欲從令公求劑以自救，但近年抱病在京，知求藥甚不易事。又況千里之鄕，轉轉[141]囑託以求之，及其得藥，病證與求藥之時又不同，其責效不已疎乎？以此未敢必求耳。就中》

天其或者延犬馬之齡，惟願更無狼狽之勢，待盡農畝，幸莫大焉。然不有相知之深、見憐之極，在朝廷力加保護，不可必得也。令公及朴希正已悉此意，深所依賴，惟松岡翁專欲勉留，雖苦陳素抱，不回其意。此其見愛者反所以納之窖地也。凡令力所及，終始置念，以全愚病之分，不勝祈懇。《伏惟令照。路遣奴還，撥倦草白。》

---

140 乙卯年(明宗10, 1555년, 55세) 2월 하순 豐基에서 쓴 편지로 추정된다. 〔資料考〕重刊本《秋坡集》(卷6:11右~12右)에 실려 있는 〈與退溪〉(6)은 이 편지에 대한 答書로 추정되지만, 제목이 〈答退溪〉가 아닌 〈與退溪〉로 되어 있다.

141 轉轉 : 中本에는 추기에 "'轉轉'疑作'輾轉'"이라고 하였고, 부전지에 "'傳本'轉轉'"이라고 하였다. 樊本의 두주에 "'轉轉'疑作'輾轉'"이라고 하였다.

BNL0033(書-宋麒壽-8)(樊卷9:37左)

與宋台叟[142]

春且行盡, 慕仰儀範, 日劇悠悠。前見蓮榜, 令胤是中, 深賀深賀。滉路有回奴, 輒拜一書, 未審達未? 到家, 濕證他腫處皆平, 但腹下如盛水, 此證未瘳, 極爲憂慮憂慮。令兒子問藥于趙令, 欲以奉煩, 幸祈命劑惠救, 何如何如?

迷兒得官, 眞出望外, 旣深瑟縮, 惟得在令公庇廕中, 稍以私幸耳。伏惟令鑑。餘詳前書。

KNL0034(書-宋麒壽-9)(癸卷9:29左)(樊卷9:38右)

答宋台叟[143]

《月初七日十七日, 兩次辱書一時幷到, 備審令體沖謐, 兼承示諭委悉, 又令劑惠兩色藥, 如取如携, 窮鄕療病, 个失投期, 感幸不可勝云。滉前患濕證, 挾舊證彌留, 加以兄子之喪, 憊頓深矣。蒙此惠藥, 庶得延保, 何喜如之?

滉不及辭別之恨, 曾已略陳, 無名退伏, 方竊惕息, 忽有恩

---

142 乙卯年(明宗10, 1555년, 55세) 3월 22일경 禮安에서 쓴 편지로 추정된다. 〔資料考〕 重刊本《秋坡集》(卷6:12右~左)에 실려 있는 〈答退溪〉(7)은 이 편지에 대한 答書로 추정된다.

143 乙卯年(明宗10, 1555년, 55세) 4월 28일 禮安에서 쓴 편지로 추정된다. 〔資料考〕 重刊本《秋坡集》(卷6:12左)에 실려 있는 〈答退溪〉(8)은 이 편지에 대한 答書로 추정된다.

旨, 其爲驚恐, 何地措躬? 旣承則不得已有謝箋, 復以書狀猥
陳辭職之懇, 謹席稿以俟。其所以使滉至此窘迫, 則申君之啓,
可謂愛滉乎? 況)趙判之於滉, 不可謂不相知愛, 前後苦懇, 亦
已無餘, 全不聽念, 深可怪憫。他日令公爲我問松岡曰:"公意
謂滉外雖託退, 中實欲還, 故必欲縻之耶? 抑實以滉爲誠病懇
退, 姑以爵祿戲試之耶? 由前則何取而還其人, 由後則其志固
可憐, 而爵祿非可戲之物, 公何爲進退無據之事耶?"以此扣
之, 庶或萬回其一也。至祝至祝。

《兒子未敎而得官, 加以劇司, 其時蒙濟得換則幸矣, 而未
果, 今無如之何矣。承念及, 感荷感荷, 瞻拜末由。向暑, 惟爲
時珍衛。萬萬不宣。》

《惠送臘藥, 亦已領受。感仰感仰。今審趙令觀化, 何仁而
不得其壽? 病身受其調濟甚多, 忽此聞訃驚怛, 何恨何恨!》

KNL0035(書-宋麒壽-10)(癸卷9:30右)(樊卷9:39右)
答宋台叟[144]

去夏兒還, 辱惠書, 備審起居冲謐, 欣慰無量。《信後炎酷, 爲
況想益佳裕。滉前苦濕脹, 自蒙惠藥, 日覺減歇, 只畏增熱, 中
輟服藥, 則又稍稍間發, 發輒腹膨。此證非淺, 不可說也。》

---

144 乙卯年(明宗10, 1555년, 55세) 8월 초·중순에 禮安에서 쓴 편지로 추정된다.

前下書狀, 有不計久近上來之語。此雖非必令上來之旨, 旣有所諭, 義不當無所復而安然退在, 但兒傳令語及他人見謀者, 皆以爲不須上答以避煩瀆, 故至今無皂白, 殊有未安。如何如何?

每苦松岡欲納人窘地, 及令公參卿, 方倚恃以自安, 不意頃日關東之擬, 令亦不救。雖蒙幸免, 悚愕甚矣。關東雖所願遊, 方伯之任, 豈爲潘孟陽遊山而設耶? 令公已信滉意, 不須多言, 但冀此後如遇此等事, 須極力救拔於千丈淵中, 不勝懇瀝。[145]《兒子續得情願, 過濫於分。朴世賢又得便養之邑, 感意難陳。旋恐物情或未愜以增滉罪耳。》

倭奴犯順, 國恥甚大, 今雖小挫, 後患尤難保, 如何如何?《送紙, 以苦熱不能操管, 乘涼當依戒, 然亦何用? 邈難會合, 秋淸, 惟崇重萬萬以副遐企。不具。》

BNL0035A(書-宋麒壽-10-1)(樊卷9:40右)

別紙

聾巖先生捐館, 無所歸仰, 不任悵悵。公幹守喪, 時無他病。今月二十八日永窆, 諸孤欲得時賢挽語甚切, 令公想不能無意, 幷倡諸公處送來, 亦一美事也。曩云何不樂仕之言, 甚畏, 然無如之何。

---

145 懇瀝 : 中本·樊本·上本에는 "懇瀝懇瀝"으로 되어 있다.

BNL0036(書-宋麒壽-11)(樊卷9:40左)

與宋台叟[146]

一之日觱發, 未審令履何似？選曹淸重, 愜於沖尙, 敍干囑之煩, 想難堪耳。滉前患濕證, 今轉爲腹肚脹滿, 似醫家所謂積聚者, 無醫藥可救, 爲悶。

前寄玉版, 不敢但已, 浼染回納。拙書本不足觀, 而山齋得筆脆惡, 其楷書十幅, 尤不堪充覆瓿, 聊可發一笑[147]耳。去九月獲書, 所喩之意, 正合鄙料, 故悶默至今。但當初所以力疾去朝者, 祇欲未死之前, 得免濫榮, 庶幾少安愚分, 而身在田畎, 爵係朝列, 旣不赴, 又不辭, 反爲十分椎鈍無廉隅之物, 是爲大謬。顧無可免之路, 則只得依令敎矣。

樞卿令公, 今爲何官？松岡、邦寶, 想皆淸健, 病中不能極力讀書, 敍靜裏溫繹舊業, 眞覺有意味, 頗以是自娛自遣爾。邈無承晤之期, 惟冀珍嗇以副時望。不宣。

臘劑分惠爲幸。[148]

---

146 乙卯年(明宗10, 1555년, 55세) 11월 禮安에서 쓴 편지로 추정된다. 〔資料考〕拾遺에는 別紙가 실려 있지 않다. 重刊本《秋坡集》(卷6:14右)에 실려 있는〈答退溪〉(10)은 이 편지에 대한 答書로 추정된다.〔年代考〕편지 모두에 "一之日觱發"이라 하였는데, 이는《詩經‧豳風 七月》시에 나오는 말로서, '一之日'은 '一陽之日' 곧 11월 동짓달을 가리킨다. 따라서 이 편지는 11월에 보낸 것으로 추정할 수 있다.

147 笑 : 上本에는 "書"로 되어 있다.

148 臘劑分惠爲幸 : 拾遺에는 없다.

BNL0036A(書-宋麒壽-11-1)(樊卷9:41左)

別紙

秋成荒年, 禁令已弛, 省墓之行, 以何爲非? 聞之令人憮然。滉樞職未安之意, 頃嘗謀於權景由, 景由見敎以"歲末間, 上書狀, 辭以未上去之意, 似當。"云, 此言甚合理。

但今世此等事, 未有因其辭而許免之例, 反有鳴叫喚醒之嫌, 至其甚者, 或致有意外之事, 此尤極無謂難處之端, 恐不如因朝廷之忘置, 而隱默屛藏之, 便無一事。故景由之言, 亦時無必從之意耳。

KNL0037(書-宋麒壽-12)(癸卷9:30左)(樊卷9:42右)

答宋台叟【丙辰】[149]

張正郞來自京, 傳示令書, 獲審近況, 云有鴒原之戚, 深以怛然。且未知緣何遽去臺而入讞部[150]耶? 雖隨處有盡己之道, 然刑官尤非雅意所樂, 唯當勉思盡職, 却不可生厭忽耳。

滉積聚痞脹, 往往劇甚, 鄕無醫藥, 坐待天之所處如何, 不能深以爲憂。但樞銜迄未聞鐫去, 此事甚令人撓窘, 奈何奈何?

古者雖小臣, 必明去就辭受, 不必宰相與臺諫也。假使古

---

149 丙辰年(明宗11, 1556년, 56세) 3월 禮安에서 쓴 편지이다. 定草本・庚本에는 〈答宋台叟【丙辰三月】〉로 되어 있고 上本에는 〈答宋台叟〉로 되어 있다.
150 部 : 養校에 "'部'恐'府'"라고 하였다.

人遭此, 必極力抗辭, 煩瀆嫌謗, 皆不暇顧恤。在滉固難以古人爲援而言也, 雖今人, 不遇滉地則已, 如遇此事, 則恐不但如滉之都無黑白, 名朝身野, 冒嚊度日也。況今國事搶攘, 智力馳騖, 爵以酬勞, 猶患不給, 豈可虛授病廢之人, 有同棄之溝中, 而有勞者反或不受祿? 此又非平時之比也,《尤爲未便。》

是以, 不計譏謗, 草書狀, 略陳懇情。將上之際, 得令諭不必更煩之言, 因復思之, 亦甚有理, 實恐無益而有害, 且爾輟罷。然一向不鐫, 則滉終未免竊爵之罪, 死不瞑於地下矣, 奈何奈何?《臘藥惠寄種種珍劑, 病感不容爲喩。縣人行, 草修未備。伏冀爲時崇重。》

KNL0038(書-宋麒壽-13)(癸卷9:31左)(樊卷9:13右)

答宋台叟[151]

去夏, 承惠書, 兼寄珍劑名香, 佩服盛意, 何限何限? 顧以不獲赴召, 憂恐之至, 重聞時議深罪於滉, 益懷惶縮, 未敢拜一書報謝, 至今闕如, 祗增愧恨。[152] 卽日秋淸, 伏想令履神相萬勝。

滉尙欠一死, 平生不幸, 竊取虛名, 今夏之事, 尤極驚怪。滉雖迷惑, 豈不知天恩至重不計死生趨謝之或可? 但自見精

---

151 丙辰年(明宗11, 1556년, 56세) 8월 禮安에서 쓴 편지이다. 〔資料考〕 重刊本《秋坡集》(卷6:15左~16右)에 실려 있는 〈答退溪〉(14)는 宋麒壽가 退溪의 이 편지에 대하여 쓴 答書로 추정된다. 定草本에는 〈答宋台叟【丙辰八月】〉로 되어 있고 庚本에는 〈答宋台叟【八月】〉로 되어 있다.

152 愧恨 : 中本에는 "愧恨愧恨"으로 되어 있다.

神筋力, 無復有一分可以勉强, 他職尚然, 況玉堂之長, 是豈瀕死病人所堪一日處耶? 旣明知不堪, 而强顔就謝, 豈義所安耶? 千不是萬不是, 故不敢舁行, 繼聞時論謂滉不知臣子之義, 滉無由訴臆, 日俟誅譴之至。幸被天矜, 許以處閑, 感戴畢生, 惟萬積祝懇而已。然時議之遂息, 未可必也。想有所聞, 不惜示及, 深望深望。

後辭狀致仕一語, 必受笑罵, 雖相信如令公, 亦應以爲迂愚。緣滉謬見如此, 不暇計他而妄發耳, 如何如何?《尊甥丁君魁捷, 乃分內事, 不爲私賀, 爲國深賀。兒子進前, 草修報達, 不能盡披。惟祈崇珍加重。》

BNL0039(書-宋麒壽-14)(樊卷9:44右)

與宋台叟[153]

窮陰雪寒, 伏問令候起處何如? 慕戀殊極。滉塊守僻陋, 衰拙陸陸, 閑中無味之味, 誰與共之? 惟日懸懸於左右也。

偶見朝報, 知有過限之彈, 想已帖然矣。樞卿令公出按關西, 令人遠懷難禁。令公松京之擬, 何耶? 或是[154]出於令意否? 朝正吏歸, 聊奉安問。萬不呈一。

---

153 丙辰年(明宗11, 1556년, 56세) 12월 禮安에서 쓴 편지로 추정된다. 〔年代考〕 편지 모두에 "窮陰雪寒"이라는 말이 나오고, 그 말미에는 "朝正吏歸"라는 말이 나오는 것을 볼 때, 丙辰年(1556) 12월에 보낸 것으로 추정할 수 있다.

154 是 : 拾遺에는 "時"로 되어 있다.

SNL0040(書-宋麒壽-15)(續卷3:6左)(樊續卷3:7右)

答宋台叟【丁巳】[155]

丹山黃守寄傳辱書, 承賀節之行, 已有定期, 正遠[156]益遠, 令人黯然, 無以爲懷。令公此行, 亦不爲非晚, 償得壯遊之志, 一快事也。至如道路小梗, 天佑神相, 復有何患耶?

拙蹤已還四方之事, 於此徒馳羨而已。固知朝天贈言, 不屬林下事, 緣被遠索, 又因大述來告, 往別不能, 竟緘別紙浼呈。想玉河一披, 當有一念逾新羅也。惟冀道間珍嗇萬重, 至祝至祝。

KNL0041(書-宋麒壽-16)(癸卷9:32左)(樊卷9:44右)

與宋台叟【丁巳】[157]

觀周夢鈞, 神勞愷悌, 伏想履度益膺休慶。中間道梗, 遠聞殊駭, 所以奉虞者實深, 今茲馳賀, 情豈有涯? 但無由晤對以遂披霧耳。

---

155 丁巳年(明宗12, 1557년, 57세) 4월 초순 禮安에서 쓴 편지로 추정된다.〔資料考〕이 편지에 동봉했던 송별시〈送宋台叟赴京〉은, 작품은 일실되고 그 제목만 中本《外集目錄》(卷6)과, 그것을 逸目錄으로 처리한 樊本·上本《退溪先生全書目錄 外集【逸】》(卷6:37左)에 실려 전한다.

156 正遠 : 中本의 부전지에 "'正遠'更詳"이라고 하였다.

157 丁巳年(明宗12, 1557년, 57세) 12월에 禮安에서 쓴 편지이다. 定草本·庚本에는〈與宋台叟【丁巳十二月】〉로 되어 있다.

天朝有何異聞異事？遼被㺚犯如彼, 不知朝廷尙可防制無
南還意否？泉、漳、蘇、湖間倭勢亦如何？杞人之憂, 問及於
此, 可笑其愚。然以理言之, 天下事皆非外事也。如得異書近
義理者, 亦可遠示否？聞有《今獻彙言》者曾已來東, 切欲一見
而不得。

滉病覺日增, 愚覺年甚, 眼漸不辨物, 心已無餘力, 但欠一
死耳。《兄壻前蔚珍縣令朴世賢前蒙令濟, 感刻難喩。今因其
行附上此狀, 不知今亦可垂顧否？伏惟令照。餘祝更勵崇深。》

《大述竟至不救, 已爲痛惜, 而三女在室, 生理蕭然, 襄事
亦艱, 慘不可言。》

BNL0042(書-宋麒壽-17)(樊卷9:45右)

答宋台叟【戊午】[158]

前月伏承垂翰, 具審在途經險之狀, 眞可謂寒心。愾悌神相, 益
驗非虛, 深賀深賀。滉昏憒日甚, 殆不省事, 雖知理遣, 不無自
歎。惠送臘劑, 種種皆備, 窮山病舊, 緩急有賴。感佩眷逮之
厚, 敢此修謝, 伏惟令照。

《道學名臣錄》, 切欲得見, 有蒙[159]許, 出身鄭惟一者滉親
友, 今在京師, 夏初當還鄕, 其行付送, 何如？丁佐郞景錫, 知

---

158 戊午年(明宗13, 1558년, 58세) 1~3월 禮安에서 쓴 편지로 추정된다.
159 有蒙 : 中本의 부전지에 "'有蒙'更詳'이라고 하였다.

惟一所在, 可以傳付, 伏惟竝採。

KNL0043(書-宋麒壽-18)(癸卷9:33右)(樊卷9:45左)
答宋台叟【己未】[160]

工部人至, 伏奉珍翰, 承令候神相沖茂, 馳賀曷勝[161]?《滉尙保餘息, 得見存問, 亦云幸矣。》但解職一事, 至今未蒙恩許, 撓窘惶恐, 計不知所出。

今此丘口之來, 所當不計死生, 亟圖上去, 非徒舊病種種益甚, 今年暑毒, 倍於常年, 遂成腹疾, 上逆下泄,《專不思食, 食亦不消,》以致委篤沈困。千里炎塵, 雖欲强作發行, 寸無筋力可以運起, 百思還廢。姑令丘口先去, 少遲時月, 觀病勢以決行止, 如來敎所以爲滉策者如是, 而復慮若不免死於道路, 則無甚妨, 萬一復入城中, 則難仕蹭蹬當倍前, 人之唾鄙當益甚。

故人念舊, 或肯與之一杯酒, 竊恐菊君之羞見我, 不肯入酒杯來也, 奈何奈何?《向日所索《言行錄》, 雖有往來人, 慮有汗漬雨浥之弊, 今亦不付此人, 隨後遇士人入都者托送爲計。》

---

160 己未年(明宗14, 1559년, 59세) 6월 禮安에서 쓴 편지이다. 〔編輯考〕이 편지는 庚本의 편집 과정에서 1차 刪節되어 定草本에 실렸다가 판각할 때 2차로 수정되었다. 定草本에는 1차 刪節된 편지가 본문으로 실려 있고, 그것을 수정 刪節하라는 편집 지시에 따라 수정한 내용이 부전지로 붙어 있다. 부전지의 내용은 이후 판각된 것과 동일하다. 〔資料考〕이 편지는 重刊本《秋坡集》(卷6:16右~左)에 실려 있는 〈與退溪〉(15)에 대한 答書로 추정된다. 定草本에는 〈答宋台叟【己未六月】〉로 되어 있다.
161 曷勝 : 中本에는 "曷勝曷勝"으로 되어 있다.

大不俚於口, 非獨貉稽, 故人熟視之, 乃不爲置力於其間耶?
言多力倦, 不能一一, 惟爲時加愛。[162]

SNL0044(書-宋麒壽-19)(續卷3:3右)(樊續卷3:3左)
與宋台叟[163]

伏聞頃者光膺寵擢, 判苻赤縣, 時望慰洽, 不勝抃慶之至。滉
病之蘇瘳, 無時可冀, 而身之難處, 愈久愈甚。

　曾再得丁相書, 謂"滉別無他病而不來爲不當", 意若深責滉
不曉事者。丁相且然, 他人可知。吳直長彥毅書, "令公嘗招吳,
似欲指滉迷塗然者, 吳以自困司務, 未往扣閽。"云, 伏想令意亦
與丁相同否? 然所謂病者, 豈必頭痛如裂, 腹病[164]如絞而後,
謂之病乎? 謂滉不病, 如萬目所見何? 且追贈恩典, 固莫大焉。
初命下, 似當謝而無謝例, 在京家廟焚黃者, 亦未聞進謝, 則

---

162 工部人至……惟爲時加愛 : 定草本에는 "解職一事, 至今未蒙恩許, 撓窘惶恐, 計不知所出。如來敎所以爲滉策者如是, 而復慮若不免死於道路, 則無甚妨, 萬一復入城中, 則難仕踏蹬當倍前, 人之唾鄙當益甚。故人念舊, 或肯與之一杯酒, 竊恐菊君之羞見我不肯入酒杯來也, 奈何奈何? 大不俚於口, 非獨貉稽, 故人熟視之, 乃不爲置力於其間耶。言多力倦, 不能一一, 惟爲時加愛。"로 되어 있다. 교정기에 "此書頭辭及今此所行曲折, 略節取入, 是。"라고 하였다. 또한 본문과 동일한 내용의 부전지가 붙어 있다.

163 己未年(明宗14, 1559년, 59세) 9월 禮安에서 쓴 편지로 추정된다. 〔編輯考〕續集에서는 이 편지를 SNL0028(書-宋麒壽-3) 앞에 편집해 두었다. 樊本・上本에는 〈與宋台叟【己未】〉로 되어 있다.

164 病 : 上本에는 "痛"으로 되어 있다.

受由焚黃者, 獨不可不謝, 竊恐似未然也。然受莫大之恩, 而病未還仕, 慚惶負罪。天日鑑臨, 抆血難寫, 奈何奈何？伏思知滉進退失據之窘, 宜莫如令公, 萬或有一有致誤如前之端, 專仗令慈力圖已之, 千萬幸祝幸祝。

《前云《理學名臣錄》, 無可信人久稽, 今付李公幹之行。聊申[165]賀忱, 不覺鄙悃之及, 伏惟令諒。不宣。》[166]

KNL0045(書-宋麒壽-20)(癸卷9:33左)(樊卷9:46左)

答宋台叟[167]

自附書公幹後, 默念書中言涉自明, 得無重得罪於門下？日夕懍若無憑, 人回擎奉辱書, 鐫誨極其諄悉。雖自顧迷繆之甚, 尚蒙謹於斥絶, 而欲指其自新之方如此, 感佩欣幸, 不可名言。且細讀來喩, 責譬之言, 一一皆當病之藥, 萬金不可易也。但所謂不同山[168]林之士、所謂因事引退之嫌, 滉亦非不知也。奈平生不幸, 以大愚得虛名, 痼疾濫高秩, 明知一日不可冒處。冒處之罪, 重於徑情, 而百度千思, 他無可去之路, 不得已而披猖至此。巖牆之誡, 眞是名言,[169] 然滉所値爻象如此, 安得計

165　聊申 : 上本에는 "耶由"로 되어 있다.
166　前云……不宣 : 拾遺에는 없다.
167　己未年(明宗14, 1559년, 59세) 12월 禮安에서 쓴 편지로 추정된다. 定草本에는 〈答宋台叟【己未十二月】〉로 되어 있고, 庚本에는 〈答宋台叟【十二月】〉로 되어 있다.
168　山 : 上本에는 "士"로 되어 있다.
169　名言 : 中本에는 "名言名言"으로 되어 있다.

後禍而蹉却當前路頭耶?

承誨"何不循例辭遞而更爲乞退乎?" 此則於滉之情悶, 不垂細察, 故有此言。令公曾見朝廷因人乞退而有許退之例乎? 苦乞之餘, 不過付軍職而已, 軍職依舊是食祿之人, 不可以徑去, 必因受由而後可去, 則滉初來, 欲受例由, 無名可受, 奈何?

且在鄕陳疏, 本爲帶職爲農無義, 故願得朝廷許退一言, 所以瀝血哀號, 非但不遂所願, 反致狼狽入京, 謗責如山, 雖以忠厚相悉如吾令公, 亦責滉不量而爲無益之妄發。況入京後病僵不仕, 衆目所見, 成均三辭, 極陳病狀, 乞退之意, 無不罄竭, 而反得恩命。凡滉所以前後顚沛情悶如此, 令公以爲乞退而可得遂退乎?

向日丁相責滉之意, 亦謂'還肅拜後, 惟吾所欲', 滉意丁相無病, 故不知病悶, 又不諒我前後乞退未遂之故而爲此言, 似不相悉, 故前書云云。今審令意, 見矜指迷之懇, 無以加矣, 惟此一段, 則與丁相所責不甚相遠, 如何如何?

書中又有"人來開示"之敎, 故縷縷至此。承誨之餘[170], 多言自釋, 亦甚不當, 幸賜原照。諭及鈞旨, 惶悚無已, 但旣以進賢二字答之, 固難爲說, 然何不復之曰"此人不可以此處之, 老病愚拙, 欲守其分, 與其强之而令至顚沛, 不如退之以遂其愚之爲愈"云爾耶?《曆日之惠, 田家所切, 以分隣族, 深荷。臘劑, 又不敢不白。大抵拜面無期, 臨風悒悒。惟冀茂慶以副時望。

---

170 而披猖……承誨之餘 : 定草本에는 없고, 추기에 "以下多缺文"이라고 하였다. 〔今按〕定草本에 落張이 있는 것으로 보인다.

不宣。》

KNL0046(書-宋麒壽-21)(癸卷9:35左)(樊卷10:1右)
答宋台叟【庚申】[171]

《去春獲承垂翰, 久稽報謝, 玆因李公幹之行, 復寄問札, 出於行館息勞之餘, 足見貸慢存舊之厚, 不任感佩之至。卽日冬候尙暖, 伏想令體淸裕益勝。》滉積衰積病, 心昏目昏, 椎鈍日甚, 爲一鄕里常人、壟畝疲氓。

時復顧念, 平昔無一事滿人意者, 薄此桑楡之景, 思欲收拾一二, 以自補塞, 而志力不強, 殊無稱愜於意。往歲, 不計前後顚遽來歸者, 亦以此故, 其歸旣然, 難復入都, 故前因垂誨之及, 未免曉曉自言。前書乃有"獻忠反類遼豕"之諭, 仍詳盛意以滉爲強狠自用不可告語之人, 自今但以故舊處之, 無復相期以忠告之意, 甚爲愧厌。滉雖無似, 亦嘗有聞於先民長者之餘論, 豈敢訑訑然自作捍拒於責善之至[172]哉?

徒以其初一行, 中間陞秩, 兩皆無謂, 而病且近死, 自念拖留不去, 若死於京師, 何處靑山受此枉死一塊肉乎。緣此急忙下歸, 以趁朝露之前, 當彼時, 正如心痛之人不暇緩聲。慮不及謝恩一節, 有礙於末梢, 旣已蹭蹬抵此, 固無計可善其後, 此

---

171 庚申年(明宗15, 1560년, 60세) 10월 禮安에서 쓴 편지로 추정된다. 定草本에는 〈答宋台叟【庚申十月】〉로 되어 있다.

172 至:〔今按〕李象靖의 《退溪書節要》에는 두주에 "'至'疑'地'"라고 하였다.

所以得罪正論而無路自逭者也。然他人熟視不言, 而惟令公鐫
譬懇懇如此, 滉於旣往之事, 雖已難追, 敢不作事謀始以庶幾
毋蹈前非乎?《審令公頃日之行, 乃追榮, 旋返正是在滉負累之
擧。聞來羨惡, 無以仰喩。伏願勿以未得自由爲歎, 益爲時懋
勉, 以副遐望。》

BNL0047(書-宋麒壽-22)(樊卷10:2右)
與宋台叟【辛酉】[173]

李參奉傳寄令翰並臘劑一封, 拜領紆顧, 愈久不替, 深用感佩。
滉又奉有旨, 當力疾奔赴, 適因落傷, 病勢方劇, 冀得少歇, 稽
遲至此, 不勝憂惕。若扶曳得達京師, 可得瞻拜。伏惟令照。餘
病手顫, 不具。

　　年前有一書, 附公幹以上。今奉辱書, 語不及之, 得非便中
　　失傳耶?

173　辛酉年(明宗16, 1561년, 61세) 1월 18일 이후 禮安에서 쓴 편지로 추정된다.

SNL0048(書-宋麒壽-23)(續卷3:7右)(樊續卷3:7左)

答宋台叟[174]

小孫安道來歸, 伏承令賜手翰, 存藉垂慶, 兩致諄至, 感荷感荷。孫兒顓蒙, 不知向方, 今聞與之進而賜言移日。其不才濫得, 非所喜, 而得此於令前, 爲賁幸之大也。

滉今老態病狀, 比於承眄之日, 又越三年於此矣, 其爲癃醜, 不待云云。但去年惠書, 誨以去就之失宜, 隨奉一書, 粗陳愚抱。其後又寄一小簡, 附李公幹以來, 滉亦卽以小報, 附公幹之還, 并以拙句兩絶呈似。至今年正月, 又蒙惠臘藥, 其小簡中, 只敍寒暄而已, 略不及見前兩報之意, 今來諭又云云, 無乃去年滉兩報書, 中間不傳乎?

滉無路謝恩, 尤恐物情以爲不是, 雖相悉如令公之前, 猶以數數拜書爲未安, 故臘藥之書, 闕然至今。去年則每書輒報, 其拙句末云"叵耐故人千里外, 相思難與共幽襟"者是也。幸因此思其書之至否, 或以一字喩及以破疑訝, 何如? 伏惟令照。

---

174 辛酉年(明宗16, 1561년, 61세) 9월 25일 禮安에서 쓴 편지로 추정된다. 〔資料考〕重刊本《秋坡集》(卷6:15右~左)에 실려 있는 〈與退溪〉(13)은 이 편지에 대한 답서로 추정된다. 樊本・上本에는 〈答宋台叟【辛酉】〉로 되어 있고 續草本에는 추기에 "依初本, 年條辛酉"라고 하였다. 〔今按〕續草本 추기에서 '初本'이라 한 것은 中本을 가리킨 것으로 보인다. 이하 모두 같다. 현재 中本 수록 편지 제목에는 '辛酉'가 없으나 '辛酉' 표기가 있는 BNL0047(書-宋麒壽-22) 다음에 편성하였으므로, 辛酉年에 보낸 편지로 편성한 것이 확인된다.

BNL0049(書-宋麒壽-24)(樊卷10:2左)

答宋台叟[175]

月初奉化李宰之來, 獲承令垂辱報, 敍意款悉, 披讀而還, 且慰且幸, 不可名言.

滉前日之歸, 出於甚不得已, 所謂心痛不及緩聲者耳. 至於中心, 固自有愧負不滿之意, 而令公引義鐫曉之言, 又出於至誠, 滉豈敢堅自是而慢忠告, 有不報於百朋之錫哉? 其以不報爲疑, 是乃平日明鑑俯察愚悃之有未盡也. 向若令滉亦慊於不見令答而無後書, 則其前書終未陳於令前. 如是不已, 幾何不至於相怨一方之歸乎? 幸而其書收在巾衍, 以時而發, 使鄙素得少披露於左右, 豈非天耶?

滉今老病日深, 永無起脚向前之望, 而樞除尙未蒙罷, 徒感盛諭之厚, 而欲從無由, 嘅息奈何奈何?

李同年久遊門下, 今此相見, 深有宛若之欣, 更覺懷想之切也. 所欲云不少, 遠書不能縷縷. 惟爲時惜寶, 茂膺新祐. 謹拜復.[176]

---

175 辛酉年(明宗16, 1561년, 61세) 12월 禮安에서 쓴 편지로 추정된다.
176 謹拜復 : 拾遺에는 없다.

SNL0050(書-宋麒壽-25)(續卷3:8右)(樊續卷3:8左)
與宋台叟【壬戌】[177]

夏間, 蔡生還鄉, 拜承垂翰, 兼問蔡生, 得審起居康福, 以慰瞻慕。秋盡冬來, 尙未修報, 自愧逋懶之甚。然此非專由逋懶之故, 身在遠僻, 屢通朝問, 恐或非宜, 故遇有便風, 欲作書還止者多矣。凡在朝舊素諸公, 未敢奉致微意者, 皆此類也。想令賜諒恕。

　　重吉公老官外藩, 卒以喪歸, 人事可痛。景說還都後屢見否? 滉衰殘如許, 邈無奉晤之日, 臨風見月, 此懷難禁。因孫兒入城, 聊上草信, 未究萬一。惟祝度寒神相珍慶。

BNL0051(書-宋麒壽-26)(樊卷10:3左)
答宋台叟【癸亥】[178]

夏初, 孫兒安道回自京, 獲承手翰, 伏審光膺秩宗之任, 朝野望愜, 不勝欣賀。自後一向因循, 久未修報, 卽日秋序乍警, 伏想令體益綏淸福。

　　滉前月中得病非常, 伏枕經朔, 今僅免死, 但衰劣餘息, 爲

---

177 壬戌年(明宗17, 1562년, 62세) 10월 12일 禮安에서 쓴 편지로 추정된다. 〔資料考〕 重刊本《秋坡集》(卷6:17左~18右)에 실려 있는 〈答退溪〉(17)이 이 편지에 대한 答書로 추정된다.

178 癸亥年(明宗18, 1563년, 63세) 7월 禮安에서 쓴 편지로 추정된다.

病消剝, 更覺委頓, 奈何奈何？臘劑魚藿, 拜領珍惠, 仰感仰感。且孫兒挈妻遠道[179], 水陸多窘, 乃蒙軫念, 曲賜圖濟, 其爲銘荷, 擧家渾劇渾劇。伏惟令照。餘祝對時懋昭, 神人允恊。不具。謹拜謝狀。

樞卿、景由兩貳相, 想時得相從。每蒙遠念, 荷幸旣多, 孫兒之行, 亦受兩相圖濟, 尤深感佩感佩。敢煩語次爲致謝感之意, 伏望。

BNL0052(書-宋麒壽-27)(樊卷10:4右)

與宋台叟【甲子】[180]

年來屑縮, 未奉一字之問。伏想履端休慶, 神相萬倍, 但增馳慕之私。滉尙免他虞, 自去年大病後, 滿頭霜雪, 齒落眼黑。此際唯願一瞻魯山眉宇, 以展舊抱, 而不可得, 奈何？
　中間國家戚慶迭至, 皆不敢有云。今玆不意迷子得官入都, 附上信音, 仍祝爲時珍懋萬萬。不具。

---

179 道 : 拾遺에는 '途'로 되어 있다.
180 甲子年(明宗19, 1564년, 64세) 1월 10일경 禮安에서 쓴 편지이다.

SNL0053(書-宋麒壽-28)(續卷3:8左)(樊續卷3:9右)

與宋台叟【甲子】[181]

正月二十五日令惠書, 至今未報。伏想卽日銓叙優暇, 神相康福。近聞玉潤賢郞荐占蓮桂, 于門多慶, 天報固然, 不勝抃賀抃賀。滉老病日甚, 今又濕患往復, 步履蹇劣, 諺云: "雪上加霜", 信不虛矣。

　　前書深以榮顯爲憂, 此在令公爲分內事, 而云然者, 謙挹素尙, 自當如此。今則天官重責, 比前加隆, 而袍笏滿床, 天休滋至。伏惟令公持盈戒溢之念, 當如何也? 險塗多傾, 末節難全。更願益懋令德, 思終始無愧, 以副時望, 以光簡冊。此區區故人之望。

　　滉自攻[182]過不暇, 其於俯詢一轉語, 何敢妄云?《伏惟尊諒, 幸甚。因兒子入都, 附此草狀。不宣。謹拜賀。》

BNL0053A(書-宋麒壽-28-1)(樊卷10:4左)

與宋台叟別紙[183]

滉樞職尙未遞罷, 罔知所爲。流聞中, 間有欲啓遞之議, 景由、

---

181 甲子年(明宗19, 1564년, 64세) 9월 10일경 禮安에서 쓴 편지로 추정된다.《退溪集》판본 편집 과정에 산거되었다가, 續集을 엮을 때 中本에서 본 편지만 되살려 실었고, 樊本을 엮을 때 다시 別紙를 살려〈與宋台叟別紙〉란 제목으로 그 內集에 실리게 되었다. 中本에 의거하여 본 편지와 別紙를 합편하였다.

182 攻 : 定本에는 "恐"으로 되어 있고, 추기에 "'恐', '攻'之誤。"라고 하였다.

令公以爲不可, 其議遂寢。滉名在朝身在野, 雖緣疾病, 出於萬萬不得已之故, 他日或有指此爲罪, 何所不至? 此滉所以日夜憂惶, 末[184]死之前, 欲聞遆命也。

景由、令公本欲厚我, 而不思其爲滉莫大之患, 深可欺恨。伏願令公爲往見景由公, 道此危懇, 相與力圖, 復出前議, 要令得遂鄙願, 不勝大濟大幸。今兵判亦知區區之情, 必不阻却, 千萬至祝至祝。

SNL0054(書-宋麒壽-29)(續卷3:9右)(樊續卷3:9左)

與宋台叟【乙丑】[185]

《謹伏問令候何似? 向承人日寄書, 指諭迷塗, 適値時事多故, 未卽依行。近方冒上, 獲蒙恩許, 自今至死, 少安愚分, 病蹤不至危窘, 無非令公與權相力爲念圖之賜, 感幸之極, 無以報謝。》

就中所怪, 同浴之中, 令公獨受指點, 何耶? 想閑中時發一笑。然不可以是自謂無妨, 當加警省爲上。《未由瞻奉, 嚮風馳懷。不具。》

---

183 中本에는 "別紙"로만 되어 있다.
184 末 : 中本과 拾遺에는 '未'로, 上本에도 "末"로 되어 있다.
185 乙丑年(明宗20, 1565년, 65세) 5월 禮安에서 쓴 편지로 추정된다.

BNL0055(書-宋麒壽-30)(樊卷10:4-1左)

答宋台叟【丁卯】[186]

年前朴世賢來致令問, 其一時滉亦有一書, 因便寄呈。竊睍令札鐫諭之意, 先於鄙狀略布之, 一往一來之際, 似皆兩悉。其後又一向因循, 未修一字之信。春初, 邸吏來, 拜領珍緘, 副以新曆臘劑, 其爲佩荷, 尤不自勝自勝。

　　滉冬間重爲風寒纏襲, 春發痰喘暴甚, 挾以諸證, 連數月劇苦, 直到日和, 僅得擧頭, 些少氣血, 椓盡無餘, 病根依舊, 往復不測。當此之時, 召旨又降, 行止兩難, 窘迫罔措, 奈何奈何? 當初不在抄中, 不知何故竟有此事? 益深憂惶。無狀無用, 令鑑明照有素。況今昏謬癃醜, 不可方物, 而浮議胥動, 使人無措身之地, 一入都門, 事事皆難處, 文思渴涸, 一句寫不得, 無補絲毫, 只見顚沛。此念日撓, 心病日增, 不知終何所底止也。控訴情深, 毫楮難形, 力倦草上。

　　伏覩去年書意, 雖以令公之忠厚懇惻, 於拙者行止之難, 似若有不相諒者, 況望其他? 徒深鬱抑。

---

186 丁卯年(明宗22, 1567년, 67세) 3월 2일(別紙는 여름) 禮安에서 쓴 편지로 추정된다.

BNL0055A(書-宋麒壽-30-1)(樊卷10:5左)

別紙

去春, 修書與寄孫兒書, 同封上送, 其書到京, 而孫兒已入關北, 以是誤傳滯傳, 轉輾至今, 始還得之, 敢煩呈上。雖無緊關, 要達一時之情耳。

BNL0056(書-宋麒壽-31)(樊卷10:5左)

答宋台叟[187]

承問感仰。臣民無福之中, 在微臣尤劇, 受恩如天, 一謝亦未及焉, 摧殞何堪何堪? 奔迫哀遑, 道患腹疾, 轉傷脾胃, 專不思食, 食亦不消, 往往暴下, 日覺羸頓, 恐遂致大患, 不得已今欲呈辭。纔入輒請告, 無義之極, 奈何奈何? 惟令垂諒察。謹拜白。

SNL0057(書-宋麒壽-32)(續卷3:9左)(樊續卷3:10右)

與宋台叟【丁卯】[188]

滉受職不仕, 大爲新政之累。前途有如此蹭蹬事, 又不知幾何,

---

187 丁卯年(明宗22, 1567년, 67세) 8월 2일 쯤 서울에서 쓴 편지로 추정된다.
188 丁卯年(明宗22, 1567년, 67세) 8월 9일 쯤 서울에서 쓴 편지로 추정된다.

而及至凍寒, 專作蟄蟲, 以過三冬。若是不去, 咎責唾罵, 將塞兩儀, 乘此遞職之命, 所當決去, 議者皆以山陵爲言, 此情誰訴？雖令公想未必察此衷曲也。《惟冀爲時萬重。不宣。》

BNL0058(書-宋麒壽-33)(樊卷10:6右)

答宋台叟[189]

遣人追問, 感仰感仰。滉行出於計窮意迫, 不得與諸公叙別而來, 愧恨不已。只願後來無復有魔障, 則幸莫大焉, 如或有之, 力與營捄, 至仰。謹拜謝。

BNL0059(書-宋麒壽-34)(樊卷10:6右)

答宋台叟【戊辰】[190]

去四月十四日令惠書, 自季應姪子處轉傳寄來, 得審近況, 深慰病懷。但聞其行已發, 故未及修報, 恨仰。

滉蹉跎窘蹙, 日以益甚, 不知何故致此, 亦不知何道免此痛, 自咎責而已。令辭勢當然矣, 洪相之辭不知何也？諸公如此, 而滉如此, 又不知何也？

臘劑, 遠蒙歲寄, 病中佩荷特深。伏惟令照。中抱難悉, 惟

---

189 丁卯年(明宗22, 1567년, 67세) 8월 하순 禮安에서 쓴 편지로 추정된다.
190 戊辰年(宣祖元年, 1568년, 68세) 5월 1~7일경 禮安에서 쓴 편지로 추정된다.

在默會。向熱珍愛。謹拜謝。適得禿穎，言不盡意。

BNL0060(書-宋麒壽-35)(樊卷10:6左)
答宋台叟[191]

承令惠存問，感仰。滉歲前數日出入，受傷添病，會遭此除，將何堪任？終不見可出之理，而昨旨如此，惶恐極深。曾聞朝論不擬已定，不知何故忽變以擬，使之狼狽至此？誠可怪也。承知令候亦未和勝，懸情不已。謹拜復。

BNL0061(書-宋麒壽-36)(樊卷10:7右)
與宋台叟[192]

滉又遭此事，勢甚迫阨[193]。然行不可遂已．路需順氣參蘇等藥，可蒙惠否？謹問。

---

191 己巳年(宣祖2, 1569년, 69세) 1월 6일 서울에서 쓴 편지이다.
192 己巳年(宣祖2, 1569년, 69세) 2월 28일 서울에서 쓴 편지이다.
193 阨 : 中本에는 "扼"으로 되어 있다.

BNL0062(書-宋麒壽-37)(樊卷10:7右)
謝宋台叟[194]

療病之藥, 纔叩便得如取諸囊中, 感仰。伏惟令照。謹拜。

BNL0063(書-宋麒壽-38)(樊卷10:7右)
答宋台叟[195]

卽蒙惠藥, 深荷且幸。昨日請辭, 卽許遞二相, 乃知上意本不欲以此拘執之也。其爲感祝, 可勝云喩? 但傳敎依舊有未安之語, 欲留之意, 而區區事勢不可淹久, 其間或有難處之事, 慮恐慮恐。今明則似延遲矣。謹復。

再臨無乃未安? 量處。

BNL0064(書-宋麒壽-39)(樊卷10:7左)
答宋台叟【己巳】[196]

快行遠至, 承奉令書, 追問繾綣, 感荷之情如獲握手之別。溉

---

194 己巳年(宣祖2, 1569년, 69세) 2월 28일 서울에서 쓴 편지이다.
195 己巳年(宣祖2, 1569년, 69세) 2월 30일(그믐) 서울에서 쓴 편지이다.
196 己巳年(宣祖2, 1569년, 69세) 3월 6일 양주(楊洲) 광나루에서 쓴 편지이다.

昨因日暮, 止宿奉恩寺, 今向廣津, 庇賜所逮, 時保餘息而去。伏惟令照。餘祝善自珍愛。

BNL0065(書-宋麒壽-40)(樊卷10:8右)
與宋台叟[197]

隆寒, 伏問起居安否何如？無任遡慕之懷。滉幸此屛伏, 但尙多有未安者, 每深兢惻。就中兄子在憂中得疝證, 鄕村難得醫藥, 日以深重悶極。蟠葱散六七服, 可得命惠否？餘萬不備。惟祝爲時珍衛。

BNL0066(書-宋麒壽-41)(樊卷10:8右)
答宋台叟[198]

頃奉辱答, 承悉令候起居康福。且蒙惠寄兩藥, 以捄病姪垂死之命, 感且銘幸, 不可爲言。第其病稍似變前, 更遣人訪藥。崔德秀所陳, 俯採, 再賜劑送, 以終大惠, 不勝翹渴。滉今冬寒甚, 痰病作苦, 閉縮深藏, 以俟春暖日, 要與蟄蟲蟲俱昭蘇蘇耳。因情事所切, 累瀆淸聽, 汗汗。

---

197 己巳年(宣祖2, 1569년, 69세) 10월 중순 이전 禮安에서 쓴 편지로 추정된다.
198 己巳年(宣祖2, 1569년, 69세) 11월경 禮安에서 쓴 편지로 추정된다.

蔗糖遠物, 珍荷竝深。迷兒得近邑, 幸甚。但凋敝太劇, 將無以爲邑, 反爲老父之憂, 可悶耳。

BNL0067(書-宋麒壽-42)(樊卷10:8左)

答宋台叟【庚午】[199]

頃承軍威傳致令書, 謹已修報矣。韓秀士[200]來, 復蒙辱札, 兼問秀才, 具審近況。想於其間不無難處之意, 然此特出於所値之不幸, 今亦無如之何, 但當靜正以俟事定之日耳。

　　老拙無狀, 旣退猶未遂休致, 名義尤不得正當, 因勢難乞章又不得上, 跧伏鬱鬱以度日耳。

　　秀才遠尋窮僻, 觀其資甚美。旣令垂誤托於此, 固當留之。第緣老倦已極, 眼前子姪, 亦難於敎督日課, 或有外來一二人, 皆自以所讀書問難其所疑處耳, 非日課敎督事也。且溪居舊有小書齋, 爲風雨壞撤, 無寓處, 欲寓山南書屋, 則踰山來往旣不可爲。滉又畏寒, 每冬節不得出居山舍。凡此曲折, 秀才所親見知。玆未如令戒, 留兩日空返, 何愧負之如斯? 伏惟曲垂諒照。無路展此幽抱, 不任忡悵。惟祝悠勵萬重。不宣。

199 庚午年(宣祖3, 1570년, 70세) 9월 중순 이전 禮安에서 쓴 편지로 추정된다.
200 士 : 中本과 拾遺에는 "才"로 되어 있다.

KNL0068(書-朴淳-1)(癸卷9:36左)(樊卷10:9左)

答朴參判【淳○丙寅】[201]

一別多年, 傾慕憒憒。子中之來, 辱惠手翰, 憂滉誤入, 痛加指迷, 以示可生之道。感幸震越, 不知所以爲報。然不可無一語以謝厚意, 姑布梗槪。

滉生來萬事少順多舛, 莫大之患, 每出於本分計慮之外。夫庸人而處卑無名, 老病而棄置遠外, 是本分事也。今乃不然, 以性極愚、材極劣、病極深、老極衰之人, 反遭名太濫、責太重、位太高、恩太隆之變。如使滉如古識微慮遠之君子, 雖値其中之一事, 猶以爲不祥之兆、必敗之徵, 亟引而去之。況以四極而遭四太, 其處之當如何也？不幸而不知則已, 幸而自知之明, 則又安可犯此兆徵而敢應吾君之命乎？雖然, 其所以不敢應者, 亦豈爲私計而然哉？

嘗聞朱文公之言曰："士大夫之辭受出處, 又非獨其身之善[202]而已, 其所處之得失, 乃關風俗之盛衰, 故尤不可以不審

---

201 丙寅年(明宗21, 1566년, 66세) 4月 下旬 쯤에 禮安에서 쓴 편지로 추정된다. 退溪가 朴淳에게 보낸 편지는 1통이다. 庚本 편성 시에 실렸다.

202 善 : 두주에 "'善', '事'之誤。"라고 하였다. 中本과 樊本에도 동일한 두주가 있다. 擬本의 부전지에 "經世舊日誦朱書本文, 至今尙在心目, '事'字無疑。前日校過時, 貼標以上, 今者非徒不改本字, 並其標而去之, 深所未曉, '善'字無義。設或手本作'善'字, 必是誤寫, 當以朱子本文改之, 千不疑萬不疑。【愚伏校。】"라고 하였고, 또한 鄭校에 "'善', 考朱子書, 則作'事'字, 語見韓尙書書。"라고 하였다. 〔今按〕여기의 擬本은 陶山書院 소장의 의경자본이다. 그에 붙어 있는 부전지는 愚伏 鄭經世의 것으로서, 愚伏은 庚本에 속하는 龜鶴亭本의 상란에 다수의 교정 기록(鄭校)을 남겼다. 擬本의 편성 시 愚伏이 교정 의견을 龜鶴亭本의 상란에 기록하여 제출하였던 것으로 추정할 수

也."夫以大賢之出處, 其間有小違礙, 猶尙以此爲患, 況今庸下之人, 挾虛名而欺君父, 見大利而忘己分, 但知貪得, 罔思酬報, 不知禮義之爲何物、廉恥之爲何事, 則其弊豈止於傷風俗壞國政而已? 管子所謂"四維不張, 國乃滅亡"者, 由此而作矣。以是言之, 此豈一人之微事、一時之細故, 而可以妄處之哉?

是故, 古之盛時, 在上之人亦知其然, 雖急於求賢用才, 而其難其愼, 大以任大、小以任小, 其所不能, 不強使爲。其或不幸而誤擧, 亦必因其自知而請辭, 無不釋然而聽許之, 至其老病無精神筋力者, 又有致仕之路以處之。故朝無倖位, 士不失守, 上得擧措之宜而成濟川之功, 下無冒進之患而免覆餗之敗, 君臣同享其福, 萬品各得其所, 豈不休哉? 其不然者, 一切反是, 傾敗之鑑, 古今昭昭, 不可誣也。

頃來聖斷赫然, 剔蠹鋤姦, 朝廷淸明, 濟濟衆賢, 治化新, 猶以爲未足, 九重恭默之中, 思得賢臣而用之, 寤寐靡寧。雖商宗、周文之盛心, 何以過此? 方是時也, 乃謬以朽鈍迂[203]闊無所肖似如臣滉者, 冒瀆而欲進之。滉若徒知急趨君命而強赴之, 是緣臣之故, 致聖朝夢卜之美意終歸於管子之所深憂、賈誼之流涕長太息也, 此滉所以惶惑窘蹙而不敢進也。

蓋可進而進, 固義也; 不可進而不進, 亦義也。義之所在, 卽爲事君之道, 何可拘也? 矧乎滉也從前苦辭, 在道力辭, 皆以不能故也。一朝見高官厚祿之來加, 乃不計責任如何而進當

있을 듯하다. 愚伏은 의경자본에서까지 자신의 수정의견이 반영되지 않고 무시된 것에 대해 안타까움과 불만을 표하고 있다.

203 迂 : 上本에는 '汙'로 되어 있다.

之,則是何昔之所不能,今忽變而爲可能耶? 此於心跡之間,大相乖剌,滉之難進,尤在於此矣。

抑滉雖頑固無知,亦人耳,豈不知上有雷霆之威,下有窮餓之迫,一受如天之恩,則可大享富貴之樂而無疑謗哉? 以今日之所遭,揆平昔之所聞,有不可妄進者如彼,區區勉守,不欲見利而遷就,畏禍而回奪,以俟他日見古人於地下。其志誠可悶,而其情亦可恕也,奈之何行不孚人,誠未格天,悶怨之驗,久矣寥闊,訶訾之言,至今荐沓?

日者朴君子進移書切責,其中最未可曉者,"形迹"二字也。因竊慨念子進之於我,殆可謂舊相識者,而一顛沛之間,似若以不當疑者疑之,況在他人乎? 於是,未免開口屑屑以自明,雖覺甚鄙猥,只爲其言有關於臣子之義故也。

其書想未及達,而子中至,旣讀令書,驚惶未定,又再得子進書,乃知其前書見疑之言意蓋如此。而子進又云:"非獨某意,諸公意皆然。"然則雖以左右之忠恕懇惻,亦不能無疑於滉耶? 抑非疑於滉也,特以令意惓惓,切於獎進而有少裨,不得已而爲此言耶?

由前之說,則"不能"二字,滉自四十三歲以來至于今二十三年間,所以出萬死爲退計者無他,只被此二字爲身之累故耳。今諸公乃欲移作他說而置疑於其間,夫疑人於所無,而納之於罪惡,豈吾黨君子所忍恣爲也耶? 由後之說,則令書所云,萬一果有之,益見小臣欺天罔世以致上誤之罪,非臣隕首糜身所可贖也。然而天門萬里,道路流聞,率多過情之談,不知令公何所據信而云爾耶?

而況下土螻蟻之臣癃形醜狀,一近天鑑,便生厭怪,至於強試空疎, 而應對失旨, 謀謨無策, 亦勢所必至。如此, 是適所以使吾君悔生於側席, 志倦於求賢, 求以小益, 反用大損, 何上答之足云耶？故今爲諸公計, 莫若具滉前件不足爲聖世用之意, 而明告于宸旒, 庶朝意豁然, 無復踵前之誤, 必改而更求當世之第一流, 以應吾君之期望, 以臻至理而熙鴻號, 斯爲當務之急也。

仍須建白, 改滉見授職秩, 以本職致仕, 而束之高閣, 置之山巖, 如古者待虛名之士之例, 使垂死之命, 容得守分畢義, 與草木同腐, 則聖朝由是得求賢致理之實, 微臣由是免妨賢辱國之罪, 亦使世人知終南果不是仕宦之捷徑, 北山無復有後釁之〈移文〉, 在滉之身, 快幸爲如何？而於諸公謀國之忠、成人之美, 亦可謂兩得之矣。

滉惕厲薰心之餘, 擬作此書, 眩瞀忪怔, 構思復輟, 勞憊委頓, 操筆還休, 經涉數旬, 僅道一二, 猶覺語多無倫, 書不成字, 急於分疏, 冒愧呈上。伏惟仁鑑少垂裁幸焉。滉恐懼再拜。

獨不見博者乎？一手虛著, 全局致敗。今欲獎進虛名, 動一時觀聽, 而不得實用, 正是一虛著手, 寧可不虞其敗局乎？況近世士林之禍, 率因虛著而作, 覆車在前, 故踵後者尤難進步。病人聾耳, 猶聞浮囂之徒動以小己卯目之, 此乃載禍相餉之言。滉不幸而當虛著之局, 及至於敗, 未知諸公其得晏然而已乎？愚意嘗謂己卯領袖入學道未成而暴得大名, 遽以經濟自任, 聖主好其名而厚其責, 此已是虛著取敗之道。又多有新進喜事之人, 紛紜鼓作, 以促其敗勢, 使讒者得售其術。恐此當爲踵後者之至戒, 不可忽也。

KNL0069(書-沈義謙-1)(癸卷9:41左)(樊卷10:14左)

答沈參議【義謙○庚午】[204]

《芳節向闌, 不審令候何似？ 不堪悠悠之思。去年兒子來鄉,》伏承十月二十五日惠書, 卽當修報, 第以書中所囑事勤懇如許, 旣難承當, 又難報辭, 沈吟稽滯, 以至越歲逾時, 罪不可勝。且滉所以難承當, 前已反復畢陳, 以謂庶蒙諒察, 何爲復如是誤命耶？ 滉若眞可堪辦此等文字, 向者文衡寵命, 何苦辭至再乎？

更審來書, 不稱碑而以碣爲言, 豈不以碣文則滉所或作故耶？ 然曾被領相囑其伯氏判書碑文, 終亦變而索碣, 滉惶恐報辭云："二品正卿墓刻, 何可以滉故改碑爲碣乎？"二品且不可, 況於正一品極崇之位乎？ 此則尤不敢承者也。又況滿朝文士如林, 乃不近求, 而遠求於山野屛廢之人, 寧不取怪於時耶？

《滉身退名朝, 乞致仕不得, 再上箋, 時未知允許與否, 兢懼方深, 更何暇慮及他事'？ 時事遙聞一二, 多有不可知者。以此言之, 竊恐令公亦不當爲遐遠之人眷戀如此以招人疑謗也。行狀, 謹已謄寫, 留一通, 奉將元本, 再拜回納。《大學衍義》, 亦令兒子持送矣。》餘惟知時善處, 鑑前貞後, 以膺多祉。不宣。《謹拜白。》

---

204 庚午年(1570년, 70세) 3월 하순 쯤 禮安에서 쓴 편지로 추정된다. 退溪가 沈義謙에게 보낸 편지는 1통으로, 庚本 편성 시에 실렸다. 中本에는 〈答沈方叔【義謙○庚午】〉로 되어 있다.

退溪先生文集 卷十

KNL0070(書-曺植-1)(癸卷10:1右)(樊卷10:15左)

與曺楗仲【植○癸丑】[1]

滉再拜。頃者銓曹薦用遺逸之士, 聖上樂得賢材而任用[2]之, 特命超敘六品之官, 此實吾東方古所罕有之盛擧也。

滉私竊以爲不仕無義, 君臣大倫, 烏可廢也？ 而士或難於進用者, 徒以科擧溷人, 雜進之路則又其每下者, 此欲潔其身之士, 所以不得不藏蹤晦迹, 逃遯而不屑就也。

今也擧於山林, 非科目之溷; 超授六品, 非雜進之汚。故同時之擧, 有若成君 守琛, 已赴兎山[3]; 有若李君 希顔, 亦赴高靈。是二君者, 皆昔之辭官高臥若將終身之人, 向也不起而今也起, 是豈其志之有變哉？ 其必曰："今吾之出, 上可以成聖朝之美,

---

1 癸丑年(明宗8, 1553년, 53세) 2월 경 서울에서 쓴 편지로 추정된다. 退溪가 曺植에게 보낸 편지는 3통이다. 3통 모두 庚本 편성 시 거의 산절 없이 수록되었다. 《文藁》(개인 소장)에는 退溪가 직접 기록한 이 편지 원고 〈與南冥曺楗中書〉가 실려 있다. 《文藁》는 退溪가 丁卯年(1567) 67세 이후에 자신의 글 중에서 중요하다고 생각하는 것을 뽑아서 기록해놓은 것이다. 그러므로 그것에 실려 있는 이 편지 원고는 退溪가 만년에 수정한 것으로 추정된다. 《南冥集》(권2:1a~b)에는 이 편지에 대한 曺植의 답장 〈答退溪書【退溪姓李名滉字景浩】〉가 실려 있다. 初本의 제목은 〈與南冥曺楗仲〉으로 부전지에 "與曺南冥"로 되어 있으며, 中本의 제목은 〈與曺楗仲【植】〉으로 부전지에 "見李字, 見文藁"로 되어 있고, 定本의 제목은 〈與曺楗仲【植○癸丑二月】〉이며, 庚本의 제목은 〈與曺楗仲【植○癸丑二月。】〉이고, 《文藁》의 제목은 〈與南冥曺楗中書〉로 되어 있다.
2 用 : 두주에 "'用', 一本無。"라고 하였고, 初本과 中本에는 "用" 자가 없고, 樊本의 두주에 "'用', 一本無。"라고 하였고, 《文藁》에는 "用" 자가 없고, 養校에는 "本草無'用'。"이라 하였다.
3 兎山 : 初本 아래의 細註에 "成將赴任, 遭喪實未赴。此將赴時云"이라고 하였고, 부전지에 "'兎山'下有小註云。"이라고 하였다. 《文藁》는 아래에 初本과 같은 細註가 있다.

下可以展一己之蘊而然耳."

　　繼而吾子有牲簿之除, 人皆謂'曺君之志, 卽二君之志。今二君旣出, 曺君宜無不至者矣。'而吾子則竟不至焉, 何耶? 以爲人不知也, 則拔尤於幽隱, 不可謂不知; 以爲時不可也, 則主聖而渴賢, 不可謂非時。

　　杜門端居修身養志之日久, 則其得之之鉅而積之之厚, 施之於世, 將無往而不利, 又安有吾斯之未信如漆雕開之不願仕乎? 此滉所以不能嗒然於吾子之所爲也。雖然, 滉豈深疑於吾子哉? 吾子之所處, 其必有說矣。

　　滉生長嶺南, 家於禮安, 而往來南中, 亦嘗聞高棲之所, 或在三嘉、或在金海。兩地皆滉所嘗經由, 而未嘗一造衡門, 幸接英盼。此實滉自無躬修之志, 怠於向德之罪, 追而思之, 甚愧無狀也。

　　滉資稟朴陋, 又無師友之導, 自少徒有慕古之心, 身多疾病, 親舊或勸以放意遨適則庶可以已疾, 復緣家貧親老, 强使之由科第取利祿。滉當彼時, 實無見識, 輒爲人言所動, 一向措身於誕妄之地, 偶[4]名薦書, 汨沒塵埃, 日有不暇, 他尙何說哉?

　　其後病益深, 又自度無所猷爲於世, 然後始乃回頭住脚, 益取古聖賢書而讀之, 則向也凡吾之學問、趨向、處身、行事, 率皆大謬於古之人。於是, 惕然覺悟, 欲追而改塗易轍以收之桑楡之景, 則志慮衰晚, 精神頹敝, 疾病又從而纏繞, 將無以用其力矣。而不可以遂已也, 則乞身避位, 抱負墳典, 而來投於

---

4 偶: 中本에 부전지에 "'偶'字, 考次, 來本亦'偶'字."라고 하였다.

故山之中, 將以益求其所未至, 庶幾賴天之靈, 萬有一得於銖累寸積之餘, 蘄不至虛過一生, 此滉十年以來之志願。

而聖恩含垢, 虛名迫人, 自癸卯至壬子, 凡三退歸而三召還。以老病之精力, 加不專之工程, 如是而欲望其有成, 不亦難乎? 是以或出或處或遠或近, 而自循吾學之所至, 則猶夫人也。以是愈不自快, 憊臥都中, 日月逾邁, 思歸一念如水滔滔。

於是而遜聞高義, 嚮風起懦, 不自禁也。夫榮利之途, 世所同馳, 得之則以爲快樂, 不得則以爲戚嗟者, 衆皆然也。不知賢者之於山林, 有何事可以自樹於此而能忘於彼者耶? 其必有所事者矣, 其必有所得者矣, 其必有所守而安之者矣, 其必有所樂於胸中而人不能與知者矣。然則如滉之有意於此而倀倀然無所歸者, 安得不跋渴而思一言之辱及耶?

千里神交, 古人所尙, 亦何必傾蓋而後若舊耶? 夫輕於自進而屢躓於末路者[5], 鄙人之昧行也; 重於一出而可全於素節者, 賢者之遠識也。二者之相去, 何止百千萬里乎哉? 惟吾子舍其前過, 而哀其晚懇, 不至於斥而外之, 則又鄙人之所大幸也。滉拜。[6]

---

5 者 : 初本과 中本에는 이 글자가 없으며, 定本에도 이 글자가 없으며 교정기에 "'者'"라 하였으며, 《文藁》에도 이 글자가 없으며, 養校에는 "一本無'者'."라고 하였다.
6 滉拜 : 初本에는 "年月日滉拜"로 되어 있으며, 《文藁》에도 "年月日滉拜"로 되어 있다.

KNL0071(書-曺植-2)(癸卷10:4右)(樊卷10:18左)

答曺楗仲[7]

去夏, 承辱報書, 披諭諄悉, 有以見出處之道素定於胸中, 所以能不攖外至而言之有味也。一而不至者猶鮮, 況再而愈確耶? 然而世俗知貴於是者恒少, 而怒且笑者恒多, 爲士而欲守其志, 不亦難乎? 然世論之下, 怵迫西東者, 固非守志之士, 因公事而益愧鄙人之無樹立也。示索撥雲散, 敢不欲勉? 但僕自索當歸而不能得, 何能爲公謀撥雲[8]耶? 公則無北來之志, 僕之南行早晚必可得也, 而未有指期, 徒切慕用之私。惟照察。歲寒, 冀加崇珍。不宣。《謹拜復。》

KNL0072(書-曺植-3)(癸卷10:4左)(樊卷10:19右)

答曺楗仲【甲子】[9]

"神交違面, 住世無幾", 來諭之言, 令人仰慨俯嘆不能已也。僕

---

[7] 癸丑年(明宗8, 1553년, 53세) 겨울 쯤 서울에서 쓴 편지로 추정된다. 中本의 제목은 〈答曺南冥【癸丑】〉으로 되어 있고 부전지에 "'南冥'當作'楗仲', 下同。", "楗仲【癸丑】"로 되어 있으며, 定本의 제목은 〈答曺楗仲【癸丑。】〉으로 되어 있다.

[8] 雲 : 樊本과 上本에는 "雲散"으로 되어 있다.

[9] 甲子年(明宗19, 1564년, 64세) 9월 하순 쯤 예안(禮安)에서 쓴 편지로 추정된다. 현재 전하는 初本에는 앞부분이 잘려 있다. 이 편지는 南冥 曺植이 보낸 편지 〈與退溪書〉(《南冥集》 권4:21a)에 대한 답장이다. 初本의 제목은 〈答曺南冥書〉로 되어 있고, 中本의 제목은 〈答曺南冥〉에 주묵 부전지 '楗仲'이 있다.

久不作宜寧之行, 有不近人情者, 只緣身與世相礙, 老與病相纏, 以至於此, 遂竝與千里命駕之意, 爲竝世不見之嘆, 此豈可專付之命物者處分耶? 是用愧負愧負。[10] 示[11]諭學者盜名欺世之論, 此非獨高明憂之, 拙者亦憂之。然而欲訶抑者, 亦非易事, 何者? 彼其設心本欲欺世而盜名者, 姑置不言, 獨念夫降衷秉彝, 人同好善, 天下英材其誠心願學者何限? 若以犯世患之故而一切訶止之, 是違帝命錫類之意, 絶天下向道之路。吾之得罪於天與聖門已甚, 何暇憂人之欺且盜乎?

如欲辨別而訶抑之, 人之資稟有萬不同, 其始學也, 銳者凌躐, 鈍者滯泥, 慕古者似矯, 志大者似狂, 習未熟者如僞, 蹟復奮者如欺, 有始懇而終忽者, 有旋廢而頻復者, 有病在表者, 有病在裏者, 凡若此者, 不勝枚擧。其不能專心致志以期於有成者, 固不能無罪, 然其心可尙, 猶是此一邊人, 其可槩以欺盜而麾斥之乎? 其亦在所相從而共勉也。

雖然, 此則論其理如此耳。其能任此責者, 世自有人, 決不在病廢絶迹昧道懵學之人, 公何以是不近之言見加耶? 抑不知公所指者是何等人耶? 其人雖不正當, 若其病只如前所云者, 則其不當訶抑如彼, 或不幸而眞有欺盜之心者, 吾輩得免於彼所訶抑幸矣, 又豈敢强作氣勢, 反加訶抑於彼耶?

至於禍福之來, 固自有命物者處分, 正惟思昔人'殀壽不貳'之訓, 以自處而聽於彼, 其他尙何容吾力哉? 鄙見如此, 不審高明以爲如何? 李敎之還, 草草布此, 不多及。

---

10 神交……愧負 : 初本에는 이 부분이 없다.

11 示 : 初本에는 "所"로 되어 있다.

KNL0073(書-盧守愼-1)(癸卷10:6右)(樊卷11:1右)

與盧伊齋寡悔【守愼○甲寅】[12]

瘴海湫惡, 不審體況何似? 慕用之至, 馳心不已。滉陸陸無狀, 疾病與歲而增加, 爾來八九年間, 乞外投農, 分在[13]溝壑, 不意再蒙恩錄[14], 强扶西來, 推遷汩汩, 今又三年於此矣。

有一二友人, 與賢季居止接近, 因得傳聞動靜[15], 以爲欣幸。其勢非不能附一字[16]之問, 而因循闕如[17], 深自忸怩。

---

[12] 甲寅年(明宗9, 1554년, 54세) 7월 11일 서울에서 쓴 편지로 추정된다. 退溪가 盧守愼에게 보낸 편지는 4통이다. 2통은 庚本 편성 시에 실렸고, 樊本 편성 시에 추가로 2통이 수록되었다. 나중에 수록된 2통의 편지에 각각 붙어 있는 問目은 續集 편성 시에 수록되었다. 또한 이들 편지들은《穌齋集》(內集上篇草創錄二)에도 실려 있다.《穌齋集》의 것들이 退溪가 보낸 원래의 편지이고,《退溪集》에 실려 있는 것은 추후 退溪 자신이 수정한 것으로 추정된다. 中本과 養閒堂本에 "手錄"이라 하고 또 '手本'이라 한 것은 퇴계의 친필 手稿였을 것으로 짐작된다. 이들 자료들은 退溪가 여러 차례에 걸쳐 원고를 수정하였음을 보여준다. 盧守愼은 辛亥年(1551) 11월 1일 珍島 謫所에서 草定한〈夙興夜寐箴解〉(《穌齋集》內集上篇草創錄二, 1a~11a,〈夙興夜寐箴解初本〉【往復取舍本草。】)을 퇴계에게 보내 의견을 구하였으며, 이 편지와 별지는 그에 대한 답서이다. 한편, 盧守愼은 退溪의 이 편지와 별지를 받고 4년 가까이 경과한 戊午年(1558) 3월에 비로소 답장을 보냈다. 그 답장은《先生手蹟》(제5첩)과《穌齋集》(內集上篇草創錄二, 13b~15a〈答退溪書〉)에 실려 있다.《穌齋集》에 실려 있는 편지 끝에 "嘉靖甲寅孟秋十有一日"로 작성연월일이 기록되어 있다. 初本의 제목은〈寄伊齋書〉로 부전지에 "與伊齋【甲寅】"으로 되어 있고, 中本의 제목은〈與伊齋寡悔【守愼○甲寅】〉으로 부전지에 "伊齋寡悔"로 되어 있으며, 庚本과 擬本의 제목은〈與盧伊齋寡悔【甲寅】〉으로 되어 있으며, 樊本과 上本의 제목은 각각〈與盧伊齋【守愼○甲寅】〉과〈與盧伊齋【守愼○甲寅】〉으로 되어 있으며,《穌齋集》에는〈寄伊齋書〉로 되어 있다.

[13] 在 :《穌齋集》에는 "甘"으로 되어 있다.

[14] 錄 : 庚本과 擬本, 그리고 甲本에는 "祿"으로 되어 있으며, 上本에는 "祿"으로 되어 있으며, 養校에 "手本, '祿'作'錄'。"이라고 하였다.

[15] 動靜 :《穌齋集》에는 "謫處消息"으로 되어 있다.

滉少時亦嘗有聞而興起者[18], 顧[19]無師友之導[20], 夙嬰沈痼, 旋自廢墮[21]。後來, 幸因僚分[22], 得與吾子相從於玉堂淸暇之地, 可[23]以講劘而進益也。當是時, 滉之[24]心茅塞甚矣。譬[25]之繪事, 自無素質, 奚望[26]采色之可受哉?

　　山野之日, 不與俗務相接[27], 始得專心於洛、建諸君子之書, 其所感發而興奮[28]者, 非前[29]之比, 蓋亦深且切矣。而衰憊之人, 精力不逮, 實未加十分工夫, 亦未有一分眞得, 而遽出以嘗世, 幾何不至於銷鑠而無餘耶?

　　以是, 懍然畏懼, 思及其未死之前, 收蹤反本, 守拙養病, 讀舊[30]書, 加新功, 以樂桑楡之景, 是所蓄願也。至於其終之有得與否, 固不可[31]預論, 而禍福、利害則惟當一聽於天而已矣。

---

16 一字 : 《穌齋集》에는 "尺書"로 되어 있다.
17 闕如 : 《穌齋集》에는 "迨闕"로 되어 있다.
18 者 : 《穌齋集》에는 이 글자가 없다.
19 顧 : 《穌齋集》에는 이 글자가 없다.
20 導 : 《穌齋集》에는 뒤에 "之者"가 있다.
21 墮 : 初本에는 "隳"로 되어 있으며, 《穌齋集》에도 "隳"로 되어 있다.
22 僚分 : 《穌齋集》에는 "僚寀之分"으로 되어 있다.
23 可 : 《穌齋集》에는 앞에 "宜" 자가 있다.
24 之 : 初本에는 이 글자가 없으며, 《穌齋集》에도 없다. 養校에는 "手本上, '之'字無。"라 하였다.
25 譬 : 初本에는 "比"로 되어 있다.
26 奚望 : 《穌齋集》에는 "尙何冀"으로 되어 있다.
27 接 : 《穌齋集》에는 "觀"으로 되어 있다.
28 奮 : 《穌齋集》에는 "起"로 되어 있다.
29 前 : 《穌齋集》에는 "前日"로 되어 있다.
30 舊 : 《穌齋集》에는 이 글자가 없다.

抑嘗念古之君子莫不有師友之人, 同志相求, 同道相益, 故能學成而德立。今滉與吾子, 竝世而生, 交臂相失, 而邈無親接之期, 則其於離索之憂, 鄙吝之萌, 拳拳慨想, 曷嘗斯須而替哉?

〈夙興夜寐箴〉, 舊日亦嘗服膺, 而猶未知條理之密、工程之嚴若此[32]其至也。得見〈註解〉分章析[33]句, 正議[34]崇論, 恢游肯綮[35]之處而獨到昭曠之原, 不勝嘆服[36]。第於其間訓語數處[37], 不無有疑於淺見, 謹爲掇出, 而錄在別紙, 以取[38]正焉。伏望試垂採[39]聽, 反覆參訂, 去取而復敎之, 至懇至懇。昔程先生《易傳》旣成, 久而不出[40]曰:"尙冀有少進。"朱子於《章句》、《集註》之成, 平生自修改[41], 不知其幾[42], 而因一時門人知舊擧疑請質而改者, 亦不爲少, 不立私見而能集衆善, 故天下萬世無得而議焉。此大賢事業之所以爲[43]光大也。吾東方性理之學, 講明

---

31 可: 두주에 "'可', 一本作'暇'。"라고 하였다. 初本에 "暇"로 되어 있고,《穌齋集》에도 "暇"로 되어 있으며, 養校에 "手本, '可'作'暇'。"라 하였다.
32 此:《穌齋集》에는 "是"로 되어 있다.
33 析:《穌齋集》에는 "柝"으로 되어 있다.
34 議: 初本에는 "義"로 되어 있고,《穌齋集》에도 "義"로 되어 있다.
35 綮: 初本에는 "緊"으로 되어 있고 부전지에 "恐'綮'。"라고 하였다.
36 服: 初本에는 "伏"으로 되어 있고,《穌齋集》에도 "伏"으로 되어 있으며, 養校에 "手本, '服'作'伏'。"이라고 하였다.
37 處:《穌齋集》에는 "段"으로 되어 있다.
38 取:《穌齋集》에는 "求"로 되어 있다.
39 採: 初本에는 "采"로 되어 있으며,《穌齋集》에도 "采"로 되어 있다.
40 出:《穌齋集》에는 "傳"으로 되어 있다.
41 改:《穌齋集》에는 뒤에 "者"자가 있다.
42 幾:《穌齋集》에는 "幾番"으로 되어 있다.
43 所以爲:《穌齋集》에는 이 글자들이 없다.

者固鮮, 而著述寥寥, 間或有之, 而⁴⁴率未免罅縫之出, 未滿於人意者, 無他, 略見髣髴, 而遽自⁴⁵主張之太過故也。竊見此〈解〉, 非他⁴⁶著述之類⁴⁷。斯道不亡於吾東, 則此〈解〉必傳於後世, 而微瑕可疑之處, 若不更加磨瑩, 以就十分之善, 其無乃後之視今, 猶今之視昔也耶? 古人眞見義理之無窮, 故其虛心造道⁴⁸之意亦無窮。滉所以期望於吾子者, 爲此焉爾。

滉今秋將乞暇⁴⁹省墓於嶺南, 其還都遲速, 未卜也。然苟欲辱惠報音, 只因賢季, 轉託友人而寄傳⁵⁰, 雖千里, 不患其浮沈也⁵¹。自外未縷縷, 惟萬加衛嗇⁵²。不宣。⁵³

---

44 而 : 初本에는 이 글자가 없으며, 養校에 "手本, '而'無。"로 되어 있다.
45 自 : 《穌齋集》에는 뒤에 "爲" 자가 있다.
46 他 : 《穌齋集》에는 "他人"으로 되어 있다.
47 類 : 《穌齋集》에는 "比"로 되어 있다.
48 造道 : 《穌齋集》에는 "求益"으로 되어 있다.
49 暇 : 원문에는 '假'로 되어 있으나 中本에는 "暇"로 되어 있으며, 庚本과 擬本, 그리고 甲本에도 "暇"로 있다. 《穌齋集》에도 "暇"로 되어 있으며, 養校에는 "手本, '暇'作'假'。"로 되어 있다. 이에 근거하여 수정하였다.
50 寄傳 : 《穌齋集》에는 "傳之"로 되어 있다.
51 不患其浮沈也 : 《穌齋集》에는 "未有不達其患也"로 되어 있다.
52 自外未縷縷, 惟萬加衛嗇 : 《穌齋集》에는 "自餘萬萬, 不能覶縷, 惟祈以時晦養加重"으로 되어 있다.
53 不宣 : 《穌齋集》에는 이 뒤에 "謹再拜奉問。嘉靖甲寅孟秋十有一日。眞城李滉拜"라는 말이 있다.

KNL0073A(書-盧守愼-1-1)(癸卷10:8右)(樊卷11:3右)

別紙

從心從言, 合表裏而言之。[54]【伊齋】[55]

凡以從某從某解字義者, 皆指本字之偏傍上下耳, 未有就'或作之'字合本字爲一而取義如今說也。欲去此十字, 只云: "或[56]作愆。" "省愆, 卽夫子所謂"以下, 仍存似可[57]。

紬, 繭絲也。[58]【伊齋】

字書"抽或作紬。紬, 引也, 紬引其端緖"云云。據此則紬卽抽字, 而泛言則從手, 言引絲則從糸耳。今只言[59]繭絲也, 似爲未盡也[60]。

---

54 "愆", 過也。字一作'愆', 從心從言, 合表裏而言之。이것은 陳栢의〈夙興夜寐箴〉제1장 "雞鳴而寤, 思慮漸馳, 盍於其間, 澹以整之。或省舊愆, 或紬新得, 次第條理, 瞭然默識。"에 대한 穌齋의 註解 初本 중 일부이다. 참고로 각각에 해당하는 穌齋의 註解 내용 전체를 들어주었다. 아래도 마찬가지이다.

55 伊齋 : 이하는 中本에 의거해 일괄하여 표식을 붙였다.

56 或 : 庚本과 擬本, 그리고 甲本은 앞에 "字"가 있으며, 《穌齋集》에도 앞에 "字"가 있다.

57 似可 : 《穌齋集》에는 "何如"로 되어 있다.

58 "紬", 繭絲也。如絲有端緖, 尋求其端緖而紬繹之也。

59 言 : 《穌齋集》에는 "云"으로 되어 있다.

60 似爲未盡也 : 《穌齋集》에는 "爲未盡, 請改之"로 되어 있다.

位有高下, 宅有甲乙, 木之枝疏擧, 玉之文細密。[61]【伊齋】

次有先後之次, 有左右之次, 此類非一, 獨以位之高下言之, 似未該備。古者宅以甲乙爲次第, 故謂宅爲第則可, 今謂'第'字之義, 因宅甲乙而得。'則[62]恐不可。木之幹, 亦謂之條, 非謂[63]枝也, 而草之科生, 凡物有分段排列者, 皆謂之條。理字則於凡物之有文者, 皆可通稱, 非謂玉獨有之也[64]。竊謂[65]改之曰"序而得所, 謂之次, 聯而遞數, 謂之第。故凡不躐等節[66]云云", "別而有段[67], 謂之條, 比而不亂, 謂之理, 故凡不紊脈絡云云", 何如?

整[68]齊其思慮之走作者, 以悔悟其前所失。[69]【伊齋】

"走作者"以下[70], 似少欠, 請補之曰:"使夜氣之生, 無所撓害, 則心體虛明, 義理之原自然昭著, 於是云云。" "以悔悟", 此"以"

---

61 位有高下, 宅有甲乙, 故凡不躐等節者, 謂之"次第"; 木之枝疏擧, 玉之文細密, 故凡不紊脈絡者, 謂之"條理。"
62 則 : 《穌齋集》에는 이 글자가 없다.
63 謂 : 《穌齋集》에는 "獨"으로 되어 있다.
64 非謂玉獨有之也 : 《穌齋集》에는 "非獨玉有之也"로 되어 있다.
65 竊謂 : 《穌齋集》에는 "今請"으로 되어 있다.
66 等節 : 《穌齋集》에는 이 글자가 없다.
67 段 : 中本에는 "端"으로 되어 있다.
68 整 : 《穌齋集》에는 "靜"으로 되어 있다.
69 右第一章。言夜將朝而寢已覺, 則身雖未與物接, 而心不能不動, 故君子於此, 靜齊其思慮之走作者, 以悔悟其前所失, 尋繹其今所有, 莫不循其序柝其義。
70 走作者以下 : 《穌齋集》에는 "走作下"로 되어 있다.

字有礙, 請改爲"或"字, 而竝於"尋繹"上, 亦加"或"字, 何如?

夫所謂善, 亦止此而已。[71]【伊齋】

謹按孟子[72]本意, 總指自早至暮凡日間所爲而言也。今曰"夫所謂善亦止此而已", 則似以孟子之言專指雞鳴時而言, 恐爲未當。請去"夫所謂"以下九字, 而以"程子曰"係"爲善"之下, 何如?

欲其不跛。[73]【伊齋】

"跛", 偏任一足也。恐可言於立, 不可言於坐也。改之, 何如?

訂, 議也, 詳辨其討論之辭。[74]【伊齋】

"訂"有評議證正之義, 只云"議", 恐未盡。"討論"請改爲"問難",

---

71 《孟子》曰, "雞鳴而起, 孶孶爲善。"夫所謂善, 亦止此而已。程子曰, "未接物時, 只主於敬, 便是爲善", 又學者所宜深省也。

72 孟子 : 《穌齋集》에는 이 글자가 없다.

73 "坐", 指跪足而言, 故欲其不跛;"形", 擧一身而言, 故欲其不放。이는 陳栢의 《夙興夜寐箴》제2장 "本旣立矣, 昧爽乃興, 盥櫛衣冠, 端坐斂形。提撕此心, 皦如出日, 嚴肅整齊, 虛明靜一。"에 대한 穌齋의 註解 중 일부이다。아래도 마찬가지이다。

74 "訂", 議也。○ 右第三章, 專擧讀書之法而言。始發古書, 惕然如嚴師之臨上, 親友之與處, 謹受其開示之訓, 而惟欲其體認, 詳辨其討論之辭, 而不明則不措。斯豈記問口耳者之所及哉? 이는 陳栢의 〈夙興夜寐箴〉제3장 "乃啓方冊, 對越聖賢, 夫子在坐, 顔曾後先。聖師所言, 親切敬聽, 弟子問辯, 反覆參訂。"에 대한 穌齋의 註解 初本 중의 일부이다。

何如?

應, 答。…… 偸去。[75]【伊齋】

"答"請改爲"酬", "偸去"下 欲補曰:"而常目覰之也。"

神者, 陽之靈【止】生者也。[76] 兼下章註"精者, 陰之靈【止】定者也。"[77]【伊齋】

此兩字訓語, 必有所本而言。然嘗聞朱子答董叔重曰:"旣生魄, 陽曰魂, 謂纔有魄, 便有魂, 自[78]受胞胎時, 已具足矣。不可言漸有所知然後爲魂也。"答梁文叔曰:"'精氣爲物', 猶言魂魄爲體爾。"答陳安卿曰:"王丞說'魂卽是氣, 魄卽是體。'卻不是。須知魂是氣之神、魄是體之神, 可也。"合此數語而觀之, 兩字

---

75 "應", 答。"驗", 證, "爲", 亦事也, 自我所作而言。"命", 猶令也, 乃天之所以命我, 而至善之所存也。"赫", 赫然明貌〈一作'赫然明盛貌'〉。"目在", 如物在前, 恐人偸去也。이는 陳栢의 〈夙興夜寐箴〉 제4장 "事至斯應, 則驗于爲, 明命赫然, 常目在之。事應旣已, 我則如故, 方寸湛然, 凝神息慮。動靜循環, 惟心是監, 靜存動察, 勿貳勿三。"에 대한 穌齋의 註解 初本 중의 일부로서 아래도 같다.

76 "神"者, 陽之靈, 人始於氣感, 則得魂以行乎此身之中, 隨所貫而無不生者也。專言神者, 魂可以包魄。且神者, 陽魂流動之妙, 卽精氣之化也; 精者, 陰魄實定之英, 卽神氣之本也。精神只是一氣, 故專言"神"以包之, 且以見動者難攝也。원본 상에는 약간 혼란스럽게 되어 있으나, 교감자가 임의로 정리하였다.

77 "精"者, 陰之靈, 人體旣凝, 則得魄以實乎此身之中, 隨所注而無不定者也。이 부분은 陳栢의 〈夙興夜寐箴〉 제5장 "讀書之餘, 間以游泳, 發舒精神, 休養情性。"에 대한 穌齋의 주해 중 일부로서 여기에서 함께 논한 것이다.

78 自:《穌齋集》에는 뒤에 "初"자가 있다.

數[79]語之病, 可知矣。

蓋方言始於氣感則得魂[80], 而遽云"以行乎一[81]身之中", 是似於體魄未凝之前, 徑[82]言身體也。又言"人體旣凝, 則得魄以實乎此身之中", 是直謂體凝而後, 方始得魄, 安有此理？且陳公此兩句之義, 本非論人禀氣受生之初, 註中不須言"氣感得魂"與[83]"體凝得魄"也。又本非對擧爲文, 亦不必上下照應而爲訓辭也。請謹改之曰："神者, 陽之靈, 卽魂氣之充周一身而有不測之妙者也；精者, 陰之英爽, 卽[84]體魄之凝定而載神魂者也。"如何？

不二以二, 不三以三。[85]【伊齋】

不二之二, 當作貳, 不三之三, 當作參。

遮障。[86]【伊齋】

---

79 數：定本의 부전지에 "'兩字數語'之'數'字, 無乃'訓'字耶。"라고 하였고,《穌齋集》에는 "訓"으로 되어 있다.
80 魂：樊本과 上本에는 "魄"으로 되어 있다.
81 一：《穌齋集》에는 "此"로 되어 있다.
82 徑：《穌齋集》에는 "經"으로 되어 있다.
83 與：《穌齋集》에는 이 글자가 없다.
84 卽：《穌齋集》에는 "爲"로 되어 있다.
85 "勿", 禁止辭, "勿貳三"者, 此心主此一事, 則更不貳以第貳事, 三以第三事, 程子所謂"主一之謂敬"也。이 부분은 약간의 착오가 있는 것으로 보인다. 이에 대한 소재의 답변을 참고하면, '不二'는 '不貳'의 단순 오기였다.
86 右第四章, 言事物之來, 感而遂通, 卽物觀理, 隨事度宜, 以昔講明之知, 證今作爲改作"誘引", 如何?

不活則滯。[87]【伊齋】

改作"不宰則累", 如何?【不活與滯字本一意, 故欲改之[88]。】

聚其光靈, 絶其思慮[89]。[90]【伊齋】

此兩語犯禪學, 請去之, 何如?

性之發於外。局促之態, 從容之象。[91]【伊齋】

非獨發於外, 只動於中, 便是情也。欲改曰"性之感於物", 如何?"態", 改作礙; "象", 改作樂, 何如?

之迹, 而無所違焉, 則天之所以與我之明者, 無不明矣。猶恐一瞬之頃, 或爲事物遮障, 故提撕顧諟, 不少放過, 此動而省察也。

87 雖然, 心之爲物, 不活則滯, 故應接之後, 事物已過, 心或與之俱往, 或爲其所縛, 則所應雖當, 其情已勝, 而此心之用, 復失其正矣。其何以爲將來酬酢之地哉?

88 之 :《穌齋集》에는 이 글자가 없다.

89 慮 :《穌齋集》에는 "念"으로 되어 있다.

90 必其一物才過, 眞體依前聚其光靈, 絶其思念, 如明鏡止水, 無毫釐姸蚩之痕, 有虛明靜一之象, 雖鬼神, 有不得窺其際者, 此靜而存養也。

91 命之具於心曰'性', 性之發於外曰'情'。○ 右第五章。因上章'動靜無違'而言, 講讀之暇, 亦當優游涵泳, 以展其氣, 而順其理, 無局促之態, 有從容之象, 此君子張弛之道也。이는 陳栢의 〈夙興夜寐箴〉 제5장 "讀書之餘, 間以游泳, 發舒精神, 休養情性。"에 대한 穌齋의 註解 初本의 일부이다.

不得不疲其體。以起發精采。[92]【伊齋】

"不得不疲其體", 請改曰: "不能無其體之疲。"

"以起發"三字似亦有病, 欲改曰"使無一毫頹惰之氣, 而精采光明, 則天君常活而不爲云云", 何如?

此章喚醒之義也。[93]【伊齋】

"義也"下, 補之曰: "而《大易》所謂'終日乾乾, 夕惕若'者, 亦此意也。"如何?

亦承上章言天地之氣至大至剛【止】生成不窮也。[94]【伊齋】

竊謂《孟子》夜氣章, 主言仁義之良心, 以[95]夜氣之說發揮而旁通之, 其語勢自有賓主之分矣。詳此上文, 旣言"心神歸宿", 而

---

92 右第六章, 上言爲學功夫旣備矣。此又以日旣嚮晦, 則雖强有力者, 不得不疲其體, 體少疲則氣便沈矣。學者於此, 尤警惕焉。檢其內外, 以起發精采光明而虛靈不昧, 則主常活, 而不爲灰木之歸矣。이는 陳栢의〈夙興夜寐箴〉제6장 "日莫人倦, 昏氣易乘, 齊莊正齊, 振拔精明。"에 대한 穌齋의 註解 初本의 일부이다.

93 上蔡先生謂"敬是常惺惺法", 蓋此章喚醒之義也。

94 右第八章。亦承上章言。天地之氣, 至大至剛, 而人得之以爲體之充者。或蔽於私意, 而有時乎餒, 則不足配夫道義之心, 而心遂放矣。以然而至於夜, 而形聲之所未接, 人事之所未及, 則剛大之生, 自然淸明, 而道義之發, 愈得中正。故學者當因其所生, 以養其所發, 遂使朝晝之所爲, 不得而害之, 則此心常存, 無一息之間斷。如天之德生而成, 成而又生, 生成不窮也。이는 陳栢의〈夙興夜寐箴〉제8장 "養以夜氣, 貞則復元, 念玆在玆, 日夕乾乾。"에 대한 穌齋의 註解 初本의 일부이다.

95 以 :《穌齋集》에는 앞에 "而"자가 있다.

卽"以養以夜氣"承之, 其語意⁹⁶正猶《孟子》之旨也。⁹⁷ 今〈解〉文則不然, 立言所主專在於氣, 而心反爲賓, 故其末雖有"因⁹⁸其所生以養其所發"之言, 終⁹⁹未昭晣。

且旣釋夜氣, 則當用本章之說, 庶不背本旨。 今乃以浩然¹⁰⁰之說代之, 故曰"體之充", 曰"有時乎餒", 曰"不足以配夫道義之心"等語, 皆不襯貼於夜氣之意。 此正朱子所謂"多揷入¹⁰¹外來義理"之病, 最爲註家之忌。伏望毋以鄙言而忽之, 更加參究而修正之, 以幸後學, 何如?

KNL0074(書-盧守愼-2)(癸卷10:12左)(樊卷11:7左)

答盧伊齋【庚申】¹⁰²

往歲¹⁰³奉書質疑, 事甚率易¹⁰⁴。厥後病歸嶺南¹⁰⁵, 潛深伏奧, 自

---

96 意 : 《穌齋集》에는 "勢"로 되어 있다.
97 旨也 : 中本에는 "意也【'之意'之'意', 或作'旨'】"로 되어 있다.
98 因 : 樊本과 上本에는 "引"으로 되어 있다.
99 終 : 《穌齋集》에는 앞에 "而" 자가 있다.
100 浩然 : 《穌齋集》에는 "浩氣章"으로 되어 있다.
101 入 : 中本에는 이 글자가 없으며, 추기에 "揷下脫'入'字."라고 하였다. 定本에는 이 글자가 없으며 교정기에 '入'으로 되어 있다. 《穌齋集》에는 이 글자가 없다.
102 庚申年(明宗15, 1560年, 60세) 8월 하순 경 예안(禮安)에서 쓴 편지로 추정된다. 이 편지와 別紙는 盧守愼이 戊午年(1558) 3월에 보낸 답장과 그와 함께 보낸 문목을 받고 2년 이상이 경과한 다음에 부친 것으로, 《穌齋集》(內集上篇草創錄二, 15a~19a〈重與伊齋書〉)에도 실려 있고, 《自省錄》에도 실려 있다. 《穌齋集》에 실려 있는 것이 원고이며, 《自省錄》에 실려 있는 것은 修正稿로 판단된다. 현재 통행《退溪集》에 실려 있는 것은 《自省錄》의 것을 대본으로 하였다. 초본 상의 교감기록들을

中間嘗一入都, 僅有傳聞外, 千里恒阻, 聲問[106]且[107]不能相及, 況進於此者乎? 意者, 前書或不達, 雖達, 或不足留意, 或緣公[108]過爲防愼[109], 皆不敢知, 又不敢再有問訊. 不謂今者辱示

볼 때, 禹性傳, 鄭惟一 등이 또한 각각 傳寫本을 가지고 있었던 것으로 보인다. 蘇齋는 자신의 답장에서 퇴계의 수정의견에 대한 자신의 답변과 함께, 해당 내용에 대한 河西 金麟厚의 견해와 그에 대한 자신의 견해를 또한 함께 보내왔으며, 退溪는 그것들에 대해서도 자신의 의견을 표명하였다. 그 자세한 내용은 〈三子論夙興夜寐箴解往復錄〉(《穌齋集》內集上篇草創錄二, 19a~38b)에 잘 정리되어 있으며 《河西全集》권 11:13b-〈與盧寡悔論夙興夜寐箴解別紙〉에도 수록되어 있다. 한편 陶山書院 光明室에 소장된 《先生手蹟》(제5첩)은 蘇齋가 보내온 답서와 문목별지를 河西說, 寡懷說, 본 편지의 순으로 수록하고 퇴계 자신의 견해를 朱墨으로 해당 부분에 추기해 둔 것으로서, 이 답서를 보내기 위한 草稿 자료로 추정된다. 비록 逆順이기는 하지만 기본적으로 퇴계 문집 편집 체제와 동일하다. 初本에는 이 편지 끝에 "庚申八月下旬"으로 그 작성연월이 기록되어 있다. 初本에는 〈答盧伊齋〉로 되어 있고, 中本에는 【庚申】〈答盧寡悔〉로 되어 있으며, 上本에는 〈答盧伊齋【庚申○入《自省錄》}〉으로 되어 있으며, 《穌齋集》에는 〈重與伊齋書〉로 되어 있으며, 《自省錄》에는 〈答盧伊齋【守愼】〉으로 되어 있다.

103 歲 : 初本에는 "年"으로 되어 있으며, 中本에는 "年【《錄》'年'作'歲'.】"로 되어 있으며, 樊本과 上本에는 "年【《錄》'年'作'歲'.】"로 되어 있으며, 《穌齋集》에는 "'年'. 今案"으로 되어 있다. 《自省錄》의 내용은 현재 기준본과 거의 일치하므로 《自省錄》관련 小注는 특별한 경우 외에는 일괄 삭제 하였다. 또한 初本·中本과 樊本·上本의 내용이 동일한 경우 일반적인 범례와는 다르게 분리하지 않고 통합하여 주석하였다.

104 易 : 初本과 中本, 樊本과 上本에는 "爾"로 되어 있다.

105 嶺南 : 初本과 中本, 樊本과 上本에는 "村庄"으로 되어 있으며, 《穌齋集》에도 "村庄"으로 되어 있다.

106 聲問 : 初本과 中本, 樊本과 上本에는 "聲聞"으로 되어 있다.

107 且 : 初本과 中本, 樊本과 上本에는 이 글자가 없다.

108 公 : 初本과 中本, 樊本과 上本에는 "公意"로 되어 있으며, 《穌齋集》에도 "公意"로 되어 있다.

109 防愼 : 初本과 中本, 樊本과 上本에는 "愼防"으로 되어 있으며, 《穌齋集》에도 "愼防"으로 되어 있다.

〈解〉說, 綴以報語, 誦味詞旨, 撫攬今昔, 爲之慨然[110]也.

明[111]師近名之戒, 誠是瞑眩之藥, 但此亦不可以一槪斷也. 人有飾[112]智矯情掠虛造僞以得名者, 其陷於禍敗, 固所自取. 其有實積而華發, 形大而聲宏, 德充而譽溢者, 名之所歸, 謗亦隨之[113], 或因而不免焉[114], 斯可盡以爲其人之罪乎?

古之人有云: "苟[115]欲避名,[116] 無爲善之路." 今人之於人, 顯斥其爲善, 公排其向學曰: "惡近名也, 戒召患[117]也." 至於[118] 爲善而自怠, 向學而中廢者, 其自諉亦然, 擧俗靡靡, 日趨於頹壞. 嗚呼! 孰謂[119]治病之劑而反爲迷人之毒乎?

夫公之所遭, 謂之非名之累則不可, 然向非絶人逃世, 同羣鳥獸, 其至於此[120], 其亦末[121]如之何矣. 惟當不以自外至者入

---

110 然 : 初本과 中本, 樊本과 上本에는 "息"으로 되어 있으며, 《穌齋集》에도 "息"으로 되어 있다.
111 明 : 樊本과 上本에는 "名"으로 되어 있다.
112 飾 : 樊本에는 "篩"으로 되어 있으며, 《穌齋集》에도 "篩"으로 되어 있다.
113 名之所歸, 謗亦隨之 : 初本과 中本, 樊本과 上本에는 이 글자들이 없으며, 《穌齋集》에도 없다.
114 或因而不免焉 : 初本과 中本, 樊本과 上本에는 "不幸而罹於世患"으로 되어 있으며, 《穌齋集》에도 "不幸而罹於世患"으로 되어 있다.
115 苟 : 初本과 中本, 樊本과 上本에는 이 글자가 없으며, 《穌齋集》에도 없다.
116 名 : 初本과 中本, 그리고 樊本에는 "善名"으로 되어 있으며, 《穌齋集》에도 "善名"으로 되어 있다.
117 患 : 初本과 中本, 樊本과 上本에는 "禍"로 되어 있으며, 《穌齋集》에도 "禍"로 되어 있다.
118 於 : 初本과 中本에는 이 글자가 없으며, 《穌齋集》에도 없다.
119 謂 : 樊本과 上本에는 "爲"로 되어 있다.
120 其至於此 : 初本과 中本에는 이 글자들이 없다. 定本에도 없으며 추기에 "性傳所藏本, 獸下, 先生手添'其至於此'四字."라고 하였다. 樊本과 上本의 두주에는 "'其至於

於靈臺, 而益俛焉孳孳¹²², 以庶幾終果無愧¹²³於名, 可也。今以¹²⁴二親之故云云, 此固人情之極, 而所不能¹²⁵堪者矣, 亦所不忍言者矣。雖然, 謂緣此¹²⁶不能復有意學問事, 則雖知其¹²⁷出¹²⁸於痛恨之餘, 非實語也, 而猶不能無疑也。

盍嘗思夫蛇至匿迹之時, 其事如何? 其心如何? 何¹²⁹嘗以是掩抑摧隕, 忘¹³⁰其操守¹³¹, 而以酒自廢乎?¹³² 李延平之言曰:

此"四字, 依印本補入。"이라고 하였다. 《穌齋集》에도 이 글자들이 없다. 〔今按〕 이는 《自省錄》에도 없는 부분으로 목판본을 판각할 때 禹性傳이 소장한 자료에 기록된 선생 자신의 수정 의견에 따라 삽입한 것으로 보인다. 이를 통해, 《自省錄》을 편성한 후에도 수정을 가한 사례가 있음을 알 수 있으며, 목판본 수록본은 그러한 추가적 수정을 모두 반영한 최종적 수정본인 것으로 추정할 수 있다. 樊本에서는 기준본으로 삼은 中本에 없었지만 목판본 편성 시 수록된 부분이 퇴계의 수정 사항이 명백하다고 판단하여 본문에 補入하고 그 사정을 두주로 표시해 두었다.

121 末 : 擬本에는 "未"로 되어 있다.

122 孳孳 : 初本과 中本, 樊本과 上本의 뒤에 "曰豈在我者有未盡歟"가 있다. 《穌齋集》의 뒤에도 "曰豈在我有未盡歟"가 있다.

123 愧 : 樊本과 上本에는 "媿"로 되어 있으며, 《穌齋集》에도 "媿"로 되어 있다.

124 今以 : 初本과 中本, 樊本과 上本에는 "來喩謂"로 되어 있으며, 《穌齋集》에는 "來諭以"로 되어 있다.

125 能 : 初本에는 "可"로 되어 있으며, 中本에는 이 글자가 없고 교정기에 "能"으로 되어 있으며, 定本에는 "可"로 되어 있으며 추기에 "先生手改'能'字"로 되어 있다. 《穌齋集》에는 "可"로 되어 있다.

126 緣此 : 《穌齋集》에는 이 글자들이 없다.

127 其 : 初本에는 이 글자가 없다.

128 出 : 初本과 中本, 樊本과 上本에는 "發"로 되어 있으며, 《穌齋集》에도 "發"로 되어 있다.

129 何 : 初本에는 이 글자가 없다.

130 忘 : 初本과 中本, 樊本과 上本에는 앞에 "遂至於"가 있으며, 《穌齋集》에도 앞에 "遂至於"가 있다.

131 操守 : 初本과 中本, 樊本과 上本에는 "學"으로 되어 있으며, 《穌齋集》에도 "學"

"如有大段排遣不去, 只思古人所遭有¹³³不可堪處¹³⁴, 持以自比, 則亦少安矣。"¹³⁵ 凡若此類¹³⁶, 想皆爲公平日之飮食裘葛¹³⁷, 然而¹³⁸私心所疑, 亦¹³⁹不敢不獻其愚, 不知公以爲如何¹⁴⁰?

〈夙夜〉一箴, 爲學之道備矣, 雖不能體行¹⁴¹而竊有事斯之願。向所以質疑拳拳者, 得其解而喜幸於心, 至其有疑處, 不敢苟阿其所好,¹⁴² 敢以瞽說求正爲完書¹⁴³。然而當時但當陳其所

---

132 乎 : 初本과 中本, 樊本과 上本에는 뒤에 "是以古之人遭患難, 則學益進智益明, 今之人遭患難, 則反是"가 있으며, 《穌齋集》에도 뒤에 "是以古之人遭患難, 則學益進智益明, 今之人遭患難, 則反是"가 있다.
133 有 : 初本과 中本, 樊本과 上本에는 뒤에 "大" 자가 있으며, 《穌齋集》에도 뒤에 "大" 자가 있다.
134 處 : 初本과 中本, 樊本과 上本에는 "者"로 되어 있으며, 《穌齋集》에도 "者"로 되어 있다.
135 矣 : 初本과 中本, 樊本과 上本에는 뒤에 "此言深有味也"가 있으며, 《穌齋集》에도 뒤에 "此言深有味也"가 있다.
136 凡若此類 : 初本과 中本, 樊本과 上本에는 "然凡鄙語所及"으로 되어 있으며, 《穌齋集》에도 "然凡鄙語所及"으로 되어 있다.
137 葛 : 初本과 中本, 樊本과 上本에는 "褐"로 되어 있으며, 定本에도 "褐"로 되어 있으며 교정기에 "葛"로 되어 있다. 《穌齋集》에도 "褐"로 되어 있다.
138 然而 : 初本과 中本, 樊本과 上本에는 "第"로 되어 있으며, 《穌齋集》에도 "第"로 되어 있다.
139 亦 : 初本과 中本, 樊本과 上本에는 이 글자가 없으며, 《穌齋集》에도 없다.
140 如何 : 初本과 中本, 樊本과 上本에는 "何如"로 되어 있으며, 《穌齋集》에도 "何如"로 되어 있다.
141 體行 : 初本과 中本, 樊本과 上本에는 "萬一"로 되어 있으며, 《穌齋集》에도 "萬一"로 되어 있다.
142 向所以……所好 : 初本과 中本, 樊本과 上本에는 "適得解本, 而心喜之, 於其所疑處, 不敢苟焉而阿其所好"로 되어 있으며, 《穌齋集》에도 "適得解本, 而心喜之, 於其所疑處, 不欲苟焉而阿其所好"로 되어 있다.

疑,而¹⁴⁴不當¹⁴⁵輒有所改,後來思之,深自汗恧。

今承¹⁴⁶報示,其¹⁴⁷去取從違之間,知有義理,而不知有物我,平心稱停,無所吝執。觀¹⁴⁸自古論學往復之際¹⁴⁹,非唯難得肯可,至有立敵相攻如仇怨者多矣¹⁵⁰。向¹⁵¹非公自力於學問,加工於克己之地,能若是哉?不寧惟是,又責以重辯¹⁵²,而有不合不措之喩。滉其可始發其愚而終反有不盡耶¹⁵³? 故敢於逐條之下,踵前作¹⁵⁴過,復注¹⁵⁵謬見之一二,以聽其再賜裁處,其於金說亦然¹⁵⁶。

---

143 書:初本과 中本, 樊本과 上本의 뒤에는 "耳" 자가 있으며,《穌齋集》의 뒤에도 "耳" 자가 있다.
144 而:初本과 中本, 樊本과 上本에는 이 글자가 없으며,《穌齋集》에도 없다.
145 當:《穌齋集》에는 "敢"으로 되어 있다.
146 承:初本과 中本, 樊本과 上本에는 "之"로 되어 있으며,《穌齋集》에도 "之"로 되어 있다.
147 其:初本과 中本, 樊本과 上本의 뒤에 "於" 자가 있으며,《穌齋集》의 뒤에도 "於" 자가 있다.
148 觀:初本과 中本, 樊本과 上本에는 이 글자가 없으며,《穌齋集》에도 없다.
149 際:初本과 中本, 樊本과 上本에는 "家"로 되어 있으며,《穌齋集》에도 "家"로 되어 있다.
150 多矣:初本과 中本, 樊本과 上本에는 "有之"로 되어 있으며,《穌齋集》에도 "有之"로 되어 있다.
151 向:初本에는 "而"로 되어 있다.
152 辯:初本과 樊本, 그리고 上本에는 "辨"으로 되어 있으며,《穌齋集》에도 "辨"으로 되어 있다.
153 其可始……不盡耶:初本과 中本, 樊本과 上本에는 "其可始有所發,而終有所不盡也耶"로 되어 있으며,《穌齋集》에도 "其可始發其妄,"終有所不盡也耶"로 되어 있다.
154 前作:樊本과 上本에는 "作前"으로 되어 있다.
155 注:初本과 中本, 그리고 樊本에는 "疏"로 되어 있으며, 上本에는 "疏【疏錄作註。】"로 되어 있으며,《穌齋集》에도 "疏"로 되어 있다.

嗚呼!《集註》、《章句》¹⁵⁷之所以百世無異辭者, 以能集衆
長而精去取, 有少¹⁵⁸未安, 不憚修改, 期就於至善, 無可改而
後已焉故也。¹⁵⁹ 由是言¹⁶⁰之, 公之於此〈解〉, 雖至於十改, 未
見其爲病, 而當見其益精矣¹⁶¹。滉之於所疑, 雖至於再獻, 未
見其太¹⁶²過, 而或見其有補也。射的之云, 恐非所虞, 而透關
之喩, 尤非所擬耳¹⁶³。

抑又有一說焉, 老¹⁶⁴先生之於《集註》、《章句》¹⁶⁵, 釋一
字、訓一句, 以至於推論章旨, 一循當時立言之意, 淺則淺言
之, 深則深言之; 近則近言之, 遠則遠言之, 其於精粗大小, 莫

---

156 以聽……亦然 : 初本과 中本, 樊本과 上本에는 "其於金說亦然, 以聽其再賜裁處,
誠有感於風義, 不覺再僭之非也。"로 되어 있다.

157 嗚呼集註章句 : 初本과 中本, 樊本과 上本에는 "然四書章句集註"로 되어 있으
며, 《穌齋集》에도 "然四書章句集註"로 되어 있다.

158 少 : 《穌齋集》에는 "所"로 되어 있다.

159 也 : 初本과 中本, 樊本과 上本의 뒤에 "故其言曰, 一成而不改者, 非大聖必
大愚"가 있으며, 《穌齋集》의 뒤에도 "故其言曰, 一成而不改者, 非大聖必大愚"가
있다.

160 言 : 初本과 中本, 樊本과 上本에는 "觀"으로 되어 있으며, 《穌齋集》에도 "觀"으
로 되어 있다.

161 矣 : 初本과 中本, 樊本과 上本에는 "也"로 되어 있으며, 《穌齋集》에도 "也"로
되어 있다.

162 太 : 初本과 中本, 樊本과 上本에는 "大"로 되어 있다.

163 恐非……擬耳 : 初本과 中本, 樊本과 上本에는 "恐非所虞於治世, 而透關之喩,
決不當擬於病踪耳"로 되어 있으며, 《穌齋集》에도 "恐非所虞於治世, 而透關之喩, 決
不當擬於病踪耳"로 되어 있다.

164 老 : 初本과 中本, 樊本과 上本에는 "朱"로 되어 있으며, 《穌齋集》에도 "朱"로
되어 있다.

165 集註章句 : 初本과 中本, 樊本과 上本에는 "章句集註"로 되어 있으며, 《穌齋集》
에도 "章句集註"로 되어 있다.

不皆然。故其文簡約[166]精當, 一字不可增減[167]。至其敷衍[168]辨證之論[169], 則別爲《或問》等書[170], 以盡其餘意[171]。

今則[172]乃合《集註》與《章句》[173]而爲一書[174], 故或[175]淺而深言者有之, 或[176]近而遠言者有之, 蓋自爲一體, 非欲其盡同於《章句》。然滉所以稟疑之處, 多在於此, 今又稟〈解〉, 未以一論敬之病, 意亦如此, 不審公意亦以爲何如?[177]

---

166 約 : 初本과 中本, 樊本과 上本에는 "嚴"으로 되어 있으며, 《穌齋集》에도 "嚴"으로 되어 있다.

167 一字不可增減 : 初本과 中本, 樊本과 上本에는 "無可指議"로 되어 있으며, 《穌齋集》에도 "無可指議"로 되어 있다.

168 衍 : 初本과 中本, 樊本과 上本에는 "演"으로 되어 있으며, 《穌齋集》에도 "演"으로 되어 있다.

169 辨證之論 : 初本과 中本, 樊本과 上本에는 "辨論之說"로 되어 있으며, 《穌齋集》에도 "辨論之說"로 되어 있다.

170 書 : 《穌齋集》에는 "說"로 되어 있다.

171 意 : 初本과 中本, 樊本과 上本에는 "蘊"으로 되어 있으며, 《穌齋集》에도 "蘊"으로 되어 있다.

172 則 : 初本과 中本, 樊本과 上本에는 "以此解譬言之"로 되어 있으며, 《穌齋集》에도 "以此解譬言之"로 되어 있다.

173 集註與章句 : 初本과 中本, 樊本과 上本에는 "章句集註與或問"으로 되어 있으며, 《穌齋集》에도 "章句集註與或問"으로 되어 있다.

174 書 : 初本과 中本, 樊本과 上本의 뒤에 "也" 자가 있으며, 《穌齋集》에도 뒤에 "也" 자가 있다.

175 或 : 初本과 中本, 樊本과 上本의 뒤에 "本" 자가 있으며, 《穌齋集》에도 뒤에 "本" 자가 있다.

176 或 : 初本과 中本, 樊本과 上本 뒤에 "本" 자가 있으며, 《穌齋集》에도 뒤에 "本" 자가 있다.

177 蓋自爲一體, … 以爲何如 : 初本과 中本, 樊本과 上本에는 "蓋此自爲一體, 初非欲一一勘同於章句集註而作也故然耳。然所以未免於間或失當者, 其在於此乎。故滉前後所稟, 多疑於此等處, 不識公亦以爲何如?"로 되어 있으며, 《穌齋集》에도 "蓋此

南塘 陳公, 不知何許人。觀其論[178]學, 似非[179]先於考亭之世[180]者[181], 若後[182]於考亭, 而又在[183]魯齋之前[184], 則殆若及登考亭之門者[185], 而考亭門人之列, 未見有此人, 何耶？山間, 典籍不備, 不能考徵[186], 三復〈責沈〉之文, 殊悶人[187]也, 幸須[188]詳以教示[189]。

"妙契疾書", 非可效顰, 安有著述？曾讀《啓蒙》, 而[190]遇有所得, 隨手箚錄, 以備遺忘, 後而看得有疎謬處, 不住修正, 已

自爲一體, 初非欲一一勘同於章句集註而作也故然耳。然所以未免於間或失當者, 其在於此乎。故湜前後所稟, 多疑於此等處, 不識公亦以爲何如"로 되어 있다.

178 論 : 初本과 中本, 樊本과 上本에는 이 글자가 없으며, 《穌齋集》에도 없다.
179 似非 : 初本과 中本, 樊本과 上本에는 "如此"로 되어 있으며, 《穌齋集》에도 "如此"로 되어 있다.
180 之世 : 初本과 中本, 樊本과 上本에는 없으며, 《穌齋集》에도 없다.
181 者 : 初本과 中本, 樊本과 上本에는 뒤에 "言語不類此"가 있으며, 《穌齋集》에도 뒤에 "言語不類此"가 있다.
182 後 : 初本과 中本, 樊本과 上本에는 "不先"으로 되어 있으며, 《穌齋集》에도 "不先"으로 되어 있다.
183 又在 : 初本과 中本, 樊本과 上本에는 "先於"로 되어 있으며, 《穌齋集》에도 "先於"로 되어 있다.
184 之前 : 初本과 中本, 樊本과 上本에는 이 글자들이 없으며, 《穌齋集》에도 없다.
185 殆若及登考亭之門者 : 初本과 中本, 樊本과 上本에는 "其生也殆及考亭之世矣"로 되어 있으며, 《穌齋集》에도 "其生也殆及考亭之世矣"로 되어 있다.
186 典籍不備, 不能考徵 : 初本에는 이 글자들이 없으며, 中本과 樊本, 그리고 上本에는 "無文籍可徵"으로 되어 있고, 《穌齋集》에도 "無文籍可徵"으로 되어 있다.
187 悶人 : 初本과 中本, 樊本과 上本에는 "自悶"으로 되어 있으며, 《穌齋集》에도 "自悶"으로 되어 있다.
188 須 : 初本과 中本, 樊本과 上本에는 이 글자가 없으며, 《穌齋集》에도 없다.
189 敎示 : 初本과 中本, 樊本과 上本에는 "告我"로 되어 있다.
190 而 : 《穌齋集》에는 이 글자가 없다.

再易藁，尙未完就，未死冀有少進，未敢示人。

又嘗以朱門諸子如彼其盛，而未有書可以尙論，妄欲裒集爲一編書，以便考閱。亦因以再[191]及於宋末、元、明諸子之學，做得數年工夫，見已抄成亂草。今始聞得朱門人自有一件成書，新到漢中，方託友人，求見此本而未至。若其書已善，則此事可罷，若猶有可憾，則[192]可取彼而補此。

滉[193]所以作意爲此者，窮陋無聞，幾成虛過，晚讀《朱書》，而有所感發，始知此身誠不可自棄。以是，亟欲知其門人爲學次第之如何，以自蘄於萬一焉耳[194]，非欲爲後學計也。然滉今年已六十矣，加之以沈痼，有何精力可及於此？交舊誚悶，世俗嗤點，其亦宜矣。顧旣見其然，無可止之理，雖復困躓不能自晦[195]。

慨盱睢[196]之莫展，言到口而難吞，其有乖剌，佇俟刊鐫。更惟茂承[197]庸玉勉循，千萬千萬[198]。謹拜。[199]

---

191 再 :《穌齋集》에는 "竝"으로 되어 있다.
192 則 :《穌齋集》에는 뒤에 "亦" 자가 있다.
193 滉 : 初本과 中本, 그리고 定本에는 "况"으로 되어 있으며, 庚本과 擬本에도 "况"으로 되어 있으며, 鄭校에 "'况'字, 於上下文義不穩, 恐先生諱字誤{寫}."라고 하였다. 〔今按〕庚本修正補刻本에는 "滉"으로 수정되어 있다. 庚本修正補刻本은 擬本보다 시기가 뒤에 이루어진 것으로 볼 수 있을 듯하다.
194 耳 :《穌齋集》에는 "爾"로 되어 있다.
195 晦 :《穌齋集》에는 "悔"로 되어 있다.
196 盱睢 :《穌齋集》에는 "睢盱"로 되어 있다.
197 承 :《穌齋集》에는 "膺"으로 되어 있다.
198 千萬 :《穌齋集》에는 뒤에 "庚申八月, 李滉"이 있다.
199 謹拜 : 初本의 뒤에 "庚申八月下旬滉"이 있으며, 中本의 뒤에 "【妙契以下三百十四

KNL0074A(書-盧守愼-2-1)(癸卷10:16左)(樊卷11:12左)
別紙

愆字訓義云云, 誠如來敎, 只得刪去。[200]【伊齋】[201]
紬, 抽繭絲也云云。[202]【伊齋】

右二條, 聞命。

《次不前也云云。第, 意必須改之。以數代宅, 何如?[203]【伊齋】》

字《錄》無。》"가 있으며 부전지에 "■■錄事已定矣■■載語不可■■錄唯主義■■雖不錄■■不可不載遇■■字點化處■■此處從本集■■也如何如何"로 되어 있다. 《穌齋集》에는 "【前報六七年乃至, 不知今又幾年承報去取定本。懇勿稽遲, 仍戒賢弟, 勿播都中士友間, 到日卽付鄭止字家, 幸甚。】"이 있다.

200 愆字, 或從心, 或從言。妄欲見二義, 以備其說, 不覺違解字凡例。欠却或字, 贅著合字。誠如來敎, 只得刪去。이는 앞 편지의, "從心從言, 合表裏而言之."조목에 대한 퇴계의 의견에 대해 穌齋가 보내온 답변이다. 편의상 각 항목 별로 穌齋의 답변 전체 내용을 제시해 두었다. 이하 마찬가지이다.

201 伊齋: 원래 없지만 편의상 붙였다. 이하 같다.

202 紬, 抽繭絲也。爲下文有抽義, 惡其重, 不言。更詳之, 果謬。今直曰'紬, 抽繭絲也', 何如? 이는 앞 편지의 "紬, 繭絲也."조목에 대한 퇴계의 의견에 대해 穌齋가 보내온 답변이다.

203 《說文》, "次, 不前也." 釋曰, "不前是次於上也, 又有義云位次", 則作字本意, 可知。雖其先後左右爲類非一, 然皆自此而推之, 故擧以該之耳。謂第義非因宅甲乙而得者, 爲精, 初見第本作弟, 後加竹以別之, 則以宅起之, 恐亦無大害。今詳其義, 必須改之。以數代宅, 何如? 이는 앞 편지의 "位有高下, 宅有甲乙, 木之枝疏擧, 玉之文細密."조목에 대한 퇴계의 의견에 대해 穌齋가 보내온 답변이다.

《右二字, 同上。》

條者枚[204]也云云。理字從玉云云。所訓十六字圓通無病云云。然則其下措語, 略加點化云云。[205]【伊齋】

右前稟草本, 今不存。所謂十六字記不得, 其下措語[206], 今何能點化?

使夜氣之生無所撓害, 而於昔所失則悔悟之, 今所有則尋繹之。以字, 當刪去云云。[207]【伊齋】

---

204 枚 :《穌齋集》에는 "枝"로 되어 있다.〔今案〕《穌齋集》의 원문에 "枝"로 되어 있으므로 '枝'가 옳을 듯하나 고치지 않았다.

205 條者, 枝也, 非幹也。雖或有謂條爲幹者, 只是借用爾。草之科生, 亦自有枝幹, 而所謂分段排列於枝字, 覺尤親切, 則捨借而用主以包之, 可矣。理字, 從玉里聲。想是初製字時, 以爲有文者莫玉密也, 借而爲腠理事理, 因借而借爲治理料理, 所謂比而不亂者, 由玉而見, 未爲無據。蓋凡此四字, 必欲先明作字本意, 乃見用字廣義, 遂不免涉於偏泥於畫, 以至牽鑿之甚如此焉耳。所訓十六字, 圓通無病, 不可得此而復改明矣。然則其下措語, 疑若少複, 略加點化, 方得。此在高明有以處之。이는 앞 편지의 "位有高下, 宅有甲乙, 木之枝疏擧, 玉之文細密。"조목에 대한 퇴계의 의견에 대해 穌齋가 보내온 답변이다. 원래 위의 조목과 합해져 있는 것이다.

206 其下措語 :《穌齋集》에는 없다.

207 '者'下, 著得'夜氣', 更有意味。但於是時, 氣未用事, 覺心才動便整, 不大段用力處。旣言夜氣無撓, 自足見其整之之功, 不必備言虛明昭著之效然後方有省紬之地矣。且於下文, 乃言默識, 其微意, 亦略可見。妄意曰, '使夜氣之生, 無所撓害, 而於昔所失則悔悟之, 今所有則尋繹之'云云, 何如也? '以'字果似有礙, 所當刪去, '或'字已見正文, 不著亦不可。이는 앞 편지의 "其思慮之走作者, 以悔悟其前所失。"조목에 대한 퇴계의 의견에 대해 穌齋가 보내온 답변이다.

右, 所改當勝於前, 然又覺得河西此段所改, 更似親切。就內去"省"、"紬", 代"悔"、"尋"以用之, 何如?[208]

"《孟子》雞鳴而起"云云, 今蒙刪去, 於上下文義順易。[209]【伊齋】

右 今不記所以刪去之說, 然刪去甚穩當。

跛字, 代用偏字。[210]【伊齋】

右 他無善字, 寧用"偏"字。

訂, 平議也, 亦有考正之義, 何如?[211]【伊齋】

右 改之爲當, 但只依本訓曰平議也, 不必更言'亦有考正之義'也。

---

208 就內……何如 : 中本의 부전지에 "就內'以下, 考次。"라고 하였고, 주목 추기에 "子中傳本亦同。"라고 하였다.

209 '止此之'此', 非指孟子鷄鳴而起時, 乃指此章'整'以下事也。'整'以下事, 雖屬鷄鳴, 安有鷄鳴所爲不與朝晝相涉者。見《孟子》, 不言所以爲善之方, 故欲因此章, 還以相證, 而語意頗傷急迫, 終亦欠瑩。今承刪去, 更於上下文義, 自爲順易。이는 앞 편지의 "夫所謂善, 亦止此而已。"조목에 대한 퇴계의 의견에 대해 穌齋가 보내온 답변이다.

210 "跛"字, 初來固已謂未安, 而求之不得耳。妄欲直用'偏'字代之, 復恨其未的也。이는 앞 편지의 "欲其不跛。"조목에 대한 퇴계의 의견에 대해 穌齋가 보내온 답변이다.

211 "訂"字,《字書》以爲平議也, 則評義爲主, 改曰'訂, 評議也', 亦有考正之義。或改曰'訂, 平也正也', 何如? 但證之之義, 當別有據, 請詳之。이는 앞 편지의 "訂, 議也, 詳辨其討論之辭。"조목에 대한 퇴계의 의견에 대해 穌齋가 보내온 답변이다.

蓋平議之平, 訓爲平其不平, 當平其不平也, 已有考正之義, 亦
已有證義。前日鄙見所以疑此字當用此二義以訓者, 此也。今思
之, 只'平議也'三字, 已含二義, 不必更下語屋下架屋也。

　　討論 改論難, 何如?[212]【伊齋】

右 勝前, 然作'講論', 何如?

　　酬云云, 訓應曰酬, 恐未安。答訓, 似不必改。[213]【伊齋】

右 恐不然。蓋公必欲原字之所從來以看, 故以酬字爲不合訓應
字, 雖似然矣。然何不看應字所用本文之意[214]乎?"事至斯應"之
應, 訓酬, 則事至斯酬, 語爲襯貼。若易以答, 則事至斯答, 不倫
甚矣。酬, 雖酌賓之義, 其與應字聯用於事物應接之間, 久矣。
若答[215]則豈合於應事物之義乎? 更請商量, 何如?

　　訓目在, 但曰: "如物在前, 恐人偸去。"不待更言目在而其

---

212 '討論'字, 於'問辨'字, 似未穩貼, 故當改, 改爲'論難', 何如? 이는 위에 이어서 앞 편지의 "訂, 議也, 詳辨其討論之辭。"조목에 대한 퇴계의 의견에 대해 穌齋가 보내온 답변이다.
213 酬是復酌答賓之義, 借言於應接之際, 固宜。今直訓'應'曰酬, 恐未安。'答'義非偏, 在語言上見, 似不必改之。이는 앞 편지의 "應, 答。偸去" 조목에 대한 퇴계의 의견에 대해 穌齋가 보내온 답변이다.
214 意 :《穌齋集》에는 "義"로 되어 있다.
215 答 :《穌齋集》에는 "答字"로 되어 있다.

義已明, 不必添若干字。[216]【伊齋】

右 所添今亦不記。然恐人偸去, 只屬心, 未說到[217]顧義, 故其下必添箇常常覷在此云。今但云云, 豈說得到目在處耶? 今欲於偸去下, 著一然字[218], 則雖不更言目在, 而意稍見也。如何?

作貳[219]作參云云[220], 當從之。大抵皆當通用。[221]【伊齋】

右 恐有不可通用處, 此處是也。

直說'遮障', 恐尤明白。[222]【伊齋】

右 果如所喩。

不活則滯。[223]【伊齋】

216《大學章句》訓'顧'字, 故須曰'常目在之。' 今訓'目在', 則但曰'如物在前, 恐人偸去', 不待更言'目在'而其義已明, 恐不必添箇若干字。 이는 위에 이어서 앞 편지의 "應, 答。偸去" 조목에 대한 퇴계의 의견에 대해 穌齋가 보내온 답변이다.
217 到:《穌齋集》에는 이 글자가 없다.
218 字:《穌齋集》에는 이 글자가 없다.
219 貳 : 中本에는 "二"로 되어 있다.
220 作參云云 : 中本에는 "云云作參"으로 되어 있다.
221 作"二", 必傳寫之誤也。作"參", 當從之。大抵皆當通用。 이는 앞 편지의 "不二以二, 不三以三。" 조목에 대한 퇴계의 의견에 대해 穌齋가 보내온 답변이다.
222 이는 앞 편지의 "遮障" 조목에 대한 퇴계의 의견에 대해 穌齋가 보내온 답변이다.
223 "不活則滯", 蓋曰'不爲活則必爲滯'耳。卽是或活或滯之義, 惡在其爲一意。須作

右 滉前日²²⁴看得誤甚, 今從所喻。

聚其光靈云云, 改云: "聚定妙用, 放退閑思。"或因²²⁵舊亦似無妨。²²⁶【伊齋】

右 改之固當, 但"聚定"雖貼凝字, 以言於妙用殊未穩恰, 亦太壓重了。"放退"二字, 亦似不穩於"息"²²⁷字。大抵上有"眞體依前", 下有"明鏡止水", 其間著語最難處。恐只當云: "收斂妙用, 屏止閑思。"如是輕輕地說過, 如何²²⁸?

"精神"二字云云, 所改, 斟酌精密云云。竝訓二字耳²²⁹, 此曰: "神者, 陽魂流動之妙云云, 精者, 陰魄實定之英云云。"且以見動者難攝也。²³⁰【伊齋】

'不活'與'濡'文勢看, 則'不宰則累', 亦終不是二意。況'宰累'二字, 下此似不切, 又些與下文'往縛', 二字不應, 奈何? 이는 앞 편지의 "不活則濡"조목에 대한 퇴계의 의견에 대해 穌齋가 보내온 답변이다.

224 日 : 中本에는 "目"으로 되어 있으며, 추기에 "'目'恐作'日'。"라고 하였다.

225 因 : 鄭校에 "'因'恐作'仍'。"이라고 하였다.

226 兩句果逼西來。然遂去之則欠, 改之爲當。當改云, '聚定妙用, 放退閑思', 何如? 或因其舊, 亦似無妨。昔遇一老衲信宿, 得所齋三法語, 漫看數過, 乍喜之, 遂留在胸中, 不覺出筆下依俙, 殊可笑也。近世學禪者亦無矣, 何懼焉? 然吾輩不可不戒。이는 앞 편지의 "聚其光靈, 絶其思念。"조목에 대한 퇴계의 의견에 대해 穌齋가 보내온 답변이다.

227 息 : 中本의 부전지에 "'息'疑'思', 考次。"라고 하였고, 주묵 추기에 "子中傳本亦作'息'。"이라고 하였다.

228 如何 :《穌齋集》에는 "何如"로 되어 있다.

229 耳 :《穌齋集》에는 "于"로 되어 있다.

230 二字爲訓, 本陳安卿語也。裁著數語, 不免遷就失了本旨。初亦覺得不快意, 將求右所訓, 非不善, 但終覺說得太深, 非當時作者本意所到處, 前病尙在。滉欲於此章只云："神者, 陽魂[231]發用之妙。"【流動二字未穩。】言神不言精者, 以動者難攝也。至下章又只云："精者, 陰魄凝定之英。"【實字[232]未安。】神已見上, 此兼言動靜, 故備擧之。滉前所改, 今不記云何。假[233]使其言不戾於"精神"二字之訓, 若說得義理太多, 恐不足取也。只當依今說, 更加商度, 以就簡當, 何如? 蓋非務欲簡, 註家之體, 不當多揷入外來義理以亂本意耳。

"'以起發'三字有病"云, 想只是惡涉禪學云云, 所改無一毫頹惰之氣云云, 似歇後語。比聞有人說振拔之精明之, 高

古人全訓, 聞之不博, 徒益懊爾。但魂之與魄, 才有此卽有彼, 非旣得此方得彼也。妄謂'氣感得魂', 而承之以'行乎一身', 正以見魂魄非判爲二物也。而'體凝得魄'之實, 亦已明矣。'則'之爲言, 豈'然後'之比。若曰'當氣感則得魂, 當體凝則得魄'云爾。然此不足深論。來教云, '兩句, 本非論稟受', 審爲的當。審爲的當, 亦知北溪此語, 合卜是論魂魄, 不是直解精神, 特欲本此以見其字義。言之初無大害, 不言亦無所欠。況其言之未穩耶? 不須言者自是。且訓辭, 非照應也, 乃對擧也。因陳說對擧, 至於各章, 猶對而擧之, 亦以拘矣。所改斟酌精密, 不專襲古, 可愛。〈精神, 皆理所乘之機, 而相爲經緯, 則謂精載神, 果能無些病否?〉竊欲因高明之訓之意, 竝訓二字于此曰, '神者, 陽魂流動之妙, 卽精氣之化也。精者, 陰魄實定之英, 卽神氣之本也。精神只是一氣, 故專言神以包之, 且以見動者難攝也'云云, 不識高明以爲如何。이는 앞 편지의 "神者陽之靈【止】生者也。兼下章註。精者陰之靈【止】定者也。" 조목에 대한 퇴계의 의견에 대해 穌齋가 보내온 답변이다.

231 魂 : 中本에는 "魄"으로 되어 있고 부전지에 "'魄', 考次, 必'魂'。"라고 하였고, 주묵 추기에 "傳本作'魂'。"라고 하였다. 定本에는 "魄"으로 되어 있으며 교정기에 "魂"로 되어 있다.

232 字 : 上本에는 "者"로 되어 있다.

233 假 : 中本에는 "暇"로 되어 있고 부전지에 "'暇'疑'假', 考次。"라고 하였고, 주묵 추기에 "傳本作'假'。"라고 하였다. 《穌齋集》에는 "暇"로 되어 있다.

明命意, 得無近乎云云。²³⁴【伊齋】

右此段來意, 於心有未曉。然旣以鄙見爲近於或說, 則是以或說爲非也。然則"以起發"三字, 非振拔之精明之之謂乎? 所以謂三字有病者, 正爲恐至於撑眉努眼, 握拳作氣, 以期見於通身汗出豁然大悟處故也。

蓋"精采光明", 是志氣清定自然發生²³⁵耳, 若欲起發而得之, 則是有事焉而又正也, 勿忘而又助也, 非禪而何?

然於此復有所惑者, 細看註文, 以"起發"二²³⁶字貼"振拔", 而其下係以"精采光明", 又譏或人振拔之精明之之非, 則似是將本語作振拔其精明之意看矣。如此, 非惟義理不如此, 文勢亦恐不如此也。此等處, 須是四平放下, 虛心細意看出, 庶得本意。橫渠所謂"濯去舊見, 以來新意"者也。如何如何? 滉舊所改"無一毫"云云, 果爲未盡, 勿用可也。但"以齋莊整²³⁷齊, 已爲振拔"者, 鄙意亦不至如此耳。

末章削數行, 改云: "亦承上章言。此心雖存, 或是²³⁸出入,

---

234 三字有病云, 想只是惡涉禪家回光著精采等語也。愚意只要識得本領不是, 可矣。欲言必反, 卽此是病。抑未知所謂病, 別有所指歟? 所改使無一毫積惰之氣, 而精采光明, 語勢似些欹後, 又遺了振拔底意, 何歟? 比聞有人說, 振拔之, 精明之, 高明命意, 得無近乎? 脫或以齊莊正齊, 已爲振拔, 而不申言。似亦非註家之例也。이는 앞 편지의 "以起發精采光明。"조목에 대한 퇴계의 의견에 대해 穌齋가 보내온 답변이다.

235 生:《穌齋集》은 뒤에 "之效"가 있다.

236 二: 中本의 부전지에 "二疑三, 考次。"라고 하였고, 주묵 추기에 "傳本亦作二。"라고 하였다.

237 整:《穌齋集》에는 "正"으로 되어 있다.

而夜氣所息²³⁹"云云。²⁴⁰【伊齋】

右此段所改, 簡潔明白, 十分精切。但"或是²⁴¹出入"之"是"字, 少有未當, 恐或誤寫耳。

《右辨伊齋說。》²⁴²

《"怨, 過也。"伊齋元註下分註, 似不妨云云。²⁴³【河西】》
《此說較有味云云。²⁴⁴【伊齋】》

---

238 是 : 《穌齋集》에는 "時"로 되어 있다. 〔今案〕《穌齋集》의 원문에 "時"로 되어 있으므로 '時'가 옳을 듯하나 고치지 않았다.

239 夜氣所息 : 《穌齋集》에는 "夜間消息, 其氣淸明"으로 되어 있다.

240 此章之教, 最爲的確, 益覺鄙說疏脫已甚, 當亟削數行毋疑也。此句旣自是《孟子》本旨, 今亦無庸更爲之瀆解。止當云, '亦承上章言, 此心雖存, 或時出入, 而夜間所息, 其氣淸明, 故學者當因其所息, 以養其所存, 使神淸氣定, 而朝晝之云云', 何如? 이는 앞 편지의 "天地之氣至大至剛【止】生成不窮也。" 조목에 대한 퇴계의 의견에 대해 穌齋가 보내온 답변이다.

241 是 : 〔今按〕《穌齋集》에 수록된 穌齋의 답변 원문에는 해당 글자가 '時'로 되어 있으나 퇴계의 재 답변에는 이대로 '是'로 되어 있다. 무언가 착오가 있는 듯하다. 《先生手籍》(5책)에는 소재의 답변과 퇴계의 재 답변에 모두 '是'로 되어 있다. 애초에 誤記된 것이 퇴계에게 전해진 것일지도 모르겠다.

242 여기까지는 穌齋가 답변한 내용에 대해 재 답변한 것이다. 이 아래에서 끝까지는 河西가 퇴계가 답한 내용을 참고하여 논한 것과 그에 대해 穌齋가 다시 언급한 것을 싣고, 그에 대해 퇴계가 의견을 밝힌 것을 '河西說에 대한 논변'이라 하여 기록해 둔 것이다. 해당 내용을《穌齋集》의 내용을 참조하여 주에서 복원해 두었다.

243 "怨, 過也。"下分註, 似不妨。【字或作譻, 從心從言, 兩兼其義。】

244 此說較有味, 不知如何。

《愚意亦不須此註，只云'過也'，何欠？》

《"紬，繭絲也。"元註，"抽絲也"，何如？[245]【河西】》
《十忽爲絲云云。[246]【伊齋】》

《"抽，繭絲"，何不可而須改耶？》

《位有高下云云，直曰"次有先後，第有甲乙"，何如云云。[247]【河西】》
《"此[248]有"云者，不但似大綱云云。[249]【伊齋】》

《愚意見前示目，此不復云。》

《"疏擧""擧"字，或改以"暢達"云云。[250]【河西】》
《二字恐終未安。[251]【伊齋】》

---

245 '紬，抽絲也.'，何如？

246 十忽爲絲，存'繭'字自無妨。

247 直曰'次有先後，第有甲乙'，何如？若從古字之義，則次承其上，弟從其兄，似本非第宅之謂，從退溪之語，則序而得所爲次，下亦如之，何如？擧字，或改以'暢達'等字，何如？

248 此：〔今按〕《蘇齋集》과《河西集》에 모두 '次'로 되어 있으므로 '次'가 옳을 듯하나 고치지 않았다.

249 '次有'云爾，則不但似大綱說，又恐語複，非註家之例。

250 "擧'字，或改以'暢達'等字，何如？

251 '暢達'二字，恐終未安。蓋疏已含此義，則兼有擧義，何妨？

《愚意同上。》

《夜氣之說。夜氣之說²⁵²固善云云。²⁵³【河西】》
《未詳指何說, 請詳之。²⁵⁴【伊齋】》

《亦未詳何謂。》

《昔所失今所有云云。昔所失則"省悟而知改"云云。²⁵⁵【河西】》
《"知改"、"加察"等, 語意更加切云云。²⁵⁶【伊齋】》

《詳前示目。²⁵⁷》

《夫所謂善云云, 恐退溪之說爲然。【河西】²⁵⁸》

《未詳。²⁵⁹》

---

252 夜氣之說 :《穌齋集》에는 없다.
253 夜氣之說固善, 語勢似難, 更加審定, 何如?
254 夜氣之說, 未詳指何說也。疑指公所補, 請詳之。
255 改"悔悟"之爲'省悟而知改', 改"尋繹"之爲'紬繹而加察', 何如?
256 "知改"、"加察"等語, 意更切。但'省'、'紬'字, 自在正文, 須以'悔'、'尋'字代之, 何如? 然未有'悟而不改'、'繹而不察'者, 或存舊無妨。
257《穌齋集》에 의하면 이 조목에 대한 退溪의 답변은 "右所改固勝於前, 然又覺得河西此段所改, 更似親切, 就內, 去'省'・'紬', 代'悔'・'尋'以用之, 何如?"로 되어 있다.
258 河西 : 中本의 부전지에 "恐脫伊齋問目。"라고 하였고 청묵말거표시가 있다.
259《穌齋集》에 의하면 이 조목에 대한 退溪의 답변은 "今不記所以刪去之說, 然刪去甚穩當"으로 되어 있다.

《"跛"作"攲",何如?【河西】》
《"攲"字固勝云云。²⁶⁰【伊齋】》

《反未如'偏'字之稍安。²⁶¹》

《聖師弟子,但曰指夫子謂顏、曾以下云云。²⁶²【河西】》
《"如"字果不協,只得直指。²⁶³【伊齋】》

《直指甚當。》

《"參,考","參"字有相參之義,"考"下加"覈"字,何如?²⁶⁴【河西】》
《加"覈",恐亦無相參之義。²⁶⁵【伊齋】》

《"覈",未善,如作"證"字,則有相參之義,如何?》

---

260 '攲'字,似勝,但於跛足,義未恰貼,如何?
261 《穌齋集》에 의하면 이 조목에 대한 退溪의 답변은 "'攲'字,反未如'偏'字之稍安。他無善字,寧用'偏'字。"로 되어 있다.
262 "聖師弟子"云云,但曰'指夫子謂顏曾以下',何如?
263 如字果不協,只得直指。
264 "參"字,有相參之義,但訓以'攷'字,似不能盡,'攷'下,加'覈'字,何如?'訂'之有證義,時未見於《字書》,如村巷契券中,例以證爲訂,亦必有所自。抑退溪諳於吏事,故知之耶?
265 加"覈",恐亦無相參之義,奈何? 契券稱'訂',不過爲吏諺從便之習。如以荳爲太,以辨爲卞之類。

"訂", 議也。退溪所謂證義云云。²⁶⁶【河西】

契券稱訂, 不過爲吏諺²⁶⁷。²⁶⁸【伊齋】

說見前目。然鄙誤只在"訂不過²⁶⁹證義"云耳, 非以證爲訂如村巷人²⁷⁰所爲也。河西云云, 亦淺之知我矣。²⁷¹【以下答伊齋與金河西辨論。²⁷²】

(("應, 答", "答"恐非正訓, "酬"非但酬酢云云。²⁷³【河西】))
(("答"、"酬", 俱未安云云。²⁷⁴【伊齋】))

---

266 "訂"之有證義, 時未見於《字書》, 如村巷契券中, 例以證爲訂, 亦必有所自。抑退溪諳於吏事, 故知之耶?

267 諺 : 中本은 뒤에 "云云"이 있다.

268 契券稱"訂", 不過爲吏諺從便之習。如以豈爲太, 以辨爲卞之類。

269 不過 :《穌齋集》에는 "有"로 되어 있다.

270 人 :《穌齋集》에는 이 글자가 없다.

271 《穌齋集》에 의하면 이 조목에 대한 退溪의 답변은 다음과 같다. "右改之爲當。但只依本訓曰'平議也', 不必更言'亦有考正之義也。' 蓋'平議'之'平', 訓爲平其不平。當平其不平也, 已有考正之義, 亦已有證義。前日鄙見所以疑此字當用此二義以訓者, 此也。今思之, 只'平議也'三字, 已含二義, 不必更下語屋下架屋也。且鄙誤只在'訂有證義'云耳, 非以證爲訂, 如村巷所爲也。河西云云。亦淺之知我矣。'論難', '勝討論', 然作'講論', 何如?"

272 以下答伊齋與金河西辨論 : 中本에는 이 글자들이 없으며, 청묵부전지에 "以下答伊齋與金河西辨論。"라고 하였다. 樊本에도 이 글자들이 없다. 〔今按〕이는 庚本 편성 시 첨가된 편집 주석으로서 지금의 定本은 그때 산거된 내용을 복원하였으므로 실제에 맞지 않는다.

273 '答', 恐非正訓。'酬', 非但酬酢, 有和義。然無'酢'字, 則便無力。'應'字之義, 重訓難的恰, 奈何? '赫', 赫然明貌, 似盡。

274 '答''酬', 俱未安。更著何字, 可安? 更詳之。

《未見"酬"字未安與無力。》²⁷⁵

《"恐人偸去", 止此不妨。²⁷⁶【河西】²⁷⁷》

《見前目。》²⁷⁸

《"不活則滯", 似當。【河西】》

《同上。》²⁷⁹

"近世學禪者亦無矣。" 世無學禪者, 亦不可不以爲慮。²⁸⁰【河西】
學然後有流, 不學又何流?²⁸¹【伊齋】

275《穌齋集》에 의하면 이 조목에 대한 退溪의 답변은 다음과 같다. "右恐不然。蓋公必欲原字之所從來以看, 故以'酬'字爲不合訓'應'字。雖似然矣, 然何不看'應'字所用本文之義乎?'事至斯應'之'應', 訓'酬', 事至斯酬, 語爲襯貼。若易以'答', 則事至斯答, 不倫甚矣。'酬', 雖酌賓之義, 其與'應'字, 聯用於事物應接之間, 久矣。若'答'字, 則豈合於應事物之義乎? 更請商量, 何如? 且未見酬字未安與無力。"

276 '恐人偸去', 止此, 似不妨。

277 河西:樊本과 上本에는 두주에 "恐脫伊齋問目。"라고 하였다.

278《穌齋集》에 의하면 이 조목에 대한 退溪의 답변은 다음과 같다. "右所添, 今亦不記。然恐人偸去, 只屬心, 未說顧義, 故其下必添箇'常常覩在此'云。今但云云, 豈說得到目在處耶? 今欲於'偸去'下, 著一'然', 則雖不更言'目在', 而意稍見也, 如何?"

279 右滉前日看得誤甚, 今從所喩。앞에 이미 나왔다.

280 世無學禪者, 亦不可不以爲慮, 又安知自今有流於禪者乎? 諺稱, '不可以無盜而畜不吠之犬, 不可以無鼠而畜不捕之猫', 可戒可戒。

281 學然後有流, 不學又何流。大抵人患不學, 學之, 必學程朱。程朱訓戒, 旣明且

凡君子講道立言，豈直爲一時計？若排異學，亦豈問今世其人
之有無，而爲之前卻乎？且不爲聖人之徒，則便爲楊、墨之徒，
無中立兩和之理。假使吾有涉於彼，則雖擧世無一人學禪者，
我已陷人於禽獸夷狄之域矣，豈惟陷人？我已自陷於邪詖之
徒矣。來喩之云，不已疎乎？亦有一二同志見此說，無不怪訝，
恐不可硬執一說而忽於察邇也。

"凝神息慮"之訓，此等處訓語，要直截明白云云。[282]【河西】
此說嚴正切實云云。但訓解不得不就本文爲說云云。凡若
此類不害或相近也云云。[283]【伊齋】

"凝"[284]、"息"之訓，見前目。河西所疑本箴語，如"發舒"、"休養"
之類，未見其有弊，至"振拔精明"、"不作思惟"等語，未免微有
河西所慮之弊。

明道先生云："釋氏於吾儒，句句同，事事同，然而不同。"

悉，其有學此而不知闢彼者乎？河西何懼之濾？
282 '凝神息慮'，此等訓語，要直截明白，依朱子之說。'凝神息慮'，卽朱子所謂敬者，
定志慮，攝精神，而涵養本原之道也。後賢措語，似不能端的，恐因墮於禪也。下文'發
舒休養'、'振拔精明'等語，恐不爲無獘。'不作思惟'之云，若誤認，則其乃乃坐忘乃是坐
馳者耶？又朱子之說曰，'收斂身心，盡掃雜慮，令其光明洞澈，方能作主宰，方能見理.'
不亦痛快矣乎？
283 '凝神息慮'等說，嚴正切實，得不伏乎？但訓解，不得不就本文爲說，然苟不背於
聖賢之旨，亦幸矣。'聚定妙用，放退閒思'，恐此解去不得禪學認心爲性，又無主宰，則
本領已不是，尙何說哉？實有主宰能攝之，凡若此數語，不害或相近也。喜怒哀樂未發
底氣像，蓋亦可想。朱夫子謂'佛喚醒此心，與吾儒同，其爲道則異.' 河西之慮亦不過矣。
284 凝：《穌齋集》에는 "收"로 되어 있다.

今雖固知其有同, 然如我輩當²⁸⁵尋箇不同處, 堅定脚跟, 不要轉步, 何可輕言不害相近耶?

程子²⁸⁶又云: "若欲²⁸⁷窮其說而去取之²⁸⁸, 則已化爲佛矣." 夫欲窮其說而去取之, 猶不免墮²⁸⁹落, 況以不害相近爲說乎? 河西之言, 恐非過也.²⁹⁰

《"姸蚩之痕", 改以"查滓之累", 何如?²⁹¹【河西】》
《"查滓"字爲勝, 但恐云云.²⁹²【伊齋】》

《似勝"姸蚩之痕", 以"查滓"爲累, 恐亦無妨也.》

---

285 當 : 《穌齋集》에는 뒤에 "先"자가 있다.
286 程子 : 《穌齋集》에는 "程夫子"로 되어 있다.
287 欲 : 《穌齋集》에는 이 글자가 없다.
288 之 : 《穌齋集》에는 이 글자가 없다.
289 墮 : 《穌齋集》에는 "隆"로 되어 있다.
290 也 : 《穌齋集》에는 뒤에 "【詳此兩論, 厚之之慮, 深矣, 而寡悔之見, 疏矣. 昔程門之人, 皆學程子者也. 而其後滔滔流入於禪. 近世羅整庵尊信程朱, 譏詆禪學, 不爲不至, 而凡議論, 必與程朱相反, 竟流於禪學之歸, 此豈學然後流者乎? 識見一跌, 必墜於禪. 以此言之, 吾輩之士, 非徒慮人, 亦可自慮. 秋巒鄭靜而說: 今按此說, 至謂整庵流於禪學, 其不識整庵, 甚矣. 豈不爲笑且怪乎? 然而識之者, 欲因此爲戒也.】"가 있다. 《河西全集》(권11:25b~26a)에는 해당 내용이 주가 아니라 퇴계의 본문으로 편성되어 있다. 그런데 내용 중 '秋巒鄭靜而說' 이하는 盧守愼의 언급으로 보인다. 그렇다면 해당 내용은 퇴계의 설이 아니라 盧守愼이 秋巒 鄭之雲의 설을 인용하고 그에 대한 자신의 비판적 按說을 붙여 둔 것이라고 볼 수도 있을 듯하다.
291 恐混於俯仰之語, 或改以'查滓之累', 何如?
292 俯仰之混, 未詳. 然'查滓'字爲勝. 但恐'查滓'不全是累, 不知如何. '痕'字仍存, 何如?

《反覆無時，似不成說話云云。²⁹³【河西】》

《竊謂朱子之說，欲隨動靜，皆得用工也云云。²⁹⁴【伊齋】》

《如所解，似不爲無義。然《續錄》、《句解》，終是大誤，今不當用此語也。今欲只改"無時"作"不已"，無乃好乎？》

"君子必以爲一身主宰。"心本一身之主宰，非人以爲一身之主宰然後主宰之也。²⁹⁵【河西】

此段最爲緊要，此論尤見精密，不識高明亦不之覺，何耶？²⁹⁶【伊齋】

此段，河西所見超詣不可及。滉前日非不知此²⁹⁷，而不能見破

---

293 似不成說話，如曰'反覆無時'，則爲善爲惡，似皆含糊。朱子之語曰，"循環反覆，無時不然。"以反覆連環，則其意乃實，其無乃爲續錄句解所誤耶？

294 竊詳朱子之說，欲隨動靜皆得用功也。句解雖有少差，顧其無時與無時不然，語意何遠？蓋反覆者，不斷也；無時者，無定也。不斷，則已見互根無始之意；無定，則兼有寂感不常之理。不知此句有何大妨。河西致疑至此，善惡之云，所未喩者，當俟別日奉討。

295 心本一身之主宰，非人以爲之主宰然後主宰之也。惟其氣雜而誘於物，則心馳於外，而身便無主。能敬以直之，則心便主宰如前矣。今曰'以心爲一身主宰，然後以敬爲一心主宰'，則方其以心爲一身主宰之時，將何所下手耶？朱子曰，"人心至靈，主宰萬變，非物所能宰也，故有執持之意，卽是此心先自動了。"因擧程夫子以敬直內便不直矣之云，而又繫之曰，"蓋惟整齊嚴肅，則中有主而心自存。"其曰'非物所能宰'，則惟敬爲可以宰之；其曰'中有主而心自存'，則中有主者，非敬之謂乎？

296 此段最爲緊要，此論尤見精密。不識高明亦不之覺，何耶？但河西能發此論，不曾刪補得一語，爲可恨。只在高明下手爾。妄意本謂'身主者，以言全體也；心主者，以言工夫也'，而不覺必以之差乃至於然後之謬，深可懼也。若去'君子必以'則'五字，而竝去下文'又必以'三字，着'須用'二字，爲何如也？第措語已然，恐隨改輒復生一尤，奈何？

此病。想高明之爲此說，亦若是而然耳。高明於河西說，能不
設畦畛，樂取其善，只在改定數語，以就至善，可也。然千里相
詢，不可不少爲博取之資，謹因本語而爲之說曰："夫兼體用，
該動靜，爲一身主宰，而如環無端，反覆不已者，心之爲也。所
以日用之間，一動一靜，莫不由是而加工焉，所謂'惟心是監'者
也。然其加工也，必以敬爲一心主宰，方能靜而操存，不昧於虛
寂不用之處；動而省察，不雜於[298]幾微運行之時云云。"以此刪
改用之，何如？"專一在此"，"無[299]少差繆。"此間語亦似太多。

《"空虛無用"，恐有病。【河西】》
《四字，殊不見有病，又未嘗著"無"字，恐只是誤認云云。[300]
【伊齋】》

《"不"字固勝"無"字，但"空"字豈非病乎？》

靜存動察章。此凡三節，若以註家例之云云。[301]【河西】
今欲依擬，竟莫能成。[302]【伊齋】

---

297 此：《穌齋集》에는 "此理"로 되어 있다.
298 於：中本에는 이 글자가 없고, 부전지에 "'雜'下疑脫'於'字。"라고 하였고, 定本에
도 이 글자가 없고 교정기에 "於"로 되어 있다.
299 無：《穌齋集》에는 앞에 "至"자가 있다.
300 四字殊不見有病，又未嘗着"無"字，恐只是認誤。蓋"無"、"不"二字，不相類。
301 此凡三節，若以註家例之，則折兩而各解，合一而統論，似尤明白，抑有所難耶？
302 今欲依擬，竟莫能成，奈何？責在高明。

本註, 所謂"動而省察, 靜而存養", 卽析³⁰³兩而各解也; "兼體
用, 該動靜"以下, 卽合一而統論也。不知河西更欲作何等訓解
議論耶? 餘見上。

《"精神"二字, 此字理會不得云云。³⁰⁴【河西】³⁰⁵》

《見前目。》³⁰⁶

《"無局促之態, 有從容之象", "態"作"意", "象"作"味"云云。³⁰⁷
【河西】》
《"意"、"味"二字, 別無利害云云。³⁰⁸【伊齋】》

《"意"雖勝"態", 亦未十分。》

---

303 析 : 中本에는 "折"로 되어 있으며, 부전지에 "'折'疑從木。"이라고 하였고,《穌齋集》에는 '折'로 되어 있다.
304 "精神"二字, 理會不得, 如何如何? 陰魄之訓, 似未及陽魂流動之妙, 更詳之。
305 河西 : 樊本과 上本에는 두주에 "恐脫伊齋問目。"라고 하였다.
306 右所訓非不善, 但終覺說得太深, 非當時作者本意, 所到處, 前病尙在。鄙意欲於此章, 只云, '神者, 陽魂發用之妙。【流動二字未穩。】言神不言精者, 以動者難攝也。' 至下章, 又只云, '精者, 陰魄凝定之英。【實字未安。】神已見上。此兼言動靜, 故備擧之。' 浣前所改, 今不記云何。暇使其言不戾於'精神'二字之訓, 若說得義理太多, 恐不足取也。只當依今說, 更加商度, 以就簡當, 何如? 蓋非務欲簡, 註家之體, 不當多揷入外來義理以亂本意耳。앞에 이미 나왔다.
307 "態"作"意", "象"作"味", 何如? 但高明喜用'象'字, 其別有所得耶?
308 '意'、'味'二字, 別無利害, 喜用'象'字, 或只是病, 可笑。

《"學爲爲己之學", "爲"字無乃疊耶?【河西】》
《愚意不見其疊云云。³⁰⁹【伊齋】》

《河西將"爲"字作何看, 乃以爲疊耶?》

"天有四德", 四德上加元亨利貞云云。³¹⁰【河西】
"元亨利貞"字有無, 亦似³¹¹無大損益。³¹²【伊齋】

"元亨利貞"不須加。此處本文亦無擧首尾以該之之意, 但云"天有四德, 而只³¹³言貞元, 以見終而復始之理而已", 何如?

《夜氣之解, "夜氣"則³¹⁴浩然之氣云云。³¹⁵【河西】》
《此說大是。【伊齋】》

《夜氣, 不須引浩氣。然此數說話, 未詳何意。恐是後來所改有此語。》³¹⁶

---

309 愚意不見其疊, 如何?
310 "四德"上, 加'元亨利貞', 而'首尾'字, 改以'終始', 何如?
311 亦似:《穌齋集》에는 "似亦"으로 되어 있다.
312 '元亨利貞'字有無, 似亦無大損益。但'終始'字較好。
313 只:《穌齋集》에는 "止"로 되어 있다.
314 則: 中本의 부전지에 "'則'疑'卽'字。"라고 하였고, 樊本에는 두주에 "'則'恐'卽'【舊標。】"라고 하였다.
315 '夜氣', 卽浩然之氣, 非他也。指義旣異, 則命辭亦不得不隨之。
316 《穌齋集》에 따르면 이 조목에 대한 퇴계의 답변은 다음과 같다. "右此段, 所改簡潔明白, 十分精切。但'或是[時]出入'之'是[時]'字, 少有未當。恐或誤寫耳。"

"敬者一而已矣", 如曰: "一者誠也", 似未見著力處。[317]【河西】

"一者誠也", 本註內無此語, 不知何以有此辯?[318]【伊齋】

"夫一在天曰誠", 夫一之云, 於立言之體云云。[319]【河西】

"夫一"之云, 未見有未恰處。[320]【伊齋】

"天之道, 聖人之本", 其所謂'天之道, 聖人之本'云云。[321]【河西】

愚意正欲統論敬之道不出於一也。[322]【伊齋】

右三條河西所說[323], 大約皆一意也, 而公不以爲然。然反覆參究, 終是河西說有理。公曾見朱子能與所能之說乎? 說見《大

---

[317] 如曰'一者誠也', 似未見着力處。蓋敬乃所以一之也。敬則一矣, 遽以一稱之, 如何?

[318] 《穌齋集》에는 이것이 退溪의 설로 되어 있다. '一者誠也.' 本註內無此語, 不知何以有此辨。"蓋"字以下, 鄙意亦同河西說。

[319] "夫一"之云, 於立言之體, 恐未恰好。妄意敬者, 乃所以一之, 則恐不可遽與誠竝稱爲一。

[320] 《穌齋集》에는 이것이 退溪의 설로 되어 있다. "夫一"之云, 未見有未恰處。"妄意"以下, 鄙意亦同河西說。

[321] 其所謂"天之道, 聖人之本"者, 其亦有二乎? 未至乎此, 則亦在乎誠之而已。然非敬, 無以誠之, 敬則誠矣。

[322] 愚意正欲統說敬之道不出於一也。未論到着力不着力, 未分別天道與人道已矣云者, 無他之辭, 蓋其所以一之者敬也, 則所以至於一者, 非敬乎? 雖曰敬便是一, 亦可也。又況敬在一事, 一事亦旣一矣。豈不可以統說之乎? 故在天在人, 皆曰一, 分而言之, 天之一曰誠, 人之一曰敬, 非謂誠是敬, 敬是誠也。天之道, 卽聖人之本, 固無二也。故才分說天聖, 便結曰無間。繼言有不能一而一之者, 所以一之者敬也。敬則誠矣, 豈不然乎?

[323] 說 : 《穌齋集》에는 "論"으로 되어 있다.

全》書四十八卷[324]〈答呂子約〉第十三書, 可考見也。今以其說揆之於此, 如敬卽所謂能也, 一則所能之謂也。而一上須著主字, 或一下須著之字, 乃可謂能耳。又誠則所能之謂, 而誠上或[325]著思字, 或誠下須著之字, 方可謂之能耳。

然則其曰"敬者一而已"者, 非以能爲所能之病乎？ 曰"夫一, 在天曰誠, 在人曰敬", 非能與所能混稱之病乎？愚恐朱子所謂"不可亂"者, 正在此等處也。

且"謹按"以下所論以一爲此箴之旨, 舊看甚好, 今更細看, 一箴本旨專主於敬, 今乃以一言之, 未免爲隔一重說話, 何也？ 有能與所能之異故耳。故鄙意不若以敬字代一字, 則平正的確無病痛。

自"專在於敬"以下,【止】"天德之所以一而一之", 不過點化數語而無不恰然矣。 其自"夫一在天曰誠",【止】"求至於聖人之誠", 其間語多剩出, 而"體天之誠以求至於聖人之誠", 又似倒說。此等處恐須十分加意, 稱停鍛鍊, 使無一毫瑕纇, 乃善。然此間不須多說, 但曰："欲人體天德之誠而不息以終之也。誠者, 天之道也[326]；誠之者, 人之道也。學者之所當自强也, 而[327]欲自强以進於誠, 豈有他哉？ 亦惟用力於敬而已。敬者何？ 主一之謂也。"

此下[328]十一箇一字仍存。【說敬而說到主一, 則雖說一, 仍不離於

---

324 卷 :《穌齋集》에는 이 글자가 없다.

325 或 :《穌齋集》에는 '須' 자로 되어 있다.

326 也 :《穌齋集》에는 뒤에 "聖人之本也"가 있다.

327 而 :《穌齋集》에는 이 글자가 없다.

敬也。}"未始不在於一", 此"一"字作"敬"。"無時無處而不力於一則³²⁹一"者, 作"無時無處而不主於一則敬"者,"此箴之旨也。一之爲義, 可知", 作"敬之用工, 在於主一, 可知。"此下又係之曰:"主一而能至於一, 始可與言聖學矣。 竊觀《通書》云云。"大槩以此意參酌去取, 何如? 僭易及此, 悚息悚息。

"天地之間, 惟天理爲一。"天理似別有一物云云。³³⁰【河西】此等語, 非後學所敢擅立。³³¹【伊齋】

若如上, 鄙意則此一段不必論, 但"惟天理爲一", 似不甚非。

《右 辨河西說。》

---

328 此下 :《穌齋集》에는 없다.
329 於一則 : 中本에는 부전지에 "'{於}一則', 考次。"라고 하였다.
330 "天地之間, 惟天理爲一", 則天理似別爲一物。如何如何? 天地之間, 無非理也, 渾然全體, 無物不具, 卽子思語大語小之意也。
331 此等語, 非後學所敢擅立。但改實爲一, 自恐未安。然一者誠也, 要之, 若不戾本旨。夫天地之間, 無非理也, 而曰'惟天理爲一', 果若又有別物。但惟維唯, 皆語辭, 又皆訓獨, 如'維天之命', '維'字說得輕, '惟天下至誠', '惟'字說差重, 似不得概論。然看來此'惟'字, 自是獨義, 乃朱子贊嘆天理之實之辭。河西疑之, 恐亦已甚。

BIL0075〈書-盧守愼-3〉〈樊遺外卷2:1右〉

答盧伊齋[332]

不意辱垂伻諭, 伏審孝候支處, 無任慰釋。滉幸茲退屛, 未允致仕之請, 兢鬱殊多。

　誤囑顯揚先德, 傳信來世, 伏讀三狀, 感仄靡措。滉自以不文昧識, 非可以任傳世文字之責, 於國旣已固辭, 於私豈合苟徇? 此志決然久矣。當面托校理先生碣文日, 已露微悃, 而□□[333]惟不蒙領察, 而强迫委投, 每以不及回納爲不敏之愧。今復一時辱寄三狀, 而取辦於咄嗟之間、立索之頃, 自非有倚馬之才, 固難應副。矧滉拙訥遲鈍, 欲就一篇文字, 營思旬朔,

---

332 己巳年(宣祖2, 1569년, 69세) 4월 28일 경 예안(禮安)에서 쓴 편지이다. 이 편지와 문목은 盧守愼이 己巳年(1569) 4월 26일에 쓴 편지와 문목(〈寄退溪先生·別帖〉)에 대한 답장이다. 《穌齋集》(內集下篇問答錄乙, 10b~13a)에는 盧守愼이 보낸 편지와 문목뿐만 아니라, 그에 대한 退溪의 답장(〈答盧監司書〉)도 실려 있다. 한편 이 편지와 문목은《退溪集》에서는 각각 續集과 樊本의 遺集 外篇에 나누어 실려 있다. 즉, 문목이 먼저 續集에 실렸고, 본 편지는 그 뒤 遺集 外篇에 실렸다. 續集은 退溪의 6대손 李守淵이 편집한 것이며, 본 편지도 그 제하의 세주 기록('以下先生六代孫守淵輯錄')에 의해 李守淵이 수집한 것임을 알 수 있다. 아래 76번〈答盧伊齋·問目〉의 경우도 동일한 예이다. 續集에 실려 있는 문목을《穌齋集》에 실려 있는 것과 대교하고, 또 의심되는 글자에 삽의한 내용이〈攷證〉에 실려 있다. 이편은 中本에는 수록되어 있지 않다.《穌齋集》에 실려 있는 것에 의거해서 본 편지와 문목을 합편한다.《穌齋集》에 실려 있는 이 편지〈答盧監司書〉의 끝에는 '隆慶三年四月二十八日'로 그 작성연월일이 기록되어 있다. 隆慶3년은 1569년이다. 그러므로〈攷證〉에서 이 편지를 丁卯年(1567)에 쓴 것으로 본 것은 오류이다. 樊本에는〈答盧伊齋【以下先生六代孫守淵輯錄。】〉로 되어 있고, 上本에는〈答盧伊齋〉로 되어 있으며 추기에 "六十四李源宗初, 六十五李鐸初, 六十六李恒鎬初"로 되어 있으며,《穌齋集》에는〈答盧監司書〉로 되어 있다.

333 □□ :《穌齋集》에는 "思之"로 되어 있다.

渴躓未就者多, 厥或有就, 正如禿筆寫字, 無一毫尖芒, 自讀一過, 猶如口含膠漆, 況有以犁然當人意乎?

且頃者都中, 蒙被强投, 不及回納, 如前所云者, 自領左相以下殆數十家, 皆所不堪。謹當具懇奉還, 以寧甘逋慢之責。顧以蹭蹬新退, 物論多端, 不欲以是自添尤累, 又弊家近有先隴^334告贈事, 心不暇他及。未果庋置諸^335, 常如重擔者之思釋, 今豈當冒受不償之債以重速已罪乎?

兹以三狀謹□^336封署再拜而懇辭之, 出於萬不得已。伏乞曲垂矜照, 轉求雄敏之手, 庶幾不沒先德, 而無滯孝願之期。校理先生行狀, 適在山舍, 今亦未還, 愧懼增深。伏惟竝恕諒。^337 燈下眼暗, 書不成字, 以意成文爲幸耳。^338

SNL0075A(書-盧守慎-3-1)(續卷3:9左)(樊續卷3:10右)

答盧伊齋問目^339

祖考妣一穴, 而分窆異封。今欲於兩封之間, 竪一石。表面刻右題考左題妣, 此俗所行也。俗又或單題考前, 而妣前^340否, 此又如何?

---

334 隴 : 《穌齋集》에는 "壟"으로 되어 있다.
335 諸 : 《穌齋集》에는 뒤에 "狀" 자가 있다.
336 □ : 《穌齋集》에는 "還"으로 되어 있다.
337 諒 : 《穌齋集》에는 뒤에 "謹拜上復。隆慶三年四月二十八日。滉再拜。"가 있다.
338 燈下眼暗……爲幸耳 : 《穌齋集》에는 小註로 되어 있다.
339 《穌齋集》에는 "別紙所詢, 亦非所及, 姑以妄意奉報一二"로 되어 있다.

一穴異封, 表面分刻, 滉所聞俗例亦如此, 恐程子所謂"事之無害於義者從俗可也"者, 此類之謂也。其單題考前, 恐未安。

兩封共一表, 則其世系、名字、行實之刻也, 當首祖考次祖妣, 可乎? 合而述之, 可乎?

兩封共表銘文之刻例, 未有考。今世或有分刻者, 有合述者。愚意分刻固善, 然以同牢一體共穴合祭之義言之, 合而述之, 亦似爲得。

祖墓之岡, 太短狹以促, 從先府君遺命, 窆諸祖墳三四尺之次, 無地可容行祖祭, 當不免合祭于一列。今擬離先府君墓前一二尺許, 可設石卓, 以西爲上, 右共一卓以祭祖考妣, 左共一卓祭考[341], 於禮何如? 或謂"設兩卓於考妣墳前似混, 不若設于墓左或右", 此說恐非便。旣離墳砌, 非混也。非直偏設未安, 復地勢無餘, 決難從, 奈何? 或又言"設卓于次墓下之西", 然則祭者, 是位東是位南。然此說終是舛, 抑別有善道歟?

上墓地窄, 設位次墓之前而祭之, 事涉苟且。墓左右設位之說,

---

340 前 : 續草本에는 주묵 추기에 "前字恐'後'字之誤。"라고 하였고, 청묵 추기에 "前字不誤, '妣前否'者, 妣前則不書也。詳下答目。"라고 하였다.《穌齋集》에는 뒤에 "則"자가 있다. 柳校에 "《喪祭禮問答》, '妣前下有'則'字。"라고 하였다.

341 一卓祭考 : 柳校에 "一卓祭考'下, 恐脫'妣'字。"라고 하였다.

未爲非便³⁴², 但云"地勢無餘", 則不得已用次墓前設位之說。若設於次墓下之西, 則祭者位次³⁴³處之尤難, 其他又無善策可出於此外也。

先書贈職, 東俗也。且從俗書, 無大害否？

東俗先書贈職, 先國恩之意也。然官之高下、事之先後, 皆倒置。每欲變從古文, 未果也。承問之及, 爲之怳然。

BIL0076(書-盧守愼-4)(樊遺外卷2:2右)

答盧伊齋³⁴⁴

滉再拜言。伏承下書, 審知孝候有愆度, 不勝憂煎之至。竊恐

---

342 便 : 저본에 "偏"으로 되어 있다. 續草本의 추기에 "'偏'疑'便'【漱】."라 하였으며, 柳校에 "據問目, '偏'恐當作'便'."이라고 하였다. 이에 근거하여 수정하였다.
343 次 : 저본에 "而柳"로 되어 있는데, 柳校에 "'而'恐'次'之誤."라고 하였다. 이에 근거하여 수정하였다.
344 己巳年(宣祖2, 1569년, 69세) 9월 21일 경에 예안(禮安)에서 쓴 편지로 추정된다. 이 편지와 문목은 盧守愼이 위 BIL0075〈答盧伊齋問目〉을 받고난 후 다시 문의한 편지, 정확히는 問目(〈再問〉)을 받고 그에 답한 것이다.《穌齋集》(內集下篇問答錄乙, 13a~17b)에는 盧守愼의 問目뿐만 아니라, 그에 대한 退溪의 답장(〈重答盧監司書〉)도 실려 있다. 이 편지와 문목은 위 75번 편지의 예와 마찬가지로《退溪集》에서 각각 그 보유편인 續集과 遺集에 나누어 실려 있으며, 모두 李守淵이 수집한 것이다. 續集에 실려 있는 問目을《穌齋集》에 실려 있는 것과 對校하고, 또 의심되는 글자에 삽의한 내용이 養閒堂本 상란에 기록되어 있고,《攷證》에도 실려 있다.《穌齋集》에 실려 있는 것에 의거해서 본 편지와 問目을 합편한다. 합편 제목은〈答盧伊齋問

罹苦以來, 或多有過禮積損之事, 馴致如此, 殊非聖人垂敎之意。況上有慈親, 尤不當直情而行也。

　滉狼狽未歸, 屛伏度日, 但風色如許, 日深惴惴。示諭校理先生碣文, 非敢吞諾, 老昏百不堪, 故欲辭而避之。領相又以判書公碑銘並投, 索取甚勤, 以碑銘最難承當, 乃敢冒承碣銘之述, 謹以³⁴⁵草就。第其行狀中闕却復科復職事, 以此更稟議於領相前, 今纔答來, 因此又有更定草本處, 尙未寫出, 故今未送呈, 恨仰。從當寫訖, 上于領相, 因以寄呈于左右也。但放筆已久, 文拙不足以顯揚大君子之潛光, 愧懼深矣。

　詢及別紙, 又不敢不報, 益增僭越之罪。伏蘄寬貰, 仍祝節就萬萬。不宣。³⁴⁶

SNL0076A(書-盧守愼-4-1)(續卷3:11右)(樊續卷3:11左)

答盧伊齋問目³⁴⁷

　朱子當禮極毁之日, 姑爲復古之漸,《家禮》多從簡便, 非

目)으로 하는 것이 합당할 것이다.《穌齋集》에 실려 있는 이 편지〈答盧監司書〉끝에는 '隆慶三年四月二十八日'로 작성연월일이 기록되어 있다. 隆慶3년은 1569년이다. 그러므로《攷證》에서 이 편지를 丁卯年(1567)에 쓴 편지로 본 것은 오류이다.

345 以 :《穌齋集》에는 "已"로 되어 있다.

346 宣 :《穌齋集》에는 이 뒤에 "謹拜上復。隆慶三年九月二十一日。滉【適有賤冗, 草率汗悚。】"가 있다.

347《穌齋集》에는 별도의 제목 없이 "辱詢多變禮, 妄意奉報, 惶悚無地, 惟在量裁。"라는 추신에 이어 문목의 내용이 있다.

本意也。今當據經作練衣裳, 或有論不以爲然者否?

練服升數有殺, 當爲別製。然禮經註亦有只變練冠承衰服之文。《朱子家禮》斟酌古今之宜, 變除只如此,《國典》又從之。往年廷議練制, 詳考古文[348]禮文, 亦歸定於不別製。恐此等事, 當以吾從周之義處之。

凡喪服之釋者, 恐不合事神例焚埋之, 亦不敢依斷杖例棄屛處。然據此兩例, 蓋皆不欲以他用而褻賤之也。今不獲已而依某例, 猶之可乎? 願明以敎之。

《禮記》"祭服敝則焚之", 則喪服之釋, 似當焚之, 但《家禮》杖言斷棄, 而不言焚服, 及他禮亦無焚之之文, 不敢率意爲報, 恐惟以不褻用爲可耶?

國制不許祭四代, 而俗尙有母則不遷高祖。然則立祠須作四龕而[349]可乎? 今擬建宇, 務欲小其制, 爲久遠計, 而在遷高之後, 則有徒虛而狹之歎, 故欲於西壁爲高龕, 似合東向自如之意。但祭者旣北面, 又恐更有所未安者。

---

348 文 : 續草本에 추기에 "上'文', 一作'今'【澉】."라고 하였다.《蘇齋集》에는 "今"으로 되어 있다. 柳校에 "《喪祭禮問答》, '古文'之'文'作'{今}'."이라고 하였다.

349 而 : 續草本에는 추기에 "'而', 一本無【澉】."라고 하였고, 柳校에 "《喪祭禮問答》, 無'而'字."라고 하였다.

詳據古禮，有母而不遷親盡之祖，乃今人意厚而不知禮之失也。西壁作高龕一事，近有人自云："其先世廟作三龕，今欲祀四代，擬於東壁作一龕，以奉禰主。"滉答以"與其東壁安禰主，不若就西壁作之以安高主，庶與古者始祖東向之意相近，而勝於東壁奉禰之都無據也。"此則因其誤而稍使從善也。後來思之，猶有未安。今始作廟，而如是創爲之，竊恐見非於禮家而未免汰哉之誚也。【愚意祭四代則作四龕，祭三代則作三龕爲宜。】

古者，三廟二廟祭寢，亦必及於高祖，但有疏數之不同耳。今無遷于夾室于墓之制，而遽然埋之，恐於人心有不安者。苟不免乎埋焉，其祭也當如何？朱子以《楊邅道集》中"祔母而始遷遠祖"爲疑云爾，則卽遷者似爲定論，而合祭之不可廢也亦明矣。今當祭以何時？設以何主？而合於無於禮者之禮乎？【禮家或有用紙牓者。】

三廟二廟祭寢皆及高祖，此禮尋常疑之。古云："大夫有事于祫，及其高祖，則必告於君。"此言非常祭也，故祭則告君而後行之。今若同廟而常祭也，高主固在廟中，而疏數不同，則或祭或否，理勢有不當然者。此滉常所未諭也。今以示意言之，乃祭三代高已遷之後，欲行合祭高祖之禮也乎？此亦於禮，未有顯據。恐當以紙牓設位祭之，祭畢焚之，時用春仲，以倣立春祭先祖之義，何如？

《家禮》"時祭于正寢"，今欲祭于祠堂，以倣古者合食太祖廟之意，不知其可否？

祭于正寢, 患祠堂之狹隘也。祠堂可容行禮, 則安有不可? 顧恐難得如許大祠屋耳。

　　古者, 祔新主于祖廟, 故告祖。今旣直祔于禰龕, 而猶告祖, 實無意義, 朱子明言之, 而猶有存羊之意。蓋以其時習然, 故姑從之耳。今擬直告禰龕, 所必無疑, 而或復廟制, 不妨告祖, 又何爲過慮存羊而苟行無義之禮乎?

廟非昭穆之制, 而猶祔於祖, 朱子以愛禮存羊處之。今示'直告禰廟, 在所不疑', 其下又云 "廟祭[350]不妨告祖, 則何爲苟行無義之禮", 不知廟制如何而可不妨告祖乎?【似謂廟制如下條作東西昭穆則可也。然此制恐難行也。】滉謂今爲同堂異室之制, 一新主入而群主皆遷動, 獨告祖, 雖未安, 猶有存羊之意, 獨告禰, 則與古違, 而今亦非宜, 如何如何? 且今人廬墓, 葬不返魂, 祔旣失時, 至喪畢乃反, 而或都告群主, 而入新主, 皆非禮也。故愚意喪畢返魂, 而獨祔於祖, 新主猶未入其龕, 且祔於祖龕,【或祖龕有非便, 則廟中別奉安。】群主依舊在各龕, 及禫後時祭新主與群主合祭畢還主之時, 祧遷與新主, 皆依禮入之, 則旣不失祔祖之禮, 又不遺[351]群主皆告之義, 恐兩全而可行也。不知孝意以爲如何?《家禮》楊氏註、朱子說已明言此禮。】

---

350 祭 : 續草本의 추기에 "'祭'恐'制'【㵢】."라고 하였고, 柳校에 "'廟祭'之'祭'恐'制'."라고 하였다.

351 遺 : 柳校에 "'不遺'之'遺', 一作'違'."라고 하였다.

欲略倣昭穆, 龕諸東西, 復恐如是, 則於古者南北東西之位, 多有所礙, 而反不若以西爲上之爲便易也。伏乞詳喩。

龕以東西分昭穆, 旣非古, 又非今。創作此制, 恐多礙難行而得罪於先王之典也。

KNL0077(書-李湛-1)(癸卷10:26左)(樊卷11:26右)
答李仲久【湛○甲寅】[352]

忽紆問字, 感浣殊深。僕慮外爲劇務所纏, 正値霾熱, 何能供職? 適爲蹭蹬之資耳。

《鉛朱》, 間窺一二, 知用工之深。欲效推測, 未易下手, 姑欲抄寫, 歸靜處潛玩, 庶見一隅, 而病務相妨尙未也。今被索還, 良自缺恨。從當更請來遂此願也。

僕所以未及於《邃鑑》者, 緣不知算法故也。 前日手示除法, 自謂已得要領, 及自布籌又忘之。其昏鈍如此, 可歎。

三字之仍存, 當依所諭。古人不見用於時者, 必有隱工夫, 非如今人廢於世則亦自廢也。今公眞不自廢, 足慰吾徒之望也。乘暇當就。

---

[352] 甲寅年(明宗9, 1554년, 54세) 5월 17일 이후 서울에서 쓴 편지로 추정된다. 李湛(1510~1575)은 本이 龍仁, 字는 仲久, 號는 靜存齋이다.〔編輯考〕李滉이 李湛에게 보낸 편지는 34통이다. 庚本에 24통이 실렸고, 樊本 內集에 10통이 추가로 수록되었다.

KLN0078(書-李湛-2)(癸卷10:27右)(樊卷11:26左)

答李仲久[353]

《久積戀仰, 伏承墜問, 仍審孝候支順。慰浣何勝何勝? 滉近以寒熱交雜, 極難護理, 縮伏爲悶。》

所喩《皇極釋義》四冊都寄呈, 幷前來《鉛朱》, 亦持納, 伏惟視至。所以然者, 知左右之於此書, 積功非偶然, 其間必有互相參考之處, 而闕一則不可故也。

滉則自近尤覺精神昏耗, 於此加功, 竟無得之之望, 而徒壞我屋子。故姑輟手, 以待左右推算得出煥然明白, 而後從而窺測, 則庶易[354]爲功。以此固欲送納之際, 適被來諭, 故都納。更望十分致意, 以幸蒙滯爲懇。

且有別幅所書《皇極數解》者, 乃徐處士 花潭君所著也, 未知此算得無差否? 似聞此人不見此《釋義》等書, 而自窮到此, 亦一奇事。第未知果合邵老本數與未也。乞須訂其是非, 詳以見諭, 幸甚幸甚。其所謂陰陽餘空之云, 未審何謂? 曆家必知之, 幷問示何如?

《仲約好否? 未及別修, 恨恨。》

---

353 甲寅年(明宗9, 1554년, 54세) 7월 이후 서울에서 쓴 편지로 추정된다. 〔年代考〕 편지 모두에 "(滉)近以寒熱交雜, 極難護理, 縮伏爲悶。"이라고 한 것에서 李滉이 이 편지를 보내기 얼마 전에 병이 났음을 알 수 있다. 李滉이 甲寅年(1554) 7월 17일에 병으로 휴직원을 제출한 적이 있다. 그 사실에 의거해서 이 편지를 甲寅年(1554) 7월 이후에 보낸 것으로 추정하였다.

354 易 : 上本에는 "以"로 되어 있다.

BNL0079(書-李湛-3)(樊卷11:27左)

與李仲久355

比來孝履若何？病中每切馳仰。滉癃憊特甚，無以爲身，慮悶不可言。就中前去徐處士《皇極數》算得無差否？示及爲懇爲懇。滉學算或窺一斑，而旋多窒礙，尚未自曉，安能知人之得失？余本《釋義》，看至幾何？看畢則送還于景說處爲幸。貴《諸家解》全帙入玉堂，其未推還否？

　欲陳甚多，病倦未悉，惟照。謹拜奉問。【仲約前問安，所懷如右。】356

BNL0080(書-李湛-4)(樊卷11:28右)

答李仲久357

得見手翰，慰不可言。滉老入修門，曾是不意，歎鬱之餘，他無足云。日間未免客至，夜則無之，如得枉顧，何幸可比？翹企翹企。姑此謹復。

---

355 甲寅年(明宗9, 1554년, 54세) 7월 이후 서울에서 쓴 편지로 추정된다.
356 惟照……如右 : 拾遺에는 없다.
357 甲寅年(明宗9, 1554년, 54세) 7월 이후 서울에서 쓴 편지로 추정된다.

BNL0081(書-李湛-5)(樊卷11:28右)

答李仲久³⁵⁸

伻來問疾, 愧荷。僕欲治心熱, 反激痰冷, 憫憫。病人旣難尋友, 公與仲約何惜枉話? 其厭客來耶? 有客雖似未穩, 然病門有客時少, 無客時多, 假使有之, 何必欲避? 幸時時見過, 閑談慰寂, 何如?

《太玄經》, 何許而不示? 來時可携。謹此。

KNL0082(書-李湛-6)(癸卷10:27左)(樊卷11:28左)

答李仲久³⁵⁹

承示字, 副以《玄經》, 感感。但猶未諾惠然, 悵悵耳。此經雖未爲載道之書, 鳴於世久矣, 白首未窺一斑, 今乃入手爲幸。但病人心眼俱昏, 決不爲後世之子雲, 可笑。《惟照。餘在後面。謹謝。》

BNL0083(書-李湛-7)(樊卷11:28左)

答李仲久³⁶⁰

昨對落花開淸話, 旣別難以爲懷, 接得手字, 慰幸又不可言喩。

---

358 甲寅年(明宗9, 1554년, 54세) 7월 이후 서울에서 쓴 편지로 추정된다.
359 甲寅年(明宗9, 1554년, 54세) 7월 이후 서울에서 쓴 편지로 추정된다.

《理學錄》，欲還其主而去，蒙索見送呈，覽後見還爲佳。《翼傳》，知靜中用工如此，深使人發歎羨也。惟照。行期未定，姑此奉復。

KNL0084(書-李湛-8)(癸卷10:28右)(樊卷11:29右)
答李仲久【庚申】[361]

初秋，鄭子中下鄕，傳示辱書，且云："其所寓與高居隣比，屢得遊從。"爲說動靜頗詳，以釋鬱陶，何幸如之？往歲都中，病臥冰室，累蒙左顧，未嘗不覺似沈痾之去體。後岡一別，魂夢悠悠，尺紙之問，乃復先之，感怍又不可言也。

滉疾病爲苦，久與相熟者或不暇，深[362]以爲憂。一兩年來，老癃益甚，諸病乘之，迭肆侵暴，有難支吾，眼不辨細字，精不儲舊學。鄕曲耆舊凋謝，後生逐利紛紛，無可與晤語。以此嚮風馳義，不比於尋常。

謂公年尙富力尙强，其進於素業，何難何窮？今得示喩云

---

360 乙卯年(明宗10, 1555년, 55세) 1~3월 서울에서 쓴 편지로 추정된다. 〔年代考〕 편지 모두에 "昨對落花開淸話"란 말로 봄에 보낸 것임을 알 수 있다. 문집 편차에 따라 乙卯年(1555) 봄에 보낸 것으로 추정하였다.
361 庚申年(明宗15, 1560년, 60세) 9월 禮安에서 쓴 편지이다. 定草本 및 庚本에는〈答李仲久【庚申九月】〉로 되어 있다.〔資料考〕《要存錄》의 李校에 의거할 때, 이 편지는 그 手本이 존재하였음을 알 수 있다. 하지만 현재는 전하지 않는다.
362 暇深 : 中本의 부전지에 "暇深考次."라고 하였고, 定草本의 추기에 "暇、深間, 恐脫."라고 하였다.

云, 乃若所患與滉同者, 何耶?"義理如許, 惟用力深者, 知己之不足." 味來書之言, 可知閑中所事眞有切己者, 豈比此無狀枉擲了無限好光陰, 年至六十, 猶未免半明半暗、若存若亡者耶? 雖其半明時若存處, 亦能使人欣然忘外慕, 然斯須不戒, 則又暗而亡, 却無異夢飽之人, 覺而憶飽, 終不干事。今乃有何書何做之問, 甚愧無說以反復也。

朱笏珍投, 佩荷。但以晚業疎鹵如右, 恐孤遠逮之意耳。

承新置書齋兼揭號之義, 想味超然, 恨不得相對其間, 屬此幽款也。銘未易辦。拙詩三絶, 錄在別紙, 笑覽覆瓿爲幸。

滉亦近卜一處, 山水淸美, 儘可藏拙。已構小屋子, 欲扁堂曰若虛, 齋曰信斯³⁶³, 舍曰隴雲, 而年荒力詘, 未半輟工。時出徜徉, 悵然而返, 未知何時可了得以偃仰嘯詠於其間也。

子中之還, 草此奉報, 書所未及, 子中必能言之。九秋涼肅, 嘉菊播芬, 惟頤勉珍福以慰遠思。不具。《謹拜謝復。》

晦菴〈律呂新書序〉稱《太玄》爲參摹四分之書, 未知參摹四分之說謂何? 誨示爲幸。《有書, 子中可傳, 或只付家姪名𡧗者贅居松古介水閣下, 尤便易傳。子中知其家矣。》

---

363 堂曰若虛齋曰信斯 : 李校에 "謹按先生手本, 抹改若虛, 曰巖栖軒; 信斯, 曰玩樂齋." 라고 하였다.

KNL0085(書-李湛-9)(癸卷10:29左)(樊卷11:30左)

答李仲久【辛酉】[364]

　　春初, 子中來示答書, 知疊見殤慘, 無任怛怛。病蹤屛廢, 未及修慰, 悠過一春, 未審動靜如何？今者節改淸和, 想惟素履對時增茂矣。

　　滉被命乞辭, 極知罪大, 老病至此, 抗顔冒進, 亦非爲臣之義, 不得已陳懇, 免於譴誅則爲幸, 而復有調來之命, 後憂方深, 兢鬱奈何？新卜尙多未完, 子中之來, 亦未就宿, 只作一日游玩, 境趣儘佳。每恨不得與吾靜存同此樂也。

　　示諭《太玄》三摹四分之說頗詳, 參以曩者都中借覽《玄經》之義, 若有得於髣髴, 幸荷幸荷。所寄《朱子實紀》一書, 得見朱先生事迹與門人事迹, 舊所懵惑者, 因此豁然甚多, 尤以佩感。未及抄傳, 姑稽還痴, 惟冀原照。

　　來諭嶺梅吐芬時寄一枝之語, 令人深有慨於千里同襟之意。此間今年春候異甚, 至四月, 花始盛開, 而梅亦未免於因地應時[365]。人或以是爲梅病, 竊以爲非眞知梅者。因報來書, 而手折一枝, 附書以實來意, 吟成二絶句, 冀得瓊報, 庶爲梅兄解嘲也。《【仲約, 未別修狀, 爲告寒暄。】》

---

364 辛酉年(明宗16, 1561년, 61세) 4월 禮安에서 쓴 편지이다. 定草本에는〈答李仲久【辛酉四月】〉로 되어 있다.

365 時 : 中本의 부전지에 "時, 一本作俗."라고 하였다. 樊本, 上本의 두주에 "時, 一本作俗."라고 하였다.

KNL0086(書-李湛-10)(癸卷10:30左)(樊卷11:31左)

答李仲久【壬戌】[366]

前月, 禹秀才 性傳來, 得見手翰, 欣慰不可言。卽今首夏淸和, 想履道坦曠, 無復舊痾之痕矣。

滉尙荷寬恩, 保此里居, 老病之歎, 不足介懷, 唯覺昨非今是之言, 眞不我欺也。所恨舊遊如君, 邈無攀接之期, 無以暢此幽鬱耳。

《禹生來訪卽還, 未及附答, 今因子中之行, 草草奉報。惟冀頤攝萬珍。謹復。》

《此簡擬託子中而未果, 崔生 德粹之還, 今始付上。近日子中齋來書, 當於子中之還報去。》

KNL0087(書-李湛-11)(癸卷10:30左)(樊卷11:32右)

答李仲久[367]

去春, 禹秀才齋書, 愧未卽報, 追修草簡, 欲附子中之行, 而又

---

366 壬戌年(明宗17, 1562년, 62세) 4월 禮安에서 쓴 편지이다. 定草本에는 〈答李仲久【壬戌四月】〉로 되어 있다.

367 壬戌年(明宗17, 1562년, 62세) 10월 禮安에서 쓴 편지이다. 定草本에는 〈答李仲久【壬戌十月】〉로 되어 있다. 〔資料考〕 中本에는 이 편지 제목 위쪽에 부전지로 "又見翔。"라고 하였다. 이를 통해 이 편지가 현재는 逸失된, 初本 '翔'字 책에 실려 있었음을 알 수 있다.

不果附, 心常缺然。近因子中來鄕, 又得惠書幷詩九章, 歷敍
平素, 掞³⁶⁸發蘭言, 捧玩諷味, 感厲頹志者深矣。仍審比來舊
患洗去, 體履和勝, 尤以爲賀。所喩看書不過數紙, 氣倦而止,
大病新差, 自應如此, 行當快復。

至如老病這漢, 不待數紙, 眼霧體疲, 强之不輟, 往往別生
他苦, 不得不爲之休罷。已到此境, 常事不怪, 最是精神耗敝,
日間雖有些少看得, 轉眄之頃, 失去無留, 畢竟何益? 但於看
時有味, 覺得孟氏芻豢之言, 眞不我欺。此意一年深似一年,
以此不能頓廢耳。

拙記與詩, 聞徹几間, 深爲汗悚。此等本不當作也, 山居
無事, 聊寓戲筆墨, 以自娛笑爾。藏之篋笥, 未嘗以示兒輩。中
間有同志友人遠來相訪, 留款三宿。臨別, 無以爲贈, 遂未免
破戒, 出而示之, 被友人固要傳去, 又不能止, 只懇告勿播而
已。未知彼友人不念吾言而示人歟? 或因其傳寫時, 兒孫輩覰
傳以出歟?

欲人不知, 不如無作, 旣作而復祕之, 古人所笑。滉已犯
此戒, 亦安能固靳? 第恐戲出之言, 未必皆中於理, 或無乃因
至於招拳惹踢否耶? 輕淺之咎, 噬臍莫及。有友如公, 直諒是
望, 何不指摘瑕纇以垂鐫誨, 乃反以不似之言見及, 令人縮恧
愈不安耶? 後日書來, 切幸開警之盍。

大隱隱城市, 不必以山林爲高致。雖然, 磨不磷, 涅不緇,
非大賢以上, 未易言也。故山林之義, 果若眞有勝於城市者矣。

---

368 掞 : 養校에 "掞, 舒也."라고 하였다.

惟其決去長往之勢, 或有難得如意者, 如公坡平卜地而不能去是也。是則無如之何, 雖不得已處於城市, 顧吾所守與所樂如何耳。

高齋揭號以靜存, 意其在此。此正吾友先立其大務輦其本之意, 非見於一偏而厭動求靜如老、佛者之爲, 毫氂千里之間, 在吾友, 愼之勉之。

謬徵三字扁, 後當依諭。但記銘之需, 記則不能, 銘或可勉, 而病思堙滯, 有時強出一二語, 皆無足觀, 可知無補於觀省, 而有浼於牆壁, 故不敢率爾爲也。幸垂恕諒。

彩牋名香, 山中罕珍, 遠惠甚佳。

《朱子實紀》, 方有考檢未了事, 蒙許且留, 幸幸荷荷。《姓原》書, 果非甚切, 今附子中去納。

所云追修草簡, 近附崔生 德秀而往, 尋當得達。歲暮霜冰, 惟攝養忝重。不宣。《謹拜復。》

《《記》中"爰有小洞"下, 有"前俯江郊"四字。近檢友人傳去本, 脫此四字, 想所覽傳本亦然。雖非所關, 不無有欠耳。》

KNL0088(書-李湛-12)(癸卷10:32左)(樊卷11:34右)

答李仲久【癸亥】[369]

近得上元後惠書, 欣審春來燕處神相, 玩心益勝。因得誦味辭旨, 所以警厲昏惰者深, 不但心開眼明而已。喻及"炳[370]燭之明, 孰與昧行", 固爲至論, 但如滉所慮, 日覺病深, 燭明亦不能繼之, 終未免歸於昧行耳.

向者俯索齋銘, 自知中虛無得, 不敢率爾妄作, 久稽應副. 今更見督非偶, 不欲久負逋慢之罪, 粗綴小箴, 以求塞責. 幸須指出瑕纇, 便風回示, 庶得更加修刷[371]以免大謬也.

蓋此是義理原頭至微至密處, 其命意下語, 難得是當. 往年, 南時甫嘗要滉作其〈靜齋記〉, 彼時鄙見, 尤尙疎脫, 遂不辭遜, 乃敢肆爲議論, 無復疑憚. 後來看得, 盡是冗長無實之言. 懲此以爲病, 故今於此箴, 凡系支辭剩義, 悉務刊落. 然猶恐後日見之, 如今日之視前記, 且爲具眼人所嗤點也.

大抵盛意欲以多著靜爲法, 以救氣質之病, 此意甚善. 然而"靜存"二字, 終是一邊道理, 故箴之中末, 不得不說及動處, 又以敬竝言之. 詳夫來諭之意, 已自如此, 其庶乎不戾於揭標自警之本意否耶!

〈山記〉與詩, 過相假借, 殊非所施於切磨之地者. 如何如何?

《晦菴書節要》, 蒙示病處, 甚荷不外. 此書當初不期與四方共之, 只爲老境精力短乏, 須此節約之功, 以自便於省覽耳.

---

369 癸亥年(明宗18, 1563년, 63세) 2월 15일 禮安에서 쓴 편지이다. 《晦菴書節要》에는 〈與李仲久書〉로 되어 있다. 〔資料考〕《晦菴書節要》와 《朱子書節要》를 간행할 때 이 편지의 일부분이 권말 부록으로 함께 실렸다. 《晦菴書節要》 卷末에 실려 있는 〈與李仲久書〉는 李滉이 보낸 원래의 편지를 臺本으로 했을 것으로 추정되고, 문집에 수록된 것은 후에 본문 자구 및 자를 수정한 원고를 대본으로 했을 것으로 추정된다. 《晦菴書節要》를 개명한 《朱子書節要》 卷首에 실려 있는 〈附退溪李先生答李仲久書〉는 제목의 '與'를 '答'으로 수정한 것을 포함해서 《晦菴書節要》 卷末에 실려 있는 〈與李仲久書〉의 오탈을 수정한 것이다.

370 炳 : 中本에는 부전지에 "'炳'疑'秉', 考次."라고 하였다.

371 刷 : 養校에 "'刷'當考."라고 하였다.

中間被黃仲擧苦要印看, 不能堅執初意, 然亦止爲兩家子弟輩謀之。不意仲擧之破人宿³⁷²戒, 以至傳入都中。思之汗慄, 噬臍無及。奈何奈何?

其所指兩病處, 不審其爲某書某條? 幸於後便, 槪擧示及, 庶可以商量改圖也。

然來諭云:"義理之精深、事爲之酬酢, 切於吾身與吾心者, 所當先取, 而其間或有不緊而見收云云。"此固然矣。然而必欲盡如此說, 恐未免又墮於一偏之病也。夫義理固有精深處, 其獨無粗淺處乎? 事爲固有緊酬酢, 其無有閑酬酢乎? 是數者其關於吾身與吾心者, 固切而當先矣。若在人與在物者, 其以爲³⁷³不切而可遺之乎? 吾儒之學, 與異端不同, 正在此處。惟孔門諸子識得此意, 故《論語》所記有精深處, 有粗淺處, 有緊酬酢處, 有閑酬酢處, 有切於吾身心者, 有在人在物而似不切於身心者。

試略數之。如冉子之請粟, 康子之饋藥, 伯玉使人, 原壤夷俟, 封人請見, 孺悲欲見, 互鄉見, 師冕見, 若此之類, 謂之非精深可也, 謂之閑酬酢可也, 雖謂之不切於身心, 似亦可也。然何莫非道之一端也? 苟極其至而言之, 則所謂精深者緊切者皆不外此。故或問於龜山曰:"《論語》二十篇, 何者爲要切?"龜山曰:"皆要切。"正爲此爾。

然則是書所取如來諭所當先者, 固已不勝其多矣。其或彼此往復之際, 亦有道寒暄、敍情素、玩水遊山、傷時悶俗等閑

---

372 宿 : 《晦菴書節要》에는 "夙"으로 되어 있다.
373 以爲 : 《晦菴書節要》 및 《朱子書節要》에는 "可以"로 되어 있다.

酬酢似不切之語, 間取而兼存之, 使玩而味之者, 如親見先生於燕閑優逸之際, 親聆音旨於謦欬談笑之餘, 則其得有道者氣象於風範神采之間者, 未必不更深於專務精深不屑不縈者之德孤而無得也。

非獨此耳, 滉讀此書以來, 乃知師友之義如此其至重。惟其義重故情深, 情深故有許多相周旋款叙之言。若以爲非論義理不切身心而盡去之, 則何以見古人師友之道若是其重且大乎?

嘗得南時甫書, 舉《節要》中〈答呂伯恭書〉"數日來蟬聲益淸, 每聽之, 未嘗不懷高風也"一段云: "若此歇後語, 取之何用?" 滉答說, 今不能記得, 其大意若曰 作歇後看則歇後, 作非歇後看則非歇後云云。

大抵人之所見不同, 所好亦異。滉平日極愛此等處, 每夏月綠樹交蔭, 蟬[374]聲滿耳, 心未嘗不懷仰兩先生之風, 亦如庭草一閑物耳, 每見之, 輒思濂溪一般意思也。今自世俗不好此學者言之, 固無怪; 其知好者, 亦不能皆同如此。然則韓公所謂"始參差而異序, 卒爛熳而同歸"者, 實亦非易事也。

滉所以爲此語者, 非自是己見[375]而欲諸君之同於己, 乃自發己病, 而求藥石以自治耳。惟高明諒察而鐫誨之, 幸甚幸甚。不宣。[376] 《嘉靖癸亥二月望, 眞城 李滉拜上靜存齋 李君案下。》

---

374 蟬 : 《晦菴書節要》에는 "彈"으로 되어 있다.

375 見 : 《朱子書節要》에는 "言"으로 되어 있다.

376 不宣 : 《朱子書節要》에는 없다.

BNL0089(書-李湛-13)(樊卷11:37左)

與李仲久[377]

冷烟風雨, 氣味何如? 滉病廢人事, 不到母鄉十餘年矣。今始扶病來奠于龍宮地, 八十老姊在醴泉地, 因欲往省, 阻水不得行, 不得已乘船抵宿于同縣。適見前所云貴蒼頭, 甚慰旅鬱。因附書奉問, 但連雨困劇, 諸疾竝作, 眼昏神疲, 萬不掛一。詳具甯姪齋書。謹拜。

---

[377] 癸亥年(明宗18, 1563년, 63세) 3월 4~5일경 龍宮에서 쓴 편지로 추정된다.

退溪先生文集

卷十一

KNL0090(書-李湛-14)(癸卷11:1右)(樊卷11:38右)

答李仲久【癸亥】[1]

前獲二月十三日書, 後雖作龍宮一報書, 草率殊甚。續承三月望前書, 具審比來靜養超勝, 日有新功, 無任欣遡之切。但相爲稱道之言, 例多過溢, 未嘗有切偲規警之益。每得書來, 令人愧懼汗沾衣也。

箴中必有疵病處, 示及, 企幸企幸。《節要》書疑語, 錄在別紙, 未知如此看不至差却本意否? 有誤, 亦望批誨, 切祝。若每言皆相應諾, 或相讚歎而已, 此豈麗澤相資之義耶?

前書所說《節要》書不緊見收之云, 鄙意所在則然矣, 未知於意云何? 大抵義理無窮, 人之所見, 各有所蔽, 遂執己見, 以爲定本, 而欲盡廢他說, 故終未免墮於一偏之病。滉說無乃亦然耶? 前所以力言者, 非欲以是爲分疎也, 欲發病而求藥耳。幷須諒察垂示。

金舜擧得近仁里, 幸甚幸甚。此人性疎闊而意可取, 乂詞亦佳, 幸與之進何如?《伏惟幷照。不宣。謹拜復。》

---

1 癸亥年(明宗18, 1563년, 63세) 4월 禮安에서 쓴 편지이다. 中本에는〈答李仲久〉로 되어 있고, 定草本에는〈答李仲久【癸亥四月】〉로 되어 있다. 〔編輯考〕편지 끝부분의 추기한 내용에 의하면, 李湛의 問目(朱子書疑語)에 대한 답변을 별지로 작성해 놓았는데 발송할 때 찾지를 못해 나중에 보내기로 했다고 한다. 아래의 別紙가 그것이다. 庚本을 편성할 때 별도의 편지로 편성되었지만, 여기에서는 합편하였다. 〔資料考〕이 편지는 李湛이 癸亥年(1563) 3월 12일에 보낸 편지에 대한 답장이다. 李湛이 보낸 편지는《要存錄》(231쪽)에 실려 있다.

《仲約兄今已免喪否？尚闕一狀之慰，一向因循，慚負萬萬。幸爲致問謝之意，懇仰。疑語，解在別幅，偶尋不得，今未同上，隨後搜得呈上。》

KNL0090A(書-李湛-14-1)(癸卷11:1左)(樊卷11:39右)
答李仲久問目【《朱子書》疑語】[2]

"下梢"：猶末也終也。此箚所辭事，當與上〈答李公晦書〉通看，方得其事之首尾。 先是寧宗初， 先生以煥章閣待制侍講供職，俄而以御批逐出，依舊煥章閣待制【罷侍講，仍待制。】與祠。先生謂已罷講職，不敢復帶侍從職名，兩年力辭，詔依舊祕閣修撰。先生又言："昨來疏封【封，贈也。】、錫服【賜紫章服。】、蔭補【任子】、磨勘轉官【如今計仕加資。】，皆爲已受從臣恩數，乞皆改正。"一時知舊，多以爲不須如此，先生辭益力，故〈答李公晦書〉所言如彼。今詳此箚云"得降一二等，受閣撰，亦不敢固辭"，則正在辭侍從職名未降祕撰時所與也。蓋侍講，講職也；煥章閣待制，侍從職名也。"疏封"以下，即〈答公晦書〉所謂從臣恩數，祕閣修撰，所謂論撰職名也。先生於辭受之際，一毫不放過，故謂累年累章，言許多不可受道理，至於其終，却悶默受之，何以見友朋云耳。【〈與鄭參政箚〉】

[2] 中本에는〈答李仲久朱子書疑語〉로 되어 있고 부전지에 "問目【朱子書疑語】"，"〈與鄭參政〉、〈答劉季章〉等，皆作題目，別書與集中諸書相混，更考次。"라고 하였다.

"分疏": 猶今言發明也。【〈答劉季章書〉】

"干祫及其高祖": 見《禮記》。今未記其註語，大意謂祫祭本天子諸侯之禮，士大夫而祫祭高祖，近於自下干上之禮，故必告於君而後乃祭云耳。【〈答汪尙書書〉】

"攧撲": 攧《韻書》作㨻，急擊如投擲之勢。撲亦投打也。攧撲不破，言牢固也。

"摘□³冥行": 摘下字，乃滉家諱，故不敢書。揚子"摘□索塗"，謂盲人以杖探索而知避泥土以行路也。

"儱侗": 不分明也。【〈答張欽夫書〉】

"人物眇然": 眇者小少么蔑之義，蓋歎當世無人才也。記得此是東漢時人語，而不記其誰某耳。

"便中": 或云便人，或云附便，或云便風，皆謂不專伻人，而因人傳書之名。蓋以其於事爲便，故謂之便。其曰便中者，亦謂因便之中得此書耳。

"一個出場": 未詳此義。竊意場者作事之地，故凡言了其

---

3 □ : 中本·定草本·庚本·擬本·甲本에 根據할 때 "埴"이 되어야 한다. 아래 "摘□索塗"의 "□"도 동일하다.

事,謂之出場,言了事而出於所事之場耳。

"厮唯":亦未詳。唯或作捱,當是相持相拒不相聽順之義。

"椿管":椿,株江切,杙也。杙是不動之物,管是管庫之管。宋時,州郡有所謂封椿庫,是儲蓄餘財於此,不許動用,如杙之不動也。先生在南康,頗有修造事。伯恭慮有勞費害於政,書中言及。故答之若曰:"此非破用官錢也。實用自己逐月供給中不應得者,儲蓄而爲之耳。"謂前例供給官員而義未安之物也。

"四亭八當無凹凸":言四方勻亭,八面正當,旣無凹陷處,亦無凸起處也。勻亭字,見〈詩·行葦〉篇"四鍭旣鈞"註,蓋持權衡稱物者,權與物輕重不等之時,權之移前却後不定,及輕重兩勻,則權始停於此,故謂之勻亭。亭之爲言,停也。

"太陽之餘證":人之稟受陽氣偏多者,病有太陽之證。先生每患氣質過剛,力加醫治之功,故於此以是自比。其曰"餘證"者,言醫治未盡去之餘證耳。【〈答呂伯恭書〉】

"便與河南數珠不同":程子謂:"君實患思慮紛擾,常欲以中爲念,却是爲中所亂。與其爲中所亂,却不如與一串數珠之爲愈也。"子澄不免有文章博雜之病。想其書中自言:"非不知文章之爲玩物喪志,而不能決舍。"又却爲自解之言曰:"吾雖有此病,寧不與河南數珠之意同乎?"故先生攻破其說之非曰:"旣以文章爲玩物喪志, 則便與河南欲與數珠之意不同。彼程子之欲與數珠, 政是恐人之喪失心志, 而欲以此物救之耳。"蓋禪家患心之難持, 手把串珠, 個個循環數之, 欲其念念在此, 庶無走作流注之失。此程子之所以借引其語用戒君實之意, 與子澄役心外馳於文章博雜之病政相反也。乃引彼說, 以爲自解之地, 可乎? 故先生云然。

"葱嶺帶來, 渠定不伏, 然實是如此, 諱不得。": 葱嶺在西域, 此譏陸氏爲禪學, 故其奏對之語雖好, 不免帶得西竺意思來。渠, 指子靜, 言子靜聞吾此語, 定不降伏, 然實是如此, 掩諱不得也。

"八字打開":《韻書》:"八, 別也。象分別相背之形。"此書上文, 力言禪學之非, 至是因言近讀《大學》, 見得聖賢說學, 已如許分明, 如八字之打開, 無可疑處云云。

"向前攙斷, 扭捏主張": 攙, 楚銜切, 攙, 挏, 貫刺之也。向前攙斷, 言妄以己意, 直向前頭, 貫刺聖賢言語, 而斷置之也。扭, 陟有切, 按也。捏, 年結切, 捺也。按、捺, 皆用手抑物之名, 言不識文義, 而據己意, 抑勒看取,(【如今俗謂不識文字之人, 強解文字爲눌러보다。】) 又自以爲是, 而妄自主張也。【〈答劉子澄書〉】

KNL0091(書-李湛-15)(癸卷11:5左)(樊卷11:43右)

答李仲久[4]

前得四月十二日書, 至今未復, 非惟疎慢之故, 中間發病非偶。初因痰證, 轉作脾胃等疾, 伏枕累月, 多方治療, 僅得免死。時於案頭, 展讀來書, 以洗煩鬱。

卽今秋月再朏, 閑中體況, 想日超勝, 靜存所養理趣, 當有欣然會心不可名言處矣。

但來書得之, 未嘗不心開目明, 惟是指擬非倫, 稱道過實, 使人縮慄不敢當, 又不可持以示人。雖緣見愛太過而然, 反失愛人以德之義, 千萬諒照爲幸。

垂諭持敬難做, 固學者之通患, 若此處無難, 則人人可到聖賢地位矣。

七情之發, 雖不可謂不由於五性, 然與四端之發對擧而言, 則四端主於理而氣隨之, 七情主於氣而理乘之。故端易微而情易暴, 其勢然也。斯理也, 頃年與奇君 明彦論難往復數四, 而奇君終不以溷言爲然, 然四端理之發, 七情氣之發, 本晦庵說, 其理曉然矣。

其於怒與哀, 尤患難制者, 亦不過稟得此氣偏重而然也。

---

4 癸亥年(明宗18, 1563년, 63세) 8월 3일경 禮安에서 쓴 편지로 추정된다. 定草本에는 〈答李仲久【癸亥八月】〉로 되어 있다. 〔資料考〕 이 편지는 李湛이 癸亥年(1563) 4월 12일에 보낸 편지에 대한 答書이다. 李湛이 보낸 편지는 《陶山諸賢遺墨【水】》에 실려 있고, 《要存錄》(231쪽~233쪽)에도 실려 있다. 〔年代考〕 定草本 제목의 小註와 편지 내용에 "秋月再朏"라고 한 것에 근거하여 작성시기를 1563년 8월 3일경으로 추정하였다.

此謝氏所以有克己須從性偏難克處克將去之論也。 若怒爲外人發者, 易於制止, 而爲家人發者, 難制止者, 於家人責望素重, 而又在吾手下, 故怒易至甚, 而亦不屑於制止故爾。凡此皆工夫不熟, 理不馭氣, 而不免於任情害仁之病矣。至於十年杜門, 有味於讀書之樂, 此則不可將一情字而當之, 須合性情兼志氣而觀之, 乃見其無窮之義趣矣。如何如何？

候鴈唳[5]天, 空相思憶, 探梅寂寞, 好事難諧。惟冀努力珍重以慰遐望。《餘具金舜擧博士附書, 此不重云。謹復。》

KNL0092(書-李湛-16)(癸卷11:7右)(樊卷12:1右)

答李仲久【甲子】[6]

年前得惠書, 久矣未報。獻歲發春, 神相履端之慶, 遙深嚮風萬萬。

滉屛跡寒谷, 將護病骨, 殊覺費力。今幸見此三陽, 梅窓有消息, 足慰岑寂, 唯不堪懷人不見之歎耳。

前書垂警之意, 敢不佩服？但已展者難收, 至是而始欲晦, 殆是閉戶塞竇之比, 其亦晚矣。呵呵。

〈武夷圖〉, 精備可玩, 尚未題跋, 姑留俟後。但如此一事, 亦犯韜晦之戒。公何不避而更勸人耶？又一呵。兒子入都, 附候新慶, 不能多及。

---

5 唳 : 上本에는 "戾"로 되어 있다.
6 甲子年(明宗19, 1564년, 64세) 1월 10일경 禮安에서 쓴 편지로 추정된다.

近見禹性傳, 云: "公自言近世中國有儒者, 覺得《大學》格致章非闕也, 經文知止、物有兩節, 卽格致之簡, 誤脫在此." 此說, 公意以爲如何? 滉所見則王魯齋及權陽村皆有此說, 李復古公亦有此說, 但陽村所稱數家, 不著其說, 每恨無以見其得失. 今公所見, 不知何人. 乞須具首尾膽示.[7]

KNL0093(書-李湛-17)(癸卷11:7左)(樊卷12:1左)
答李仲久[8]

前月中, 兒子回自京, 得接正月卄五日辱惠報緘兼別紙所詢, 三復慄然, 雖荷不外之賜, 皆非所敢當也. 卽日春晚, 餘寒尙峭, 不審動靜安否何如? 相望夐遙, 日有馳嚮之懷.

滉尙此跧伏, 病骨寒砭之餘, 戍削太甚, 奈何奈何?

喩及旁觀有議之戒, 敢不深省而屢警之哉? 〈箸竹〉戲句, 緣何逮聞? 言脫於口, 而千里無不聞, 皆此類, 亦可畏矣.

〈武夷圖〉, 依所敎書〈櫂歌〉於每曲. 而跋語, 深恐厚溷, 重違謬囑, 且以寓見微意爲幸, 冒不知避, 可笑狂痴之甚也. 又恐因此跋有難以示人者, 則遂使名區妙跡沈晦於篋藏, 而世

---

7 近見……膽示 : 中本에는 줄 바꿈 없이 앞의 문단과 연결되어 있다.
8 甲子年(明宗19, 1564년, 64세) 윤2월 禮安에서 쓴 편지이다. 定草本에는 〈答李仲久【甲子閏二月】〉로 되어 있다. 〔資料考〕初本에는 이 편지의 別紙만 실려 있고 問目에 답한 부분은 빠져 있다. 中本에는 본 편지에 이어 問目에 답한 부분이 먼저 〈答李仲久 大學疑義〉라는 제목으로 실려 있고 別紙의 앞부분이 그 뒤에 실려 있으나 일부 내용이 없다. 한편 李湛이 문의한 내용, 곧 問目이 《要存錄》(234쪽)에 실려 있다.

不得見也。

　至因崔子粹報白, 知滉愛賞此畫, 許欲倩工別摹一本, 以相投寄, 此出於料外萬萬之幸也。第未知此事果可以易就如所喩否? 果爾則厚意何可勝耶? 格致章諸說, 大蒙示破之賜。鄙見所疑, 不敢有隱於左右, 其他疑語等, 俱述妄意。乞賜刊駁, 却以垂誨, 則麗澤之益, 不限於千里之遠也。《餘惟以時珍慾萬善。不具。謹拜復。》

KNL0093A(書-李湛-17-1)(癸卷11:8左)(樊卷12:2左)
別紙[9]

所諭《今獻彙言》以《大學》知止等數節爲格物致知章之錯簡, 欲掇此而補彼, 所引先儒諸說備矣。滉曩見陽村《入學圖說》有此說, 續見《宋史》王魯齋本傳亦云曾有此說, 近又見李玉山先生論此甚力, 心每疑之。適見禹上舍性傳, 聞左右得先儒論此諸說, 故前書求見以祛惑。茲蒙示及, 何幸如之?

　來諭謂: "中朝儒士讀書識見之出人萬萬也如此, 然今當決從朱子之說。"滉於此, 深服高明取舍之能審而不失其正也。然若不明言其所以取舍之意, 則猶恐其說之能惑人也, 故略言之。

　諸儒之說, 有不可從者三焉。經文三綱領有工夫功效而有

---
9 初本에는〈答李仲久論諸儒欲更定大學經傳錯簡說〉로 되어 있다.

結, 八條目亦有工夫功效而有結。若如諸說, 則三綱獨無功效與結, "止於至善"之下, 卽係以"古之欲明明德"云爾, 語意急促, 理趣闕略, 一也。

傳之諸例, 有言工夫而及功效者, 或只言病處以見用功之地者, 未有徒言功效而不及他者。今知止一節, 但爲知止之效, 物有本末一節, 通結上文, 而未見有釋格物致知之義。至如聽訟章, 亦言修己治人之有本末耳, 尤不關於格致。今强引以爲格物致知之傳, 初無格物之功, 又無致知之義, 二也。

綱領條目之中, 雖無本末之云, 然此二字, 一見於綱領之結, 猶未足, 再見於條目之結者, 誠以學者於此不知其有本有末, 則其於修己治人之道, 皆失其先後之序、輕重之倫, 倒行而逆施之, 故丁寧致意如此。傳者至此, 亦特擧二字而釋之, 則所謂先後、終始、厚薄, 皆在其中矣。今以綱目中無二字, 而謂不當傳以釋之, 可謂不思之甚, 三也。

諸儒徒見此數節中有知止、知先後、知本等語, 意謂可移之以爲格致之傳, 更不思數節之文頓無格致之義, 未見補傳之盆, 適得破經之罪, 其可乎哉?

今有巨室於此, 正寢輪奐無闕, 而廊廡有一缺處。大匠見之, 作而補修, 材良制美, 少無可議。其後有世所謂良工者, 過而相之, 恥己之一無措手於此室也。於是强生意智, 攘臂其間, 折壞其所補處, 撤取正寢數架材來, 圖欲補完其所壞處, 更不計正寢之材初非廊廡之材也, 圖完處不見其完, 而寢屋則已成敗屋矣。此所謂非徒無盆而又害之者也。然人情大率好立異趨新, 後至之工, 皆不究大匠之神算, 而一向贊歎和附於世所謂良工之所爲, 悲夫!

魯齋說，見於本傳者甚略，其言之得失，未可詳。然此老本有好奇立異之病，其爲此說，不足怪也。(權[10]陽村)《入學圖說》，可考也。復古 李公自云：「略聞先儒有此說而未得見，惟以己意取經之物有本末一節爲首，次之以知止，終之以聽訟，以爲格致之傳。且爲此更定之故，手寫《大學章句》一通，以見序次之改，且附以己說云云。」

有後母生存而遭父喪者，前後子孤哀之稱，果似互有嫌礙，而未有經據可斷。然鄙意來示所舉一朝官只稱孤子者爲得之。蓋士大夫後娶者，亦媒幣所聘，固爲正室，非如嫡妾之間殊等之分。故禮於後母，生事喪祭，一如己母而無異，何可以非己出而遽稱哀於其生之日乎？況人子孤哀之稱，出於至痛而不得已也。其稱出於不得已，則其猶可不稱處，所不忍稱之，無疑矣。

父亡而稱孤，母亡而稱哀，俱亡而稱孤哀，所謂至痛而不得已也。一母亡而一母在，是正所謂猶可不稱哀處，豈可忍而猶稱哀乎？前母之子，旣不敢稱哀於後母之存，則後母之子不稱哀，又何嫌於前母之亡乎？前之子非忘己出，後母之存，猶己出之存也；後之子非不母前母，爲存母諱哀，而前母之爲我母自若也。或人所謂聯書則同稱，分書則異稱，甚苟而無理，恐不可從也。

母喪身死，其子代喪之疑，此中亦有數家遭此故來問者，考之

---

10 權：두주에 "權下, 一本有說字."라고 하였고, 樊本에도 같은 두주가 있다.

前籍, 未有可擬。其一家, 答以不知, 其後一家, 則答以如所示甲者之言, 而致疑於其間, 令其自擇而處之, 未知其人終何如也。然以事理言之, 甲者所謂"祝文及奉祀之類, 皆當以長孫名行之, 所以不可不追服", 此恐不易之理也。乙者所謂"其子已服, 其孫不追服", 雖似近之, 其奈喪不可不終三年而又無無主之喪? 其於祝文, 不可無名而行之, 又禮無婦人主喪之文, 則冢婦主喪之說, 又不可行也。如何如何?

然古今人家, 比比遭此變故, 而禮文所萃如《儀禮經傳》等書, 乃無一言及此, 何耶? 以是益疑而不敢決, 然至於不得已而處此事, 則終不過如前所云爾。[11]

"聖賢坯樸了。"【《大學》疑義。】[12]

陶器未燒, 謂之坯; 木器麤造, 謂之樸。言已有聖賢形質了。

"跌撲不破。"

跌, 蹶也; 撲, 投打也。言雖顛蹶投打, 猶不破。言其堅牢也。

---

11 有後母生存……所云爾 : 中本에는 問目의 끝 "恐非有他義也" 뒤에 "別紙"라는 제목과 함께 있으며, 부전지에 "別紙所論今獻彙言云云, 低一字。(魯齋)一說云云, 考正本七卷補入。"이라고 하였다. 定草本에는 "便成破碎也" 뒤에 있고, 추기에 "入上云云之下。"라고 하였다.
12 中本에 별행으로 "答李仲久《大學》疑義"로 되어 있고, 부전지에 "■■甚多以類聚■■二卷則頗整齊如何。"라고 하였다. 〔今按〕問目들을 모아 별도로 편집하고자 하는 의견이 있었음을 알 수 있다.

"鑄私錢做官會, 此是大故無狀小人。"

宋時貨有會子, 如今楮貨之類, 亦官造, 禁民私造。其私做者, 與鑄私錢同罪。故曰: "大故無狀小人。" 大故猶大段也。

"賺連下文云云。"

賺[13], 買物失實也, 又云"重買物", 謂物本輕而誤以重價買之也。自欺之惡, 在心術精微處, 比輕物; 閑居之惡, 是無狀小人, 比重價。言今人誤將自欺, 連下文無狀小人一例看, 故認自欺亦作大段無狀之惡看了, 如人誤把輕物認爲重價而買之也。

"也只管敬畏不得。賤惡固可惡, 或尙可敎, 或有長處, 亦當知之。"

也只管云云, 謂亦不可徒然敬畏而已也。也之爲言, 亦也。賤惡云云, 謂不良之人雖可惡, 然或尙有可敎處, 或猶有一長可取處, 亦當知之, 不可并其可敎與長處而皆惡之也。此二段皆救其偏僻之失。

"箚住。"

---

13 賺 : 中本에는 뒤에 "音탐"이 있다.

箚，刺著也。凡物刺著則不移動，故曰箚住。

"硬寨。"

硬，堅不變通之謂。寨，山居以木圍樹以自固者，軍行所住亦然。硬寨，恐亦堅定不動之意。

"掛搭。"

搭亦掛也，附也。古詩"和風搭在玉欄干"，謂垂楊隨風而掛附玉欄上也。

(("心恙。"))

((心病也。))

"裒來裒去。"

裒字，有雜糅混合之義，又有連續不絶之意。

"分俵均敷。"

俵，散給也。言散給而均布之也。

"挨著粉碎。"

挨, 乙駭切, 推也。又推在灰韻者, 訓排也盪也。排盪, 猶言撞著, 言諸說撞著於此說, 便成破碎也[14]。

《"入門款。"[15]》

《'款', 吏文多用之義, 與條件之條相近。'門款', 恐如門類條件之謂。》

《"又以這心相與衮合。"》

《合字, 加圈於乾方[16], 爲入聲, 其不圈者亦入聲, 而必如此以別之。愚意凡字本義本音則不圈, 別取他義也音則著圈以別於本字。蓋升合之合音갑, 此爲本義、本音, 故不圈。合同之合音합, 此爲別義、別音, 故圈之耳。且衮合卽合同之意, 恐非有他義也。》

KNL0094(書-李湛-18)(癸卷11:14左)(樊卷12:9左)
答李仲久[17]

暮春, 小孫齎奉惠書來, 未報而秋月再盈, 悠戀之至。頃見禹上

---

14 破碎也 : 定草本에는 뒤에 "【已上大學疑義。】"가 있다.
15 入門款 : 中本에는 부전지에 "入門款問次。"라고 하였다.
16 乾方 : 中本에는 부전지에 "乾方未詳。"이라고 하였다.

舍 性傳, 得聞好信, 亦有問及之語, 深用慰豁, 繼而蓮榜之至, 見有崔某者。禹云:"是乃靜存公新玉潤也。"又不勝欣賀。

滉老病之驗, 日覺新增; 拙滯之用, 頓無改觀, 樞除仍冒無名。中間有欲啓替之議, 而旋被尼止, 其議遂寢。議出實是難得之幸, 而尼止乃出於平生最知厚之人, 此正緣空虛無足以取信, 故至此。旣深愧悶, 而復慮每每如此, 蓋棺之前, 終無解縶之日。惶懍罔措, 奈何?

聽松高邃, 善其終始, 誠末世難見之人, 其逝可惜。今其嗣子求墓誌於此, 此則謬甚。滉是何人, 敢當此事? 謹已再三辭之矣。

近來讀書思義, 有何新得? 毋惜示及, 少釋吝胸爲幸。不宣。《謹拜復。》

《前云"鶻圇吞棗", 更於他處曉得。鶻圇非是不嚼吞下之謂, 乃是狀棗實團圓之體耳。鶻圇吞棗, 謂全其圓體而吞下, 其義固亦終歸於不嚼吞下之意。但以鶻圇爲不嚼吞下, 則爲誤耳。》

---

17 甲子年(明宗19, 1564년, 64세) 8월 15일경 禮安에서 쓴 편지로 추정된다. 定草本에는 〈答李仲久【甲子八月】〉로 되어 있다. 〔年代考〕定草本 제목의 小註와 편지 내용 중 "秋月再盈"이라 한 것에 근거하여 1564년 8월 15일경 작성한 것으로 추정하였다.

KNL0095(書-李湛-19)(癸卷11:15左)(樊卷12:10左)

答李仲久問目【《朱子大全》疑義】[18]

三十六卷。"關棙"

趙士敬云:"棙, 冶者鼓風板所安之木, 見《訓蒙字會》。"然則關棙恐是所由要緊之義耳。

同上。"笆籬"

笆卽今笆子。笆籬邊物, 賤棄之物也。

《三十八卷。"說得太郎當了, 只少拄杖卓一下, 便是一回普說矣。"》

《郎當, 猶狼籍也。卓, 立之也。一卜, 一番也。一回, 亦一番之義。天地變化之神、陰陽消長之妙, 本不可以言語形容。今吾說形容極盡, 無復餘蘊, 似不合如此太露天機, 故云:"說得太郎當了。"竺氏之敎, 有禪宗者, 不立文字, 只拄杖卓一下, 便可與人傳法。其敎宗者必普徧說法, 乃可以曉人。故先生於

---

18 甲子年(明宗19, 1564년, 64세) 8월 15일 이후 禮安에서 쓴 편지로 추정된다. 中本에는 〈答李仲久《朱子大全》疑義〉로 되어 있고, 부전지에 "問目【《朱子大全》疑義】"라고 되어 있다. 〔資料考〕이 問目 몇 부분에 대해 挿疑한 내용이 《退溪先生文集考證》(卷4:12右)과 養閑堂本(1041쪽, 1048쪽, 1051쪽) 상란 등에 보인다. 〔年代考〕해당 부분 문집 편차에 의거해서 작성 연대를 추정하였다.

此，戲借其說曰：“吾只欠個拄杖卓一下者，無言以傳法之妙，然便是一番普徧說法，豈不可以曉你乎？”先生此言，頗若自誇，非自誇也。卽<u>程子</u>所謂“賢人之言，引以自高，不然，道不尊也。”》

《同上二十六張。“諸處<u>良遂</u>揑知云云。”》

《<u>良遂</u>，禪僧名。此僧歎人不識己之妙處，故云然。》

同上七十四張。“說將尙不下者，而又何足以議此耶？”

<u>第五倫</u>諫<u>馮翊 蓋延</u>不法，見忤。後<u>倫</u>讀詔書，每嘆<u>光武</u>爲聖主，其等輩笑曰：“爾說將尙不下，安能動萬乘乎？”將，州將也。<u>蓋延</u>爲<u>馮翊</u>太守，故謂之州將。言爾曾說州將，尙不見從，安能說天子以有所爲乎？

三十九卷六張。“不合無愧之說”

<u>乾道</u>中，先生嘗兩進絕和議、抑僥倖之戒，而言不行。想<u>國材</u>書中謂“先生道雖不合於時，無愧於心”云，故答之如此。

同上十四張。“鶻崙吞棗”、“鐵籠罩却”

鶻圇，或作渾淪。先生嘗謂螢曰：“若只是握得一個鶻崙底果子，不知裏面是酸是苦，須是與他嚼破，便是滋味。”鶻崙，圓也全也, 所以狀棗之圓而全也。謂不嚼棗, 全而吞之, 不知味之喻也。罩, 魚罟之自上籠下者, 以鐵籠自上籠下, 則籠得牢固, 無由脫出。蓋順之每說精粗、本末無二致, 其見理儱侗, 不能從事於文理密察, 而以造夫融會貫通之妙, 是不知其味而無由到得脫灑處, 故云云。李丈, 恐指李延平。蓋先生《與范直閣書》, 亦稱延平爲丈。

同上十五張。"三公", 元本作三公, 《節要》作二公, 未知孰是。

作二公者, 是卽國材、元聘耳。上文子韶, 當指張九成。張非一時人, 不應竝指爲三公也。

四十卷三十二張。"有知無知, 豈止校三十里也?"

楊脩讀娥[19]碑八字, 卽解其義, 曹操行三十里方悟。以三十里方悟者, 比之纔讀卽解者, 其智不相等也。校當作較, 不等也。

《四十二卷三十六張。"桑門、伊蒲塞"》

《伊蒲塞、桑門之饌, 見《後漢書·楚王英傳》。言順之之言, 有禪味也。》

---

19 娥 : 養校에 "娥上當有曹字。"라고 하였다.

《四十三卷十九張。"八角磨盤"》

《謂磨盤有八角也。今之磨麵者,安磨石於大盤上,輪運以磨,則糜末紛糅而四出。此不見楊公全語,故未詳其說,其大意以此譬輪廻之說耳。》

四十四卷十一張。"鳭鷯",《節要》作鴟鴞,未知孰是?

鳭鷯二字,古無相配爲言者,又以對鳳凰,語意尤不倫,可知是鴟鴞字之訛也。故改正之耳。

四十五卷。"一捧一條痕,一摑一掌血。"

捧,當從木,杖打也。'摑',手打也。杖打則隨杖而有一條杖痕,手打則隨手而有一掌血漬,謂其言之痛著如此也。棒音방。

《四十六卷二十八張。"大拍頭胡叫喚"》

《拍,奏樂之節拍也。頭如詞頭、歌頭、話頭之類,謂拍之題頭也。胡,胡亂也。子靜平日自負其學,其與人爭論,必作爲氣勢,高談大言,無所忌憚,故云云。謂侈大其拍頭,胡亂其叫喚也。》

"許敎似亦小中毒也。"

許姓人爲敎官者,亦稍惑於子靜之學,故云小中毒也。

四十七卷三十九張。"杜撰扛夯作壞了云云。"

非事實非義理而強造說, 謂之杜撰。扛, 舉也。夯, 音向, 負荷也。作壞, 猶言爲所壞也。言誠之質本有病, 且其人不知道而強造說話, 自以爲是, 輒舉而負荷其任, 又被此病作壞了。然論其好處, 則有可取, 故云却可惜也。

四十九卷二十二張。"子餘留此久"以下, 大意未解。"鈐鎚"·"催儹"等語、"新法課程", 何也?"小仁者"以下, 亦何意也?

鈐與鉗通, 其淹切, 以鐵有所劫束也。鎚當從手, 以椎搥之也。鈐鎚, 以言檢制學者之嚴也。言吾見子餘爲長上之人, 故不欲嚴加檢制, 後來覺得如此恐誤朋友, 乃始用力催趁功夫, 而子餘行日已迫, 不及有所成就矣。子餘去後, 他人尙有留不去者, 用新課嚴加檢責, 則却覺有長進者。因復言曰:"寬學者, 是小仁也, 而致誤學者, 所謂大仁之害也。嚴學者, 無面目也, 而其學長進, 所謂長久人情也。"儹, 《韻書》聚也。然非但聚也, 亦催促趁及之意。

五十卷二張。"壞證"

未詳。然恐是病之深痼, 元氣壞敗, 不可救者, 謂之壞證。此必文叔書指禪學陷溺之病爲壞證, 而文叔諸說却自有禪意, 故上文旣有"壁隙"、"光影"之說, 而於此又言儞所謂壞證, 儞身已自有之云耳。

五十一卷四十七張。"恐無撈摸"

撈,手取水中物也。摸,以手索取也。恐無撈摸,猶言無可探索取得也。

《五十二卷五十六張。"識得八病"其下"復生大疑"》

《八病,當是長孺自言其有八種病痛也。大疑之大作失者,誤矣。》

五十三卷十張。"榛中蜿蜒,稍稍引去"

以當時群小比蛇虺云耳。

"擅掇結裹"

擅當作攬,音獵,理持也。裹作曩者誤。結裹,猶言了畢無他也。劉五十哥,不知何人,恐是劉子羽家子弟也。其人曾多失德,而近日稍自斂飭,無大過惡。故云某人且得如此維持掇拾,了訖無他矣,而此後事,亦未可保云耳。

十一張。"夜底道理"

夜底道理,對上文說晝而言。晝、夜字,只取一彼一此互相反之意。逃閃[20]逃藏也。小兒迷藏之戲, 一去東邊索, 一去西邊藏; 此來這邊索, 彼又去那邊藏。此互相逃閃之義。各說一邊道理以求相勝者似之。

五十四卷十張。"琉璃瓶子禪"

琉璃作瓶子, 自以爲寶, 而其爲物不堅, 如有觸著, 卽便破碎, 以比學禪未得而認假爲眞者, 才遇高禪, 一語撞著, 便成粉碎。此必禪門有此譬諭, 先生引之, 以言彦章護惜己見而不肯求正於有道之病也。

五十五卷十七張。"般移應接"

般, 亦移也。疑此是先生自五夫舊居移于考亭時事。蓋移家, 多冗細應接, 遂因外勞而內[21]之心病自愈也。

二十八張。"一場大脫空"

一場, 猶言一段、一次之類。脫空, 疎脫空虛也。言學不用書, 則終無收拾, 只成一段大疎脫空虛之學也。

---

20 閃 : 底本에는 뒤에 "閃"이 더 있다. 中本의 부전지에 "下閃恐衍。"이라고 하였다. 이에 根據하여 削除하였다.
21 內 : 中本에는 부전지에 "內字更詳。"이라고 하였다.

《三十六張。〈答熊夢兆〉,《節要》無兆字, 何也?》

《《節要》他本已有'兆'字, 其無者, 未改之本也。》

《五十六卷十張。"書尺"》

《尺書也。》

二十一張。"料理簡書"

料理, 料檢整理之謂,《如俗語츨오다》,《世說》料理, 亦同此意。'簡書', 卽書簡, 非《小明》[22]簡書之義。

二十二張。"擎夯作弄"

謂擎奉負荷, 而作爲誇弄, 認作本來大事看也。《元來大事, 性、道之大本元也。》

《四十二張。"治道去泰甚。"》

《此本漢 黃霸言, 言其所以不去龔丞之意如此, 恐無可疑。》

---

[22] 小明:柳校에"按《詩·小明》章, 無簡書字。《小明》, 恐《出車》之誤。"라고 하였다.

《五十八卷十三張。"浼聞"》

《謙言浼瀆而奉聞之也。》

十八張。"鷄抱卵"

鷄之抱卵，無時廢輟，令溫氣接續則成雛，才冷則不成矣。僧家以此比其功夫接續，乃能成佛。此言非失也，但其所學之道非耳。子融不辨其道之非，而惟攻其言之失，故云云。

《"北門之辨"》

《未詳。意恐子融所與人共論之地名，或與子融共論之人官爲北門歟？》

二十一張。"入陰爲土"

陰，瘞藏也。語出《禮記》。

五十九卷三十九張。"鈍者旣難揍泊"

揍，訓投也。言鈍質無受教之地，道理無所投聚停泊也，敏質又輕捷，容易聽受過了，不能堪耐勞煩積久功夫也。

四十張。"看此火色"

此指言當時世道氣象而言。或云風色，或云風力，蓋不欲斥言，故爲隱語以見意耳。

　　四十二張。"運水般柴"

運、般，轉移也。彼以轉移柴水之類，皆爲神通妙用，更不問道理如何也。

　　《四十六張。"棒喝"》

《棒見上。喝，訶喝怒聲也。禪家問者有問，師或用棒打下，或怒聲訶喝，而令人悟道。》

　　五十二張。"對塔說相輪，慣了意思"

對塔說相輪，本程子語。塔之有相輪，未詳何物。其意謂觀塔者不由中而上，層層歷覽，但身在平地，對塔而指說相輪之狀，雖能言之，其於觀塔，了無實得。此空言不踐履者終無實得之比。謂正叔平日，此意思慣熟，所以其病如此，須是勇改，乃佳。

　　六十卷十張。"千生萬受"

《漢語[23]解》："生受，艱苦也。"以艱苦之意而甚言之，故云千生萬受。

六十二卷六張。"襯貼"、"替換"、"歷落"

以今之某字某語，配合古之某字某語，以明其義，謂之襯貼。以今之某字某語，代易古之某字某語，以明其訓，謂之替換。如釋明德，以所得乎天言德字，以虛靈不昧言明字，是謂襯貼。如釋格物，以至訓格，以事訓物，是謂替換也。歷落，後卷一處有歷歷分明之語，《周禮》註，釋適歷，云："稀密得所之狀。"合此等語意觀之，歷落，當是分明脫落之義。

"擎拳豎拂"

禪家不用言語文字，或擎其手拳以示之，或豎其拂子以示之，而令人悟道。拂子，麈尾之類。

《十八張。"消詳"》

《或云"消之爲言，須也"，或云"凡了其事，謂之消"。》

六十三卷三十一張。"杲老〈與張侍郎書〉"

宗杲，宋南渡後禪宗，其徒所謂普覺大慧禪者也。呂居仁、汪聖錫輩皆北面師之，張九成侍郎亦其一也。張名爲大儒，實陷

---

23 語：養校에 "語，疑書。"라고 하였다.

禪寂, 其原皆出於杲。此書乃杲教張用儒文禪之術, 故其言如此。欛亦柄也。杲知張可用其術, 捭闔惑衆, 故云: "欛柄入手。" 以此看得, 其文義, 不難曉也。

《"抛閃。"》

《閃, 義見上。抛, 未詳, 疑亦是優人幻技之名。》

"官年、實年"

官年, 入籍年也, 與其人實年或有增減異同, 故有官年、實年之說。當時仕者年滿七十, 乞致仕, 朝廷聽許, 而與子弟蔭補, 例也, 故有致仕、恩澤之語。但不知當時敬甫所難處者曲折如何。然觀語意, 似是官年已滿, 當致仕得蔭補, 而實年未滿, 又官年滿否, 亦有未詳知者, 以此難處, 故先生敎之, 令前期審之於省曹也。省曹戶曹, 在尙書省中, 故云省曹。

四十二張。"徵奏", "徵意", "徵議", "失節事讎"

唐太宗時, 議五服之制, 用魏徵議, 有所增加, 所謂魏元成加服也。今正甫論其加服之失, 而幷及失節事讎之罪, 故先生云然。

《六十四卷十張。"天津橋上胡孫擾亂, 却爲大耳三藏覷見"》

《此亦必禪語, 未知何謂。代宗時有西天大耳三藏到京云云,

却未見胡孫事。如有聞於博洽處，切望垂諭。》

"塌了一兩人"

塌，頹下也。言故舊中往往有一兩人不能自立而隨俗頹下者，令人憤鬱。

三十三張。"叨冒擧刺，亦不敢以擧削應副人情。"

先生嘗提擧浙東常平茶鹽公事，實監司黜陟之任，故謙言叨冒擧刺。擧言陟，刺言黜也。然其時薦人，亦以公論所在公薦之，不敢因私囑而薦人以應副人情也。薦人謂之擧削，亦所未詳。《或云："薦人不欲示私恩，卽削其稿，謂之擧削。"未知是否。》

三十八張。"出擧錢商子本"

民間以物納質富人，而借錢若干，以興販取利，謂之擧錢。及其贖還元物也，於本錢數外，復還息數如本錢之數，其本數曰母錢，息數曰子錢。

五十七張。"又不能一剪剪斷，直下剖判。"

剪，剪刀也。言一次用剪子，快剪得斷。猶言一劍兩段。言判斷義理，不能如此也。

五十八張。"如何捺生硬做得成?"

捺,乃葛切,抑也,按也。言素無積累純熟之功,豈可以生硬身心,强爲抑按而做得成乎?

《續集》一卷十張。"時魚多骨,金橘太酸。"

時魚,魚名。二者美物而有二病,喩子約賢而多病痛。

十七張。"若道一例如是云云"至"運氣",全未解。

上文歷言子澄以下諸人遭彈被屈等事,於此復歎曰:"若言今時之人一例如是無罪,而遭彈被屈耶,則他人又却無如此者,惟吾黨之人,便有受此許多攻擊,亦可笑耳。"築,以杵築物,磕,石相築聲,築磕,言攻擊也。大家,猶言大段。又言豈非天意大段行一不好之氣數而然耶?抑吾之命薄而然也?

二十四張。"彭子壽行遣云云,一番光鮮"

行遣,猶逐去也。放,舍置也,非放流之放。放了徐子宜,言欲逐徐而未逐,是舍置徐子宜也。時新聞逐彭而言曰:"此事之所以然者,其初欲逐徐子宜而不果,是姦黨之所以作氣勢攻正類者,若少衰息無光燄,故又別把一人來,充塡放子宜之窠闕以逐去之,謀令前日攻擊人之威聲中息者更發采色,使之一番光鮮,以聳動一時之觀聽"云耳。

二十七張。"仙遊不成擧措云云【至】亦不多爭。"

仙遊,縣名。此指言其邑宰,今未知爲何人。此本是吾黨之人,而其所爲之事,亦非不好,但於擧措,有失當處,故惜之云"不成擧措"。而又以一然字轉語意云:"其所爲旣如此,與今之受不係僞學擧狀者,亦無以相遠也。"爭,謂爭分數之多寡,謂所異之分數不多也。受不係僞學擧狀,謂擧人者於擧狀中,說此人不係僞學,被薦者受此狀而用之也。

二卷二十一張。"〈先天〉,須刻卦印印之"

畫卦,用筆則難得精整如一,故刻木作卦而印之,謂之卦印。

三卷。"王參政早歲休官云云【至】談龍肉而實未得嘗"

王參政,王次翁也。附檜事,《宋史》可考。但朱衣道士諄諄之誨,未知何謂耳。《陰君丹訣》以下,與王參政一段不連看爲可。陰君未知何人。此言《陰君丹法》,不及《參同契》,然彼能行此而得壽考,吾輩知《參同》妙訣,而不免衰病,故其言如此。此皆西山書所稱,故答語及之。

五卷四張。"元祐之調停、元符之建中"

建中,取兩平之意,與調停同義也。唐 德宗初元以建中爲號,欲兩平楊炎、劉晏分黨相傾陷也。

哲宗紹聖、元符中,章、蔡得志,治元祐黨人,極矣。徽宗初,政清明,稍進正人,逐章、蔡。時議者以爲元祐、紹聖均有所失,欲以大公至正消釋朋黨,遂詔改明年元爲建中靖國。由是邪正雜進,未幾君子盡逐,而滿朝皆小人,馴致靖康之禍。其詔改元,實在元符末年內,故云元符之建中也。

六張。"荀卿子曰:'皓天不復云云'"

言昊天不復回治世,則吾之憂無疆也,然而亂極當治,千秋必反於治,古來常道也,門人弟子但當力學以俟時,天心必不忘斯世也。

十九張。"都不箚著痛處"

箚,刺也。針病者不刺痛處,不足以治其病也。

六卷八張。"換闕"

必是廷老將被換任他闕處,而非其所願,因此憂惱。故曉之如此云。

《八卷十三張。"二舍弟已般家深遯。"》

《二卽舍弟行輩號也。般家深遯,般移家屬而深處隱藏也。》

《《別集》。"道學文字，鉤連隅落"》

《言攻道學章疏，整齊周密，比之武侯陣法，旣定四方，又鉤引聯絡，其四隅無一處空疏云云。落如墟落、聚落、籬落、院落之類，皆言其處也。華宗浪戰，未詳。》

六卷二張。"馬肝之論"

本漢景帝語，見《史記》。《治平要覽》註："走馬肝有毒殺人。"故云："食肉而不食馬肝，未爲不知味也。"言文王三分天下有其二，亦非人臣之義，聖人所處，非常人所能及知，雖置而不論，未爲不知義理也。

六張。"權行倚閣"

凡事姑置不行，謂之倚閣。巴鼻，猶言著莫也。自家這卜，指吾儒學問而言也。李深卿溺於禪學，今勸其姑置禪語而從事於此學，故曰："試將詖淫等說，權行倚閣，却就自家學問，實著工夫，如此一兩年看如何，則必有著莫處矣。"【〈答徐彥章書〉："未有形影著莫。"】不直言屛去異學，而曰"權行倚閣"者，棄其所信，而從其所不信，非彼所欲，故設爲方便之言以誘引之也。

八張。"有文字錢【至】兌錢一千云云。"

文字錢，未詳其事。然詳下文所云，似是刊行書冊所貿之錢，擇之所主, 而官省所領者也。【先生與諸人嘗設書肆, 刊印書冊。】兌字, 多見於先生救荒條法內, 其事如今各司傳請。今各司其司物用盡, 傳報該曹, 請他司之物而用之也。此言吾曾見其弟, 說道擇之處有文字錢, 儞可就彼傳請, 可得錢一千矣。【告弟之言止此, 此下仍告擇之云。】且此錢所領官司處, 幷已有狀,【官省有狀, 則取錢無礙也。】香茶則曾已附在其弟處, 以此等物請擇之煩爲云云。

蓋深父與擇之, 皆古田人。深父客死他鄉, 其弟往治其喪, 歸途見先生。先生語其弟云云, 而復與擇之書, 令其設奠, 故其言如此。書肆所印書冊所貿之錢, 雖在擇之處, 亦朋友間可以隨便通用之物, 故如是處之耳。

KNL0096(書-李湛-20)(癸卷11:29右)(樊卷12:27左)

答李仲久【乙丑】[24]

去年, 孫兒及兒子, 節次還自都下, 拜領陽月卄一日、至月至後三日兩書, 問疾敍情, 勤懇委曲, 極荷厚意。只緣冬間困於積病, 一向因循, 闕然無一報音, 負愧之深, 但有馳懸。卽日節迫花朝, 不審體履康迪如何? 想惟愷悌神佑, 頤攝有道, 日見

---

24 乙丑年(明宗20, 1565년, 65세) 2월 15일경 禮安에서 쓴 편지로 추정된다. 定草本에는 〈答李仲久【乙丑二月】〉로 되어 있다. 〔資料考〕 이 편지는 李湛이 甲子年(1564) 10월 21일과 11월 12일에 보낸 편지에 대한 답장이다. 그중 11월 12일에 보낸 편지는 《要存錄》(240쪽~241쪽)에 실려 있다.

清福益勝矣。

拙者禀氣虛劣，老境病窟，加之昧於養生之方，逐時趁候，病輒發作。去秋脚膝之患，既非尋常，冬被雪寒逼傷，痰氣填胸爲病根，內自藏府，外達肢體，作苦多端，冷熱相妨，用藥甚難。春寒如此，尙未解圍，撓懷可知。

兩書鐫誨保養之宜，兼擧程、邵兩先生以及黃帝所以衛生之道以爲戒，拜賜甚珍，敢不惕然自省，佩服終身？但所稱佳山勝水，鷗沙犢坡，隨意登陟，徜徉坐眠等語，宛然摹寫出此間婆娑景趣。此固聾巖先生所以付與滉林泉之樂在此。雖知盛意本欲滉愼作遊玩，而味其言，適足以浩發遊玩意趣也。呵呵。

聽松墓銘，想已得所屬矣。誤求鄙文而不得者，非獨此一家，皆緣無狀不足以副人求，愧不可言。

承看《大學》綱目，所得當更深邃超絶，幸可一二示及少發此蒙蔀耶？企企。

索取《啓蒙》鄙說并《宋元理學錄》，雖皆果有之，但皆僅有草件，以備遺忘耳，非欲成書以示人。中間被人來問《啓蒙》，其於肯綮盤錯思不起處，不免示此草件以曉之，其人因而暗傳去。恐承訛襲謬，不成頭緒，其爲人傳笑，可旣耶？用是爲悔，雖於左右欲求訂正甚切，而不敢輒以呈納也，幸垂諒恕。

《朱子實記》，欲刊行，滉實有此意，示喩如此，甚善。但聞慶尹多病欲辭去，恐不暇爲此事。惟順天李剛而可囑，而歲前聞其以事被推，疑至罷免不行公云，至今未知如何結末，徐當問圖之。其書來此太久，今亦未還痴，以此故耳。

〈武夷圖〉，留意畫成，裝軸精絶，珍重寄來，洞府烟霞，大隱遺跡，入手照眼，每一披玩，耳邊如聞櫂歌之聲矣。感篆至意,當默會也。

　《台寓錄》,又蒙寄示,可見先生於此一方,設施風聲赫赫在人耳目如此,其一方人亦能相與識大識小,哀著傳後,可尙可尙。其中門人事實有《實記》所未載者,得取以補入所錄書,亦爲一幸。其書二冊,今附禹上舍回納,視至。餘惟茂對和煦,日章萬珍。不具。

KNL0097(書-李湛-21)(癸卷11:31右)(樊卷12:30右)
答李仲久[25]

春奉一書後,跨夏阻聞,禹上舍來,始獲惠音,披讀灑然,歊煩頓洗去也。國有大喪,哀纏幅員,臣子何勝?其他未安,未易可擧。

　滉上章之日,適値大故,無望得達,幸賴政院許入,遂此大願,感祝欣荷,無以爲比。自此山民野老,名實相稱,戴天履地,始無所怍,雖沈病日深,死無所恨矣。

　示喩事,在高見已自得之,且在都中名流博識,當有定論,

---

25 乙丑年(明宗20, 1565년, 65세) 5월 禮安에서 쓴 편지로 추정된다.〔編輯考〕이 편지는 中本과 樊本에서 아래 편지(BNL0098) 뒤에 편성되어 있지만, 그 내용에 따라 순서를 바꾸어 편성하였다. 즉, 내용 중에 앞의 편지(KNL0096)를 보내고 여름이 되도록 답신이 없어 궁금하던 차에 禹性傳이 찾아와 소식을 듣게 되었다는 내용이 있어서 이 편지가 그것에 이어진 것임을 알 수 있고, 또한 아래 편지(BNL0098)에는 禹性傳의 편에 편지를 전한 사실을 언급하고 있는데 그 편지가 바로 이 편지인 것으로 추정되는 것이다.

何更俯詢於芻蕘？但所云："行事，顧事之合義與否，不暇計時議也。"此言甚當。今欲行事之合義，不可率意直遂而行，須考據古禮而處之。

按〈儀禮‧喪服〉篇齊衰三月條"爲舊君、君之母、妻"，註："舊蒙恩深，今雖退歸田野，不忘舊德。此則致仕者也。"其傳曰："舊君者，仕焉而已【止也】者也。何以服齊衰三月也？言與民同也。君之母妻，則小君也。"註："爲小君服者，恩深於民也。"【此言庶人爲小君無服，今致仕之臣服三月者，恩深於民故也。】以此禮言之，或人之爲，非禮也。

蓋《禮》所云者，致仕者也。雖退而恩數在，故非徒服君，亦服小君。如或人非致仕帶職銜之比，是當以庶人之義處之。至成服於闕下，則恐非禮之禮也。若左右之於此，必已商定，不敢有所如何。惟據古酌今，兼採右意裁處何如？適困不能一一。《謹此拜復。》

BNL0098〈書-李湛-22〉〈樊卷12:29左〉

與李仲久[26]

曾因禹上舍奉一札，未審得達否？卽日炎歊，想靜養增謐。頃[27]始蒙恩得遞，守病保閑，爰得其所，愚拙之幸，至老方見，

---

26 乙丑年(明宗20, 1565년, 65세) 5~6월 禮安에서 쓴 편지로 추정된다. 〔年代考〕 이 편지는 앞 편지에 이어 보낸 것이며 더위가 심하다는 편지 중의 언급에 의거하여 5~6월에 작성한 것으로 추정하였다.

感曷爲喩? 第因患眼, 看書不得, 斯爲魔障不小耳.

　《朱子實紀》五冊, 封附子中之行. 書來數歲, 尙未還痴, 尙有未了公案, 恐几間無此書爲欠缺, 故玆回納. 或有所考, 再干痴請不難也. 但其間門人類抄錄之際, 未免用筆標點以備遺忘, 愧罪愧罪. 萬緖幽抱, 彼此嘿喩. 如遇便風, 一字惠珍.

KNL0099(書-李湛-23)(癸卷11:32左)(樊卷12:31右)
與李仲久[28]

《頃得禹性傳傳書, 卽奉報去, 未知領否?》所詢一事, 鄙意援以古禮, 揆之於今, 惟以理去官, 有職銜在身者, 應齊衰三月, 《禮》所謂爲舊君與小君之服也. 其不然者, 雖亦有三月之云, 又若有間, 則其所處必有所宜也. 未知於意云何?

　《今送田制冊子內, 有算未透處, 付標以呈. 須細看, 布算圖形示破, 何如? 滉於算法一事, 終身學之, 尙不知縱橫, 鈍根不除, 他多類此, 可笑以歎. 餘惟對時茂福. 不宣. 謹拜.》

27 頃 : 中本 및 拾遺에는 앞에 "滉"이 더 있다.
28 乙丑年(明宗20, 1565년, 65세) 6~7월 禮安에서 쓴 편지로 추정된다. 〔年代考〕 아래 편지(KNL0100) 모두에 "夏秋間拜書後, 未得嗣音."이라는 말이 나온다. 곧 여름 가을 어름에 편지를 보낸 뒤로 편지를 보내지 못했다는 것이다. 여기서 여름 가을 어름, 곧 6~7월에 보낸 편지가 이 편지로 짐작된다.

KNL0100(書-李湛-24)(癸卷11:32左)(樊卷12:31左)

答李仲久[29]

夏秋間拜書後, 未得嗣音, 亦未獲珍報, 日有傾馳。今忽伻人
到門, 投以手緘, 兼示及田制布算圖解。展讀慰豁, 不啻如披
霧而睹日也。仍審秋冬來, 頤閑靜福, 對時益茂。

滉癃拙依然。自脫羈絆, 庶全人間樂事, 而頃間無故被人
指目, 懍懍恒未自安。所以鄭子中及孫兒入都時, 皆未奉一字
寒暄, 想蒙恕察, 不至相怪也。

示誨《布算圖釋》, 井井詳密, 舊日疑昧, 太半解破, 深爲
荷幸。然猶有鈍根所未達處甚多, 姑掇其尤者三五條, 錄在別
紙, 幸復詳以見喩以終惠也。

舊看《律呂新書》, 其算法窺斑處, 粗爲摸寫, 以備遺忘,
恐有太疎脫處, 幷以呈稟, 亦賜勘訂以示。

《啓蒙》, 尤所難言, 僣不自揆, 曾與朋友講究, 及有所聞
見思索, 凡有所得, 隨手箚錄, 亦所以備忘。或有來問者, 亦未
免考閱爲證, 不覺因而傳入人眼。此等皆犯人大譏議, 不勝愧
懼之至。只緣爲禹景善強來料理, 亦轉作此人備忘錄, 早晚當
徹明鑑。所懇切勿以示人, 只須痛加捨[30]斁其誤妄處鐫曉, 又
不勝大幸大幸。

---

29 乙丑年(明宗20, 1565년, 65세) 12월 禮安에서 쓴 편지로 추정된다. 〔年代考〕
《年譜補遺》卷2에서는 이 편지를 乙丑年(1565) 12월조 바로 앞에 기록해둔 것을 볼
때, 12월 이전에 보낸 것으로 추정한 듯하다.

30 捨: 上本의 두주에 "捨疑剖之誤。"라고 하였고, 養校에는 "捨疑剖之誤。"라고 하였다.

黑夜秉燭, 燭轉無見, 漏器盛水, 水去無痕, 尙不知止, 愚亦甚矣。而舊習未忘, 餘味猶在, 歲晏窮山, 無與晤懷。尋梅之約, 如望仙而未至。詠《緇》之云, 胡匪人而謾戲？書不盡意, 珍毖是祝。《謹拜復謝。》

KNL0100A(書-李湛-24-1)(癸卷11:34右)(樊卷12:33右)

別紙

田制算

百分取一, 承示曉然。往年尹光溢嘗示此法, 而有未盡說破, 故叩之, 今無疑矣。但尹又云："以四尺七寸七分五氂, 爲新法一等尺, 自相乘之, 得二十二尺八寸,【不盡二絲五忽棄。[31]】是爲一把。進一位, 得二百廿八尺, 是爲一束。【云云。】"不知所以必相乘者, 何也？且一把廿二尺八寸, 一束二百廿八尺, 何其尺數之多耶？

一等繩量結卜, 知五等結卜法, 釋商置八于寸位云："置影數零位適當之位者, 算家之本法也。【云云。】" 然影數只有尺無寸, 何得以寸爲影數零位之適當耶？且實數與影數, 皆有尺無寸, 乃不以尺除而以寸除, 何耶？又除盡後, 視元數得八寸五分○一毫, 乃用也, 此言一等繩所量一結, 以二等計之, 則八

---

[31] 不盡二絲五忽棄 : 柳校에 "按, 不盡下二絲上, 當有六毫二字。"라고 하였다.

十五卜○一把也。然則何不以卜數、把數爲言, 而只云八寸五分一毫耶?

開方[32]法、廉隅等法, 大槪所示爲然。然廉算之所以必初置零位, 何意? 其所以必超一位, 何意? 其所以至百位, 不得百而得十; 至萬位, 不得萬而得百, 何耶? 且如東邊有廉, 南邊有廉, 則兩廉間有隅固也。假使只一邊有廉, 三邊無廉, 則亦無隅可除乎?

方法之所以倍者, 以兩廉加於初作方田之兩邊, 作爲方形, 而從兩邊除之, 故必倍方法也。假使只有一廉, 或雖有兩廉, 而其廉地數少, 不足以加元方田而作方形, 則不知此等處, 當作何法而除之耶?

《皇極經世書》〈經世一元消長圖〉下, 邵伯溫說有"陰陽之餘空各六"之語, 不知餘空是何語?《經世》諸說, 固不易解, 餘空之說, 似於一年一日皆有之, 而未知其義, 故敢問。

---

32 開方 : 定草本의 추기에 "開方云云, 別行。"이라고 하였다.

律算圖

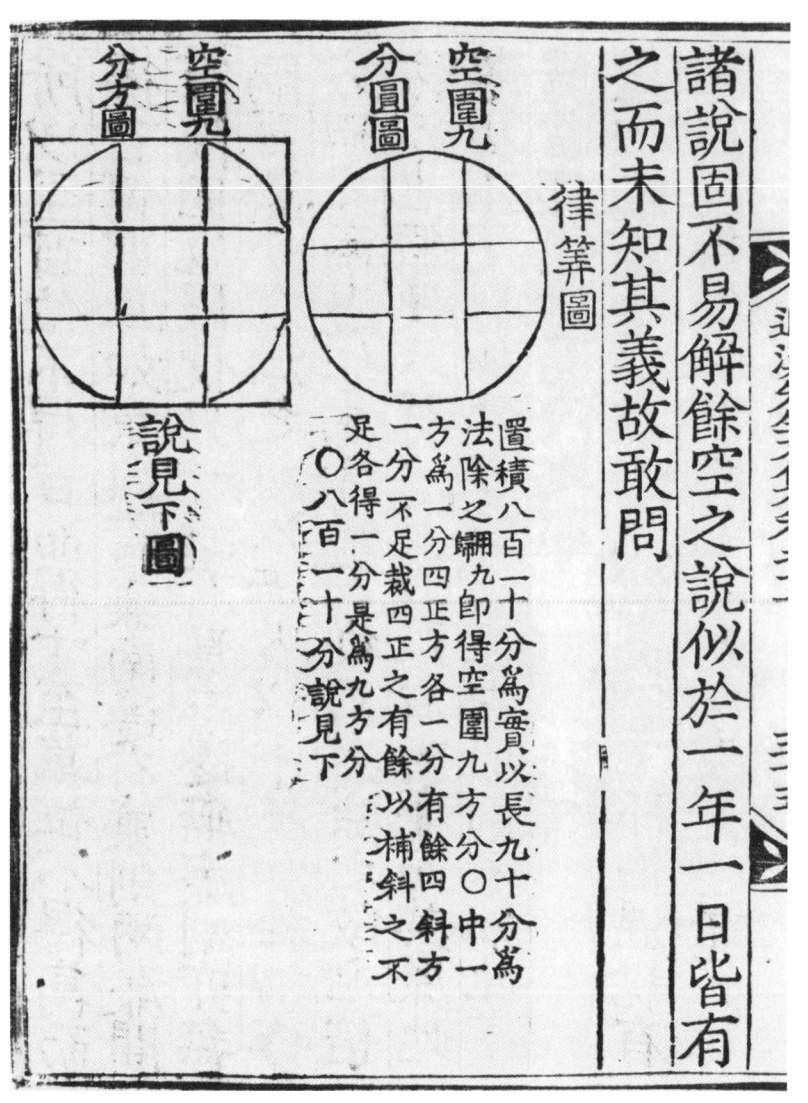

律算圖 1

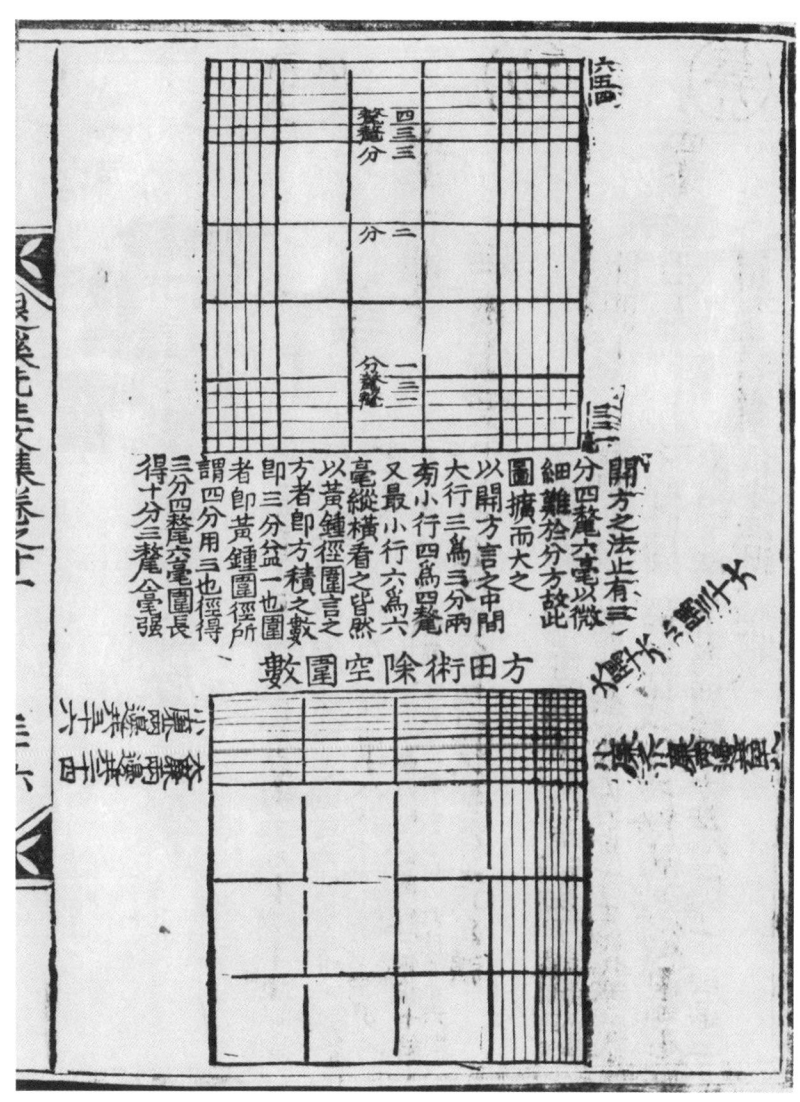

律算圖 2

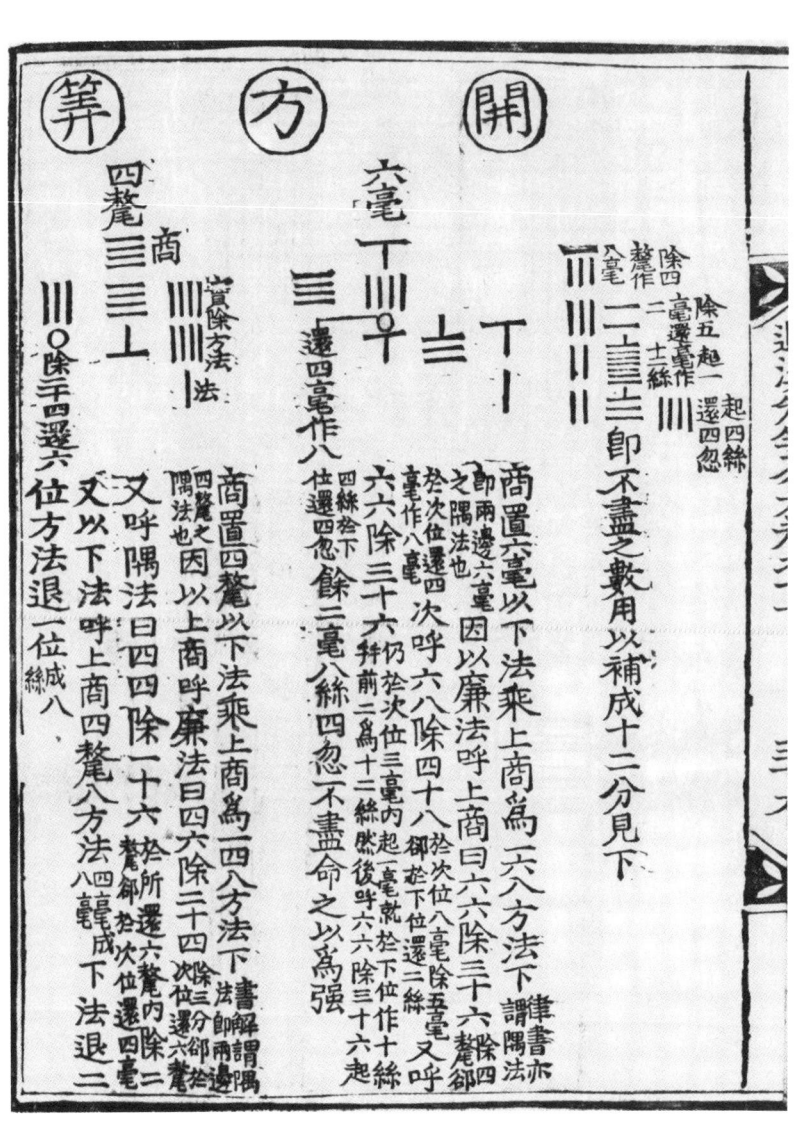

律算圖 3

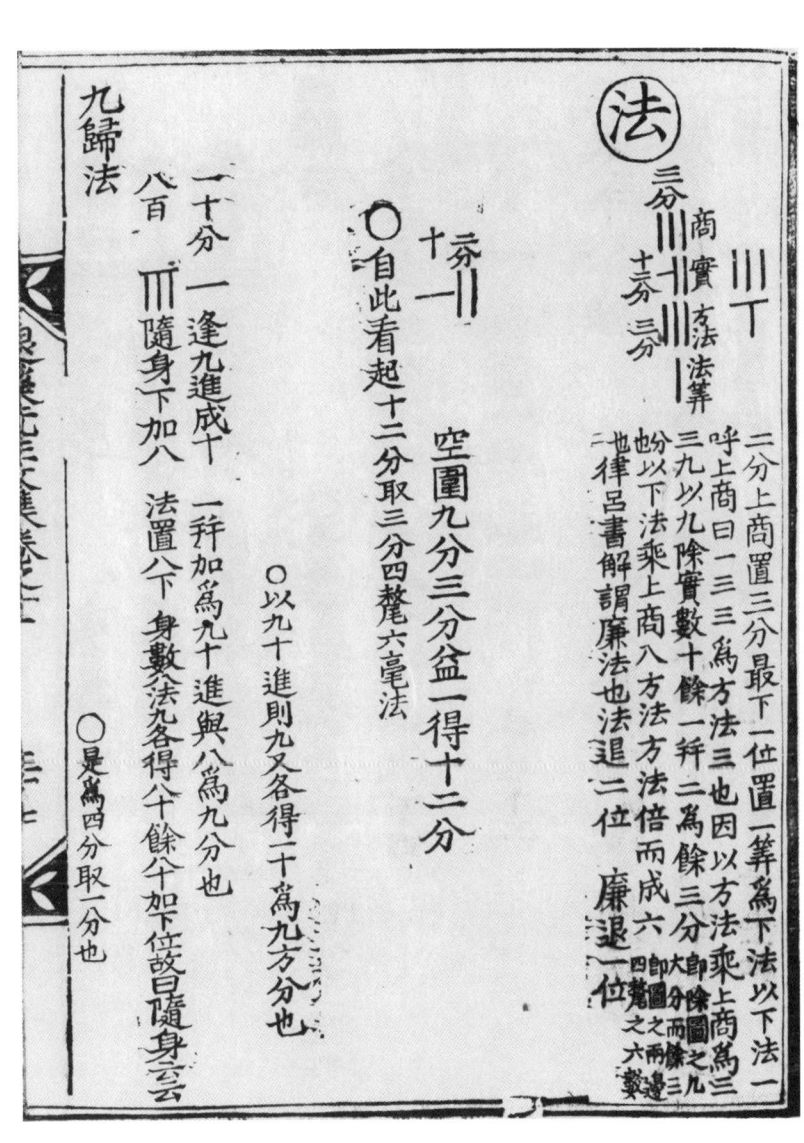

律算圖 4

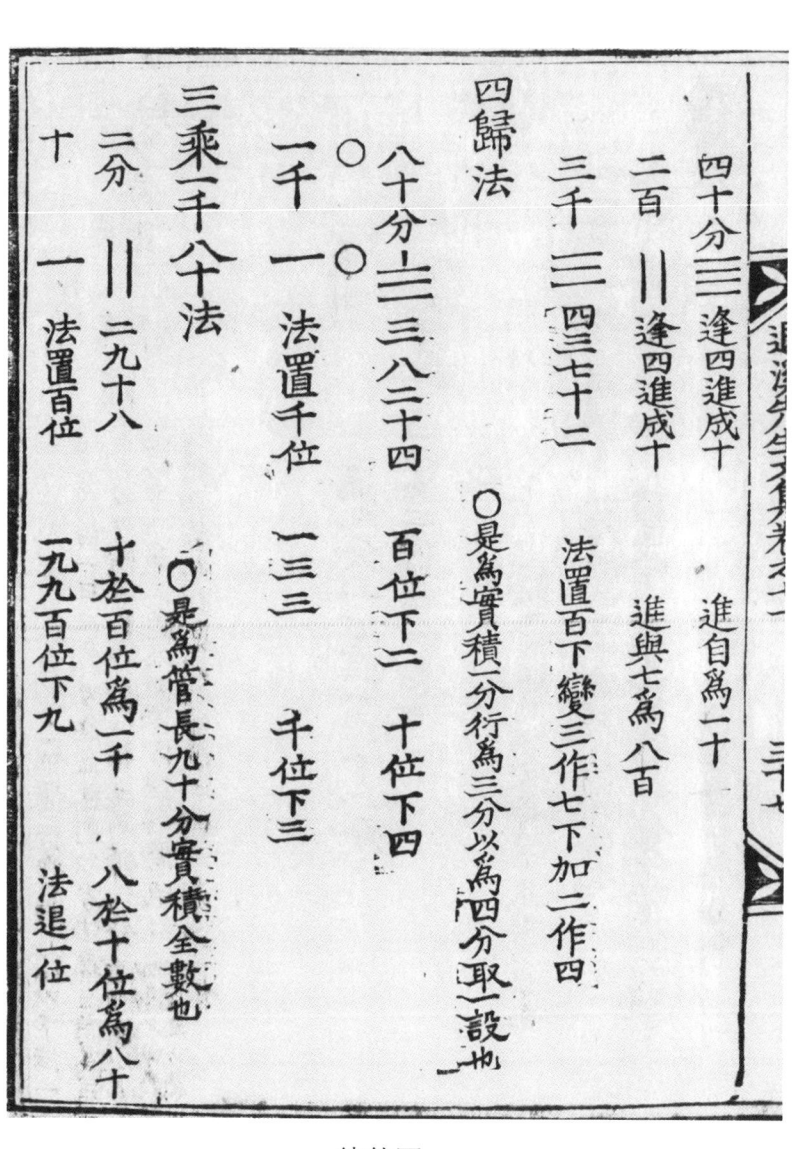

律算圖 5

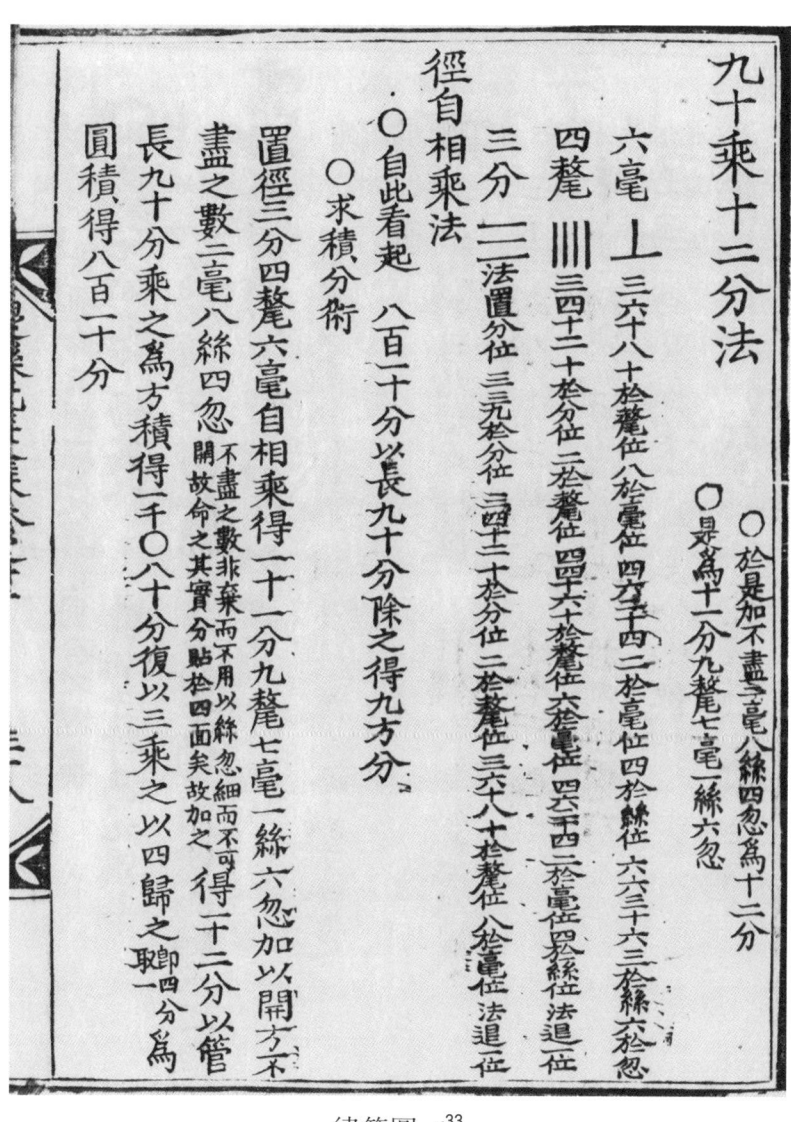

律算圖 6[33]

---

[33] 八百一十分：中本、定草本、庚本、擬本、甲本、樊本、上本「一百八十分」

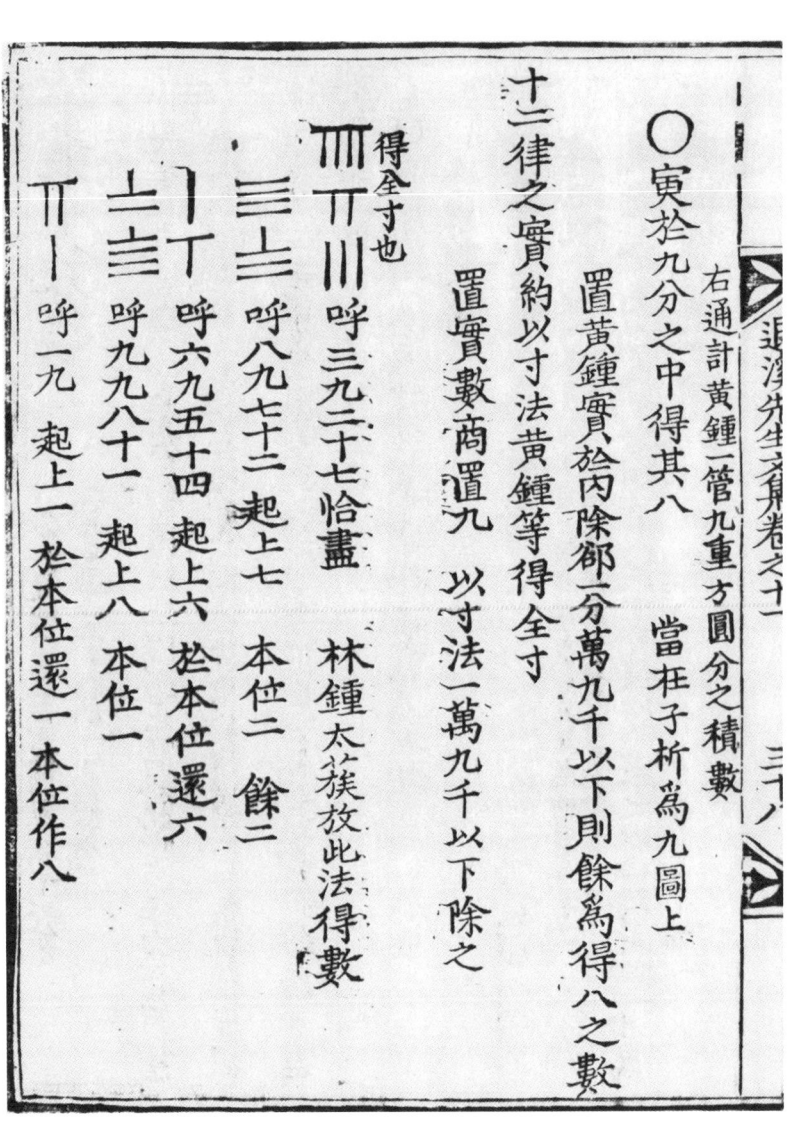

律算圖 7

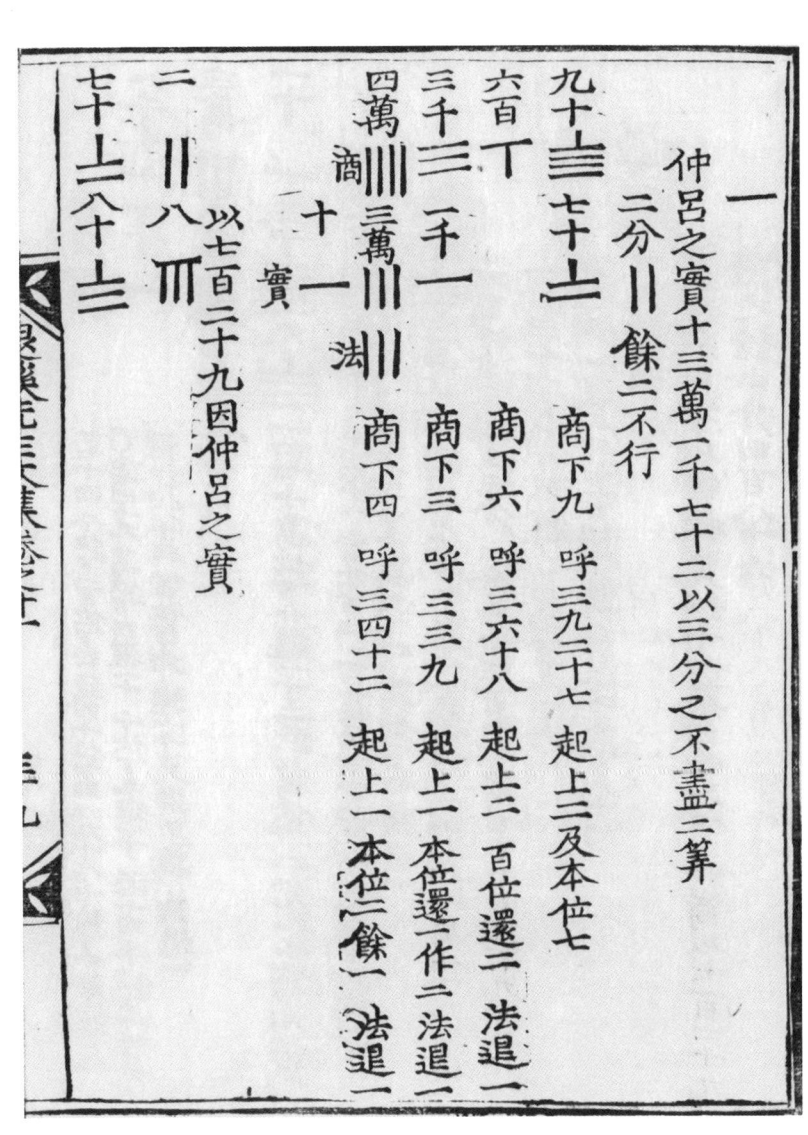

律算圖 8

律算圖 9

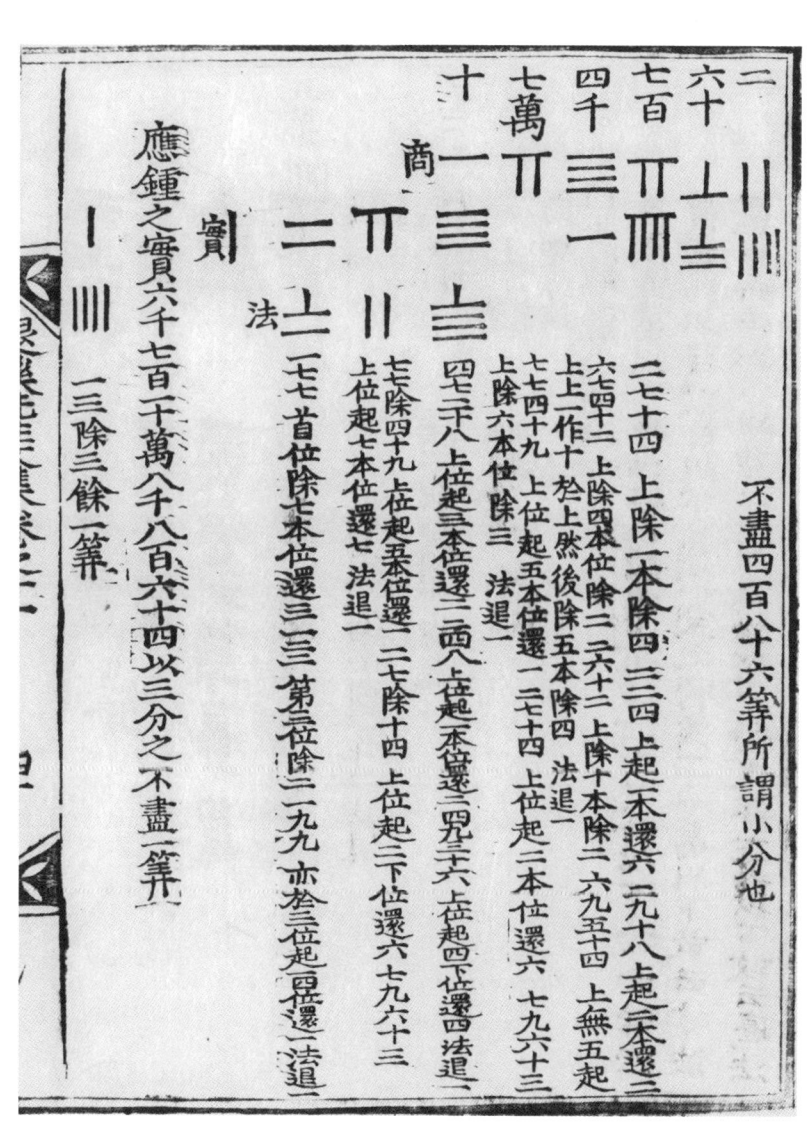

律算圖 10

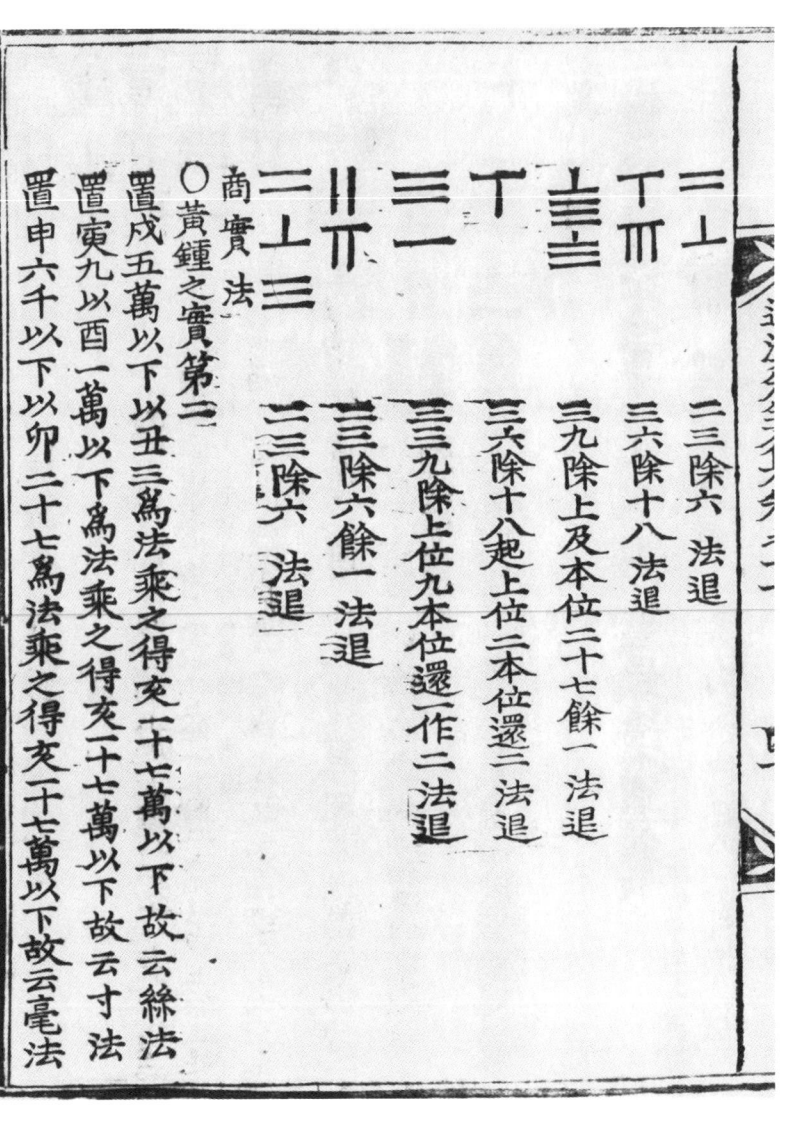

律算圖 11

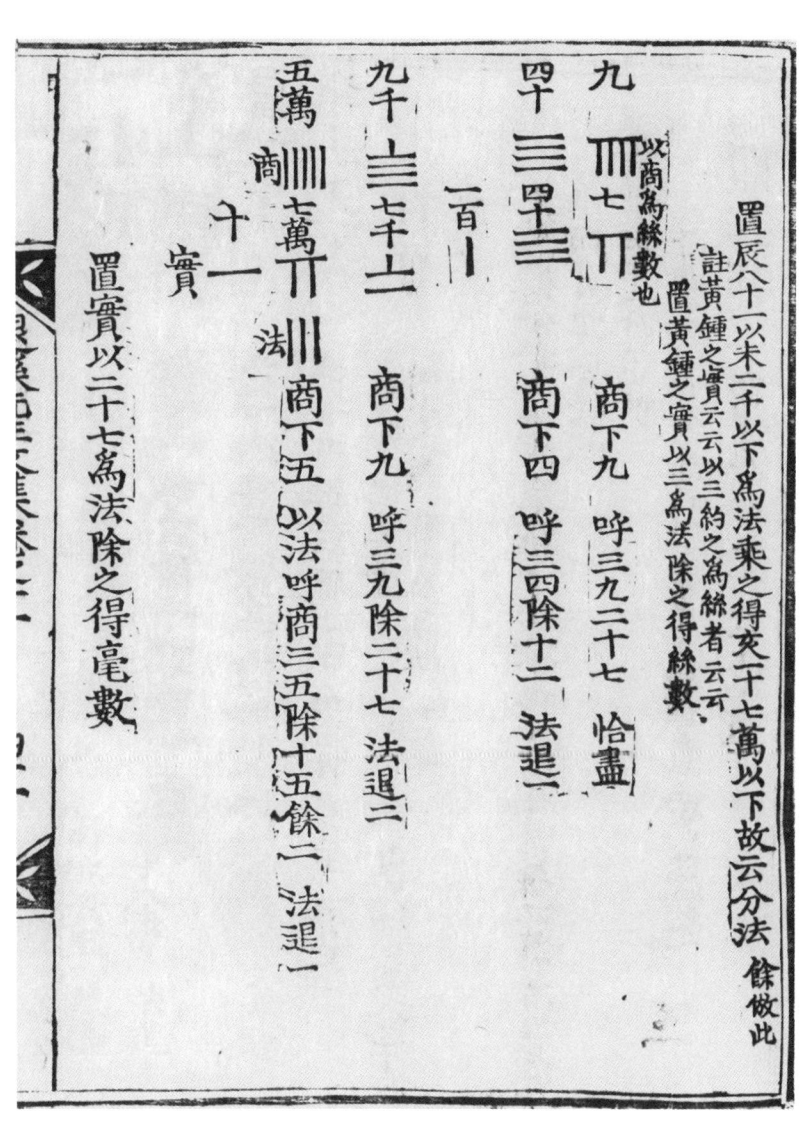

律算圖 12

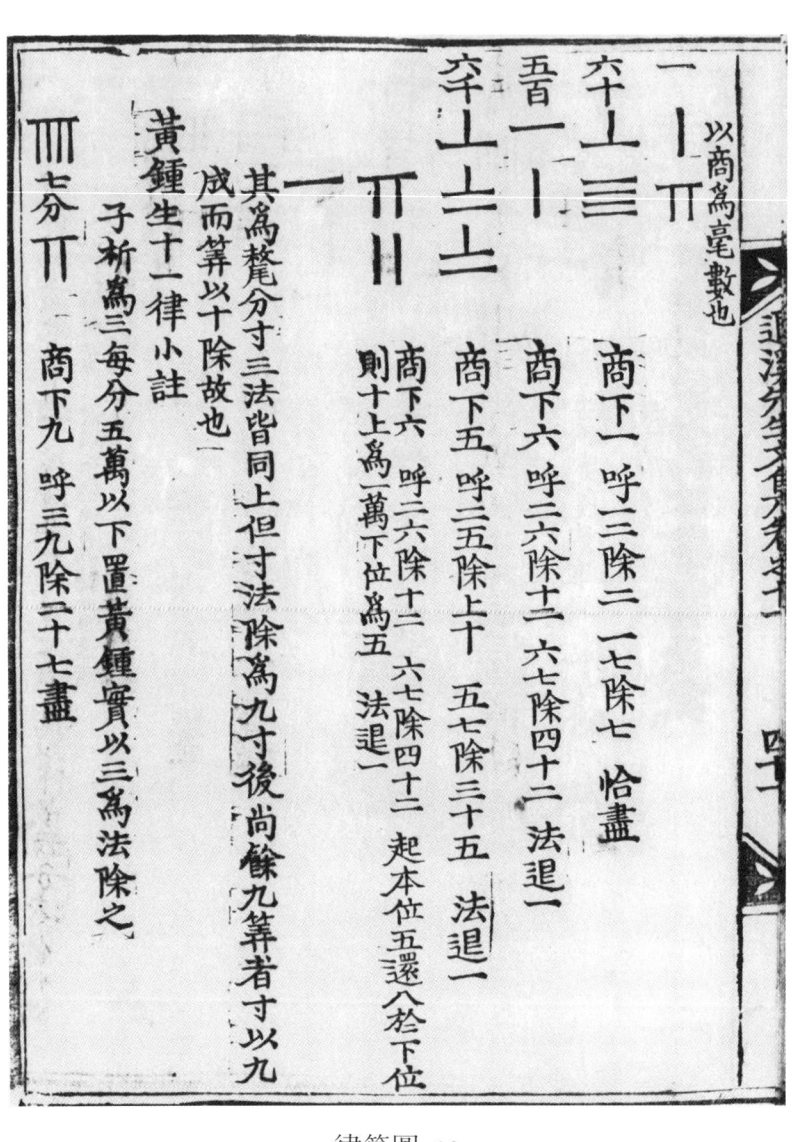

律算圖 13

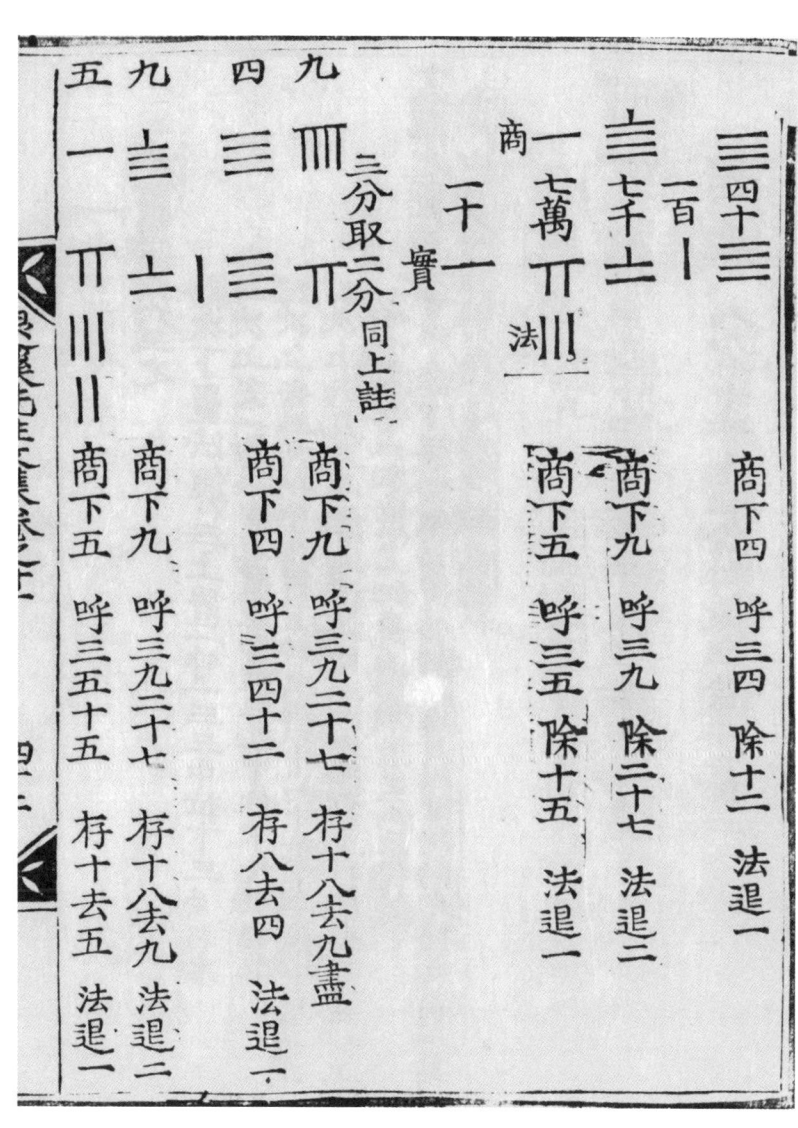

律算圖 14

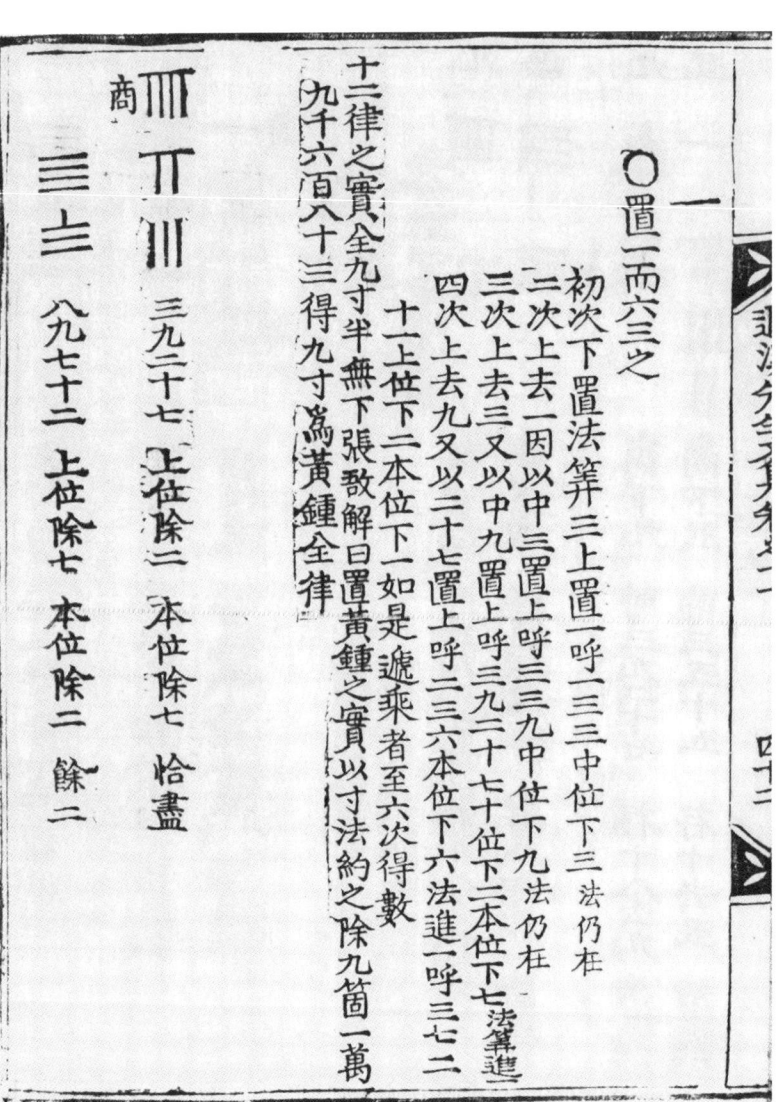

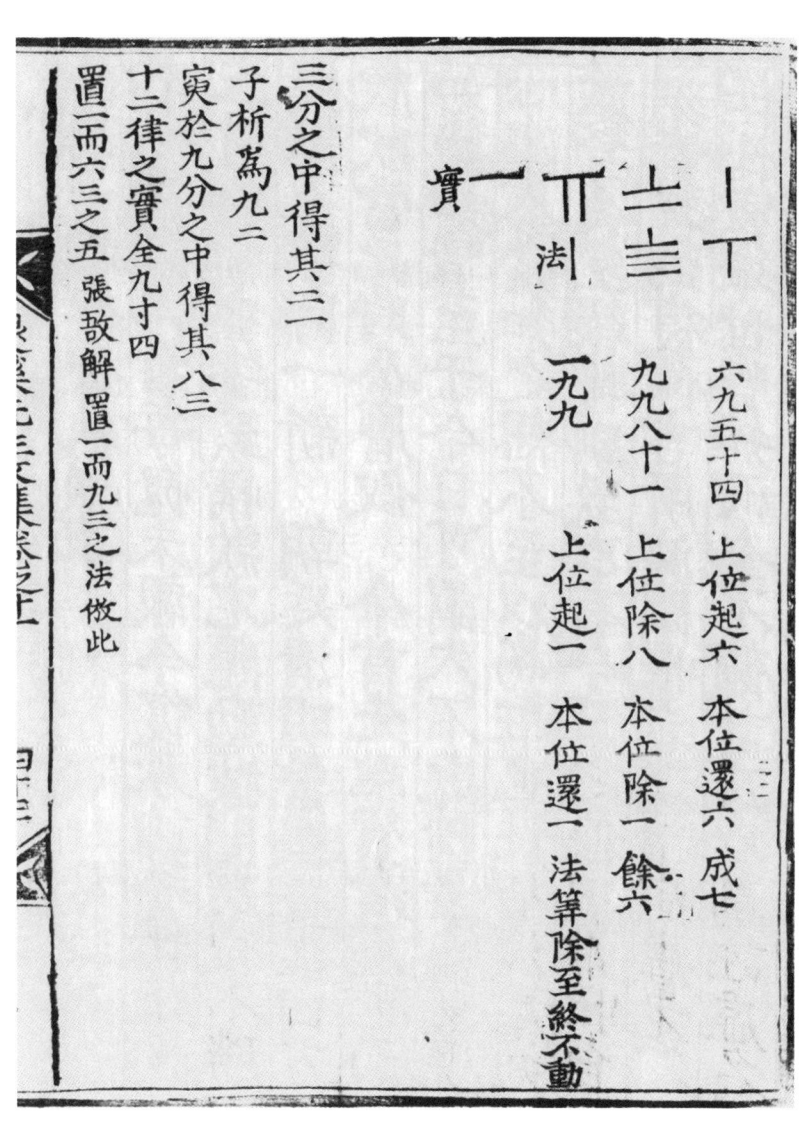

律算圖 16

答李仲久【丙寅】[34]

今年, 累累得書, 每愧未報。今復承鄭子精來投五月晦前書, 寄致情款尤懇懃。披閱反復, 不勝感佩。

聖斷一新, 朝廷淸明, 纍釋彙征, 四方欣欣。當此時, 公膺敍命, 首先馳賀者滉也。而如聾如喑, 至于今日, 可謂大不近情者矣。然滉心事, 公當知之, 想不至以爲怪也。

滉智淺慮短, 處身失宜, 輾轉馴致, 以有今日之狼狽。惟恒自刻責耳, 尙復何言? 所深悶恨者, 滉積病癃老, 不任仕宦, 擧世皆知, 而全不顧計, 反以萬誣虛名, 加蚊蚋以負山之責, 上以誤君父, 下以溷名器。微物玷罪, 雖不足云, 奈朝廷圖任望治之意何?

滉自道蹟來歸, 百憂百病, 每奉天書, 魂飛神喪, 心證轉劇, 瀕死苟活。或於朝貴中見愛數三公, 移書譙責, 譬曉多端。雖感指迷之厚, 更覺訴臆之難也。名歸謗集, 目前小患, 謗積成罪, 患劇成禍, 異日未知稅駕之所也。

人有恒言, 皆曰:"世不我知。"滉亦有此歎。然人則歎不知其抱負, 滉則恨不知其空疎也。不知其空疎者, 推之或至於天上, 其間知其空疎者, 方且鼻笑而心非之。滉之昇疾強進, 可謂其時乎! 然此亦偶抽一端而言耳, 其他萬萬, 何能筆旣?

尋梅之約, 誠冀萬或, 而衣繡之行, 亦有幸望, 不知何時可

---

34 丙寅年(明宗21, 1566년, 66세) 6~7월 禮安에서 쓴 편지로 추정된다.

遂此願？惟爲時倍加珍養，以副遠悃。不宣。

BNL0102(書-李湛-26)(樊卷12:43左)
答李仲久【丁卯】³⁵

子中齎書，謹悉諭懇，感篆至意。執迷下情，前書略陳，餘千萬億，不敢再瀆云云。雖云，亦未必見信，奈何奈何？但病中閑閱舊篋，得一紙，見有續梅詩四絶，皆有思致。其第一首，尤有風味。想左右曾蓄其稿，幸時出而玩之，可謂隔千里而晤心懷也。

KNL0103(書-李湛-27)(癸卷11:44左)(樊卷12:44右)
與李仲久【丁卯】³⁶

歲月如馳，音信久闊，宦海波中，爲況何如？不任瞻遡懸懸。
　　滉舊患痰嗽，每年數三作，或輕或劇。今春大發，凡方書所說挾痰諸證，無不肆毒，伏枕數月，今尙往復，羸頓虛劣極矣。
　　追參製抄，召命適下，行止難處，倍甚於前，震越憂灼，罔

---

35 丁卯年(明宗22, 1567년, 67세) 1~3월 禮安에서 쓴 편지이다. 〔年代考〕이 편지는 中本과 樊本의 해당 부분의 편차에 의거해서 丁卯年(1567) 1~3월에 보낸 것으로 추정하였다.

36 丁卯年(明宗22, 1567년, 67세) 3월 26일 禮安에서 쓴 편지로 추정된다. 中本·樊本·上本에는 〈與李仲久〉로 되어 있고, 定草本에는 〈與李仲久【丁卯三月】〉로 되어 있다.

攸措躬。方此調治,使行之前,看證如何而處之。其間若或冒熱衝寒,此病復作,決無全理。頃者金玉果事,可鑑。賤命固不足恤,顚踣至此,如辱命何?無處控訴,聊發於素愛,其勿以示人,幸甚。去年示喩無報費稟之愧,情所必至,然免受時責,優游卒歲,不害於素心,何慊之有?許示〈算圖〉,昏罔如此,得亦無益,猶竊有佇,惟冀諒悉。自力布此。不宣。

KNL0104(書-李湛-28)(癸卷11:45右)(樊卷12:44左)

答李仲久[37]

子中來,獲奉惠音,存訊慰諭,感佩何勝?但方在罪累中,日俟嚴譴,忽蒙召命,震駭迷眩,罔知所爲,體寒心熱,痰鬱方苦,觸犯殞斃,萬慮百窘,終復乞辭上狀。又恐因此重得稽違之罪,席稿伏呻。

辱書他事,皆未奉報。其中示喩青陵碑文事,豈敢不承?但滉自少病重,又自見文才陋拙,未嘗有意於傳後文章。以此平生未嘗作一碑銘,雖至切至重之家見囑,皆不能應副。況青陵紀述之事,所係非輕,何敢不顧前後,妄自承當乎?乞須以此意委曲傳白,庶免虛有俯囑之事,不勝幸甚。

滉此事,想公亦曾知之,須以曾所聞知者白之,乃可相信。更望毋忽毋忽。病困,諸親友書,皆不能答,爲此一事,聊此草

---

37 丁卯年(宣祖元年, 1567년, 67세) 11월 초순 禮安에서 쓴 편지로 추정된다.

報。《幷照諒。謹奉復。》

KNL0104A(書-李湛-28-1)(癸卷11:46右)(樊卷12:45左)

別紙

明彥亦有書, 誨諭甚悉, 緣病困, 今未報答。內一條論繼體之服, 以破鄙說之誤, 援引周悉, 證據明白, 令人歎伏不已。古所謂"不有君子, 其何能國", 豈不信哉?

　滉當時只見《儀禮經傳》〈君爲臣服圖〉及〈天子諸侯絶旁期圖〉, 而旁證類推以爲若不沒兄弟之名, 則嫂叔之名之服, 皆當依古禮, 故輒妄有云云。歸時借得人《文獻通考》、《通典》等書以來, 病中略窺得歷代有繼體之服之說, 固已驚, 且悟前說之謬妄, 然不能如明彥之辯博該暢也。

　滉老謬昏罔, 事纔到手, 言纔脫口, 輒做錯如此, 正如昔人所謂迷罔之疾之人。自得明彥書, 愧汗浹背, 三日不止, 乃知盡信書, 不如無書。《儀禮經傳》, 猶有所未備, 不可偏信而斷事, 世間雜書, 亦不可不看以相參驗去取也。

KNL0105(書-李湛-29)(癸卷11:46左)(樊卷12:46右)

答李仲久【此下二簡, 戊辰在都時。】[38]

《易書賢象》[39], 忽蒙寵示, 感荷深幸。《髓書》, 昔於鄭靜而處略窺, 亦傳得一二段以歸。後來思之, 茫然不記。今得再睹, 手寫精妙, 令人心地灑然如酒醒也。

《朱筎, 方令求貿而未來, 亦被投珍, 感佩之至。餘留面布。》

KNL0106(書-李湛-30)(癸卷11:47右)(樊卷12:46左)

答李仲久[40]

寄示《心學圖》, 得見所未見, 荷幸良多。其書得失, 未易判斷, 但未知所傳玉堂本, 以爲是何人所作? 金而精云:"曾見某人有此書, 乃錢塘 李氏元綱字伯紀所作。"不知果然否?

BNL0107(書-李湛-31)(樊卷12:46左)

答李仲久[41]

史廳相見, 如未見也, 承簡爲慰。示事當依。惟照。謹復。

---

38 戊辰年(宣祖1, 1568년, 68세) 7~12월 서울에서 쓴 편지로 추정된다. 中本·樊本·上本에는 〈答李仲久【此下三簡戊辰在都時】〉로 되어 있다. 〔年代考〕 이 편지는 그 題下 小註로 李滉이 서울에 올라와 있을 때 작성한 것임을 알 수 있다. 李滉이 戊辰年(1568)에 서울에 올라온 것은 7월 19일의 일이다. 여기에 해당 부분 편차를 더하여 보면, 이 편지는 戊辰年(1568) 7~12월에 작성한 것으로 추정할 수 있다. 〔今按〕 여기에서 "三簡"은 곧 KNL0105, KNL0106, BNL0107의 세 편지를 가리킨다. 그런데 목판본《退溪集》에서는 BNL0107이 산거됨에 따라 題下 小註가 "三簡"에서 "二簡"으로 수정되었다.

39 賢象 : 中本의 부전지에 "'賢象'未詳。"이라고 하였다.

40 戊辰年(宣祖1, 1568년, 68세) 7~12월 서울에서 쓴 편지로 추정된다.

BNL0108(書-李湛-32)(樊卷12:46左)

與李仲久【己巳在都】[42]

病退甚難, 而得以他事退, 何幸如之? 爲令公欲賀, 而近因心事不好, 未果, 愧不敏也。今日入經席, 不意又聞有極未安之啓, 惶遽而退。事事如此, 未知稅駕之所, 奈何奈何? 謹白。

BNL0109(書-李湛-33)(樊卷12:47右)

與李仲久[43]

入都八朔而去, 一未就拜, 又值令公愆攝, 握手話別, 亦未能遂, 恨不可勝。昨遣貴胤來致繾綣, 客多怱卒, 未達鄙懷, 終夜耿耿。惟冀珍養萬重。不具。謹復。

---

41 戊辰年(宣祖1, 1568년, 68세) 7~12월 서울에서 쓴 편지로 추정된다.
42 己巳年(宣祖2, 1569년, 69세) 1~2월 서울에서 쓴 편지로 추정된다. 〔年代考〕 退溪는 己巳年(1569) 3월 4일 都城을 나서 歸鄕하였다. 上本에는 〈與李仲久【己巳在都時。】〉로 되어 있다.
43 己巳年(宣祖2, 1569년, 69세) 3월 4일경 서울에서 쓴 편지로 추정된다.

KNL0110(書-李湛-34)(癸卷11:47右)(樊卷12:47右)

答李仲久【己巳】[44]

獲承前月十六書, 審悉履候安勝。廣津別夕, 顚風寒峭, 甚爲令公觸冒回程憂也, 今始豁然。滉驪江以後, 苦被風雨, 疾[45]患多萌, 抵忠州, 舍舟登陸, 得免他虞, 身返舊棲, 仰荷國恩, 慼惕不可言。

　就中臨別云云之說, 頓與平日相憐惜之意背馳。滉雖未免峻辭色以對, 猶以爲戲作相念之語耳, 不謂至發於啓劾。苟如是說, 必使聖明之下, 拘執尸竊之一鄙夫, 使之抱羞愧以死, 乃爲快耶? 此事, 言之甚長, 今不暇也。

　和寄諸詩, 珍誦無已, 益見不外之意, 何故向日之云反如是耶? 其皐字近體, 率爾扳和, 別紙寫上, 笑覽是望。未由瞻奉, 惟珍勵萬重以慰遐企。《謹拜復。》

---

44 己巳年(宣祖2, 1569년, 69세) 4월 21일 禮安에서 쓴 편지로 추정된다. 〔資料考〕《要存錄》(243~244쪽)에는 이 편지에 대한 주석으로, 李湛이 庚午年(1570) 3월 15일에 보낸 편지가 실려 있다. 中本에는 〈答李仲久〉로 되어 있는데, 부전지에 "'自'前獲二月{十}三日云云'至此, 爲一篇."이라고 하였다. 定草本에는 〈答李仲久【己巳四月】〉로 되어 있다. 樊本 및 上本에 〈答李仲久〉로 되어 있다. 〔今按〕中本 부전지는 庚本을 編成할 때의 編輯 관련 기록으로, 卷11의 編成 範圍를 指示한 것이다.

45 疾 : 中本에는 없고, 부전지에 "'患'上有闕字。考次。"라고 하였다.

退溪先生文集

卷十二

與林士遂【亨秀】[1]

　　昨出外夕還, 見留刺, 始知虛枉騧騎。乖逢之巧, 昔人所歎, 悵悵然自失也。惠來《行錄》後題詩, 得之, 自以爲雙金之贈﹑百朋之錫無以過也。及披而讀之, 茫然增愧赧, 與僕之所望於左右者異矣。君子一言以爲智, 一言以爲不智, 何足下之欺我而玩我耶? 何足下不自惜而輕出語耶? 洪鐘不爲寸筳而發音, 千鈞之弩不爲鼪鼠而發機。足下眞以病夫爲何如人, 拙詩爲何等語? 而稱道之盛, 至此極耶? 是不過足下才豪筆快, 得窄韻逞英氣, 因難以見巧, 汪洋橫騖, 如風檣陣馬, 一放手而不知止, 於心自計曰"某也固不足語此, 我[2]但攄懷而自遣, 出奇以爲戲"云爾, 則足下之所以待我者, 不亦遠乎? 非唯所以待我者爲然, 足下之自處, 亦甚疏矣。古之君子, 其自處與待人, 恐

---

1 甲辰年(中宗39, 1544년, 44세) 5월 서울에서 쓴 편지로 추정된다. 林亨秀(1504~1547)는 本貫이 平澤, 字가 士遂, 號가 錦湖이다. 初本 및 擬本에 〈與林士遂〉로 되어 있고, 文草에 〈答林亨秀書〉로 되어 있다. 〔編輯考〕退溪가 林亨秀에게 보낸 편지는 1통으로, 庚本에 수록되었다. 〔資料考〕이 편지는 文草(〈答林亨秀書〉)에도 실려 있고, 《錦湖遺稿》(附錄7左~9右)에도 실려 있다. 다만 文草에서 이 편지를 答書로 본 것은 誤謬인 듯하다. 林亨秀는 退溪가 손수 엮은 手本 시집 《嶺南關東行錄》을 빌렸다가 돌려주면서 그 시집 끝에 退溪의 시들을 칭송하는 題詩(〈題退溪嶺南關東行錄後〉)를 써 놓았다. 이 편지는 退溪가 그것을 보고 林亨秀에게 자신은 그가 題詩에서 한 말들을 감당할 수 없다는 뜻을 전한 것이다. 林亨秀가 지은 《嶺南關東行錄》의 題詩는 初本 제3책에 실려 있고, 《要存錄》(245~246쪽)에서도 그것을 이 편지에 대한 주석에서 활용하였다. 다만 林亨秀의 文集인 《錦湖遺稿》에는 그 題詩들이 실려 있지 않다.

2 我 : 文草에는 없다.

不如是也。

　　且抗鷦螟[3]而擬大鵬，祇見鷦螟之微，飾嫫母而就西施，益彰嫫母之陋。僕所以忸怩恇營，如醉如酲[4]，三日而不瘳也。第君子於其所不敢當者，亦不敢須臾處，卽當持而納之。顧其卓卓之辭、燁燁之華，諷誦之不足，咀嚼之不厭，乃敢冒昧而留之。噫！亦痴之過也。

　　抑又有一說焉。詩人之辭，固有因彼而著此，爲人之作，適足以自見者。凡足下之引物連類，極褒揚之美者，以吾觀之，可擬於僕者十無二三，而可擬於足下者十居八九。如春苑之紅綠、昆陽之貔虎、五陵之繡縟、九折之駿馬、駕海之帆、沖漢之鵠，酥也、蘭也、鵑也，皆足下之能事，雖謂之[5]足下自述而陳之，可也。至於崑玉之璀璨，僕無其色，而況其德乎？安期之絶世，僕有其願，而迷其方也；劍發豐城，古則古矣，光燄則吾未也；冰出萬壑，寒則寒矣，淸澈則吾未也。瘦如絶粒，哀如鵑哭，淨如鷗泛，僕固嘗辛苦而皆莫之近者。執此而推之，餘可知矣。足下乃欲引而躋之，推而與之，不自有其美，不恤人之不及，徒信筆而混施之，不亦異乎？況擧歷代風騷諸老，而欲吏屬之臣僕之。蚍蜉撼大樹，不唯不勝而反以自困，是足下與我俱當[6]得罪於後世之君子矣。斯非可懼之甚耶？雖然，足下年富而力強，或者因吾之言，圖所以發憤自致，則其所至[7]必

3　螟：文草에는 "鶉"로 되어 있다.
4　酲：文草에는 "醒"으로 되어 있다.
5　謂之：文草에는 없다.
6　當：文草에는 없다.

過於古人, 吾將刮目而待之矣。如僕衰朽之質, 加之以疾病, 無望於日進, 則亦日退而已, 爲之撫躬而浩嘆也。

KNL0112(書-盧慶麟-1)(癸卷12:3右)(樊卷13:3右)
答盧仁甫【慶麟○庚申】[8]

伻至, 承惠書, 具審撫牧優暇, 神相體履, 清福倍常, 不任欣慰。如滉身在病窟中, 更無拔出之望, 僅僅度日, 無足言者。

　前月中, 黃仲擧書來, 盛言政聲之美與設院養士之擧, 聞之使人聳慕增氣。此事近世創見於吾東, 甚可嘉尙, 而流俗或不能無怪, 故首鼠兩端者, 率不肯任其責。今侯乃能勇擔而大作之, 其爲斯文之幸, 可勝爲喩。但以記文見託云, 此則侯之誤計, 而在滉難承者, 故旣具以是意報仲擧矣。茲復委書强囑, 若是之勤, 豈仲擧未及轉達鄙悃之故耶?

　滉於書院事, 固有託名其中以爲榮幸之願, 顧以病廢多年, 文思衰落。況當霾熱, 正苦河魚, 尤不能握管做文字, 奈

---

7 至 : 文草에는 "志"로 되어 있다.
8 庚申年(明宗15, 1560년, 60세) 6월 禮安에서 쓴 편지이다. 盧慶麟(1516~1568)은 字가 仁甫, 號가 四印堂, 本貫이 谷山이다. 初本에는 〈答盧仁甫〉로 되어 있다. 中本에는 〈答盧仁甫【景麟】〉으로 되어 있고, 추기에 "【庚申】"로 되어 있다. 定草本·庚本·甲本에는 〈答盧仁甫【景麟○庚申】〉으로 되어 있고, 上本의 두주에 "'慶', 一作'景'"이라고 하였다. 〔編輯考〕退溪가 盧慶麟에게 보낸 편지는 3통으로, 庚本에 모두 수록되었다. 〔年代考〕편지 말미에 "庚申六月日"이라고 그 작성 연대가 기록되어 있다. 〔今按〕庚本(慶熙大本)에는 "景麟"이 "慶麟"으로 수정되어 있다.

何? 但此來使乃言: "不計久近, 必欲受去。"故不得已姑令留待, 寫得諸額, 偶乘病隙, 綴就數語, 以記院事。文辭凡陋不足用, 不如入都更求之爲善。若以更求爲緩, 必欲在任時訖了而用此文, 則囑子發令公正寫以刻, 爲佳。六十病夫, 六月揮汗, 寫額製文, 頓無餘力, 不能正寫以呈, 恨恨。想蒙矜察也。

　且聞文烈公祠已建於院傍, 此亦善措之一盛事。就中仲舉云: "文烈畫像, 手執數珠。"此乃一時習尙爲然, 雖賢者未能免俗之故。然今置之學傍, 實非所以示後學矜式之道也。《迎鳳[9]志》, 仲舉寄示, 皆已見得。但滉常病《竹溪志》未免稍雜。今但取其意, 而勿盡效其所爲, 何如? 其所抄〈爲學〉、〈立教〉, 亦多混紊無頭緖, 如何如何?《迎鳳志》, 今已畢印否? 其中盡錄上國書院, 可以曉世人訾毁書院之惑, 欲得一件, 未知可惠否? 餘惟爲時加愛。《庚申六月日, 滉拜。》)

KNL0113(書-盧慶麟-2)(癸卷12:4左)(樊卷13:4左)
答盧仁甫[10]

《復枉遠書, 承悉近況佳裕, 甚慰瞻仰。》示喩金先生廟享事, 甚善甚善。夫先生之於貴府, 旣曰妻鄕, 則其往來遊處之所,

---

9 迎鳳: 初本 및 中本에 "延鳳"으로 되어 있고, 中本의 부전지에 "迎鳳, 或作延鳳, 一必{誤}."라고 하였다.

10 庚申年(明宗15, 1560년, 60세) 7월 초순 禮安에서 쓴 편지이다. 中本의 추기에 "【庚申】"로 되어 있고, 定草本에 〈答盧仁甫【庚申】〉으로 되어 있다. 〔年代考〕 편지 끝에 "庚七上滉"으로 그 작성 연대가 기록되어 있다.

必有遺塵剩馥在人思詠者矣,則於立廟尊賢之舉,尤當以是爲先,而次及於其他,可也。奈何至今日而後,始有此議耶? 此必貴府文獻之間,不敢輕易其事,久而後乃發,致令左右聞之晚而議之緩耳。今旣幸而有此議,則其揭虔昭祀,以爲多士之勸,何所更疑?

但於其間有極難處者,金先生道學淵源,固非後學所敢測者,然以先朝追獎之意推之,斷然以爲近世道學之宗也。其視二李公各取其一節以爲鄉賢之可祭者,其德業風聲,旣有不同,而所以尊崇之旨,亦不能不殊歸矣。如是而同祀同享,恐未免尙論者之議其後也。且以位次一事言之,若如來喻所云"年代爲序,東西相對",則二李居東,而議政居西乎? 此雖若可矣。然虛其南嚮之位,只用東西位,不知古之祠廟有是例乎? 有則可,無則恐難義起也。其或以是爲未當,而定主祀南嚮之坐,以東西爲配位,則又未知誰爲主誰爲配? 以年代爲定,則以文烈爲主乎? 以道義爲定,則議政爲主乎? 二者皆有所未安。又若不分主配,而竝正南嚮之位,爲自西徂東之列,則其上下之難定,亦不異於上所云之礙。恨滉昧識寡聞,山中又無文籍可考也。況此院祠之立,雖非出於朝命,而終必有聞於朝。斯禮之定,實莫大之事,何可以愚者一時之妄料而定之乎? 欲速之害,聖人所戒。滉意以謂君侯勿以速就爲務,與府中諸賢,細加商議,姑停祀事,俟君侯入都之日,悉具首末,稟之當世名流之知禮者,徧考故事之有無,以取決焉,則庶於前賢之享右、後學之慕法,皆無不盡,而垂之後代,可永以無替矣。

鄙文誠拙,本不足用,又緣二李公之祀,不以道學爲主,則院記主意,不當在於祀賢之舉,故但略爲旁及之詞而已。今若遂以金先生爲祀,則其命意措辭,必須頓異於此,不可如來喩所謂只改數段文字而足也。況其位次尙未有定論,則何可率意竄改而蘄於必用乎? 敢請君侯亦徐俟論定,然後別求之大手制作可以流傳於後世者,以侈斯院之盛,豈不幸甚? 若此紕繆之文,得編入於院志中,以備營置之後考則可矣。如其不然,必欲再責荒疎以改作之,則一番傾竭之後,更無餘力,奈何? 想高明必不强人以所困者,使之益見其拙也。

祀旣未定,故廟號之改,亦未敢對。院名之義,謹聞命矣。《迎鳳志》,以其來自仲擧故,已還之仲擧矣。仲擧今已赴都云。惟照諒。《庚七上浣,滉頓首。》

KNL0114(書-盧慶麟-3)(癸卷12:6左)(樊卷13:7右)

答盧仁甫[11]

滉白。復此承書,得詳諄諭之意,深幸不外之惠也。滉前書所疑三賢位次之難定, 來示引荀況等居宋、元諸大儒之上之例以證之,此固然也。然事體則有不同者,蓋旣正文宣王主位、四聖‧十哲配位,則宋、元諸儒,皆在從祀之列。雖如荀況輩居上,其尊崇道學之意,自若也,與此只祀三賢而無分別者,無乃不同乎? 又云:"古之祠廟,有竝祀許多人者,豈皆擇其學之純駁而祀之?"此亦然也。衢州 景行堂祀鄕賢五人,而逸平 徐

---

[11] 庚申年(明宗15, 1560년, 60세) 7월 하순 禮安에서 쓴 편지로 추정된다.

先生亦在其中。逸平受業程氏之門人, 得諸心而推諸人者, 是以道學而並祀於他人, 古亦有之。然亦與此事微有不同者, 彼則但爲祀賢, 而此則有書院故也。

大抵學校之設, 誰非爲道學耶? 而在書院則爲道學之意尤專, 其祀賢也, 以道學爲主, 可也。如不得其人則已, 幸而得其人, 乃泛然不爲表異, 則無以見崇重道學之意。滉前日不敢承命, 而書中云云者, 爲此也。今因盛諭, 反覆籌其所處之宜, 誠未有十分□□¹²處, 則只得如公所論而已。蓋二李之賢, 旣足以表祀, 故已爲之立祠矣。今豈可爲欲尊議政之故而舍諸? 此或者之論, 所以不可從也。議政之學, 旣爲儒宗, 而於其鄕有遺風, 故已發當祀之議矣, 又安可以難處二李之下而中輟哉? 而況近世推尊議政, 如此其重。竊意其在天之靈, 好謙之至, 不無有蹙然不敢當之意。 今若又以尊尙道學之意, 而位於二李之上, 亦豈有安享之理? 然則雖使今且姑停, 而取定於當世知禮之君子, 恐其義止此, 別無善處之道也。故不復敢辭, 而謹就記文內, 增入改定, 以塞辱教之勤, 不暇計夫尙論者之有後議也。

第來書之末有云: "不必專言道學爲可宗, 然後始開群蒙。" 此則不敢聞命。 夫聾者, 固不聞五音, 然豈可緣是而廢咸、英、韶、濩? 瞽者固不辨五色, 然豈可緣是而廢黼黻文章哉? 蓋天下之人不聾不瞽者何限? 且又安知聾瞽者之終或有視聽也哉? 顧前作旣不專主於此, 故今雖修改, 而猶不能索言之, 是爲慊然耳。不知公意以爲何如? 病倦不宣, 遡風馳懷。滉拜。

---

12 分□□ : 中本의 부전지에 "空間考次。"라고 하였고, 定草本의 부전지에 "空間考次。元本、傳本同。"이라고 하였다. 柳校에 "缺二字, 恐是'恰好'。"라고 하였다.

《追白:》祠名"表忠", 今不可仍存。滉意院旣有名, 祠不必名, 若必名之, 欲以何名? 如來書名以"三賢", 似好。但古人以限數名堂爲無有待後來之意非之, 此不可法也。今只以'景賢'之類易之, 何如? 所改記文中稱李文忠事, 無乃稍過乎? 然據史及《勝覽》等書, 非浪說也, 而所謂"文學高古"四字, 乃牧隱所撰墓銘中語也。且三賢位次之定, 欲入於記中, 文意語脈, 首尾已定, 入此議論則爲贅, 故未果。然不可不使後人知今日往復之意, 惟善加商處。或於院志中及之, 何如?

KNL0115(書-李文樑-1)(癸卷12:9右)(樊卷13:9左)

答李子發【文樑】[13]

專价遠來, 獲承手翰, 審知比日素履處約, 不無愆度, 沖福有

---

[13] 癸亥年(明宗18, 1563년, 63세) 2월 22일 禮安에서 쓴 편지이다. 李文樑(1494~1547)은 字가 子發, 號가 默齋·休叟, 本貫이 星州이다. 初本에는 〈答李子發【癸亥二月二十二日】〉로 되어 있고, 庚本에는 〈答李子發〉로 되어 있다. 〔編輯考〕退溪가 李文樑에게 보낸 편지는 1통으로, 庚本에 수록되었다. 〔資料考〕中本의 부전지 "見栞字."에 의하면 이 편지는 初本(栞字)에 실려 있었다. 하지만 현재 전하는 初本에는 "栞"字 책은 逸失되었고, 이 편지는 '月'字를 抹去한 '荒'字 책에 수록되어 있다. 〔年代考〕初本에는 이 편지 題下에 그 작성 연대가 小註로 기록되어 있다. 이 편지는 李文樑이 보낸 癸亥年(1563) 2월 17일자 편지에 대한 답장으로, 李文樑의 편지는 현재 전하지 않고, 그가 편지를 보낸 사실만 《默齋日記》(下)(621쪽)에 실려 있다. ("【嘉靖四十二年癸亥仲春二月】十七日丙寅, 伻今石于退溪, 書問景浩以書院祠享等事.") 거기에는(622쪽) 또 李文樑이 退溪의 이 편지를 癸亥年(1563) 2월 24일에 받은 사실도 함께 기록되어 있다. ("【嘉靖四十二年癸亥仲春二月】十七日丙寅, 李滉令公答送, 不

相, 無任慰寫之至。滉幸此偸屛, 苟存性命。年來, 老病支離, 年光迅駛, 臥念平昔遊好, 落落如晨星, 雖欲效古人千里命駕, 又豈易得耶? 可嘆可嘆。

示喩書院定祀事, 歷敍顚末, 援古證今, 諄複懇至, 固知令公之於此, 非欲爲先人而主張私意, 直欲湔厚巘訂舛禮, 以求就乎情理之所安爾。然而以告於滉, 而欲使左右之於彼則末矣, 無益而適以取笑於人耳。何者? 凡來喩所及, 皆滉曾試妄發於彼而不用者也。一再妄發, 已爲可咎, 況三五重仍而不知止乎? 且今次仲擧書中, 但言: "所以諸生收圈, 則謂宜獨祀寒暄者皆是, 欲配祀文忠者十餘人, 若欲竝祀文烈, 則諸生擧欲納履而去云云。" 觀其意, 非問寒暄、文忠之坐次, 特以滉曾作謬記, 今所定者相反, 故聊以告其故, 且欲令滉改記, 以合於今所定云耳。今來諭所擧仲擧之言, 以爲"坐次之定, 欲待決於滉", 何其與書中意異耶? 滉所答仲擧書, 今已到彼, 想令公已見之矣, 於公意如何? 夫以文烈公之忠義大節, 見斥於諸生, 其在諸後嗣, 飢已不平矣。滉又欲幷文忠而姑徐徐, 得無尤以爲人憾乎?

然而滉所以爲此者, 位次之定, 前此謬論往復, 不啻丁寧, 而彼中衆論, 曾不念聽, 今豈可復以口舌爭之? 旣不能爭, 而恣爲失中之擧, 使寒暄不敢當, 文忠不苟處, 則寧可姑徐之, 以待他日定論之出之爲愈。此乃所以爲文忠伸地, 非不足於文忠而然也。當時謬論數書, 仲擧不以爲然, 而不以示人, 則令公必不得見之, 而其說頗長, 今不暇[14]詳焉。其大意謂: "寒暄

果卞示書院廟享事。")

14 暇 : 上本에는 "可"로 되어 있다.

之於道學，若果如思、孟、程、朱，則不拘世代之說，甚當。顧先生德行雖尊，而未及論著，後世無從考述以見道統之的傳，徒以近世推崇之故，遽定此位，則先生之盛德謙虛，必不安處，故欲從古者東祀某西祀某之例。雖不能改作東西祀，只就見成廟中，東西隔位而妥神，猶可以各專其尊，無相壓相屈之礙。"此滉謬見本意也。今旣不用，而欲令改記文，以遷就今定之說，則又在鄙狷所不能勉從，故以姑徐之說報去。此不過又成一番妄發矣。方此踢踏，來敎乃有處恰好之禮，定兩立之論之責，烏可得哉？故盛意所屬，不果奉遵，愧不可言。

　　然而有一於此。滉旣不免身處是非叢中，欲叩就兩立之論，敢以臆見略言可否之歸乎！夫寒暄，雖非州人，旣有伽川往來之躅，則衆論以道學之故，欲推崇以入祠，善矣，而令公非之，此則令意以因兩立而流於偏也。寒暄固有倡學之功，然猶未見傳道之實，而至欲易世代以定主配之位，此則士論雖美，而實亦未免於偏者也。

　　古之書院非一，槪有有祠者。有無祠者，有祀道學者，有非道學而兼祀者，如永嘉書院，中宣尼，東伊洛，而西祀鄕賢；浯溪書院，中先聖，而左祀元結、顏眞卿；泰亨書院，後祀朱文公，配以高登、陳北溪。此類非一二。文烈之大節，旣足以見祀，仁甫之立祀，本以爲此，則除畫像，掩小疵，以位牌祀之，未爲不可。而士論之激斥，乃至於此，此實衛吾道排異端之美意，雖莫之如何，所惜者，以罕世之忠而見擯於祀賢之擧，宜諸李之以爲慨屈也。

　　昔宋朝，有欲爲胡文定立祠，而或有指其小節處以爲疑者，朱文公深以或人爲非。文烈固非所擬於文定，然其指小節而棄大節, 則其事頗相類矣。故愚意今此各主偏主之見, 互相爭論, 決無定歸之日, 必有大賢君子能以公道爲一世宗師者出, 而處此事, 定爲不壓不屈, 各專其尊之位, 則旣不失諸儒尊崇道學之意, 又可以報忠義存謙道, 而無失序苟處之病矣。不知令意於此, 又以爲如何?

來价立俟, 病語多窒, 粗布梗槪, 未盡底蘊, 殊孤遠諗之意, 伏惟令賜商覽。不宣。[15]

KNL0116(書-柳希春-1)(癸卷12:12左)(樊卷13:12左)

答柳仁仲【希春】[16]

丙寅九月二十八[17]日, 病廢人李滉, 謹再拜復書于仁仲文契足下。伏蒙惠書, 知在遷寓神相淸茂, 欣釋病憊, 不以言喩。

滉昔幸得與周旋於鼇鶴兩僚之間, 一散如雲, 萬事無不有, 地北天南, 聞問不相及者, 近卄年矣。聖朝更化, 恩霈流洽, 而

---

15 不宣 : 初本에는 뒤에 "謹拜上復"이 있다.
16 丙寅年(明宗21, 1566년, 66세) 9월 28일 禮安에서 쓴 편지이다. 柳希春(1513~1577)은 字가 仁仲, 號가 眉巖, 本貫이 文化이다. 文草에는 〈答眉巖書〉로 되어 있다. 〔編輯考〕退溪가 柳希春에게 보낸 편지는 4통으로, 庚本에 모두 실렸다. 다만 두 번째 편지의 別紙는 산거되었다가 樊本에서 追加되었다. 〔資料考〕《眉巖集》에는 眉巖이 退溪와 주고받은 편지가 1통도 수록되어 있지 않다. 中本의 부전지에 "見玉字"라고 하였다. 玉字는 初本 "玉"字 책으로서, 현재는 逸失되었다. 〔年代考〕이 편지는 그 모두에 "丙寅九月二十八日"로 그 작성 연대가 기록되어 있다. 한편 文草에는 해당 내용이 "丙寅九月二十三日"로 되어 있다.
17 八 : 文草에는 "三"으로 되어 있다.

公移近道。孫兒安道回自關北云:"獲承英眄於行歷之日。"自滉聞之, 如親接晤, 已不勝其慶幸之至。顧無緣奉一紙修賀, 不意今者, 先施之問, 遠及窮僻, 感愧又何可旣耶? 但所以稱道委責之者, 太不近情, 令人駭汗縮恧, 掩目不敢[18]讀。公之待故舊, 一何如是之相外耶?

滉山野一愚夫耳。少嬰疾病, 不能讀書攻學, 偶出仕路, 從群彦後幾多年時, 自見無一善狀而疾益甚。[19] 因[20]是不得不爲退匿安分計, 而事不如意, 進退之間, 蹤跡頗乖。其幸得偸閑日, 無他外撓, 欲少料理古人心事, 以自救迷罔之愆尤, 淺露疎率, 不知沈晦用工, 略不能窺一斑嚌一胾, 而游聲四馳, 虛聞已溢於世矣。馴致厚誣時賢, 上欺天日, 至於今時, 蹭蹬困迫, 無所措躬, 而睢盱指目, 疑謗者相環也。其中見愛之人, 亦爲之[21]憂慮, 誨諭譙責日至, 百度千思, 罔知所處之宜。咸其自取, 誰可扳訴? 惟席稿私室, 以俟嚴譴之下而已。公之移書, 乃無一語鐫切指迷之意, 方且大爲揄揚, 猥作推重之辭, 斯豈所望於朋友忠告責善相益之道耶?

所謂四七辯者, 因疑而相講究, 《論語釋》, 備忘而多疎脫, 與李剛而刊《朱詩小[22]簡》, 一時往復偶爾, 皆不足稱說。不知公何取於是而云云耶? 君子一言以爲智, 一言以爲不智。公之許

---

18 敢 : 文草에는 "能"으로 되어 있다.
19 益甚 : 文草에는 "日相仍"으로 되어 있다.
20 因 : 文草에는 없다.
21 亦爲之 : 文草에는 없고, 中本의 부전지에 "玉字本, 無'亦爲之'三字。"라고 하였다.
22 小 : 文草에는 "一"로 되어 있다.

人如是之不重[23],不唯愚者之不敢當, 直恐人之笑議[24]於公也。

示及《續蒙求》, 固知公之博雅該洽, 久矣。天之厄公於絶塞許多星霜, 意者俾之作此等奇事也。歎尙歎尙! 第以今才入手, 未暇尋繹, 加之滉本以椎鈍無記性, 少旣不讀, 老病昏憒, 全廢諸書, 古今人[25]事蹟, 茫不存一。茲幸得此而欲讀之, 怳然如朝行而入大霧, 不辨東西; 如東下而望大洋, 莫見涯際, 誠可憐憫。如是而公之所需, 乃有鍼芹題跋等語, 甚非相知間敦厚相處之意也。且自古安有自作昏愚而能發揚他人者耶? 滉中間, 輒不自量, 或不能無一二妄作者, 後來自觀之, 猶不滿愜, 況入他人之具眼耶? 而或播之遠邇, 招人口語不少, 朋友之稍近裏著實者多以是加誨戒, 方自齰舌悔怍, 而已展者難縮, 今豈可撥憂懼抗顏面, 而更蹈前非乎? 惟其貪於愛翫, 不容遽旋持納。謹奉留几上, 得少竭意搜覿, 俟卒業之日, 當以奉囑尹安東丈傳納, 想不至浮沈也。

見索《朱子全書論[26]釋》, 果有因人[27]疑目草答數十條, 兒輩傳看散逸, 今个知在處, 个能副索。年譜增廣之語, 乃傳者誤也。只被李剛而將刊是書於梁山, 要滉校正一二過而已, 無他所爲。《朱子實記》, 曩得李仲久寄示一本, 略窺而反之。今所

---

23 不重 : 文草에는 뒤에 "不審"이 있다. 中本의 부전지에 "玉字本, '不重'下有'不審'二字."라고 하였고, 樊本 및 上本의 두주에 "草本, '不重'下有'不審'二字."라고 하였다.

24 笑議 : 文草에는 "非笑"로 되어 있다.

25 人 : 文草에는 없다.

26 論 : 文草에는 뒤에 "語"가 있다.

27 人 : 文草에는 없다.

刊光州者, 得非其本耶? 此書廣傳, 後學之幸也。欲獻愚非一, 適有客臨到, 未及覼縷。惟冀珍衛萬重以膺時福。《謹拜謝復。》

《論語釋》題跋改本, 得承示來, 然溢語不敢當, 如前所云。奈何奈何?[28]

KNL0117(書-柳希春-2)(癸卷12:15左)(樊卷13:15左)
與柳仁仲【丙寅】[29]

冬寒, 想寓中起處安勝。老拙病慆昏憒外, 他無足云。向者辱示《蒙求》, 雖欲盡力卒究, 眼花神倦, 十得一二, 餘皆茫昧。其中不能無疑者若干條, 錄在別幅, 不知盛意以爲如何? 極知僭妄, 但私心竊愛此書, 好處十分好, 巧處亦不勝其巧。若刮去所稟可疑處, 并皆琢磨精鍊, 無一瑕玷, 如玉貫珠聯然, 則豈不更快人意耶? 其傳於世, 豈不更無可疑耶? 其或滉所未擧處, 亦以是推類, 可更定處, 亦必有之, 須[30]深加省念。若自恃高見, 憚改定本, 則恐未免爲後人指點, 而其傳也未遠, 爲可惜也。故敢告。餘惟崇深自愛。不宣。《謹拜。》

28 論語釋……奈何奈何 : 文草에는 없다.
29 丙寅年(明宗21, 1566년, 66세) 10~12월 禮安에서 쓴 편지이다.〔資料考〕中本의 부전지에 "見玉字"라고 하였다. 앞 편지의 資料考 참조.〔年代考〕편지 모두에 "冬寒"이라는 말에 근거하여 겨울에 보낸 것으로 추정하였다.
30 須 : 中本에는 "願"으로 되어 있는데, 부전지에 "'願', 玉字本作'須'."라고 하였다.

《來本四冊, 託安東送納, 不知早晚得達于左右。不能一一。》

BNL0117A(書-柳希春-2-1)(樊卷13:16左)
別紙[31]

《續蒙求》可疑處。

一卷

"重華恭揆": "揆"字未穩, 改"己"字, 又改上文"欽明"爲'文思', 如何?
"子思剛毅": 旣避兩子字, 曾子稱曾輿, 則子思亦對此稱孔思, 何如?
堯夫稱字, 下橫渠亦稱子厚, 何如?
君實稱字, 下鄭均亦當稱仲虞。其字不顯, 不必計也。
樂妻旣不知姓, 陶翟不必稱姓。只云室, 何如?
下仲淹稱字, 上醫閭亦當云克恭。義莊之義, 作置, 則對論字穩, 何如?
端木, 作子貢, 以對直卿, 何如?

---

31 丙寅年(明宗21, 1566년, 66세) 10~12월 禮安에서 쓴 편지이다. 〔編輯考〕이것은 앞의 편지의 별지로서, 柳希春이 편집한 《續蒙求》에 대해 修正 意見을 보낸 것이다. 庚本에서 산거되었다가 樊本에서 復舊되었다. 中本 및 樊本에 根據하여 합편하였다. 〔資料考〕《續蒙求分註》4권 4책이 國立中央圖書館에 소장되어 있다.

敬輿, 作陸贄, 以對賈誼, 何如?

"陳蕃國叟": "叟"字未穩, 改"耆", 何如?

狄梁云云, 改作"狄公門桃, 歸生郊荊", 何如?

揚雄, 改子雲, 以對允升。[32]

"元亮忠播": "忠", 改作"憤", 何如?

"高宗鹽梅": 此旣不稱說而稱高宗, 下句不稱元沖而稱狄梁乃恰, 何如?

公瑾, 稱鍾瑾, 以對郭亮, 何如?

"張說從諤": "從諤"未穩, 改"拒逼", 何如?

"文誼談歡": 此句似生, 改云"文咨誼論", 則下句不得已亦改云 '朱歡歐樂', 何如?

"田晝贈完": "贈完"未穩, 改云"荀御元禮田贈志完", 何如?

致堂, 改胡寅, 何如?

宣尼, 改素王, 以對文公, 何如?

二卷

敬訓分註, "塾佩服罔墜", 語出何書? 恐或過實。"知記"之"知", 亦似未恰, 作"善", 何如?

呂誨, 作獻可, 以對晦叔, 何如?

"禦寇[33]雲歌": "禦寇"似隔一重, 改作"薛譚"或"秦青", 何如?

---

32 允升 : 中本의 부전지에 "以例推之, 當有'何如'二字。"라고 하였다.

33 禦寇 : 底本에는 "禦冠"으로 되어 있다. 文脈에 根據하여 修正하였다. 禦寇는 列子의 이름이다.

晏殊, 稱同叔, 何如?

宋璟, 稱廣平, 庶愜堯兪, 何如?

留侯, 稱子房; 李沆, 稱太初, 何如?

"茅屋"、"冰壺": 文對意非對, 如何如何?

"文遷中土": "中土", 改"赤縣", 以對"青丘", 何如?

王昶稱字, 何如?

"朱雲變病": 拘韻下"病"字, 有大病, 欲改未得, 更須留意.

崔浩, 稱伯淵, 以字對名, 何如?

"玉懿", "懿", 作"粹", 何如?

建隆, 稱藝祖, 以對孝章似恰, 何如?

周成, 只云成王; 武成, 只云曾子[34], 何如?

孔子, 稱宣父, 對遯翁穩愜, 何如?

魯肅, 云子敬, 何如?

張厚, 云橫渠, 對涑水, 何如?

元結, 云次山, 對喬年, 何如?

左雄, 云伯豪, 何如?

惇頤, 云茂叔, 何如?

李泌, 云長源, 以字對名, 何如?

三卷

神輿, 稱蔡發, 何如?

---

[34] 曾子 : 中本의 부전지에 "'曾子'未詳。"이라고 하였다.

"究涵"未穩, 欲改上下句云"程心劉述朱註金參", 何如?

劉梁、陶門非對, 欲改云"曼山執經, 淵明昇籃", 何如?

陸贄, 云敬輿, 何如?

劉澄, 云子澄, 何如?

穆姜, 云程妻; 唐昇, 云唐祖, 何如?

翁功, 云翁蒙, 何如?

中敏, 云李敏, 何如?

長源, 云李泌, 何如?

元和, 云唐憲, 何如?

光武, 云漢光, 何如?

馬援, 云文淵, 何如?

克恭, 云醫閭, 何如?

牧齋山谷: 此事與下沐浴事不倫, 如何?

宣父, 稱宣尼, 何如?

程家, 云程氏; 王成, 云王生, 何如?

李絳, 云深之, 何如?

"櫝珠"、"瓶米": 文對而意非對, 如何?

韓愈, 云昌黎, 何如?

劉虞, 云伯安, 何如?

"光澤味極": "極", 作"察", 何如? 入聲通押例也, 況注中有"深味細察"之語?

武夷, 作新安, 何如? 武夷先生, 未嘗以爲自號, 且與胡康侯號相混, 故欲改耳。

四卷

"竭蕃"未穩, 改云"滄洲痾脫, 洙泗端竭", 何如?
"許熟"未穩, 改云"馬劉坦成, 楊李渙得", 何如?
"安恒", 作'蘇恒', 何如?
述古兩句, 改云"陳襄育英, 李沈[35]惡佞", 何如? 改太初, 故幷改上句。
胡明一段, 改云"胡元木長, 歐賈鏡瑩", 不入元、賈二字, 則不知"木"、"鏡"指何事。
"大臨東聽","聽", 改"錄", 何如? 有《東見錄》故也。
"呼雀"未穩, 改"逼羞諛書, 瑾斥幻術", 何如?
明仲, 作致堂, 以對雲谷, 何如?
陸壽, 作子壽, 何如?
趙岐, 作邠卿, 何如?
包拯, 作希仁, 何如?
諫諍, 改"陽城壞棶, 范禹培木", 何如?
胡寅, 云明仲, 何如?
宋庠, 云公序, 何如?
張登, 云明陟, 何如?
魏衍, 云昌世, 何如?
"陳味朱謨": "謨", 改"劬", 何如?
"紫芝無欲": "無欲", 作"飲泉", 何如?

---

[35] 沈 : 上本에는 "沉"으로 되어 있다.

"<u>黃</u> <u>李</u>語刻"："刻"，作"錄"，何如？雖上有《東錄》之"錄"，已隔句多，恐無疊韻之嫌也。

<u>顔淵</u>，作子淵，以對<u>大程</u>，何如？

<u>安卿</u>，作北溪，何如？

<u>何恭</u>，作子恭，何如？

　　右 從鄙見有所更訂，極知未是。就其所改中亦有未安處，<u>狄公</u>、<u>歸生</u>、<u>元禮</u>、志完，皆似非的對朱雲變病上下兩句，欲改云"觀過吳相，變節朱令"，仍於其註云"雲嘗爲槐里令"，何如？

　　"<u>大臨東聽</u>"，"聽"改"錄"。若以下有語錄之錄韻疊爲嫌，聽改覿，或得字，何如？又如<u>九韶</u>對仇香，上名下姓名；<u>劉殷</u>對<u>仁傑</u>，上姓名下名。此類甚多。雖非甚害，亦未精切，今未能一一舉稟。

KNL0118(書-柳希春-3)(癸卷12:16右)(樊卷13:22右)

答<u>柳仁仲</u>[36]

又續承問，具審起處神相，對時沖福，欣幸曷喻。滉尙保餘喘，冬來，病骨多受外砭，發病倍常，眼花耳風，衆苦交作，遣日殊不堪，亦以老病常態，甘任之耳。

　　前來盛編《續蒙求》，反復窺覻，卒難得其要領，加以昏憊

---

36 丙寅年(明宗21, 1566년, 66세) 10~12월 禮安에서 쓴 편지로 추정된다. 〔年代考〕편지 내용과 해당 부분 편차에 근거하여 丙寅年(1566) 겨울에 보낸 것으로 추정하였다.

精力, 不克十分加工, 僅以蠡測之末。往往有小指點處, 錄在
數幅, 幷元本四冊及鄙書一封, 寄上安東府公囑令傳送, 已蒙
其諾矣。今復告來使往彼取去, 其所指點處, 極知僭率不足採,
然恐或不能無少補於益求其精之地, 幸略垂意何如? 古人云:
"一作不改, 不是大聖, 不免大愚。" 此言儘有味也。

《朱文論說》, 本不足觀, 兒孫輩傳看, 不知置處, 何能應
索? 惟增悚汗。

示喩"南徙未盡"之歎, 誠如所喩, 所聞者亦覺氣塞。然天恩
霈渥, 想非久矣。更願益加珍衛, 以膺滋至之休, 用副遐禱, 幸
甚。《餘在前書。草草拜復。》

《謫客亦有饋人之禮耶? 感怍之餘, 銀唇鮓數尾, 聊奉還
瓹, 一笑一笑。》

KNL0119(書-柳希春-4)(癸卷12:17右)(樊卷13:23右)
答柳仁仲論趙靜菴行狀別紙[37]

禍患之來, 雖欲以智計巧免, 烏可得耶?

---

37 庚午年(宣祖3, 1570년, 70세) 5월 하순 禮安에서 쓴 편지로 추정된다. 〔資料考〕
이 별지는 退溪가 甲子年(1564) 9월에 지은 趙光祖의 行狀(〈靜庵趙先生行狀〉) 중
표현상의 문제가 있다고 생각되는 두 부분의 修正을 요청한 柳希春의 편지에 답한
것이다. 현재 木版本《退溪集》(卷48)에 실려 있는 趙光祖의 행장(〈靜庵趙先生行
狀〉)은 이 별지에서 말한 그대로 修正되어 있다. 따라서 이 별지를 통해 修正 전
行狀 草稿의 내용을 추측해 볼 수 있다. 〔年代考〕《眉巖日記》(《眉巖集》卷7:31左)에

滉初意, 以是泛言禍患難以智計免耳, 非指謂先生也。然其間不無嫌涉, 所示正然。今改作:"禍患之來, 又烏可以智計求免耶?"

"由今日欲尋其緖餘, 以爲淑人心開正學之道, 殆未有端的可據之實。"

此條, 所論亦然。然鄙意未敢遽以爲當而悉改之。自古聖賢所以能爲後世淑人心崇正學之模範者, 專賴立言垂後, 爲之地耳。不然, 雖以孔、孟、程、朱之盛, 後世何所從而尋其緖述其學哉? 趙先生倡明道學之功固大, 然由今而欲尋其緖餘, 不知以何書何言而有所稱述耶? 鄙意推尊先正, 雖曰務極贊揚, 然亦當從其實而言之, 不可以捏虛誇能而爲之辭, 以欺後人也。故如是云云。今雖承誨而不能從, 惶恐惶恐。但'實'字果未安, 且因來諭, 反復思之, 所未當者, 非在一條, 乃在末端但言世道之弊, 而不再喚起先生之有功於世道者, 此爲大欠, 故改之添之如左, 不知盛意以爲如何?

"可據之實","實", 今改作"處",[38] 末端"力救之者也"下, 添之曰:"故邇年以來, 所以轉移更張而明示好惡者, 非止一二。世之爲士者, 猶知尊王道賤霸術, 向正學排異端, 治道必本

는 柳希春이 庚午年(1570) 5월 10일, 당시 江原道監司인 朴民獻을 통해 修正을 要求하는 편지를 禮安에 있던 退溪에게 보낸 것으로 되어 있다. 서울에서 보낸 편지를 禮安에 있던 退溪가 받는 소요 시간을 勘案하여, 이 별지를 庚午年(1570) 5월 하순에 보낸 것으로 추정하였다.

38 원래 段을 올려 편집되어 있다. 하지만 行狀의 내용이 아니라 그에 대한 退溪의 견해를 피력한 것이므로 段을 내려 편집하였다.

於修身, 灑掃應對, 可至於窮理、盡性, 而稍稍能興起奮發
而有爲焉。此伊誰之功, 而孰使之然哉？則上天之意, 可
見, 而聖朝之化, 於是乎爲無窮矣。"39

BNL0120(書-朴承任-1)(樊卷13:24左)

與朴重甫【承任○己酉】40

前枉溪堂, 實幸, 而僕因劇, 未成款洽, 恨想不已。其後腫再發
再針, 兒子又患腫, 亦針破, 今俱向差, 往禮安僧刹。僕病中又
病, 避中又避, 聊付一笑。咫尺未再面, 況在他境41？ 銅盤舊盟
佳句, 緣惱病, 亦久未報。惟冀慶侍淸福。

39 위와 마찬가지 이유로 段을 내려 편집하였다.
40 己酉年(明宗4, 1549년, 49세) 1~5월 豐基에서 쓴 편지로 추정된다. 朴承任
(1517~1586)은 字가 重甫, 號가 嘯皐, 本貫이 羅州이다. 中本에 〈與朴重甫【己酉】〉로
되어 있고, 拾遺에 〈與朴重甫【己酉】〉로 되어 있다. 〔編輯考〕退溪가 朴承任에게
보낸 편지는 14통이다. 庚本에 1통이 실렸고, 續集에 2통이 추가로 실렸으며, 樊本
內集에 10통, 遺集外篇에 1통이 추가로 수록되었다. 〔資料考〕退溪가 朴承任에게
보낸 편지들은 朴承任의 문집인 《嘯皐集》(附錄下:7右)에도 9통이 실려 있다. 《嘯皐集》
에 실려 있는 것들은 내용이 많이 刪節되어 있으며, 〈退溪先生書〉라는 한 제목 아래
실렸다. 여기서는 그것을 앞에서부터 순서대로 〈退溪先生書(1)〉, 〈退溪先生書(2)〉,
〈退溪先生書(3)〉 등의 假題目을 붙여 구별해서 기록하였다. 이 편지는 〈退溪先生書
(3)〉에 해당한다. 〔年代考〕題下 小註와 中本의 해당 부분 編次에 근거하여 己酉年
(1549) 1~5월에 보낸 것으로 추정하였다. 退溪는 이때 豐基郡守로 재직하고 있었다.
41 其後腫再……況在他境 : 《嘯皐集》에는 없다.

KNL0121(書-朴承任-2)(癸卷12:18左)(樊卷13:25右)

答朴重甫【承任】[42]

滉頓首言。滉寡學無狀, 數年來, 廢放素業, 益遠於制作之事。前者, 謬蒙勤囑, 令述先淑人墓誌文, 辭不獲已, 率爾塞責, 追思至今, 汗悚無堪。然猶有可諉者, 懿範淑行, 雖甚絶異, 自古婦人, 功緖敍述, 貴於希簡, 不尙文縟, 而所寄行狀, 體段已具, 不過就其中點綴句字而已故也。誤[43]而一辱, 已可悔矣。況欲再誤而再辱乎?

伏睹先世以來, 節行風猷, 卓犖如彼, 積厚流長, 而有先大人之德行, 又有于門未艾之福, 此豈如滉庸鹵淺淺者所能撰述哉? 滉平生闇於事事, 惟於自知則稍明, 旣知其不可, 再若牽於素厚之情, 而强顔爲之, 則又非所以見囑之意也。如是則雖再命三命, 至於十命, 其不可者猶在。且滉近失將息, 病發倍甚。竊有朝露之恐, 惴惴自保。伏望矜其所不能, 更勿督敎, 幸甚幸甚。行狀二件, 謹封持納, 伏惟寬照。不宣。《謹拜白。》[44]

---

42 己酉年(明宗4, 1549년, 49세) 6~7월 豐基에서 쓴 편지로 추정된다. 中本·樊本·上本에〈答朴訓導【承文】、進士【承健】、開寧【承侃】、正郞【承任】〉으로 되어 있다.〔資料考〕《嘯皐集·附錄下장6右~左》에도 실려 있다. 이 편지는〈退溪先生書(1)〉에 해당한다.《退溪集》에 실려 있는 것과 한 글자를 제외하고는 本文 字句에서 서로 差異가 없다. 단《嘯皐集》에 실려 있는 것에는 "行狀二件" 以下 17字가 刪節되어 있다.

43 誤 :《嘯皐集》에는 앞에 "一"이 있다.

44 行狀二件……謹拜白 :《嘯皐集》에는 없다.

SNL0122(書-朴承任-3)(續卷3:15右)(樊續卷3:15左)

答朴訓導【承文】、進士【承健】、開寧【承侃】、正郞【承任】[45]

昨以情祈懇請辭, 意謂必蒙許聽。今承再示迫切之意, 固欲撰述。滉非不知孝誠之篤、見囑之勤, 而妄有皮毛形跡於其間而冀辭也。顧以廢學已久, 自覺鹵莽猥淺之甚。前日之不得終辭, 心常自咎, 今豈可復蹈前悔乎? 且一人再述一家之美, 古今罕有, 世豈無人而鄙拙者敢再辱乎? 昨云"雖十命而不可者猶在", 非故爲峻辭, 欲吐露終辭之意於左右故耳。此一書,[46] 滉近得寒疾, 項背拘急, 頭重目眩, 痰盛擁熱, 有時心熱交雜, 互生他證, 虛汗自流, 汗止復熱, 困劇伏枕, 已請由于監司。此疾從前所諳知, 非旬日可已。欲待差, 則葬期已迫, 尤非所敢承敎也。徂者權繼祖令公亦令撰其先公誌文, 滉固辭得免, 然多有罪責之言。滉是何人, 乃以是獲謗於人? 此非滉罪, 乃諸公誤察之故也。[47] 幸乞萬恕至懇。行狀, 封不開還上, 伏惟寬納。《謹拜復。》

滉孤陋無聞, 竊於《東史》, 得見潘南公爭事北之疏, 心甚

---

45 己酉年(明宗4, 1549년, 49세) 8월 豐基에서 쓴 편지로 추정된다. 中本 및 拾遺에는 〈再答朴訓導【承文】進士【承健】開寧【承侃】正郞【承任】〉으로 되어 있고, 樊本 및 上本에는 〈答朴訓導【承文】進士【承健】開寧【承侃】正郞【承任○己酉】〉로 되어 있다. 〔資料考〕《嘯皐集》(附錄下7右)에도 刪節되어 실려 있다. 이 편지는 〈退溪先生書(2)〉에 해당한다.

46 書 : 中本 및 拾遺에 "事也"로 되어 있고, 續草本의 추기에 "'書', 初本'事也'."라고 하였다.

47 昨云雖十命……誤察之故也 : 《嘯皐集》에는 없다.

聳激, 而不知於僉大孝爲先祖也。昨見行狀, 實有責沈之懼。得此好題, 如非右所云云之故, 固所樂從, 何以辭爲? 更望勿訝勿咎。[48]

BIL0123(書-朴承任-4)(樊遺外卷2:20右)
答朴重甫【見《嘯臯集》。】[49]

守病在僻, 人事久斷, 大不近情。今承手翰, 意旨勤懇, 感愧騈集。幸不以逋慢見外, 仍審得邑南鄉, 赴朝有期。此於進退之義, 雖出於自謀, 亦不足過。況自是爲將進之兆, 豈勝欣慶?

病人憊甚目昏, 亦不能看書, 痴坐度日, 停雲矯首。披坐無期, 惆悵如何?

辱索贈言, 尤荷收錄之意。切欲謝覆, 來使遽還, 未及諦思, 亦深負怍。早晚當塞盛意。

48 至懇……更望勿訝勿咎 : 《嘯臯集》에는 없다.
49 辛亥年(明宗6, 1551년, 51세) 9월 禮安에서 쓴 편지로 추정된다. 上本에〈答朴重甫〉로 되어 있다. [資料考] 이 편지는 中本에는 실려 있지 않다. 樊本을 편성할 때《嘯臯集》(附錄下7右~左)에 실려 있는〈退溪先生書(4)〉를 찾아서 遺集外篇에 실어 놓았다.

SNL0124(書-朴承任-5)(續卷3:16右)(樊續卷3:16左)

慰朴重甫【癸丑】[50]

千萬不意, 尊伯察訪奄忽捐逝, 承訃驚痛, 罔以爲心。未知因何疾患, 遽至於此? 傳云暑證, 暑證豈如是之暴?[51] 志行之美, 每惜其空老。會其無求而得仕路, 方深喜幸, 而天不憗留, 客逝他鄕。何況鴒原之慽乎?

傳云卽來護喪, 想今已發遣否? 年來此慘, 親所累嘗, 不禁漕涕之橫流也。仍承六月旣望辱惠書, 此時尙各安好, 旬日之間, 乃有此事, 人事之不可知至此耶[52]?

南方旱裁之酷, 所不忍聞。聞且不忍, 況爲其慈仰而朝夕目睹乎? 當今法例, 旣無反諸之路, 寧免立視之慘? 今日受任於彼中, 眞可謂不幸矣。

御史君頃嘗辭疾, 都監請給由, 仍令畢籍事。客宦天涯, 星霜洽周, 而猶未替代。又聞此戚, 其懷抱亦所難堪。[53] 僕懲羹, 尙不知吹虀, 憂惕之餘, 病日益增[54], 今秋猶未得歸便, 未知當如何究竟也。惟日俟大任之至耳。

敬甫已矣, 夫復何言? 所祈萬加勉珍, 以副遐慕。不宣。[55]

---

50 癸丑年(明宗8, 1553년, 53세) 7월 서울에서 쓴 편지로 추정된다. 〔資料考〕이 편지는 《嘯皐集》(附錄下7左)에도 刪節되어 실려 있다. 이 편지는 〈退溪先生書(5)〉에 해당한다.

51 罔以爲心……如是之暴 : 《嘯皐集》에는 없다.

52 傳云卽來……不可知至此耶 : 《嘯皐集》에는 없다.

53 當今法例……亦所難堪 : 《嘯皐集》에는 없다.

54 增 : 《嘯皐集》에는 "甚"으로 되어 있다.

《謹奉慰謝。》[56]

BNL0125(書-朴承任-6)(樊卷13:24左)
與朴重甫【丙辰】[57]

秋來, 未審起處安否何似？ 懸戀懸戀。滉今日來奠舅母氏殯前, 謀其葬事, 旣無喪主, 兩姪一窮一病, 頓無幹辦之人, 今冬恐又未葬, 不勝慘憫之至。

其中造墓軍, 尤不可不出, 而滉於府伯一未相面, 不敢攀扣。想公必相識, 須隨便力圖, 則以府伯之善心, 當國法恤窮喪之日, 豈有不從之理？ 且石灰出於平恩近處云, 但以薄力輸運極難。公須告于城主圖之, 則其勢亦似不難。敢告, 幷曲照, 幸甚幸甚。餘萬臨去不一。謹白。[58]

---

55 惟日俟……不宣 : 《嘯皐集》에는 없다.
56 謹奉慰謝 : 拾遺 및 《嘯皐集》에는 없고, 中本의 부전지에 "'謝'字未詳."이라고 하였다.
57 丙辰年(明宗11, 1556년, 56세) 7월 禮安에서 쓴 편지이다. 〔編輯考〕樊本 및 上本에서는 이 편지를 己酉年에 보낸 위 120번 편지(〈與朴重甫【承任○己酉】〉)와 121번 편지(〈答朴重甫【承任】〉)의 사이에 편집해 두었다. 〔資料考〕이 편지는 《嘯皐集》에는 실려 있지 않다.
58 謹白 : 拾遺에는 없다.

BNL0126(書-朴承任-7)(樊卷13:26右)

與朴重甫[59]

卽今體候調攝何似？ 因人傳聞, 比前勝健云, 深以喜賀喜賀。 僕日覺羸頓, 雖時看書, 如漏器盛水, 不留腦次, 每歎少日懶讀書也。

　欲與大任、仲擧諸君, 一會中央某處, 爲數日之款。兩病何能必得？惟履新增休。不宣。[60] 謹拜。[61]

BNL0127(書-朴承任-8)(樊卷13:26左)

答朴重甫【己未】[62]

前面幸甚, 別後積戀, 辱書之至, 承悉佳況, 深慰深慰。某弛擔以來, 病勢益增, 辭狀之上, 出不得已, 尙未承命, 危悚方深。監司不知貴郡之敝, 而有此題送。滉則明知而冒受, 豈得安心？公何不以他物代之而又有加數之及？尤爲未安未安。

　辛甘仙菜, 荷惠爲珍。《算法》, 臨行亂草謄來, 未暇詳訂,

---

59 丙辰年(明宗11, 1556년, 56세)~戊午年(明宗13, 1558년, 58세)에 禮安에서 쓴 편지로 추정된다.〔資料考〕《嘯臯集》(附錄下 7左~8右)에도 실려 있다. 이 편지는 〈退溪先生書(6)〉에 해당한다.〔年代考〕이 편지는 中本의 해당 부분 편차에 근거할 때, 丙辰年(1556)부터 戊午年(1558) 사이에 보낸 것으로 추정된다.

60 不宣 : 《嘯臯集》에는 없다.

61 謹拜 : 拾遺 및 《嘯臯集》에는 없다.

62 己未年(明宗14, 1559년, 59세) 3월 하순 禮安에서 쓴 편지로 추정된다.

忽被來索, 謾以奉呈, 閱覽謄本後, 此草見還爲佳。惟照。餘祈
爲時珍嗇。不一。謹拜謝。[63]

BNL0128(書-朴承任-9)(樊卷13:27右)
答朴重甫【辛酉】[64]

春間得於傳聞, 爲因治喪勞撓, 少愆沖攝, 瞻遡倍常。茲辱惠
札, 且問來价, 知已淸快益勝, 豈任欣賀欣賀？

　滉老拙日甚, 百念俱灰, 而行止之間, 狼狽罔措, 皆緣病憊
之故, 幸賴聖恩寬假, 姑此跧伏, 然最後降旨, 仍有上來二字,
一辭一行, 兩皆難處。[65] 只以華使無聲, 苟度時月於此, 自古安
有如此行止耶？ 恒自仄[66]惕而已。 公有官守, 僕礙掣又如許,
會合[67]無便, 懷鬱如何可言？

　來貺, 名目稱重, 乃非淸度所宜有, 感悚無已。[68] 惟照鑑。
餘冀向熱加衛。不宣。[69] 謹拜謝。[70]

63　謹拜謝 : 拾遺에는 없다.
64　辛酉年(明宗16, 1561년, 61세) 4월 초순 禮安에서 쓴 편지로 추정된다. 〔資料考〕
　　《嘯皐集》(附錄下 8右~左)에도 실려 있다. 이 편지는〈退溪先生書(7)〉에 해당한다.
65　處 : 《嘯皐集》에는 없다.
66　仄 : 《嘯皐集》에는 "反"으로 되어 있다.
67　合 : 《嘯皐集》에는 "面"으로 되어 있다.
68　來貺名目……感悚無已 : 《嘯皐集》에는 없다.
69　餘冀……不宣 : 《嘯皐集》에는 없다.
70　謹拜謝 : 拾遺 및《嘯皐集》에는 없다.

BNL0129(書-朴承任-10)(樊卷13:27左)

答朴重甫【丙寅】[71]

再三承令問, 感仰何喩? 滉欺天之罪, 至此, 置身無地, 辭狀已上, 踽踽待罪, 他不知所爲。伏惟令鑑諒。惶恐。謹拜復。[72]

BNL0130(書-朴承任-11)(樊卷13:27左)

與朴重甫[73]

月初奉狀人去時, 拜上一書, 想得達左右矣。其人未還, 未審垂報如何? 但今伏睹有旨, 如前未蒙恩許, 而病困無狀, 日甚日甚, 不得已復上狀後, 惶恐不敢。每留待命, 似若有待差進前拜受恩命之意, 尤覺罪重, 姑欲退步看如何。事出於理盡勢窮, 不勝危迫之情。然宋 杜範、元 吳澄, 已有請辭不待命徑歸之例, 是亦一道, 別無他路, 奈何奈何? 然此亦只於左右, 控達私悃, 未可以告人, 竝惟令恕。不宣。謹拜白。[74]

---

71 丙寅年(明宗21, 1566년, 66세) 3월 3일 安東에서 쓴 편지이다. 〔資料考〕《簡牘》(개인 소장)에 이 편지의 手本이 실려 있으며, 그것이 退溪 탄신 500주년 기념 유묵전 도관인《韓國書藝史特別展㉑ 退溪 李滉》(156쪽)에 수록되어 실물을 확인할 수 있다. 그것을《退溪集》에 실린 것과 대조해 보면, 본문 자구에 전혀 차이가 없다. 〔年代考〕《簡牘》에 실려 있는 이 편지 끝에는 "丙寅三月三日"로 그 작성 연대가 기록되어 있다.

72 謹拜復 : 拾遺에는 없고, 《簡牘》에는 뒤에 "丙寅三月三日"이 있다.

73 丙寅年(明宗21, 1566년, 66세) 3월 초순 安東 鳳停寺에서 쓴 편지로 추정된다.

74 謹拜白 : 拾遺에는 없다.

BNL0131(書-朴承任-12)(樊卷13:28右)

與朴重甫[75]

暫面後, 各牽奔走, 如阻南北之日, 亦勢之使然, 恨如之何? 惠送素物, 感怍感怍。兒子往太平舘, 未修謝狀。惟令照。姑拜謝。

BNL0132(書-朴承任-13)(樊卷13:28左)

與朴重甫【戊辰】[76]

棄官來歸, 閑臥桑梓, 想趣味日益深厚。來時適由他路, 未遂披霧, 至今爲恨。

　滉不堪嚴召之迫, 欲一謝便退, 乃初計也。何意纏繞多端, 頓無歸便, 事皆難堪? 今且近寒, 廢仕食祿, 尤所難處, 雖極祈懇, 未得取信於上下, 憂愧萬萬, 奈何?[77]

　就中朴樑無聽講處下去, 若不得師於禮安, 必來執經於門

---

75 丁卯年(明宗22, 1567년, 67세) 6~7월 서울에서 쓴 편지로 추정된다.〔年代考〕편지 내용을 살펴볼 때, 丁卯年(1567) 서울로 올라온 직후에 보낸 것임을 알 수 있다. 《月日條錄》(4책 49쪽, 53쪽)에 의하면 退溪는 丁卯年(1567) 6월 12일 禮安을 떠나 6월 25일 서울에 들어왔다. 이 역사적 사실에 根據하여 이 편지를 丁卯年(1567) 6~7월에 보낸 것으로 추정하였다.

76 戊辰年(宣祖1, 1568년, 68세) 9월 서울에서 쓴 편지로 추정된다.〔資料考〕《嘯皐集》(附錄下 8左)에도 실려 있다. 이 편지는〈退溪先生書(9)〉에 해당한다.

77 滉不堪……奈何 :《嘯皐集》에는 없다.

下, 幸勿拒斥, 爲望。此郞年晚學疏, 可念可念。伏惟令照。不宣。[78] 謹拜問。[79]

BNL0133(書-朴承任-14)(樊卷13:29右)

與朴重甫【己巳】[80]

霖熱異常, 令體如何？伏聞赴京當次, 不知定在何時？末由扳[81]別, 西望悠悠。澠幸此屛跡, 老衰之極, 又値世[82]惡, 田間無興, 僅度日耳。惟祝行李珍衛萬重。不宣。[83] 謹白。[84]

KNL0134(書-白仁傑-1)(癸卷12:19右)(樊卷13:29右)

答白士偉【仁傑】[85]

秋高天朗, 脫去塵籠, 歸袖翩然, 興致遐邈, 令人發黃鵠壤虫

---

78 伏惟……不宣 : 《嘯皐集》에는 없다.
79 謹拜問 : 拾遺에도 없고, 《嘯皐集》에도 없다.
80 己巳年(宣祖2, 1569년, 69세) 7월 禮安에서 쓴 편지로 추정된다.〔資料考〕《嘯皐集》(附錄下 8左)에도 실려 있다. 이 편지는 〈退溪先生書(8)〉에 해당한다.
81 扳 : 《嘯皐集》에는 "抃"으로 되어 있다.
82 世 : 《嘯皐集》에는 "歲"로 되어 있고, 拾遺의 부전지에 "'{世}惡之'世', 恐'歲'."라고 하였다.
83 不宣 : 《嘯皐集》에는 없다.
84 謹白 : 拾遺 및 《嘯皐集》에는 없다.
85 戊辰年(宣祖1, 1568년, 68세) 9월 서울에서 쓴 편지로 추정된다. 白仁傑(1497~

之歎, 羨慕何已? 如滉者, 旣知峻擢非可受, 辭避半年, 終遂不來則善矣。不知何故忽作此行? 無所[86]裨益, 及爲歸計, 蟻忱愈懇, 天聽愈高, 百病三冬, 客況如何? 甚愧見事之不徹也。

　　水爲天地所由生之說, 前夜面論已盡, 公何疑之久未釋也? 旣不見信, 今雖多言, 恐無領略之理, 故引古語以明之。公且道。邵子所謂"一陽初動處, 萬物未生時, 玄酒味方淡, 大音聲正希"者, 公如何看耶? 此雖指一年冬至而言, 一元子會第一初頭, 獨無此妙處乎? 若謂之無此妙, 不可言此理, 謂之有此妙處, 則不審此時已先有天地乎? 抑未有天地而先有水也? 旣云萬物未生, 則安有所謂天地而先於水乎? 蓋自一年冬至而觀之, 謂有天地而後有此妙, 可矣, 自一元之初而觀之, 當此際, 只水氣肇生於渺[87]忽未形之間, 無他物也。孔子所謂天一生水者, 指此而言, 故曰天地亦由此而生也。公不能就此深究, 而只據已形天地而言, 何足以達造化變化無窮之妙哉? 《謹拜稟。》

KNL0135(書-白仁傑-2)(癸卷12:20右)(樊卷13:30右)

答白士偉[88]

翻然崛起, 以副聖上虛佇之意, 深賀深賀。水爲天地所由生之

1579)은 字가 士偉, 號가 休菴, 本貫이 水原이다. 趙光祖의 문인이다. 〔編輯考〕退溪가 白仁傑에게 보낸 편지는 2통으로, 모두 庚本에 실렸다.

86 所 : 中本 및 定草本에는 "少"로 되어 있다.

87 渺 : 擬校에 "'渺'當去'水'。【愚伏校】"라고 하였다.

說, 汪洋浩大, 但覺河伯有海若之歎, 一未窺斑於立談之間, 始知[89]愚智之懸不但三十里也。

KNL0136(書-朴雲-1)(癸卷12:20左)(樊卷14:1右)

答朴澤之【雲○丁巳】[90]

滉頓首再拜。滉敬聞高義之日, 久矣。屬者, 海平 李君書云 "欲共見過", 方深悚仄。誠不自意爲發遠軫, 有故中輟, 而惠投珍緘, 所以啓掖之者, 旣非淺闇所可堪承, 兼寄示《擊蒙》、《三侯》兩書, 其立義垂敎, 又非末學所能窺覷。竟夕捧閱, 徒增歎警而已。

滉疏鹵之性, 無師友之導, 早嘗有意, 中罹沈疾, 虛度光

---

88 己巳年(宣祖2, 1569년, 69세) 2월 10일 서울에서 쓴 편지로 추정된다.

89 知: 定草本·庚本·擬本·甲本에 "覺"으로 되어 있다. 擬校에 "'覺', 本作'知'。"라고 하였다.

90 丁巳年(明宗12, 1557년, 57세) 8월 25일 禮安에서 쓴 편지이다. 朴雲(1493~1562)은 字가 澤之, 號가 龍巖·雲巖, 本貫이 密陽이다. 〔編輯考〕 退溪가 朴雲에게 보낸 편지는 12통이다. 庚本에 4통이 실렸고, 續集에 4통, 樊本 內集에 3통, 遺集外篇에 1통이 추가로 실렸다. 續集에는 또한 庚本에서 산거한 別紙 1통을 별도의 편지로 編成하여 실었다. 〔資料考〕 이 편지는 朴雲이 1557년 8월 22일에 보낸 〈與退溪書〉(1)에 대한 답장이다. 《龍巖集》(卷2:1右~3右)에 朴雲의 편지뿐 아니라, 그에 대한 退溪의 답장인 이 편지가 〈答書附(丁巳八月二十五日)〉라는 제목으로 그 뒤에 수록되어 있다. 朴雲의 편지는 《要存錄》(251쪽)에도 수록되어 있다. 《龍巖集》(卷2:1右~19右)에는 退溪가 朴雲에게 보낸 8통의 편지가 같은 방식으로 편집되어 더 실려 있다. 곧 《龍巖集》에는 모두 9통의 退溪 편지가 부록으로 실려 있다. 〔年代考〕 《龍巖集》에 실려 있는 이 편지의 편말에 "丁巳八月二十五日"로 그 작성 연대가 기록되어 있다.

陰, 至於衰白之年, 因屛迹林藪, 感發於塵編蠹簡之中, 雖欣慕之深、愛樂之至, 有非言說所形容者, 第苦精力憊乏, 不能刻勵做工, 尙覺茫無涯畔, 無一的見到處實行得路, 每恐枉過了一生也。今奉兩書, 卒然之頃, 不知要領如何, 況有發揮於其間, 如寵諭所云乎? 然猥欲奉留, 得以朝夕玩誦, 久或有得, 是所冀幸, 故未卽回納, 想得容察。

此間相去殊[91]邈, 病迹未能出山, 無款奉之便。嚮風馳心, 何時已已? 李君處, 時有往來之人, 或不替信字, 以發懵滯, 深所願企。雉棗佳貺, 甚荷珍意, 但贅之一字, 豈所施於朋友間耶? 今後, 此等虛文末節, 爲世俗嗤病而無益於契義者, 請一切去之, 直以責善之分相處, 庶彼此胥有益矣。

《山中無物, 陳玄一笏, 聊上, 笑領。餘惟珍嗇。不宣。謹拜復。[92]》

SNL0137(書-朴雲-2)(續卷3:17右)(樊續卷3:17左)
答朴澤之【丁巳】[93]

滉頓首。李直哉來[94]過溪莊, 獲承惠敎, 具審燕處沖謐, 神相多

---

91 殊 : 樊本에 "雖"로 되어 있다.
92 謹拜復:《龍巖集》에는 뒤에 "丁巳八月二十五日, (滉)頓."이 있다.〔今按〕《要存錄》해당 조(251쪽)에는 "'山中無物, 陳玄一笏, 聊上, 笑領。餘惟珍嗇。不宣。謹拜復狀。丁巳八月二十五日, 滉頓.' 謹按《龍巖集》附錄, 有此三十一字."라고 하였다.
93 丁巳年(明宗12, 1557년, 57세) 10월 18일 禮安에서 쓴 편지이다. 中本에〈答朴澤之〉로 되어 있다.〔資料考〕이 편지는 朴雲이 위 KNL0136(書-朴雲-1) 편지를 받고

福, 無任慰寫之至。去秋, 雖適違奉眄, 所賜《擊蒙》、《三侯》二編, 竊窺其梗槪, 因伏想味於所在所養之餘, 深有所感發策勵之益, 爲幸旣云不少。茲復寄示《衛生》、《景行》等編, 自計所得, 比舊增多。顧以如滉庸薄, 何以坐獲珍誨至此重複?

惟序跋之囑, 不堪承當, 而佩服之誠, 不敢不盡。前來二編, 猶有未卒業者, 而其一又爲朋友借看, 謹俟後日回納, 伏惟照諒。直哉座上索答, 殊未抒蘊。歲晏日嚴, 惟冀爲道加衛。《謹拜謝復。》[95]

《賤字曰景浩。尊字, 後須示及。》[96]

다시 보낸 〈與退溪書(2)〉에 대한 답장이다. 《龍巖集》(卷2:3右~4右)에는 朴雲의 편지 〈與退溪書(2)〉와 함께 退溪의 답장 〈答書附(2)〉도 朴雲의 편지 뒤에 함께 실려 있다. "賤字曰'景浩', 尊字, 後須示及"이라는 내용의 추신은 《龍巖集》에 실려 있는 같은 편지 〈答書附(2)〉에는 없고, 그 다음에 보낸 〈答書附(3)〉 끝에 달려 있다. 〔年代考〕《龍巖集》에 실려 있는 이 편지 끝부분에는 "丁巳陽月十八日"로 그 작성 연대가 기록되어 있다.

94 來 : 中本 및 拾遺에는 없고, 樊本 및 上本의 두주에 "'哉'下, 一本無'來'字。"라고 하였다.
95 謹拜謝復 : 《龍巖集》에는 뒤에 "嘉靖丁巳陽月十八日。"이 있다.
96 賤字……示及 : 《龍巖集》에는 없다.

SNL0138(書-朴雲-3)(續卷3:17左)(樊續卷3:18左)

答朴澤之[97]

滉頓首言。拜承惠書, 具審德履佳勝, 欣慰無量。滉往追不及, 來企末由。林下僻寂, 雖間有相從之人, 率爲科擧世習所牽奪, 其志[98]於開徑望盒之義, 無甚裨悏, 怅怅然每自悼歎。

何意自頃獲聞高義之餘, 復蒙累次寄示所著諸編, 使憒鄙得少開警? 雖未遂合堂同席之樂, 爲幸亦大矣。但所敎補綴序述等事, 不敢輒承, 而其間或不無所疑, 從當條列請質, 而病冗支離, 時未卒業, 故未果也。逋慢之罪, 乞且原恕。[99]

跋文固亦意其爲金同人, 果然矣。 大抵仁里多有學問之士, 乃是前輩遺[100]風, 甚可尙也。直哉伻人, 過門督書, 未能掛一。惟冀爲道珍嗇。《謹拜謝復。》[101]

---

97 丁巳年(明宗12, 1557년, 57세) 11월 1일 禮安에서 쓴 편지이다. 〔資料考〕 이 편지는 朴雲이 위 SNL0137(書-朴雲-2) 편지를 받고 다시 보낸 〈與退溪書(3)〉에 대한 답장이다. 《龍巖集》(卷2:4右~5左)에는 朴雲의 편지 〈與答退溪(3)〉뿐만 아니라 退溪의 편지 〈答書附(3)〉도 朴雲의 편지 뒤에 함께 실려 있다. 《龍巖集》에는 "賤字曰(景浩), 尊字, 後須示及."이라는 내용의 추신이 있다. 하지만 中本과 拾遺에는 그 추신이 위 SNL0137(書-朴雲-2) 편지 끝에 달려 있으며, 樊本과 上本도 마찬가지이다. 〔年代考〕《龍巖集》에 실려 있는 이 편지 〈答書附(嘉靖丁巳至月朔日)〉의 끝부분에 "嘉靖丁巳至月朔日"이라고 그 작성 연대가 기록되어 있다.

98 志 : 《龍巖集》에는 없다.

99 恕 : 《龍巖集》에는 "照"로 되어 있다.

100 遺 : 《龍巖集》에는 "餘"로 되어 있다.

101 復 : 《龍巖集》에는 뒤에 "嘉靖丁巳至月朔日, 滉頓首。賤字曰景浩, 尊字, 後須示及"이 있다.

KNL0139(書-朴雲-4)(癸卷12:21左)(樊卷14:2右)
與朴澤之[102]

滉拜。春回, 緬想燕處味道, 福履增冲, 日有傾慕。滉衰病纏綿, 冬寒尤劇, 得春稍慰, 雖居常隨分, 不敢廢學, 而旁無彊輔, 獨力侲侲, 策厲未幾, 旋覺頹靡。以此尤切向往之私也。曩所寄編書四件, 置在案上, 間得以窺其一二, 雖緣病憊, 未盡其底蘊, 而所警於昏惰者, 未可以遽數也。益者三友, 奚待傾蓋而後可言耶?

惟序跋之作, 欲以俯囑於昧陋, 此則盛意之未審, 而滉有所難承也。自古纂述之人, 不知其幾千萬人, 而傳者無幾。其傳者, 顧其書之可傳如何, 固非借重於序跋之文。然旣欲作之, 猶必得其人而後, 可囑, 何可輕耶? 竊觀四編, 其立義之善、用志之勤, 其足以傳於後世也審矣。而猶或有疑焉, 何也? 道之浩浩, 學者難得其門而入。程、朱之興, 以居敬窮理兩言爲

---

102 戊午年(明宗13, 1558년, 58세) 1월 禮安에서 쓴 편지로 추정된다. 《龍巖集》에는 〈寄澤之契兄朴龍巖書【退溪先生簡, 面手本】〉으로 되어 있고, 遺墨에는 〈寄龍巖朴澤之契兄書〉로 되어 있다. 〔資料考〕《龍巖集》(卷2:5左~10右)에도 실려 있고, 개인 소장 친필 유묵도 있다. 그중 개인 소장 친필 유묵은 退溪 탄신 500주년 기념 유묵전 도판인 《韓國書藝史特別展㉑ 退溪 李滉》(148~149쪽)에 실려 있다. 《龍巖集》에 실려 있는 것은 그 제목이 〈寄澤之契兄朴龍巖書【退溪先生簡面手本】〉으로 되어 있고, 개인 소장 친필 유묵은 〈寄龍巖 朴澤之契兄書〉로 되어 있다. 《龍巖集》에 실려 있는 것은 그 題下 小註로 그것이 退溪가 친히 써서 준 手本임을 밝혀 놓았다. 그렇다면 개인 소장의 친필 유묵과 함께 2종의 手本이 존재하는 경우라고 하겠다. 〔年代考〕中本이하 모든 《退溪集》에서는 이 편지를 丁巳年(1557)에 보낸 것으로 편집하였다.

萬世立大訓。《擊蒙》一編，實揭此爲主，而裒集諸格言，以類從之，使學者由是而入聖人之道，廓然如履坦途而趨大都，庶免夫落草由徑之患，其有補於道學，何如也？

天下之大、古今之遠，善人君子如此其多也。然而散見於史籍，雜出於傳記，使人不得徧考而悉睹。《景行》之編，用是爲患，始於洙泗，終於考亭，其間上下數千載，名臣碩士之懿行美烈可師可法者，搜摭包羅，舉集目前，而於忠孝節義，尤拳拳焉。使讀之者莫不聳慕而興起，亦可謂有功於名教矣。猶以爲未也，於漢取諸葛孔明，於唐取張中丞，於宋取文文山，別出爲《三侯傳》，以表其精忠大義可以動天地而貫日月，則其所以爲世道慮者，益深遠矣。

至於《衛生方》，則雖非學者之先務，古之人亦或有述焉。豈固不用哉？此滉所謂可傳於後世者然也。獨於其間，鄙意所不能無疑者，往往有之。夫旣以道義相期許，則凡有疑晦，但當直告以相規切，不當獻諛而厚誣，又不可闕疑而護過也。且學者於聖賢之言，苟能用功，一言有餘，苟不用功，雖多無益。雖然，今旣纂述而爲書，則固欲其完備矣。《擊蒙》所收程、朱之言，猶或闕焉，則似未爲完備。其所收者，亦意主於簡要，而或失於疏略，抄節之際，或至以意下字，此尤爲未安。而其一字二字或脫或誤者，亦非一處。豈一經抄寫之後，不復細意讎勘訂正，所以有此差也？

滉僭不自揆，已於編內所疑，逐處貼寫，以取質焉。其餘三篇，病中苦乏精力，未能一一校考，然以《擊蒙》一書推之參之以得於過目者，可知其亦或有脫誤也。

且聖人萬世之標準，以之冠書首，何疑？但滉嘗以爲自四

書之外, 所記孔子之言行, 多出於戰國姦人無忌憚者之假託以
自逞, 秦、漢曲士昧義理者之傳聞以相誇, 故其說多不足信。
雖如《左傳》、《史記》、《禮記》所載猶然, 況於《家語》、《說苑》
等雜書乎? 今所取孔子及門人之事, 似大駁雜, 全不類聖賢氣
象者多。不知於此, 未可以加芟節乎? 所貴於聖賢者, 正不在
此等。量裁去之, 庸何傷乎? 歷代諸人時世先後, 雖若不關,
然編書之體, 不若次序[103]之整齊而可觀。盍改而正諸? 而岳武
穆不列於三侯之儔, 無亦一欠事耶?

　　人之一[104]身, 理氣兼備, 理貴氣賤, 然理無爲而氣有欲, 故
主於踐理者, 養氣在其中, 聖賢是也, 偏於養氣者, 必至於賊
性[105], 老、莊是也。衛生之道, 苟欲充其極致, 則匪懈匪躬之
職, 皆當頓廢而後, 可庶幾。其斁理害正如此, 本不可以爲訓
者也。若以爲養氣亦不可全無, 而姑存其書爲可, 則其中尤近
怪無稽者, 亦當去之。而所謂按摩法者, 或挽、或捩、或築、
或排、或拗、或挈之勢, 比導引諸法, 用力尤勞。恐魏伯陽所
譏百脈沸馳之害, 止謂此事。而所謂御婦人法, 亦道家之所痛
詆者, 無乃可去之乎? 凡若此類, 淺見所及, 已如此, 其所不
及, 又豈無之乎? 此滉所以疑於傳後者, 非謂其書之不善。於
善之中, 有未盡善者存, 必待其修改, 然後可以盡善, 而無疑

---

103 次序 :《龍巖集》및 遺墨에는, 앞에 "依其"가 있다. 李校에 "一本, '次序'上有'依
其'二字."라고 하였다.

104 一 :《龍巖集》및 遺墨에는 "有"로 되어 있다. 李校에 "'一身'之'一', 或作'有'."라
고 하였다.

105 性 :《龍巖集》및 遺墨에는 "理"로 되어 있다. 李校에 "'性', 一作'理'."라고 하였다.

於傳後耳。

　　昔程子之爲《易傳》也，不輕出而示人曰："猶冀其有進也。"朱子之爲《集註》、《章句》也，旣成之後，自覺其非而改者有之，因門人問難而改者有之，質之當世之賢士大夫而改者有之，改之改之而又改之，蓋以是終身焉。故其書之出，可以建諸天地而不悖，質諸鬼神而無疑，百世以俟聖人而不惑焉。此豈一朝率然爲之而能至是哉？

　　吾東方文獻寥寥，雖間有文章鉅公出而鳴世，自詩文賦詠小說談謔之外，斯文著述，絶無而僅有，其幸有之者，及得而讀之，或不能無疑於心者，豈非由此其爲病[106]乎？

　　往年，商山 周景遊在豐邑，撰《竹溪志》，甫成卽入梓，滉與士友數輩，頗指其病處而請改之，景遊固執自是而不聽。今人見其書者，無不以爲有病。蓋是非之公，人心所同然者，豈可以一己之私見勝排之乎？至如滉者，昧道憒學，固不足與議於此，然亦嘗妄爲一二說，懲諸公自是之病，而欲資朋友之攻砭，試示於同志。不意其人不大段指摘其病，而遽轉以示他，及其後日，續有修改，則與前日示人者，互有異同，非徒前者之未盡，幷與後者而相累，已自不勝其悔矣。

　　吾兄學有所承，早棄擧業，遯跡崥巖之下，靜中所養，宜有以大過人者。滉以迷路初旋之瞽見，不憚傾倒而跪進者，無他，一以望吾兄於盡善，一以發吾病，而冀吾兄有以藥之也。他日改本之成，不惜再許辱示，而滉之瞽見，亦或天牖而少開，則雖

---

106 此其爲病 : 中本의 부전지에 "'此其爲病', 更考次。"라고 하였다.

知拙文不足爲輕重, 庶得以託名其後, 而傳之不朽, 斯其爲幸願也大矣。又何終辭之有哉? 惟吾兄有以諒之。不宣。(謹拜。)

SNL0139A(書-朴雲-4-1)(續卷3:19右)(樊續卷3:19左)

別紙[107]

勉齋 黃氏於朱門, 所得尤邃, 後學固不敢妄議。然每讀此條, 不能無疑焉。夫人之生也, 得是氣以爲形, 具是理以爲性者, 勉齋之說不可易也。

而其所以能虛靈知覺而爲心者, 卽此理氣之合而能然爾, 非理氣之外, 別有所謂虛靈知覺者存乎其間也。今於體性之下, 曰: "又必有虛靈知覺者, 存乎其間以爲心", 則是疑若使人舍理氣而索虛靈知覺也。是其語意之間, 不無差失, 與朱子訓

---

107 《龍巖集》에는 〈論擊蒙編別紙(1)〉로 되어 있다. 〔編輯考〕 이 別紙는 원래 아래 SNL0145(書-朴雲-10) 庚申年에 보낸 편지의 별지로 수록되어 있었다. 그런데 《龍巖集》에는 戊午年에 보낸 KNL0139(書-朴雲-4) 편지에 이어서 〈論擊蒙編別紙〉라는 제목으로 실려 있다. 《龍巖集》에 실려 있는 것이 원본에 가까운 것이라고 한다면, 續集을 편성할 때 편성 착오가 있었던 것으로 추정할 수 있다. 실제로 朴雲이 1558년 7월 24일에 써서 보낸 〈與退溪書(4)〉에 "所示黃勉齋心理氣說, 明正的確, 信乎不易之論也。當分註其下, 以正其謬"라고 한 것은 바로 이 別紙의 지적을 받아들인다는 내용이므로 이 별지는 SNL0145의 별지일 수는 없다는 것을 확인할 수 있다. 따라서 여기에서는 원래의 위치로 되돌려 놓았다. 〔資料考〕《龍巖集》에 실려 있는 〈論擊蒙編別紙〉는 두 조목으로 되어 있다. 여기 수록된 별지는 그 중 첫 번째 조목에 해당하는 것이고, 두 번째 조목에 해당하는 것은 나중에 樊本이 편성될 때 그 遺集外篇에 추가로 수록되었다. 뒤에 BIL0140(書-朴雲-5)으로 별도로 편성한 것이 바로 그것이다.

明德、訓心等語, 迥然不同矣。至其下文虛靈知覺者感而遂通之語, 以上下文勢義理推之, 知其必有闕文無疑, 何者?

上文旣原心性而立論, 下文又解寂感而究言, 則其中間語意, 不能[108]擧一遺一也。當曰:"事物未接, 思慮未萌, 虛靈知覺者, 寂然不動; 事物旣接, 思慮方萌, 虛靈知覺者, 感而遂通。" 其下係以一寂一感之說, 意義方爲圓備矣。若以今說爲是, 則方言未發之前, 而徑以已發之後當之, 闕却寂然一段境界。此則勉齋本說, 未必如此之誤, 乃後來傳寫脫漏, 而無人訂正之故。今之讀者, 不可不察。而此書引此條下, 須註說此意爲當也。如何如何?

BIL0140(書-朴雲-5)(樊遺外卷2:14右)

論朴澤之《擊蒙編》別紙【見《龍巖集》。】[109]

"敬有甚物"條所引諸說, 或去'所謂'字, 或以'之'字代'所謂', 或

---

108 能 :《龍巖集》에는 "應"으로 되어 있고, 續草本의 추기에 "'能','應'之誤。【潄】"라고 하였다. 柳校에 "'不能'之'能', 一本作'應'。"이라고 하였다.

109 戊午年(明宗13, 1558년, 58세) 1월 禮安에서 쓴 편지로 추정된다.《龍巖集》에 〈論擊蒙編別紙〉(2)로 되어 있다.〔編輯考〕《退溪集》에 실려 있는 것은 그 題下 小註 ("見《龍巖集》")에 밝혀진 대로《龍巖集》(卷2:11右~左)에 실려 있는 것을 樊本을 편찬할 때 찾아내서 그 遺集外篇에 실어 놓은 것이다. 앞에서 언급한 대로《龍巖集》(卷2:10右~11左)에는〈論擊蒙編別紙〉란 제목 아래 두 개의 편지 혹은 두 조목이 나란히 실려 있다. 이 편지는 그중 두 번째 것에 해당한다. 첫 번째 조목은 續集을 편성할 때 別紙로 실렸다. 이 두 조목은 원래 하나의 별지의 두 조목이었을 수도 있지만, 별도의 편지인데《龍巖集》을 편성할 때 내용상 합편해 둔 것일 가능성도

以'所謂'代'曰'字。且本文直引舜之全文, 今乃改之曰: "人心道
心, 精一執中云云", 竊恐未安。若是自家著書, 則其所引聖賢
之語, 間或改換文字, 猶可也。今是書, 乃纂輯諸儒之格言, 非
自著也, 而輒有改字換語, 無乃不可乎?

　　滉頃年讀《朱子大全》書, 患其浩穰, 乃約其繁爲《節要》一
書, 雖於約取之際, 未免僭踰之罪, 未嘗以已意輒易一字, 輒
改一句。蓋易字改句, 雖不失聖賢本旨, 猶爲不可。況未必眞
能不失其語意耶? 愚意此等處, 不如且存本文之爲善。

KNL0141(書-朴雲-6)(癸卷12:26左)(樊卷14:7右)

答朴澤之【戊午】[110]

時月之間, 未嗣修問, 積有馳慕。僧來接書, 喜審起處沖適。滉
病昧[111]無聊, 才脫霖潦, 又因秋熱, 尋常所以撓懷者非一, 豈
非病力勝學力薄而然耶?
　　往者回納《擊蒙》等編時, 妄效愚見, 深恐率爾之誚。今承

있다.〔年代考〕이 편지는《龍巖集》해당 부분 편차에 의거하여 戊午年(1558) 1월에
보낸 것으로 추정하였다.

110 戊午年(明宗13, 1558년, 58세) 윤7월 2일 禮安에서 쓴 편지이다.〔資料考〕朴雲
은 위 KNL0139(書-朴雲-4)를 받고 戊午年(1558) 7월 24일 退溪에게〈與退溪書(4)〉
를 보냈다. 이 편지는 그에 대한 退溪의 답장이다.《龍巖集》(卷2:11左~14左)에는
朴雲의 편지〈與退溪書(4)〉뿐만 아니라, 1558년 윤7월 2일에 보낸 退溪의 답장〈答書
附(4)〉도 朴雲의 편지 뒤에 함께 실려 있다.《要存錄》(252쪽~253쪽)에서는《龍巖集》
을 참고해서, 그것에 실려 있는 朴雲의 편지〈與退溪書(4)〉의 전문을 인용해 놓았다.

111 昧:《龍巖集》에는 "味"로 되어 있다. 李校에 "'昧', 一作'味'."라고 하였다.

辱諭, 過有契許之意, 旣加修改, 又添收入, 皆若因妄言而整理之, 不知吾何以得此於高明之下耶? 深自悚怍。

《景行編》所收孔聖事, 示意似然, 但雜書所記聖人言行, 於滉意類多可厭。疑是出於戰國、秦、漢間鄙俗傳聞之餘, 敷衍增加, 以致專[112]失本意, 只是狀出傾危變幻之習。見理愈深, 愈見其非眞, 故前書云云。然就其中精加揀出, 則豈無可法處? 亦須取四書中緊要處若干條爲首, 而以彼繼之, 不審如何?

岳武穆, 《言行錄》所載, 亦不甚略, 猶[113]以爲未也。求其傳而添入, 爲佳。新示《心學編》, 乍看, 未知端倪, 大槪知是切要, 幷《擊蒙》皆留, 徐俟卒業而後奉報也。

滉前去六十纔二歲, 又因積病, 早衰特甚於平人, 昏昏如七八十歲人, 雖有此志, 終無以補前過而得新功也。每得朋友書, 言及此學, 未嘗不汗霑衣也。近者復有不幸之甚, 拙蹤似若有狼狽之勢, 方爲憂悶, 已而無他。想物論以爲不當, 遂爲無事, 於愚分稍以爲慰。

〈岳王傳〉[114], 滉家素無。《朱子書》, 多有修改處, 時未畢工, 早晚畢則依戒。適有小冗。惟冀素履休勝。不宣。《謹復。》[115]

---

112 專 : 두주에 "'專', 一本作'全'。"이라고 하였고, 甲本에도 동일한 두주가 있다. 庚本(慶熙大本)에는 "全"으로 되어 있다. 鄭校에 "'專'作'全'是。【鄭】"이라고 하였고, 擬校에 "'專'本作'全'。"이라고 하였다. 〔今按〕庚本의 경우 啓大本과 龜鶴亭本에는 모두 "專"으로 되어 있으나, 慶熙大本에는 "全"으로 고쳐져 있다. 이것은 啓大本과 龜鶴亭本이 初刊 庚本의 원형에 가까운 것이고 慶熙大本은 庚本의 修正補刻本임을 보여주는 사례가 된다. 또한 擬本에는 "專"으로 되어 있다는 것은, 擬本이 庚本의 修正補刻本(적어도 慶熙大本)보다 먼저 印刷된 것임을 증명하는 것이라고 할 수 있다.

113 猶 : 《龍巖集》에는 앞에 "若"이 있다.

114 岳王傳 : 《龍巖集》에 〈岳武穆傳〉으로 되어 있다.

SNL0142(書-朴雲-7)(續卷3:18右)(樊續卷3:19右)

與朴澤之【戊午】[116]

今因李直哉, 得聞動履佳勝, 欣慰何極？滉年來野性已慣, 無復世慮, 忽爲事勢所掣, 强顔入朝, 毁謗隨之, 皆緣已無遠識, 自失其道, 致此狼狽, 尙何言哉？深愧老兄平日不攖世故也。

向來二編, 携到于此, 今欲付直哉回納, 猶有未卒業之恨, 姑留之。明年, 若遂歸計, 歸後猶可奉傳, 不至差池也。朱書, 明見以爲如何？經照後或付信人來京, 或歸後送還, 兩無妨也。自餘, 直哉必能言之, 想發一笑, 亦一歎也。不宣。[117]

BNL0143(書-朴雲-8)(樊卷14:8右)

答朴澤之【己未】[118]

滉一出逾年, 病劇而歸, 深有狼狽之愧。弛擔半月, 委頓益深,

---

115 謹復 :《龍巖集》에는 뒤에 "戊午閏七月初二日, (滉)頓首."가 있다.
116 戊午年(明宗13, 1558년, 58세) 10월 13일 서울에서 쓴 편지이다. 中本 및 拾遺에는〈與朴澤之〉로 되어 있다.〔資料考〕《龍巖集》(卷2:14左~16右)에는 退溪의 이 편지〈答書附(5)〉뿐만 아니라, 朴雲의 편지〈與退溪書(5)〉도 실려 있는데 그 내용("三陽旣復")을 살펴볼 때 己未年(1559) 1월에 보낸 것으로, 退溪의 이 편지에 대한 답장이 분명하다.《龍巖集》에서는 편지의 내용을 살피지 않은 채, '與'와 '答'을 바꾸어 기록해 놓은 것이다.〔年代考〕《龍巖集》에 실려 있는 이 편지〈答書附(5)〉끝부분에는 "戊午陽月十三"으로 그 작성 연대가 기록되어 있다.
117 不宣 :《龍巖集》에는 뒤에 "戊午陽月十三日, (滉)頓首."가 있다.
118 己未年(明宗14, 1559년, 59세) 3월 27일 서울에서 쓴 편지이다.〔資料考〕이

勢難還京, 不得已修上辭狀, 方仄俟命下之日, 未知終如何也.

　　辱書, 承審近有小患, 然而神所勞矣, 想益膺休祐. 前惠書在京獲睹, 欣幸之至. 只因其人往于關西未還, 未卽修報, 恨負恨負. 其中所當修復者, 今亦因便遽, 未果縷縷, 尤愧不敏. 二帙謹已承納. 但所云"未親切處", 不指爲某某條, 使迷者尙未得塗, 是爲未快耳. 病中適值俗冗, 漏萬掛一. 惟照. 謹拜復.[119]

　　《晦菴書》, 他卷皆爲在京友人借覽, 未果所示, 恨恨.

KNL0144(書-朴雲-9)(癸卷12:27左)(樊卷14:8左)

答朴澤之【己未】[120]

時月之間, 不相聞問, 辱惠手簡, 備審德履超勝, 欣濯深矣. 滉老病瀕死, 加得河魚之患, 脾胃因而虛弱, 不能飮食, 伏枕過夏, 旣

편지는 朴雲이 戊午年(明宗13, 1558) 11월경에 보낸 〈與退溪書(6)〉에 대한 답장이다. 《龍巖集》(卷2:16右~17右)에는 朴雲의 편지뿐만 아니라, 退溪의 편지 〈答書附(6)〉도 朴雲의 편지 뒤에 함께 실려 있다.

119 謹拜復 : 拾遺에는 없고, 《龍巖集》에는 뒤에 "己未三月二十七日, 滉拜."가 있다.

120 己未年(明宗14, 1559년, 59세) 7월 8일 禮安에서 쓴 편지이다. 中本에는 〈答朴澤之〉로 되어 있다. 〔資料考〕 이 편지는 朴雲이 己未年(1559)에 보낸 〈與退溪書(7)〉에 대한 답장이다. 《龍巖集》(卷2:17右~19右)에는 朴雲의 편지 〈與退溪書(7)〉뿐만 아니라, 退溪의 답장 〈答書附(7)〉도 朴雲의 편지 뒤에 함께 실려 있다. 《要存錄》(254쪽)에서는 《龍巖集》을 참고해서, 그것에 실려 있는 朴雲의 편지 〈與退溪書(7)〉의 全文을 들어 놓았다.

未上去, 又未蒙恩遞, 近三上辭狀, 未測厥終, 方極憂惶, 奈何?

天災重疊, 海徼屢警, 民今方殆, 何術可救? 漆室之憂, 眞不虛也。《海東名賢錄》, 曩者商山周景遊有意此事, 滉亦勸成之而未就, 心常爲恨。今若裒稡成編, 何幸如之? 第恐吾東方文獻寥落, 雖其人所樹卓偉者, 沒世之後, 事迹湮滅, 無從而徵信, 雖使掇拾成錄, 恐未滿人意耳。

所喩數公之事, 鄙意又恐在所商量, 未可遽然揭出以犯古人所謂慮患之道也。如何? 二編依敎回納。《擊蒙》, 殊勝於前, 病倦, 未暇悉校。《心學》, 比《擊蒙》尤切, 其有鄙疑處, 略標呈似, 照量如何?

大抵盛意, 抄書務欲簡約, 故其裁取或未免大脫略處, 恐是爲病也。欲綴數語於其尾, 非但冀己所見或有少進, 亦望高明重加修改, 以就十分完善後看如何, 正不須急急也。《來使立俟, 不盡區區。[121] 惟養珍萬重。謹拜復。》[122]

SNL0145(書-朴雲-10)(續卷3:18左)(樊續卷3:19左)

答朴澤之【庚申】[123]

間闊不聞, 忽奉墜翰, 承韻致佳勝, 欣濯無比。滉且得屛迹, 而

---

121 來使立俟, 不盡區區 : 《龍巖集》에는 없다.

122 謹拜復 : 《龍巖集》에는 뒤에 "己未七月初八日, (滉)頓." 이 있다.

123 庚申年(明宗15, 1560년, 60세) 1~7월 禮安에서 쓴 편지로 추정된다. 〔編輯考〕《龍巖集》에는 실려 있지 않다. 續集에는 이 편지에 이어 위 139번 편지의 別紙가

尚多未安之勢, 校老量病, 月異而歲不同, 雖欲勉礪, 苦乏精力。昔人所謂悲歎窮廬者, 昔擬他人, 今到吾身矣。無由面論, 臨紙惘惘。惟懋昭明德, 以慰末契之望。謹復。

BNL0146(書-朴雲-11)(樊卷14:9左)

答朴澤之[124]

離群索居, 遡風引領, 未有瞻對之期。<u>直哉</u>人來, 獲擎手翰, 承此新秋, 素履沖適, 披豁鬱陶。

　僕坐纏衰疾, 難於讀書, 時於閑中有得, 無與切磋, 以此益懸情於左右耳。因和瓊韻, 少見區區。

BNL0147(書-朴雲-12)(樊卷14:10左)

答朴澤之【辛酉】[125]

往年 傳聞喪明之禍, 出於無妄, 痛怛不自勝。此尤人情所不能

편성되어 있으나, 아마 편성상 錯誤가 있었을 것으로 짐작됨은 앞에서 밝힌 바 있다. 中本과 拾遺에는 別紙가 실려 있지 않다. 〔年代考〕 中本과 拾遺 해당 부분 編次에 의거하여 이 편지를 庚申年(1560) 1~7월에 보낸 것으로 추정하였다.

124 庚申年(明宗15, 1560년, 60세) 7월에 禮安에서 쓴 편지로 추정된다. 〔資料考〕 이 편지는 《龍巖集》에는 실려 있지 않다.

125 辛酉年(明宗16, 1561년, 61세) 禮安에서 쓴 편지이다. 〔資料考〕 이 편지는 《龍巖集》에는 실려 있지 않다.

堪, 不知何以處之? 病廢萬事, 一未修慰, 反蒙來問, 慙汗尤極尤極.

滉老病交纏, 無以自拔, 離群索居, 日有鈍滯之憂. 何當一面以寫此懷? 未間, 惟萬加珍衛. 餘付直哉之行. 謹謝慰復.[126]

BNL0148(書-李源-1)(樊卷14:11右)
答李君浩[127]

縣人來, 忽辱惠問, 承有愆度, 喜今差復. 僕多病, 難堪劇務,

---

126 謹謝慰復 : 拾遺에는 없다.

127 甲辰年(中宗39, 1544년, 44세) 6월 14일 서울에서 쓴 편지로 추정된다. 李源(1501~1568)은 字자 君浩, 號가 淸香堂이다. 草本에는 없고 부전지에 〈答李君浩〉로 되어 있다. [編輯考] 退溪가 李源에게 보낸 편지는 13통이다. 庚本에 2통이 실렸고, 續集에 2통, 樊本 內集에 나머지 9통이 추가로 실렸다. 한편 中本 이하《退溪集》에서는 이 편지를 아래 149번 〈答李君浩源○甲辰〉 다음에 편집해 두었다. 149번 편지는 甲辰年(1544) 7월 3일에 보낸 것으로 되어 있으므로 이는 연대순 배열에 어긋나는 편집이다. 이후 모든 판본이 같은 순서로 배열하였지만, 여기에서는 연대순으로 다시 배열하였다. [資料考 1] 이 편지들은 모두《退溪集》 初本類 중 하나인 1책《退陶先生集》(文草)에 실려 있고,《淸香堂實紀》(卷2, 〈附錄〉)에도 실려 있다.《淸香堂實紀》에 실려 있는 것들(〈退溪書札【十三】〉)은 그 後識로 文草에 실려 있는 것들(〈君浩庚長謝復〉)을 그대로 옮긴 것이 드러난다. 文草에 실려 있는 것은 退溪가 李源에게 보낸 원래의 편지를 그대로 집록한 것이고, 中本 이하《退溪集》에 실려 있는 것들은 그것을 일부 산절함과 동시에 오탈자 등을 바로잡은 것이다.《淸香堂實紀》에 실려 있는 것들에는 文草에 실려 있는 것 자체의 오탈을 제외하고도, 전사 과정에 오탈과 착간 등이 적지 않게 발견된다. 또 편지를 실어 놓은 순서도 文草와 다르다. 여기서는 文草에 실려 있는 것을 기준으로 하였다. 그리고《淸香堂實紀》에 실려 있는 것들은 해당 편지 제목만 들어두었다.《淸香堂實紀》에 실려 있는 것들은 〈退溪書札(十三)〉이라는 한 제목으로 묶여 있다. 또한 文草에 실려 있는 것들도 〈君浩庚長謝復〉이라는 한 제목으로 묶여

近者蒙恩, 得遞爲直講, 官閑稍幸。

示喩板事, 前日勢難不爲, 今於南海、三嘉兩邑投簡, 亦封而送君, 須覽後封傳。若於南海, 則非君親往, 則恐難濟也, 故其簡末幷言君護喪之意, 照諒。況加德設鎭等事, 南方列邑, 倍常多事。如此爲人之急, 恐不暇爲, 則尤慮此喪之難濟也。

本家平復云, 可喜。其間凡事, 專恃尊君與公簡善措耳。前送〈淸香臺八詠〉, 多荷[128]不辱之意, 切欲效拙, 病冗未果。且其所謂古碑, 未知何等碑耶? 其實示及, 爲望。因忙不宣。謹拜復。[129]

BNL0149(書-李源-2)(樊卷14:10左)

答李君浩【源○甲辰】[130]

秋熱, 未審動履何似? 嚮戀嚮戀。僕病解臺務, 今爲典籤耳。就中嘉麗家病氣向熄云, 兒子可入與否及設祭便否, 君與公簡等隨宜指敎, 使無後悔, 深仰深仰。但窮甚, 凡事無以成形云, 奈何奈何?

있다. 각각 일련번호를 붙여 구별하였다. 〔資料考 2〕 본 편지는 文草로는 〈君浩庚長謝復(13)〉이고, 《淸香堂實紀》로는 〈退溪書札(十三)-⑬〉이다. 〔年代考〕 文草에 실려 있는 〈君浩庚長謝復(13)〉의 끝에 "甲辰六月十四日"로 그 작성 연대가 기록되어 있다.
128 荷 : 底本에는 "賀"로 되어 있다. 文脈에 根據하여 修正하였다.
129 謹拜復 : 拾遺에는 없고, 文草에는 뒤에 "甲辰六月十四日, 景浩頓。"이 있다.
130 甲辰年(中宗39, 1544년, 44세) 7월 3일 서울에서 쓴 편지이다. 文草에는 제목이 없고, 부전지에 〈答李君浩【甲辰】〉로 되어 있다. 〔編輯考〕 中本 이하에서는 위 BNL0148 (書-李源-1)을 이 편지 다음에 편집했다. 〔資料考〕 이 편지는 文草(〈君浩庚長謝復(10)〉)에도 실려 있고, 《淸香堂實紀》(〈退溪書札(十三)-⑥〉)에도 실려 있다.

前日喪需, 簡于三嘉、咸安及本縣等處, 不知何如? 槨板簡亦於南海、三嘉, 修送于君, 不知傳否? 喪事, 稱家之有無, 古禮也。每事從宜指圖, 爲幸。公簡來京云。所恃惟在於[131]君, 尤懇尤懇。不宣。謹拜復。[132]

BNL0150(書-李源-3)(樊卷14:11左)

答李君浩[133]

累奉遠問, 承體味裕適, 良慰良慰。僕荷賜粗遣。

嘉麗家病熄, 可喜。其間凡事, 兒子何能知之? 僕又在此, 未可遙度而處之, 倚賴惟君與公簡等耳。喪稱有無, 務從簡便, 可也。

前送諸簡, 何以處之? 今又監司處修狀, 亦須隨宜指敎, 幸甚。都事處亦面囑丁寧, 許諾而去。幷照。灰請圖於三嘉, 爲佳。僕意石灰則可從權不用, 何如? 神主挽章, 吾當備送。幷諒。不俱。[134] 謹拜。[135]

---

131 於 : 文草에는 "別"로 되어 있는데, 校訂記에 "{於}"로 되어 있다.

132 謹拜復 : 文草에는 뒤에 "甲辰七月初三日, 景浩。"가 있다.

133 甲辰年(中宗39, 1544년, 44세) 7월 12일 서울에서 쓴 편지이다. 文草에는 제목이 없고, 부전지에 〈答李君浩〉로 되어 있다. 〔資料考〕 이 편지는 文草(〈君浩庚長謝復(9)〉)에도 실려 있고, 《淸香堂實紀》(〈退溪書札(十三)-①〉)에도 실려 있다.

134 俱 : 草本에는 "其"로 되어 있다.

135 謹拜 : 拾遺에는 없고, 文草에는 뒤에 "甲辰七月十二日, 景浩。宜寧城主前書簡修, 故今不敢再瀆。殯所用空石器皿等物, 依前簡曲圖事傳白如何。"가 있다.

BNL0151(書-李源-4)(樊卷14:12右)

答李君浩[136]

城主到京, 蒙惠問, 慰情曷喩? 今者天崩之痛, 一國所同, 況如滉者耶。力疾奔遑, 舊證添發, 憂悶交極。

就中葬事定於偢時, 城主亦已給軍云。深望倚君之力, 可畢大事。但其里中大小疫交行云, 若近里大熾, 則俗忌莫甚, 奈何? 須量勢善措, 爲望。惟尊照。謹拜復。[137]

SNL0152(書-李源-5)(續卷3:20左)(樊續卷3:21左)

答李君浩[138]

別來忽已改歲, 承惠書, 感慰倍常。但審違攝, 今如何? 想

---

136 甲辰年(中宗39, 1544년, 44세) 11월 29일(그믐) 서울에서 쓴 편지이다. 文草에는 제목이 없고, 부전지에 〈答李君浩〉로 되어 있다. 〔資料考〕이 편지는 文草(〈君浩庚長謝復(12)〉)에도 실려 있고, 《淸香堂實紀》(〈退溪書札(十三)-②〉)에도 실려 있다. 〔年代考〕文草에 실려 있는 〈君浩庚長謝復(12)〉의 끝에 "甲辰十一月晦日"로 그 작성 연대가 기록되어 있다.

137 謹拜復 : 拾遺에는 없고, 文草에는 뒤에 "甲辰十一月晦日, 景浩."가 있다.

138 乙巳年(仁宗1, 1545년, 45세) 1월 15일 서울에서 쓴 편지이다. 文草에는 제목이 없고, 부전지에 〈答李君浩【己巳】〉로 되어 있다. 上本에는 〈答李君浩〉로 되어 있다. 〔資料考〕이 편지는 文草(〈君浩庚長謝復(8)〉)에도 실려 있고, 《淸香堂實紀》(〈退溪書札(十三)-⑩〉)에도 실려 있다. 〔年代考〕文草에 실려 있는 〈君浩庚長謝復(8)〉의 끝에 "己巳正月望日"로 그 작성 연대가 기록되어 있다. 그러나 편지의 내용을 살펴볼 때, 이 편지는 위 148번부터 151번까지의 편지 내용을 이어받고 있다. 따라서 "己巳正月望日"의 "己巳"는 "乙巳"의 오기임이 분명하다. 곧 이 편지는 乙巳年(1545) 1월 15일

已痊平。

　　僕粗免他患, 但國恤之中, 家禍重疊, 痛割罔涯。《葬事初八已爲耶? 及君在縣日爲之, 甚當, 但非徒里中殯幕, 婢子及行者妻亦痛云, 其間營葬, 至爲未安, 不勝遙慮萬萬。》

　　惠及藥棗等物, 深荷深荷。〈清香八詠〉, 自秋冬交, 連有故, 而竟値遏密之變, 不作詩久矣。茲以久稽, 恨恨。後當不忘, 惟尊照。《謹拜復。》[139]

BNL0153(書-李源-6)(樊卷14:12右)

答李君浩【辛酉】[140]

聞遠還, 又得惠書兼和韻, 感喜何極? 僕荷念逮, 粗遣歲月, 積病所縻, 無緣作遠遊南中, 故人邈無相見之期, 自歎其衰之甚也。適因上壟, 來詩未及酬報, 尤恨。惟冀珍嗇。不宣。謹拜復。[141]

에 보낸 것으로 추정된다. 그에 따라 편차를 조정하였다.

139 謹拜復 : 拾遺에는 없고, 文草에는 뒤에 "己巳正月望日, 景浩。凍管草草。"가 있다.

140 辛酉年(明宗16, 1561년, 61세) 5월 4일 禮安에서 쓴 편지이다. 文草에는 제목이 없고, 부전지에 〈答李君浩【辛酉】〉로 되어 있다. 〔資料考〕이 편지는 文草(〈君浩庚長謝復(7)〉)에도 실려 있고, 《淸香堂實紀》(〈退溪書札(十三)-③〉)에도 실려 있다. 文草에 실려 있는 〈君浩庚長謝復(7)〉은 편지 모두에 "君浩謝復"으로 그 제목이 기록되어 있다.

141 謹拜復 : 拾遺에는 없고, 文草에는 뒤에 "辛酉端午前一日, 景浩。"가 있다.

KNL0154(書-李源-7)(癸卷12:28左)(樊卷14:12左)

答李君浩【源○甲子】[142]

千里遙程, 僧來致書, 曾是不意。開緘細讀, 宛接風範, 幸荷之至, 慰釋無比。

如滉僻陋無似, 長臥漳濱, 形神彫悴, 志業鹵莽, 仰古難追, 處今多愧, 常冀親舊之中, 有能痛惠規警, 庶幾有益。而來書之言, 引重揄揚, 擬非其倫, 使人羞縮汗下, 不敢承當。知公不是欺人者, 何故如此耶?

就中所云"《陶山記》"者, 偶於病中, 試出戲語, 消遣愁寂而已, 不意子姪輩私相傳示, 致誤播出。其爲有識嗤點, 何可勝言耶? 今公不以浮淺誚責, 乃反欲云云, 何耶?《此尤所未安。

然來紙不敢空還, 欲書古詩以呈, 適值姪女之喪, 悲慘病添, 未暇把筆, 使來僧空手而返, 愧負愧負。徐當一就。附宜寧人送納, 照諒, 幸甚幸甚。但唐紙有漬痕者, 似不可用, 而記跋之作, 又恐非病拙所能辦耳。

且來詩亦當效顰, 而悲冗如此, 未果, 缺恨難喩。亦俟後日, 贖此逋慢, 是計。

蚪卵佳貺, 拜領, 珍感珍感。臘藥小封、安息香十六枚, 小見微意, 惟笑領何如? 餘祝以時加重。不宣。》[143]

---

142 甲子年(明宗19, 1564년, 64세) 3월 13일 禮安에서 쓴 편지이다. 文草에는 제목이 없고, 부전지에 〈答李君浩〉【甲子〉로 되어 있고, 中本·樊本·上本에는 〈答李君浩【甲子〉로 되어 있다. 〔資料考〕이 편지는 文草(〈君浩庚長謝復(2)〉)에도 실려 있고, 《淸香堂實紀》(〈退溪書札(十三)-④〉)에도 실려 있다.

143 不宣 : 文草에는 뒤에 "謹拜復。甲子暮春十三日, 病舊滉頓。"이 있다.

《南冥高隱, 想神相淸福。莫由際接, 但增馳慕馳慕。》

BNL0155(書-李源-8)(樊卷14:13左)
答李君浩[144]

伏熱爲況, 何如何如？兩地聲問不接, 豈勝悠悠？僕凡百依前。

　就中前來紙幅, 書已久置, 無便未卽送, 爲恨。且其中六幅, 漬汗不堪着筆, 亦可恨也。竊睠示意, 其於屛紙, 欲得滉陶山諸詩。僕往年偶於閑中, 戲爲五七言絶句, 聊以自遣其懷, 不意播拙於遠邇, 已甚愧汗, 今豈可自寫屛障之間乎？吾雖欲苟徇公命, 奈人笑罵何？故只寫古人詩呈上, 勿以爲誚。

　其所云自敍傳, 其中亦有言及賤名, 而若有推借之意。如此而滉自寫之, 何以示人乎？玆故亦未依諭謝[145], 愧負多端。南冥一絶及盛詩三絶, 次韻別紙奉呈, 笑領, 兼示南冥翁何如？惟照諒。不宣。謹拜。[146]

---

144 甲子年(明宗19, 1564년, 64세) 6월 10일 禮安에서 쓴 편지이다. 文草에는 제목이 없고 부전지에 〈答李君浩【何如■……■】〉로 되어 있다. 〔資料考〕 이 편지는 文草(〈君浩庚長謝復(3)〉)에도 실려 있고, 《淸香堂實紀》(〈退溪書札(十三)-⑤〉)에도 실려 있다.
145 謝：中本 및 拾遺에는 부전지에 "'謝'字未詳"이라고 하였다. 樊本의 두주에 "'謝'未詳."이라고 하였고, 上本의 두주에 "'謝'可疑."라고 하였다.
146 謹拜：拾遺에는 없고, 文草에는 뒤에 "甲子六月初旬, 滉。"이 있다.

SNL0156(書-李源-9)(續卷3:20右)(樊續卷3:21右)

答李君浩【乙丑】[147]

不意寄札傳自襄陽, 兼得惠詩三絶, 具悉近況佳勝, 遙深欣慰欣慰。又知夢遇異人, 得授嘉論, 此必由平日好奇尙異之心, 發於寤寐之間而然, 恐不須遽自矜負, 要當思有以稱其號者, 益務韜養爲佳耳。

　九思齋命名之意, 亦謹聞之。謬囑記文及示詩等, 皆當奉和且作。[148] 只緣去冬雪寒異甚, 苦纏寒疾, 至今未蘇, 㒺臥呻吟, 神思彫耗, 未暇構思, 愧負奈何奈何?

　聞南冥經由相款, 不知有何奇論耶? 言不盡意, 惟珍毖萬萬, 不一。《謹拜復。》[149]

BNL0157(書-李源-10)(樊卷14:14右)

答李君浩[150]

數月前承辱書, 知來奠宜春兼訪舊。懷人感歎之意, 溢於詩詞, 遠垂示及, 深荷念逮。

---

147 乙丑年(明宗20, 1565년, 65세) 1월 29일(그믐) 禮安에서 쓴 편지이다. 文草에는 제목이 없고, 부전지에 〈答李君浩【乙丑】〉로 되어 있다. 〔資料考〕 이 편지는 文草(《君浩庚長謝復(4)》)에도 실려 있고, 《淸香堂實紀》(〈退溪書札(十三)-⑦〉)에도 실려 있다.

148 奉和且作 : 續草本의 추기에 "'奉和且作'此四字當連書。"라고 하였다.

149 謹拜復 : 文草에는 뒤에 "乙丑正月晦日庚末, 澠頓。"이 있다.

僕幸此閑屛, 得保衰朽。中間欲以明春試作南行, 今復爲
事勢所梗, 計已停罷, 不知此行何時可遂耶? 寒齋凍管, 不能
一一。和韻錄在別紙, 笑覽覆瓿。惟冀新履珍重。謹拜復。[151]

BNL0158(書-李源-11)(樊卷14:14左)
答李君浩【丙寅】[152]

千里僧來, 奉閱辱翰, 承知起處淸茂, 豁此懸鬱, 幸荷幸荷。去
春果有南行計, 竟至蹉跎。重尋舊遊, 非所望, 遂致種種狼狽,
以至今日, 病益深而人之疑謗不息, 不知何以結末, 令人憂懼,
奈何?

南冥亦値禮羅所被, 然處之已得宜, 可羨可羨。寄詩, 感
感。但見囑書屛, 公何誤至此耶? 老拙方爲積病攻圍, 眼隔花
霧, 詎敢[153]作此等役乎? 想公無病, 故不知同庚人老病如此,
豈能推恕之謂耶? 然遠意不可盡負, 草率冗呈, 原諒爲幸。空

150 乙丑年(明宗20, 1565년, 65세) 12월 29일(그믐)에 禮安에서 쓴 편지이다. 文草
에는 제목이 없고 부전지에 〈答李君浩〉로 되어 있다. [資料考] 이 편지는 文草(〈君浩
庚長謝復(5)〉)에도 실려 있고, 《淸香堂實紀》(《退溪書札(十三)-⑧》)에도 실려 있다.
151 謹拜復: 拾遺에는 없고, 文草에는 뒤에 "乙丑除夕, 景浩。"가 있다.
152 丙寅年(明宗21, 1566년, 66세) 윤10월 11일 禮安에서 쓴 편지이다. 文草에는
제목이 〈君浩庚長謝復〉으로 되어 있는데, 부전지에 〈答李君浩【丙寅】〉으로 되어 있다.
[資料考] 이 편지는 文草(〈君浩庚長謝復(1)〉)에도 실려 있고, 《淸香堂實紀》(《退溪
書札(十三)-⑨》)에도 실려 있다. [年代考] 文草에 실려 있는 〈君浩庚長謝復(1)〉의
끝에 "丙寅閏小春十一日"로 그 작성 연대가 기록되어 있다.
153 敢: 文草에는 "堪"으로 되어 있다.

冊尤難强作, 勿訝亦幸。惠橘柹, 徒有感[154]佩。初寒自愛。不
宣。謹拜復。[155]

KNL0159(書-李源-12)(癸卷12:29右)(樊卷14:15右)

答李君浩[156]

去年 得見惠問及兩絶句, 久未酬報, 即今歲換, 履候想益淸茂。
滉一墜塵網, 欲脫愈嬰。病過三冬, 俯仰慚懼。世必有高人臥
雲, 下視而嗤笑。不意七十之年, 百病殘身, 復見此事也。桃花
春漲, 當掛歸帆, 第以抽身之路不易, 爲慮。

南冥必已還德山矣。近日經席, 又有請召致者, 賴復有知
南冥心事者, 方便論白, 故得停。爲南冥深賀。

《藥棗之惠, 感感。病中無聊, 詩未及和, 藥未求副, 只將
臘劑數種略上, 笑領。謹拜。》[157]

154 感 : 文草에는 "愧"로 되어 있다.
155 謹拜復 : 拾遺에는 없고, 文草에는 뒤에 "丙寅閏小春十一日"이 있다.
156 己巳年(宣祖2, 1569년, 69세) 1월 18일 서울에서 쓴 편지이다. 〔資料考〕文草의
〈君浩庚長謝復(6)〉에 해당하며, 《淸香堂實紀》〈退溪書札(十三)-⑫〉에 해당한다. 文
草에는 제목이 없고 부전지에 〈答李君浩【己巳】〉로 되어 있다.
157 謹拜 : 文草에는 뒤에 "隆慶己巳正月十八日, 滉。"이 있다.

BNL0160(書-李源-13)(樊卷14:15左)

答李君浩[158]

忽承枉書問, 審避寓山寺, 氣味佳勝, 喜慰之至。但恨物外淸遊, 不得與之同耳。僕自春元氣虛弱尤甚, 杜門調養。

　曾因許公簡聞君付咸訓, 不知何人圖之, 但切喜賀。今來簡以爲僕之所圖, 此傳者誤也。當更問虛實于該曹, 爲計。兒子無病, 爲喜。近必來京而難待耳。惟照。不宣。謹復。[159]

KNL0161(書-周博-1)(癸卷12:29左)(樊卷14:16右)

與周約之【博○甲子】[160]

《問安。》先生詩文, 奇詭壯浪, 如捕龍蛇搏虎豹, 不可測度, 誠非管窺所能到也。不勝望洋之嘆。但欲論傳[161]後, 則其間不能無可疑者, 恐不必盡擬之流傳也。故妄以私見表[102]圈其題上,

---

158 己巳年(宣祖2, 1569년, 69세) 4월 20일 禮安에서 쓴 글이다. 〔資料考〕文草의 〈君浩庚長謝復(11)〉에 해당하며, 《淸香堂實紀》〈退溪書札(十一)-⑪〉에 해당한다. 文草에는 제목이 없고 부전지에 〈答李君浩〉로 되어 있다.

159 謹復 : 拾遺에는 없다. 文草에는 뒤에 "己巳四月二十日. 景浩."가 있다.

160 甲子年(明宗19, 1564년, 64세) 6월 23일 禮安에서 쓴 편지이다. 周博(1524~?)은 本貫이 尙州, 字가 約之, 號가 龜峯이다. 愼齋 周世鵬의 아들이다. 〔編輯考〕李滉이 周博에게 보낸 편지는 1통으로, 庚本에 실렸다. 〔資料考〕이 편지는 愼齋 周世鵬(1495~1554)의 문집인 《武陵雜稿》(別集, 〈武陵集跋〉)에도 실려 있다. 〔年代考〕《武陵雜稿》에는 편지 끝부분에 "甲子六月二十三日."이라고 기록되어 있다.

161 傳 : 樊本에는 "前"으로 되어 있다.

不知如此去取¹⁶³, 於僉意如何？幸與禮安公商議, 其有不適宜者, 改之, 又或更質於他具眼處, 以定淨本, 謹藏以俟之。其或取全集以刊行, 或索本去而選取, 必有其人與時矣。《不敢久留, 適値吳君之行, 六冊附去回納, 照領。謹白。》¹⁶⁴

KNL0162(書-安瑠-1)(癸卷12:30右)(樊卷14:16左)
擬與榮川守論紹修書院事【丙辰○郡守安瑠卽文成公之後】¹⁶⁵

滉再拜。滉聞書院諸生自春散去, 至今歲盡而猶未復聚, 心竊嘆恨, 不知所以爲計也。

　　國家之許立書院, 何爲也哉？將非尊賢養士樂育人材之地也乎？金仲文爲其有司, 所當遵國家之美意, 敬謹其職, 使多士樂就之, 可也。乃反倨傲鮮腆, 視諸生如小兒, 至發鄙賤之語, 則諸生之激怒, 空院而去, 豈可謂諸生之過也哉？不請於朝, 而徑遞仲文之任, 韓守琦則固爲非也。然仲文之仍在其任, 實亦難矣。爲仲文計, 於此尤當慚悔自責, 屈己謝過, 至誠至懇, 則

---
162 表 : 中本의 부전지에 "表'恐'標'。"라고 하였다.
163 取 : 上本에는 "就"로 되어 있다.
164 謹白 : 《武陵雜稿》에는 뒤에 "甲子六月二十三日, 眞城 李滉謹白。"이 있다.
165 丙辰年(明宗11, 1556년, 56세) 12월 1일 禮安에서 쓴 편지이다. 安瑠(1511~1573)은 本貫이 順興, 字가 季珍이다. 文成公 安珦의 후손으로 安玹의 아우이다. 伊山書院을 創設하였다.〔編輯考〕李滉이 安瑠에게 보낸 편지는 1통으로, 庚本에 실렸다. 初本에는〈與榮川守論紹修書院事【丙辰十二月。郡守安瑠文成之後】〉로 되어 있고, 부전지에 "【丙辰○郡守安瑠卽文成公之後】"라고 하였다.

諸生之意, 釋然自解, 仲文猶爲善人, 而書院無一事矣。仲文則不然, 懷忿懟挾猜憾, 敵[166]諸生而必欲納之於罪罟, 因是而致有朝廷之推問, 則非唯儒冠被捉而庭詰, 其身亦未免於縲絏, 此則仲文之失, 至再愈大, 而亦不善爲身謀者也。

滉聞之, 過而不改, 是謂過矣。又聞之, 過而能改則無過。仲文雖有再過, 能改則猶爲無過人矣。近聞仲文尙不知悔, 乃攘臂大言曰: "我見某某, 必不擇梃刃而辱之。" 又曰: "此事終必有士林之禍。" 嗚呼！仲文其信有此言乎？ 其或不然, 而傳之者過也？ 傳之者過, 則仲文幸矣, 使誠有是言, 則其能改過而從善, 可必乎？ 夫以仲文之鴟張如是, 彼爲士者, 前見儒冠之辱, 後聞恐嚇之言, 以懷恥之心, 兼畏禍之慮。其不肯復入書院, 亦何足怪哉？

城主初爲榮郡, 士林相賀, 以爲文成公之後, 來守旁邑, 必有力於書院, 今則大失望矣。然而士林非謂城主不力於書院, 謂盡力而反有害也。何者？ 仲文之爲人, 滉亦初甚款待, 以其有功於書院也。今則不能不以爲非, 以其失待士之道而壞院事也。伏想城主之厚於仲文, 亦以爲書院故也。然則其失待士壞院事之過, 城主何不以爲非而反護之乎？ 有功則以爲功, 公也; 有過則以爲過, 亦公也。何容心哉？ 一於公而已, 何患士心之不服也？

且彼仲文, 本一鄕里之人耳。非有文行學識之異, 特以幹院之勞, 爲周景遊所許, 爲諸相所念, 又爲城主所厚。凡若是

---

166 敵: 底本의 두주에 "'敵'字上, 一本有'力'字."라고 하였고, 甲本·樊本·上本에도 동일한 두주가 있다. 擬校에 "'敵'上, 手本有'力'字."라고 하였다.

者，豈欲使彼終至於逐士空院，假勢逞臆，以陵脅列郡之縫掖哉？仲文他過，不必問其有無，而只此一事，城主試平心而熟察之，寧不洞知其非也？

孔子曰："愛之，能勿勞乎？忠焉，能勿誨乎？"城主若知仲文之非，而不誨而改之，是厚仲文，適所以薄仲文也，奉書院，乃所以棄書院也。城主何不反而思之曰："彼書院，爲尊賢養士而設也。仲文失待士之道，吾右仲文而非諸生，吾亦過矣。"又推此心而曉仲文曰："彼書院，爲尊賢養士而設也。汝侮諸生而致空院，汝之前功安在？諸相所以許汝之意，又何如哉？"於是而反覆深惟之曰"吾不改此過，無以告吾先祖之靈，而負國家立院之意也"，則仲文亦必觀感而幡然悟曰："吾不改此過，無以見周先生於地下，而負諸相厚我之意也。"以是深陳旣往之悔，顯示能改之道，君子之過也，如日月之食。過也，人皆見之；更也，人皆仰之。士林孰不感激而慕城主之高義乎？

不但如是而止耳。豐有黃仲擧，榮有朴重甫，先達者，後進之望，而一境之倡也。城主誠能躬駕於此兩人而懇起之，約日而會于書院，兩人又以書各告其邑中之士而招延之，士必雲集，而無敢後之者，二郡之士旣集，則遠近聞風而爭赴之矣。能如是大更張，使書院之規模，增光而益恢，則庶幾副人之始望。

不然，以訑訑之聲音、顔色，間誘其易動易制者一個半個，而遣之入學，以求食於咄啐之餘而曰"如是足以爲書院"，則是書院之名雖在，而書院之實已亡矣。

且夫屈己而下士，大夫之美事也；卑身而就食，士子之所恥也。今城主不屈於士，而欲士之屈就書院，是城主見美而不取，士子知恥而自蒙。古所謂人喪其寶者，正如是。豈不惜哉？

豈不傷哉?

又況日月易失, 人事難必, 諸生之志未遽回, 及瓜之期或已至, 竹溪之風月凄涼, 廈屋之絃誦寂寥, 烟沈草沒, 見者傷嗟, 則雖使如仲文者十輩, 能守廟宇, 不廢春秋之香火? 滉恐文成公之靈, 不肯顧享於斯, 而周景遊之魂, 亦必抆淚於泉下也。

滉之欲進此言, 久矣, 鑑無因之戒, 而不敢發也。適聞城主之過縣, 而略布之如右, 不知城主以滉言爲何如也。嘉靖三十五年十有二月朔日, 滉拜。[167]

KNL0163(書-金慶言-1)(癸卷12:34右)(樊卷14:20左)

擬與豐基郡守論書院事【丁巳○郡守金慶言】[168]

滉再拜。去年冬, 儒生張某來告滉曰: "書院自去春捲堂之後, 至今無一人來者。榮川守【安瑢】固要某先往, 冀欲諸生因而復聚, 愚未知所處如之何則可也。" 滉曰: "榮守拳拳於書院若此, 誠可尙也。然而猶恨其有未盡也。" 因略道其所以未盡之故。旣

---

167 滉拜 : 初本에는 뒤에 "【旣而郡守入縣徑去, 又聞諸生稍自詣院, 遂不與書。】"가 있고, 부전지에 "有下手本■……■"라고 하였다. 養校에 "旣而郡守入縣徑去, 又聞諸生稍自詣院, 遂不與書。【手本自註】"라고 하였다.

168 丁巳年(明宗12, 1557년, 57세) 2월 16일 禮安에서 쓴 편지이다. 金慶言(1521~1557)은 本貫이 順天, 字가 彦喜이다. 〔編輯考〕李滉이 金慶言에 보낸 편지는 1통으로, 庚本에 실렸다. 初本에는 〈與豐基郡守論書院事【丁巳二月日書成而不遺】〉으로 되어 있고, 부전지에 "【丁巳○郡守金慶言】"이라고 되어 있다. 定草本에는 〈與豐基郡守論書院事【丁巳○郡守金慶言】〉으로 되어 있다. 中本의 부전지에 "見手錄《文藁》。"라고 하였다.

而聞榮守以事當過吾縣, 擬一書論其事。

　　大槪以爲: "諸生之空院, 以激於金仲文事也。足下右仲文而非諸生, 致令仲文益橫, 而諸生之辱滋甚。今諸生若無故而復聚, 則是諸生之去就不明, 而書院之體輕矣。爲足下計, 莫若先自咎, 以責仲文, 以是至誠廣諭於諸生, 又躬駕榮、豐二郡先達之鄕居者如朴重甫、黃仲擧輩而懇起之, 令約期詣院, 而招諸生以入院, 諸生宜無敢不至者。如是則足下有下士之美, 諸生無自輕之愧云云。"

　　已而聞榮守入縣徑去, 又聞諸生稍自詣院者多, 遂壞稿不敢以示人, 曰: "有是哉! 吾見之隘而吾言之過也。榮守猶不替護院之誠, 院之新有司,【安駒】又能養士以禮, 非求食咄啐之比, 庸何傷於士之復往[169]耶?"

　　其後, 客有過門者, 爲滉談院事曰: "士有自淸洪來者, 有自龍宮來者, 皆兄弟聯芳而甚文。一則恒不衣冠而處, 任達之人也; 一則好嘲謔而善罵人, 尙氣之人也。四人, 群士之望也。一唱而百和, 書院今不落莫矣。"滉聞之, 不覺失喜, 而又不能無疑於其所爲也。旣而[170]又因人具聞院中事, 則令人悼心失圖歎息歔欷而不能已也。

　　夫書院, 何爲而設也? 其不爲尊賢講道而設乎? 自宋朝四書院之後, 漸盛於南渡, 而大盛於元、明之世。彼數代非無國

---

169 復往 : 定草本・庚本・擬本・甲本・樊本・上本에는 "往復"으로 되어 있다. 甲本의 두주에 "'往復', 一本乙.【考手本, 乙爲可。】"라고 하였다. 鄭校에 "'往復'疑乙, 不然, 似爲誤字。【鄭】"라고 하였다. 擬校에 "'往復'本乙。"이라고 하였다.

170 而 : 上本에는 "已"로 되어 있다.

學鄉校, 而必更立書院者, 何也? 國學、鄉校, 有科舉法令之
拘, 不若書院可專於尊賢講道之美意, 故或因私立而國寵命
之, 或國命立之而擇人教養也。若吾東方, 則至當代而後, 始許
立院,[171] 所謂因私立而國寵命者。竊仰聖朝之意, 亦豈非慕數
代之遺風而欲庶幾云云耶? 然則冠章甫之冠, 衣縫掖之衣, 遊
於斯, 食於斯者, 其自處當何如哉? 慎齋 周侯, 創茲偉事, 其論
事設規, 雖未免意高見疎之病, 其專於尊賢講道之意, 則確乎
其不可易矣。故士之來遊者, 雖未脫科舉之累, 亦未諳講道之
方, 然猶知重道義、尚禮讓, 彬彬乎習於士君子之風。此書院
之所以爲貴, 而入院之士, 或比之登瀛者然也。

不幸去年, 厄於金仲文辱儒冠而壞院事, 斯文之羞, 極矣。
矧今復舊更新之際, 遠方名士, 不期盍簪。尤當自重其身, 率先
群士, 勵行檢而美院風, 庶不失立院之意, 而斯文有賴。今數君
子則不然, 何其不思之甚耶?

且道義之與爵秩, 孰貴孰賤? 孰重孰輕? 以理言之, 何啻
道義之貴重? 以禮言之, 爵秩之分, 亦安可陵之也? 古之士 固
不屈於人之勢位, 然而不過曰"彼以其富, 我以吾仁; 彼以其
爵, 我以吾義", 曰"在彼者, 皆我所不爲; 在我者, 皆古之道也"
云爾。豈凌犯其人, 蔑辱衣冠之謂耶? 蓋不歆羨, 不趨附, 則我
無有自失於彼; 不資其勢, 不利其有, 則彼不得有挾於我。故
以匹夫而友天子, 不爲僭; 以王公而下韋布, 不爲辱。此士所
以可貴可敬, 而節義之名所以立也。

---

171 院 : 樊本·上本에는 "焉"으로 되어 있다.

今夫郡守, 四品之官也, 而亦王爵也, 其冠帶印符, 皆王之命也。其不可慢辱也, 亦明矣。士子, 禮義之宗也; 書院, 尊賢之地也。彼以禮賢之道來, 勤亦至矣。我以呼斥之, 賤待之, 其可乎? 子陵加足於帝腹, 故人入臥內也; 淵明伸脚於州刺, 二人在山間也。今郡守, 非故人也; 秩筵, 非二人也; 院之講堂, 非臥內, 又非山間也。且倒懸拳毆, 本出於武夫之麤, 徵索酒食, 濫觴於下流之賤, 何可以此地此人而加此於衣冠之人乎? 向非在座先生之彈厭[172], 幾乎舉此事矣。斯不亦所傷之大乎? 此則任達之過也。

孔子曰: "愛親者, 不敢惡於人; 敬親者, 不敢慢於人。"《大學傳曰》: "言悖而出者, 亦悖而入。"恒言或悖, 猶患其悖入之辱, 而況故辱人之親以辱吾親者乎? 孟子曰: "殺人之父, 人亦殺其父; 殺人之兄, 人亦殺其兄。非自殺之也, 一間耳。"噫! 彼辱人之親者, 其不念此理乎? 夫奴隸盜賊夷狄禽獸之稱, 是何等賤稱! 以人之子, 呼吾之子, 置人親於何等辱地耶? 言脫於口, 而聲入於耳。脫口之惡, 甫加人親, 入耳之醜, 已及吾親。然則非自辱之也, 何啻一間之逼耶? 言者不忌, 聽者不怒, 悖慢淫褻, 無所不至, 口不可道, 耳不忍聞, 體慄心痛, 天驚鬼議, 而恬不知怪, 方且肆然自以爲得計。問之則曰: "今世不如此同流合汗, 身不得保。"嗚呼! 其亦惑之甚也。辱親則生, 不辱親則死。苟有良心者, 猶不肯辱親以求生, 況不辱親者未必死耶? 辱之自彼, 人子猶當自以爲罪, 況自我辱之耶? 若是者, 雖謂

---

172 厭: 養校에 "手本, '厭從土.'"라고 하였다.

之不失本心，吾不信也。

　　男女，大慾之所存；夫婦，人倫之所始。故先王之教，每窒其源而謹其防。今群居談謔，盡是慾坑之事，穢念常在於襟裾，媟語不憚於閨門，甚至形於筆札，轉相贊誦，拍肩擊節，嗢噱終日。向非先生之彈厭[173]，此書遂傳於世矣。其所以壞人心術，瀆人大倫，不亦甚乎？此則尙氣之過也。

　　嗚呼！書院何爲而設也？其不爲尊賢而設耶？講道而設耶？向也儒冠被人之辱，尙爲院羞，況今儒冠相率，而自辱其行耶？士而如此，何貴於士？書院而如此，何貴於書院？而況此風之作，非一朝一處然也。其所由來者遠矣。四維橫決，如山移海飜，無所底止，一時風俗之壞，至此極也。殊非吉祥之兆，不獨爲一院之憂也。昔五胡之亂，何預於清談？而尙論者歸咎於王夷甫諸人，矧今之所尙，又非清談之比也，則豈不關於世道之升降耶？

　　足下爲郡守，凡書院之憂，實郡守之憂也，而當日之事，想足下所目睹也。故聊言之，未知足下以滉言爲可乎？爲不可乎？以爲不可，則滉亦無如之何，如以爲可，則請亟以告諭院中諸生而改圖之，幸甚。

　　抑又聞之，數君子當日旣聞黃仲擧之言，深自悔責，手裂其書，而詣門謝過，此則非常人所可及也。是其人必勇於改過遷善而卒有立於當世矣。彼院中諸生，見數君子之如是也，亦必相戒而改前日之非，則不待他時，而院風已稍變，滉言終歸

---

173 厭：養校에 "手本, '厭從土。"라고 하였다.

於無用, 則尤幸矣。大抵守令能不恥下士, 而極意尊賢, 諸生知
自重其身, 而勵志講學, 則彼此交盡, 而書院之名實得矣。惟足
下諒之。嘉靖丁巳二月旣望, 李滉拜。《【書成而不送。】》[174]

KNL0164(書-成渾-1)(癸卷12:39左)(樊卷14:26右)
答成浩原【渾○庚午】[175]

去冬 獲承寄翰兼與孫兒書, 深用感佩。當在都下日, 疾病支
離, 加以應接之煩, 雖得奉眄, 同於不面, 而遽出國門, 把袖一
別, 何可及也? 今知彼時中途而返, 尤悵然也。滉迨未解職,
何名爲退? 今上致仕文字, 庶幾因此而脫免罪戾, 仄惕以俟。
　　往年誤託先尊先生墓碣銘, 非敢憚作, 不敢當也。公何不
悔, 誤託, 久而益甚, 使人終避不得? 今試草就, 疎鹵若此, 乃
不敢匿, 覥然呈上。直恐先德潛光, 由滉而陻沈也。且近日朝
貴求碣文而辭者四五家, 如聞此事, 應被大詬。懇祈勿宣, 庇
此殘喘, 不勝至幸。紙盡不具。

174 書成而不送 : 底本(癸本)과 庚本·擬本에는 없지만 定草本에는 있다. 甲本에는
"書成而不遣。【手本自註】"로 되어 있다.
175 庚午年(宣祖3, 1570년, 70세) 1월 30일(그믐) 禮安에서 쓴 편지로 추정된다.
成渾(1535~1598)은 本貫이 昌寧, 字가 浩原, 號가 默庵·牛溪, 諡號가 文簡이다.
聽松 成守琛의 아들이다.〔編輯考〕李滉이 成渾에게 보낸 편지는 2통으로, 庚本에
모두 실렸다.〔資料考〕《牛溪集》(續集卷3:1右)에는 成渾이 李滉에게 보낸 편지인
〈與退溪先生〉이 실려 있다. 그 與書는 내용상 己巳年(1569) 12월에 보낸 것으로 추
정되지만 李滉의 이 答書에 대응하는 與書는 아니다.《牛溪集》에 실린 牛溪의 與書에
대한 李滉의 答書는 逸失된 것으로 보인다.

KNL0165(書-成渾-2)(癸卷12:40右)(樊卷14:26左)

答成浩原[176]

《千里佇書, 伏審頃遭重服, 無任驚怛之至。緬惟親愛加隆, 哀慟[177]何堪？素知左右清羸異於恒人, 惟在寬抑以副遐情。》

　　示喩先公墓碣銘文差誤處, 兼得李叔獻評論, 果如是, 鄙文妄矣。此滉所以前日不敢承當誤囑之意, 正爲不知而作, 必未免此等紕繆, 爲先德累也。從當依示修削, 使無大戾。然旣成追改, 比如拙匠作室之後, 因人指出病處, 從而加斧斤, 以副人言。其斲鑿之痕, 豈能中法度合人見耶？其爲敝屋必矣。況若欲改於立談之頃, 其血指汗顔之斲, 尤恐生病。姑徐之以待後便, 祕而勿宣, 想不待鄙言而自留意也。

　　但於此不能無少疑, 所謂"見幾"、"明哲"等語, 公及叔獻力加分疏, 意以要避禍爲非正法, 郭林宗爲不足尙而云云耶？鄙意此事因人所遭不同而有正不正之異。如己卯間事, 妄謂如先公所處, 乃正也, 何病之有而必欲勿言耶？

　　滉卽日心事大乖, 毀譽兩愕, 自嘆處身之無狀, 以至終難收拾也。聞苑除久不拜, 何以如此？言不能盡意, 惟願加護席珍。

《筆墨佳貺, 愧佩爲多。年來衰倦, 漸與鉛槧相疎, 然習氣除未盡, 乃知"何可一日無此君"者不但可施於竹君也。苧

---

176 庚午年(宣祖3, 1570년, 70세) 4월 20일 禮安에서 쓴 편지로 추정된다. 中本・定草本에는 〈答成浩原【庚午】〉로 되어 있다.
177 慟 : 上本에는 "痛"으로 되어 있다.

幅已來, 早晚當洗還。第向者所寄先墨妙與綃幅, 兒輩失付託, 以至漬敗。愧恨不可名言。》

BNL0166(書-崔應龍-1)(樊卷14:28右)

答崔見叔【應龍○庚午】[178]

伏承令書, 如奉晤欵, 欣荷無比。滉僅保病拙。時月相阻, 勢之使然, 固無如何。

　今來朴秀才 英秀, 可與共處。適此寒凜, 江舍非病漢所宜, 近將入溪舍, 溪上時無寓處, 四五曾來人, 皆將有散去之勢。玆不能相留, 愧恨[179]恨。惟照諒。餘在秀才之還。

KNL0167(書-崔應龍-2)(癸卷12:41右)(樊卷14:20右)

答崔見叔【應龍】**問目**【庚午】[180]

　《心經》[181]"子絶四"《附註》, 程子曰: "敬卽是禮, 無己可克,

---

178 庚午年(宣祖3, 1570년, 70세) 9월 하순 禮安에서 쓴 편지로 추정된다. 崔應龍(1514~1580)은 本貫이 全州, 字가 見叔, 號가 松亭이다. 〔編輯考〕李滉이 崔應龍에게 보낸 편지는 8통이다. 庚本에 3통이 실렸고, 樊本 內集에 나머지 5통이 추가로 수록되었다.

179 恨 : 底本의 두주에 "'恨'下疑脫'愧'字。"라고 하였고, 上本에도 동일한 두주가 있다. 拾遺에는 뒤에 "愧"가 있다.

180 庚午年(宣祖3, 1570년, 70세) 9월 禮安에서 쓴 편지로 추정된다. 〔年代考〕中本·

始則須絶四。"此語似爲學者言也, 而附於絶四之下, 何也? 愚意《論語》"絶四"之"絶", 無之盡之謂也, 非聖人不能當也, 程子"絶四"之"絶", 疑是絶去之意, 而學者事也。所謂四者, 以四非觀之, 如何?

程子此段, 此中諸友亦以爲疑。今示《論語》所云, 聖人事, 而程子之言, 學者事, 正是如此。但本爲聖人事, 轉下來作學者事言, 此意有不可曉者。四非之說, 恐亦未然也。

KNL0168(書-崔應龍-3)(癸卷12:41左)(樊卷14:28左)

答崔見叔[182]

書來, 每以塵務爲歎, 此有官守者之通患, 亦當隨時隨事, 不廢持守體察之功, 而苟得餘暇近書冊, 須尋取所嘗用力處義理趣味, 澆灌心胸, 玩適游泳, 日復一日, 久久漸熟, 則當有得力之

樊本·上本 등의 해당 부분 편차에 의거해서 庚午年 1570년 9월에 보낸 것으로 추정하였다. 中本·定草本에는 〈答崔見叔問目〉으로 되어 있다. 庚本·甲本에는 〈答崔見叔【應龍】問目〉으로 되어 있다. 庚本(慶熙大本)·擬本에는 〈答崔見叔問目〉으로 되어 있다.
181 心經 : 中本·樊本에는 뒤에 "十五丈"이 있다. 上本의 부전지에 "十五丈"이라고 되어 있다.
182 庚午年(宣祖3, 1570년, 70세) 9월 하순 禮安에서 쓴 편지로 추정된다. 〔年代考〕中本·樊本·上本 등의 해당 부분 편차에 의거해서 庚午年 1570년 9월에 보낸 것으로 추정하였다. 中本·定草本·庚本·甲本에는 〈答崔見叔【庚午】〉로 되어 있다. 中本의 부전지에 "無'問目', 有'庚午'."라고 되어 있다. 擬本에는 〈答崔見叔【應龍】問目〉으로 되어 있고, 부전지에 "{手}本無'問目', 有'庚午'."라고 되어 있다.

時矣。

　如滉, 幸此閑居, 無他外撓, 正好進修之日, 而老疾昏眩, 不能大加功力於此事, 每得朋友責勉之語, 未嘗不愧汗浹背也。

　《心經》吳草廬"物接乎外, 閑之而不干乎內"一語, 正如來諭之云。蓋孔子於邪著閑字, 則固可謂不干乎內, 今日物接而云云, 豈非禪寂耶? 程子"耳須聞, 目須見", 所疑亦是, 但此若自然語及, 則必不下兩須字, 今乃是答蘇昞靜中無聞無見之問, 故不得已下兩須字。然其須字, 不必深看爲必字之意, 只以當字之意類看, 言耳當有聞, 目當有見云耳。不知高明以爲如何? 不宣。

BNL0169(書-崔應龍-4)(樊卷14:29左)

與崔見叔[183]

伏問令候何如? 煩仰恐恐。兒子篤妻得腫證, 不知醫藥, 悶極。孫兒安道爲進, 伏望俯採所懇指圖, 何如? 伏惟令鑑。餘都付安道。謹拜。

---

183 庚午年(宣祖3, 1570년, 70세) 9월 禮安에서 쓴 편지로 추정된다. 中本에는 〈與崔見叔【庚午】〉로 되어 있다.

BNL0170(書-崔應龍-5)(樊卷14:29左)

答崔見叔[184]

屢承辱書，喜審令履沖勝。滉近苦羸頓，避寒去江舍，入蟄溪莊。泗川前今兩書，偕答送去，幸命付來人。不具。謹拜謝。

BNL0171(書-崔應龍-6)(樊卷14:30右)

答崔見叔[185]

伏承令書，動履勝迪，欣寫不已。滉先惻寒威，杜門溪舍，粗保遣日。封餘感仰。玉川子曰："至尊之餘合王公，何事便到山人家？"，其知言哉！謹拜謝。

KNL0172(書-崔應龍-7)(癸卷12:42左)(樊卷14:30右)

答崔見叔問目[186]

《程子曰："呂與叔六月中來緱氏，閑居中，某常窺之，必見其儼然危坐，可謂惇篤矣。""窺"字之意，何如？《語》曰：

---

184 庚午年(宣祖3, 1570년, 70세) 10월 禮安에서 쓴 편지로 추정된다. 中本에는 〈答崔見叔【庚午】〉로 되어 있다.

185 庚午年(宣祖3, 1570년, 70세) 10월 禮安에서 쓴 편지로 추정된다. 中本에는 〈答崔見叔【庚午】〉로 되어 있다.

186 庚午年(宣祖3, 1570년, 70세) 11월 10일 禮安에서 쓴 편지로 추정된다.

"省其私." 著省字似好, 而著窺字, 無乃記者之誤耶? 抑窺字無妨乎?》

《窺字, 一訓小視也。此窺字, 止當以此義看。然不若省字之爲善, 必記者之未加審耳。》

蘭溪 范氏曰: "心雖未嘗不動, 而有所謂[187]至靜。彼紛紜于中者, 浮念耳, 邪思耳, 物交而引之耳。雖百慮煩擾, 而所謂至靜者固自若也." 心, 一也, 所謂紛紜者, 何物? 所謂至靜者, 何物也? 心之神明不測, 變化周流, 操則存而靜, 舍則散而昏, 或煩[188]或散, 疑在操舍之間, 心無二也。其曰 "百慮紛擾, 而所謂至靜者固自若也"云爾, 則似有二心於方寸, 此語何如? 晚年爲學, 不能專靜, 以不實之心, 應無窮之變, 雖欲操存, 若存若亡, 忽忽冥冥, 人道交乘之幾, 不能的見, 思慮紛紜, 茫無據守。[189] 程夫子有言曰: "唯是止於事." 此語可爲操守之要則耶?

范蘭溪之言與朱子所引胡文定"百起百滅而心固自若"之說相同, 而此說尤可疑。蓋一動一靜者, 心之體用, 非別有一心至靜自若於紛紜浮念之裏。來喩云云, 正得滉平日所疑處, 今

---

187 謂: 中本·定草本·樊本·上本에는 없다. 定草本의 교정기에 "謂"라고 되어 있다.
188 煩: 養校에 "'或煩'之'煩', 恐'存'之誤."라고 하였다. 柳校에 "'煩'恐'存'之誤."라고 하였다. 李校에 "大山云: 「煩」, 或「存」之誤."라고 하였다.
189 據守: 中本·樊本·上本에는 뒤에 "奈何"가 있다.

不敢率易爲說, 以凟聞於致思之地。當更詳硏以擬後稟耳。

　　思慮紛擾, 古今學者之通患。今欲救此, 固莫如所引程子"唯是止於事"之語。故《大學》知止而后, 有定靜安之效。雖則然矣, 徒守此一語, 亦不濟事, 乃知朱門大居敬而貴窮理爲學問第一義, 程子亦曰:"習能專一時方好。"此語尤有味。

BNL0173(書-崔應龍-8)(樊卷14:31左)
答崔見叔[190]

屢承存問, 且有物以隨之, 感悚且愧。適數日來, 痰證暴發, 徧體妨痛, 坐臥不得如意, 又以兒婦病重, 憂灼方深, 別紙所諭, 未及修報, 當俟後便。伏惟令諒。草草不具。

---

190 庚午年(宣祖3, 1570년, 70세) 11월 하순 禮安에서 쓴 편지로 추정된다. 中本에는 〈答崔見叔【庚午】〉로 되어 있다.

退溪先生文集 卷十三

KNL0174(書-鄭之雲-1)(癸卷13:1右)(樊卷15:1右)

答鄭靜而【之雲○庚申】[1]

僕獨臥漳濱, 日覺衰耗離索之憂, 知古人之實獲我心也, 若非林泉魚鳥之樂, 殆難度日。每思如公輩長在城中, 不知有此樂, 其何以消遣耶?

　向者所規海郡之行, 恐其久處官衙縱酒喪德故耳。繼聞欲往天磨等處云, 若果爾則甚善無妨。今觀書中, 有動止狼狽之語, 因問子中, 頗聞一二悠悠之論, 本不足掛意, 然不可不先事善處, 不如早去屛迹雲山中, 雖未免間入城中, 非久復出, 如是數歲, 其言自息耳。但君嗜在麴蘖, 志怠書冊, 恐不能久於杜門守寂, 是爲大患耳。〈箴解〉中所論禪學處, 甚善, 當幷錄送。其他曲折, 子中必能言之, 玆不致詳。

　明彦書兩紙, 具悉。近又專伻致書來, 其書及辯難, 近數千餘言, 浩博無涯涘, 甚可歎賞。其攻吾輩之失, 不爲專非, 亦不能專是。鄙說中如"善惡未定[2]"等語, 吾未見明彦書之前, 曾[3]已自覺其未安。今得明彦所駁, 而覺得未安處, 亦非一二。於此, 益知朋友講論之有大補也, 甚幸甚幸。所從改定處, 後當

---

[1] 庚申年(明宗15, 1560년, 60세) 2월 5일 禮安에서 쓴 편지로 추정된다. 鄭之雲 (1509~1561)은 本貫이 慶州, 字가 靜而, 號가 秋巒이다. 〔編輯考〕李滉이 鄭之雲에게 보낸 편지는 1통으로, 庚本에 실렸다. 이 편지는 初本과 中本에 수록되지 않았다가, 定草本에 뒤늦게 수집되어 실린 것이다.

[2] 定 : 甲本에 "專"으로 되어 있다. 養校에 "'專'恐'全'。"이라고 하였다. 李校에 "'專'恐當作'定'。"이라고 하였다.

[3] 曾 : 樊本에는 "會"로 되어 있다.

寄呈矣。但所云鄙說未安處，是不過文字之疵，語勢之病耳，大旨則非不是也。明彦必欲舉全篇大義，盡斥攻之，無一句得完者，此其一病也。

又明彦前日所自爲說，初極疎謬，其後改本，雖稍勝前，而大段誤處尙多，書中專不自知其失，務欲自護而專攻人，此又其二病也。

然彼辯口如懸河，而吾輩拙訥如此，何能一一與之爭論而求勝乎？但當從其是，而自改誤處，略擧彼失，而聽其從否如何，而時未暇下手耳。餘在子中。所冀晦勉萬萬。

KNL0175(書-金德鵝-1)(癸卷13:2左)(樊卷15:2左)

答金成甫【德鵝】別紙【○癸亥】[4]

〈櫂歌〉九曲一絶四句意，滉當初所見，亦與註意同，故初一絶云云。其後所以改作一絶如此者，非故欲鑿新而立異也，只因反覆詳味本詩之意及除是別有四字，而疑其當如此看也。然於滉心，初亦不敢自必其的然，嘗以寄示奇君 明彦，明彦亦不以後一絶爲是，想其意正與來示同也。

---

4 癸亥年(明宗18, 1563년, 63세) 禮安에서 쓴 편지이다. 金德鵝(1525~1567)은 本貫이 安東, 字가 成甫이다. 駱谷 金德龍(1518~?, 字 雲甫)의 아우이다. 〔編輯考〕李滉이 金德鵝에게 보낸 편지는 1통으로, 庚本에 수록되었다. 이 편지는 初本과 中本에는 실리지 않았다가 후에 추가로 수집된 것이다. 定草本에는〈答金成甫別紙【德鵝】〉으로 되어 있다. 庚本・擬本・甲本에는〈答金成甫別紙【德鵝○癸亥】〉로 되어 있다.

來喩說得本註之意, 固是如此。但如此則"靄平川"以上, 作吾所自得無窮之趣看矣。然則其下漁郞更覓桃源別有之天者, 當作如何看耶? 若幷此而同作吾所自得處看, 則不當反有更覓仙路除是人間而別有一天之語矣; 若以此二句作異端老、佛之徒厭常惡近而覓道於空虛杳冥者看, 則其語當有譏誚斥外之意。不宜如是作一段好事, 爲若有慕尙歆艶之意也。

且《聯珠詩格》此詩末句下註云: "先生嘗以此句召謗。"此事有無, 未有他考, 若果有之, 則揆以右兩段意, 皆不當召謗也。何者? 若如上段意看, 則所謂別有天者, 卽在桑麻雨露之中矣, 非有傲物輕世之意, 何謗之有? 若如下段意看, 則所謂別有天者, 乃指異端者流, 不屬先生自家事, 亦何因而致謗耶?

大抵九曲十絶, 竝初無學問次第意思, 而註者穿鑿附會, 節節牽合, 皆非先生本意, 故滉嘗辯其非, 而奇明彦亦以爲然矣。獨於九曲, 與滉後改之說不同者, 蓋自八曲"自是遊人不上來", 以[5]一句及此一絶, 雖亦本爲景致之語, 而其間不無託興寓意處, 故雖明彦之辯洽, 不能不爲牽合之說所動而然也。故鄙意竊謂: 先生此一絶, 本只爲景物而設, 而九曲一境, 山盡川平而已, 素號此處別無勝絶, 殆令遊興頓盡處, 故詩前二句, 直叙所見, 而末二句意, 若曰'勿謂抵此境界爲極至處, 而須更求至於眞源妙處, 當有除是泛常人間, 而別有一段好乾坤也云云。'觀諸賢和詩, 和此意者, 亦多有之。如方岳云: "筍輿更問星村路, 去看溪南一線天。"張憲云: "摩挲老眼拏舟去, 看盡蓬壺洞裏

---

5 以 : 底本의 두주에 "以疑此之誤。"라고 하였고, 甲本·樊本·上本에도 동일한 두주가 있다. 鄭校에 "'以'字可疑, 似是'此'字。不然, 除也。【鄭】"이라고 하였다.

天。"楊士倧云:"莫道眞遊來此止, 更從此去覓壺天。"顧應祥云:"更將淸興消斜日, 風洞重尋一線天。"【註云 :"風洞有一線天, 乃武夷最奇處, 遊人厭其遠, 俱不到。"】此等句, 皆以景致盡處, 故更欲別尋一仙境, 以爲究竟處。

竊意先生初意亦只如此而已, 而讀者於諷詠玩味之餘而得其意思超遠涵畜無窮之義, 則亦可移作造道之人深淺高下、抑揚進退之意看, 如子貢無諂無驕爲至, 曾子隨事精察而力行之, 顔子從事博約而欲罷不能之時, 皆以眼豁平川爲極至處, 及聞貧而樂富而好禮, 及聞一貫之旨, 及見所立卓爾, 皆是到得別有天意思也。 然此意當如古人引詩斷章取義之例而作如此看, 詩之本意, 正不說此也。 知此則所詰所立卓爾之說, 不辯而明矣。

KNL0176(書-洪仁祐-1)(癸卷13:5右)(樊卷15:5右)

與洪應吉【仁祐】[6]

齋廳寥曠, 雨聲秋思, 令人發省, 恨莫與晤款也。

6 壬子年(明宗7, 1552년, 52세) 7~8월 서울에서 쓴 편지로 추정된다. 洪仁祐(1515~1554)는 本貫이 南陽, 字가 應吉, 號가 耻齋이다. 〔編輯考〕李滉이 洪仁祐에게 보낸 편지는 12통이다. 庚本에 7통이 실렸고, 續集에 4통이 추가되었으며, 나머지 1통은 樊本 遺集外篇에 추가로 실렸다. 〔資料考〕이 편지들은 洪仁祐의 문집인《耻齋遺稿》(重刊本)에도 실려 있다. 《耻齋遺稿》는 1607년경 初刊되었으며, 1639년에 重刊되었다. 이 편지는《耻齋遺稿》(卷1:6左~7左)에 洪仁祐가 쓴 이 편지에 대한 답장인〈上退溪書〉과 함께〈元書〉라는 제목으로 실려 있다.《要存錄》(260쪽)에는 이 편지에 대한 洪仁祐의 답장〈上退溪書(1)〉을 실어 놓았다. 〔年代考〕中本에서 洪仁祐

"夜氣"與"未發之中", 正以僕前夕所云太率易, 非眞實有見, 特一時想像揣度而言之爲愧, 故有不可易言之云。今何敢復爲杜撰之說耶? 當各隨時隨事, 加存養體察之功, 庶有實得眞見而相發明, 乃有益耳。近冒暑趁事, 疾病轉添, 勢有所不堪, 奈何?

SNL0177(書-洪仁祐-2)(續卷3:21右)(樊續卷3:22左)

答洪應吉[7]

暫違芳鄰, 只有馳系, 承惠札, 披寫曷喩? 歷時冒忝, 寸無補益, 惟是得罪於諸英, 不一而足, 歸來伏枕, 慚汗浹背, 未知何日得釋槓肩之擔, 庶少安愚分耳。平時隨分憒憒, 每與公等接語, 深覺洗去蒙滯者多矣。第以在近猶有[8]憧憧之戒, 不得昕夕追尋, 今此稍遠, 其能副宿懷耶? 用是悵悵。

《易解》, 深所願得, 欣然如見明師, 感感。寄紙, 姑留待病間, 以爲覆瓿之需。但〈夙興夜寐箴〉[9], 日對明倫, 而尙有未記

에게 보낸 편지는 그 작성 연대가 고려되지 않은 채 편집되어 있다. 樊本에서는《恥齋遺稿》를 참고해서 그것을 바로 잡았다. 이 편지들의 연월 편차는 樊本을 기준으로 하고, 《恥齋遺稿》를 참고해서 기록하였다. 續集은 원래 수록 작품에 대한 연월 편차를 제대로 고려한 것이 아니므로 논외로 하였다. 擬本에는〈與洪應吉〉로 되어 있다.
7 壬子年(明宗7, 1552년, 52세) 7~8월 서울에서 쓴 편지로 추정된다.〔資料考〕《恥齋遺稿》(卷1:7左~8左)에는 洪仁祐가 보낸 편지〈上退溪書(2)〉와 함께 이 편지가〈答書(2)〉라는 제목으로 실려 있다.
8 有 : 中本・《恥齋遺稿》에는 "畏"로 되어 있다. 續草本의 추기에 "'有', 初本作'畏'."라고 하였다.

之句, 旅橐又無書可檢, 當因便膽取而寫, 無不可耳。蒙喩畫幅, 曾所未知, 不覺哽塞。[10] 或遂得推惠, 何幸如之?[11]

KNL0178(書-洪仁祐-3)(癸卷13:5右)(樊卷15:5右)
答洪應吉[12]

《□□□垂訪[13], 其於病鬱, 慰幸深矣。》示喩整庵所見, 於大頭腦處錯了, 其他精到處, 似未足尙。只要見近古中原文獻如何, 且猶能與陽明角立, 以[14]爭禪學之非, 是爲整庵而已。近日僕之蹤跡, 思之悚惕, 委頓亦甚, 秋江前約, 恐未遂, 咄咄書空耳。[15]

9 夙興夜寐箴 : 底本에는 없으나, 中本·樊本·上本·《耻齋遺稿》에 依據하여 補充하였다. 續草本에는 없고 추기에 "缺'夙興夜寐箴'五字。"라고 하였다.

10 不覺哽塞 : 續草本의 추기에 "右四行改寫次。"라고 하였다. 《耻齋遺稿》에는 뒤에 "【先生仲兄參判公瀅, 嘗求畵于申世霖, 而參判被禍故云。】"이 있다.

11 或遂……如之 : 《耻齋遺稿》에는 없다.

12 壬子年(明宗7, 1552년, 52세) 7~8월 서울에서 쓴 편지로 추정된다. 〔資料考〕 《耻齋遺稿》(卷1:8左~9左)에는 洪仁祐가 보낸 편지 〈上退溪書(3)〉과 함께 이 편지가 〈答書(3)〉이라는 제목으로 실려 있다.

13 中本의 부전지에 "'垂訪'上有缺字, 當黑方圈二。"라고 하였고, 樊本·上本의 두주에 "'垂訪'上有缺字。"라고 하였다. 《耻齋遺稿》에는 缺字 표시가 없다.

14 以 : 《耻齋遺稿》에는 "似"로 되어 있다.

15 耳 : 中本에는 뒤에 "衹來"가 있고, 부전지에 "'衹來'二字, 必自彼衹來矣, 簡尾書, 去之如何?"라고 하였다.

KNL0179(書-洪仁祐-4)(癸卷13:5左)(樊卷15:5左)

與洪應吉[16]

昨夕對床論話, 多幸。但於鄙言, 無所銓揀, 而俱曰是, 此豈有益於憒憒耶？繼此切望痛加辯詰, 庶精義不差也。兩書皆呈, 但禪學如膏油, 近人則輒汙, 陽明又以雄辯濟之, 尤易惑人, 諸公須戒之, 勿作徐曰仁輩始明終昏而自以爲得。

KNL0180(書-洪仁祐-5)(癸卷13:6右)(樊卷15:6右)

與洪應吉[17]

見諾徐復齋所著, 傳了, 切望寄示。鄭先生著述, 任武伯令公, 許欲搜得於其後昆處見示。近者, 再三[18]叩之, 則任公答云："所存只有先生手抄先儒之說, 若先生著述則無矣。"可歎。

有《醫閭先生集》者, 僕新得見之, 其人師陳白沙, 而篤信此學, 似不全墮於白沙禪學, 殊可喜。想曾已見之矣, 自幸得見, 故奉告之耳。復齋稿, 前來者, 送去。

---

16 壬子年(明宗7, 1552년, 52세) 7~8월 서울에서 쓴 편지로 추정된다.〔資料考〕《耻齋遺稿》(卷1:9左)에 洪仁祐가 보낸 편지〈上退溪書(3)〉, 그리고〈答書(3)〉과 함께 이 편지가〈又【元書】(4)〉라는 제목으로 수록되어 있다.

17 壬子年(明宗7, 1552년, 52세) 8월 서울에서 쓴 편지로 추정된다.〔資料考〕《耻齋遺稿》(卷1:9左~10左)에는 洪仁祐의 답장〈答退溪書(4)〉와 함께 이 편지가〈元書(5)〉라는 제목으로 실려 있다.

18 三 :《耻齋遺稿》에는 "一"로 되어 있다.

SNL0181(書-洪仁祐-6)(續卷3:21右)(樊續卷3:22右)

答洪應吉[19]

《近日爲況如何？前來集錄，謹封還納，惟照領。》花潭所謂皇極經世數，《終未諭何謂。》欲如前約會僻靜處商論，得其大旨，而春寒尙嚴，未果爲恨耳。明或明明間，僕以事欲往於義洞近處，若於其近處有可會空家，則僕欲就之，而要公與南上舍共臨，則便好矣。《未知有其所否，》示及爲望。《南上舍字，喩及亦望。謹奉問。》

《若無其處，則南部洞有可會處，後日吾當更通此意兼[20]南上舍前。》

KNL0182(書-洪仁祐-7)(癸卷13:6右)(樊卷15:6左)

答洪應吉【癸丑】[21]

近以病中憂旱，殊無好況，久未相問，承書，始知有驪興往還，

---

19 癸丑年(明宗8, 1553년, 53세) 3월 2일경 서울에서 쓴 편지로 추정된다. 〔資料考〕《恥齋遺稿》(卷1:10左~11右)에는 洪仁祐의 답장 〈答退溪書(5)〉와 함께 이 편지도 〈元書(6)〉이라는 제목으로 실려 있다. 다만 "未果爲恨耳" 뒤의 내용은 刪節되었다. 中本에는 〈與洪應吉〉로 되어 있다.

20 兼 : 中本의 부전지에 "'兼'下有脫字, 此條或去之如何?"라고 하였다.

21 癸丑年(明宗8, 1553년, 53세) 4월 초순 서울에서 쓴 편지로 추정된다. 〔資料考〕《恥齋遺稿》(卷1:14左) 〈答退溪書(9)〉의 뒤에도 〈答書【景浩】(8)〉라는 제목으로 실

且作關東行計, 楓岳、鏡浦, 平生眷眷而不得者, 將先入君手, 老夫歆羨, 眞如籠鶴望雲而奮迅, 奈何奈何? 時甫同行否? 山林之願, 誰獨無之? 一失脚塵中, 能遂其願者鮮矣, 君之此行, 時不可失。老夫亦安能終遂沒沒於此耶? 每遇名區, 爲我好相待, 而謝其遲遲也。花潭行錄, 太似疎略, 須勿惜周悉, 歸洗塵鬱, 不勝幸甚。時甫同行, 亦以是勉之。

KNL0183(書-洪仁祐-8)(癸卷13:6左)(樊卷15:7右)
與洪應吉[22]

近想尊丈先生起居康福, 侍奉外日有進益。就中《遊錄》後跋, 不敢强辭, 不足以發揮, 適以浼累, 奉納多愧。

　僕又愛此錄之詳贍, 傳寫一件, 欲爲他日憑討之資, 適子弟皆出, 無人對校, 幷以奉呈, 欲望兩君對讀一過, 以正訛漏而反之, 何如? 其間細觀, 有未穩處, 輒以鄙意改之, 頷肯與否, 唯在雅量。幷寬其率易之罪, 幸甚。

려 있다. 한편《耻齋遺稿》(卷1:14右~左)에 실려 있는 洪仁祐의 편지 2통,〈上退溪書(8)〉과〈答退溪書(9)〉는 이 편지부터 186번〈答洪應吉〉까지의 李滉 편지에 대한 洪仁祐의 편지가 아니라, 李滉이 그 이전에 보낸, 다시 말하면 현재는 일실된 李滉 편지에 대한 洪仁祐의 편지로 추정된다.

22 癸丑年(明宗8, 1553년, 53세) 9월 10일 서울에서 쓴 편지로 추정된다.〔資料考〕《耻齋遺稿》(卷1:15右~16右)〈答退溪書(9)〉의 뒤에도〈元書(9)〉라는 제목으로 실려 있다.〔年代考〕《耻齋遺稿》에 실려 있는 편지 끝부분에 "重陽後日"로 그 작성 연대가 기록되어 있다.

告時甫頃論心有善惡之說, 大錯。性卽理, 固有善無惡; 心合理氣, 似未免有惡。然極其初而論之, 心亦有善無惡, 何者? 心之未發, 氣未用事, 唯理而已, 安有惡乎? 惟於發處, 理蔽於氣, 方趨於惡, 此所謂"幾分善惡", 而先儒力辨其非有兩物相對而生者也。趙致道〈誠幾圖〉、王魯齋〈危微圖〉, 已盡之。前日不察而率然發口, 追思頯泚。近得鄭靜而〈天命圖〉, 甚不易也。但所差亦在於此, 又謂性不可以善惡名, 此亦誤說。大抵義理精微, 何可易而言之哉?

所求靜說, 足下所見, 殊端的, 吾無以進於此者。但辱書言簡而意到, 心實愛之, 故當初受而不辭。更見其中所以見推者大過, 無一句可當之實, 冒受此書, 雖不以示人, 天亦非之, 怛然不寧, 敢以回納。須就其間, 截去二三行, 補以他紙, 略道其嚮道慕古、拙修勉強之意, 不過數句而止, 還以見寄, 不勝幸甚。

人有爲學之名, 人必以百責歸之, 此危道也, 況自相以無實之辭稱美推許, 以招人之笑怒哉?[23]

SNL0184(書-洪仁祐-9)(續卷3:22右)(樊續卷3:23右)

答洪應吉[24]

伻借《沖菴集》曁貴稿試策, 足見銘逮, 深荷且幸。前此, 但聞

---

23 怒哉 : 《恥齋遺稿》에는 뒤에 "重陽後日, 滉。"이 있다.
24 癸丑年(明宗8, 1553년, 53세) 9~10월 서울에서 쓴 편지로 추정된다. 〔資料考〕

金公以"孤峯"爲號, 不知更有"沖"號, 今賴君始得知之, 眞可罪沈諸梁也。姑且留閱, 不延時月, 幷盛策奉還。《未依所戒, 入手旋還。》冀垂寬遲。病懷寥落, 擇寒威少紓之日, 惠顧, 翹望翹望。《謹拜謝復。》

KNL0185(書-洪仁祐-10)(癸卷13:8右)(樊卷15:8右)
與洪應吉[25]

比日寒凝, 想侍履進道有相, 益增淸福。前來策草, 緣兒輩傳誦, 多日未還, 今始回納, 有愧稽緩也。

當初見策題, 竊恐對者難說到十分處, 及觀盛對, 議論開闊, 筆勢滂沛, 令人發望洋之歎, 而張吾輩之氣, 眞可爲聖朝預賀得人也。其中如"不可傳者, 藏於萬物之表"等語, 似太涉高遠, "所以然"、"所當然", 亦少有差互說處, 想寸晷之下筆快失照管之病, 應已白燭破也。

《沖菴集》五卷, 姑留此, 亦有令子弟傳寫之文, 俟了, 當謹奉還。細觀此人學問, 初雖陷於老、莊, 後來所見, 實高人一等, 其歸養辭職等疏, 出於至誠。有此見識, 而不得如其志,

---

《耻齋遺稿》(卷1:16右~左)〈答退溪書(9)〉 뒤에도 〈答書(10)〉이라는 제목으로 실려 있는데, 이황의 편지에 대한 홍응길의 답서(答書)로 되어 있다. 앞서 보낸 이황의 편지는 다음에 나오는 〈홍응길에게 보내다[與洪應吉]〉(KNL0185)이다.
25 癸丑年(明宗8, 1553년, 53세) 9~10월 서울에서 쓴 편지로 추정된다. 〔資料考〕《耻齋遺稿》(卷1:16左~17右) 〈答退溪書(9)〉의 뒤에도 〈元書(11)〉이라는 제목으로 실려 있다.

終蹈大禍, 豈不悲哉! 豈不[26]悲哉!

拙疾因寒轉深, 弓臥冷齋, 俟稍姸暖日, 不惜枉顧, 洗此幽愁也.

SNL0186(書-洪仁祐-11)(續卷3:22右)(樊續卷3:23右)
與洪應吉[27]

《【頭少缺】[28]省,》因妻母在宜寧得病, 求藥訪醫[29], 圖劑無暇. 故昨夕, 伻探出城之遲速, 伻還獲書, 乃知愆候尙未差復, 深慮深慮.

人老少虛實不同, 聖人旣制爲喪禮, 極其至矣, 而又多設權宜, 以全人命, 過與不及, 皆非盡孝之道.

滉前此, 爲尊喪甚憂, 暫開其端, 而未敢盡其說, 今亦何待

---

26 豈不 : 《恥齋遺稿》에는 없다.
27 癸丑年(明宗8, 1553년, 53세) 10월 서울에서 쓴 편지로 추정된다. 〔資料考〕《恥齋遺稿》(卷1:11左~12右)에도 洪仁祐의 답장〈上退溪書(6)〉과 함께 이 편지가〈元書(7)〉이라는 제목으로 실려 있다. 〔年代考〕이 편지는《恥齋遺稿》에서는 癸丑年 3월 2일경에 보낸 위 SNL0181(書-洪仁祐-6)〈答洪應吉〉뒤에, 그리고 같은 해 4월 초순에 보낸 KNL0182(書-洪仁祐-7)〈答洪應吉【癸丑】〉앞에 편집되어 있다. 특히 181번〈答洪應吉〉뒤로는 甲寅年(1554) 6월경에 洪仁祐가 李滉에게 보낸 답장(〈答退溪書(7)〉), 癸丑年 10월에 南應龍에게 답한 李滉의 편지(〈答南時甫元書〉), 癸丑年에 보낸 것으로 추정되는 洪仁祐의 편지 2통(〈上退溪書(8)〉,〈答退溪書(9)〉)이 편집되어 있고, 그 다음에 182번〈答洪應吉【癸丑】〉이 편집되어 있어서 상당히 혼란스럽다.
28 中本의 부전지에 "缺處此亦黑圈."이라고 하였다.
29 求藥訪醫 : 中本에는 "訪醫求藥"이라고 되어 있다. 續草本의 추기에 "'求藥', 初本在'訪醫'下."라고 하였다.

云云？固孝念所洞知[30]，雖不信滉言，豈不信聖言乎？惟曲諒。旣緩行期，當謀後日就奉。謹此報。《滉拜。》

BIL0187(書-洪仁祐-12)(樊遺外卷2:9左)
與洪應吉【見《恥齋集》】[31]

跬步相阻，殊爲惘然。今日伻人初傳果誤，再傳則非有誤也。屢欲邀語，寓舍湫隘，煩鬱未果，如得稍淸曠處，日日對床固無厭，而寧有其所耶？

---

30 洞知 : 中本에는 뒤에 "也"가 있다. 續草本의 추기에 "'知'下, 初本有'也'字."라고 하였다.

31 癸丑年(明宗8, 1553년, 53세) 10월 서울에서 쓴 편지로 추정된다. 〔資料考〕 이 편지는 中本에는 실려 있지 않다. 樊本에 실려 있는 것은 그 題下 小注("見《恥齋集》")에 밝혀진 대로,《恥齋遺稿》(卷3:29右)에 실려 있는 것을 樊本을 편성할 때 찾아내서 그 遺集外篇에 실어 놓은 것이다. 〔年代考〕《恥齋遺稿》의 해당 부분 〈曾和東遊錄中二律 今錄呈以博笑〉는 퇴계가 1569년 귀향할 때 船上에서 옛날 洪仁祐가 金剛山 유람을 할 때 안내역을 맡은 승려를 만나 옛일을 회상하면서 당시 洪仁祐의 기행록《東遊錄》을 보고 和韻하여 지은 자신의 시 두 수를 기억을 더듬어 기록하고, 또 새로이 한 수를 지어 현재의 심정을 노래한 사정을 서술해 놓은 것이다. 이 편지는 당시 시를 지어 보낼 때 썼던 편지로 볼 수 있을 것이다. 그렇다면 1553년 9월에서 10월 사이에 쓴 편지로 추정할 수 있다. 해당 시는 外集(KWP0853)에 수록되어 있다. 中本・上本에는 〈與洪應吉〉로 되어 있다.

KNL0188(書-金克一-1)(癸卷13:9右)(樊卷15:9右)

答金伯純【克一○癸亥】[32]

价來, 承惠手翰, 辭意珍懇, 令人醒然改觀, 古人所謂不見異人, 當得異書者, 信不虛也.

滉幸此無他[33], 但覺衰頓日甚. 自聞星州之訃,【黃俊良】一慟之餘, 身病益添, 僅僅度日耳. 此人晚好此學, 深可嘉尙, 不淑遽至於此, 士友之慟, 想可同也.《收還《節要》書, 謹具來領. 琴上舍書三冊, 亦當卽傳.》

示諭"向來之誤, 今日之覺, 不幸已往, 至幸方來", 惟在加之意, 愼無以得少爲足, 亦深以作輟爲戒, 勿爲澆俗所遷奪, 積之以久, 何憂於卒無得耶? 苟爲不然, 前日見人之行不掩言, 以爲甚病者, 忽反在我, 是尤可懼也.

如滉老病瀕死之年, 乃始窺斑, 徒有跂想懸慕之勞, 實無所得, 每得朋友之書, 未嘗不懷惕靡容也.

《所索《節要》書寫本, 前二末一幷三冊, 入來籠呈上. 其餘琴․趙兩君, 亦以考點註取去未還, 從當取來, 遇便附上, 遲速

---

32 癸亥年(明宗18, 1563년, 63세) 3~4월 禮安에서 쓴 편지로 추정된다. 金克一(1522~1585)은 本貫이 義城, 字가 伯純, 號 藥峯이다. 鶴峯 金誠一의 兄이다.〔編輯考〕李滉이 金克一에게 보낸 편지는 2통으로, 1통은 庚本에 실렸고, 나머지 1통은 樊本 內集에 추가로 실렸다. 中本의 부전지에 "此書當入壬戌答(金士純)書上."이라고 하였다. 金克一은 金誠一의 兄으로 重校時 金誠一에게 보낸 편지 앞에 배치하도록 지시하였으나, 최종적으로는 知舊로 분류하여 올려서 편집한 것으로 추정된다. 擬本에는 〈答金伯純【癸亥】〉로 되어 있다.

33 他 : 柳校에 "按, '他'恐當作'它'."라고 하였다.

未可料也。且其註脚亦非全具，或當註未註處尤多，不滿人意，可恨耳。適友人來集，未及詳悉。惟冀仕學兩優，以副遠期。》

BNL0189(書-金克一-2)(樊卷15:10右)

答金伯純【己巳】[34]

頃者遠來辱訪，別後馳懷，無路搜陳。茲奉惠書，宛若再成晤對，幸荷無已無已。

滉緣今冬寒沍異常，舊患痰證發動，膈熱口乾間作，寒齋龜縮，度日頗苦耳。

示喩川谷從祀參奉、葬軍事，謹具承悉。唐紙冊，卽蒙垂意，精裝委惠寄來，珍佩亦深。遊山盛作，恨未得見，今此錄示，得與嚮留佳什諷玩圭復之餘，不覺老昏病鬱渾洗去也。

前告《啓蒙翼傳》三冊，附來人送上，但更審此書多小註，恐功力良多，未易成，而又與《啓蒙》同刊，尤未易就緖，不如送朴大提處，令書館印出，無乃爲便乎？須閱視商度，早晚因此縣書役人回時，通示可否，爲望。貼標兩板之闕，已囑柳成龍求完帙於燕肆而來，未知得來否耳。

---

34 己巳年(宣祖2, 1569년, 69세) 10월 禮安에서 쓴 편지로 추정된다.〔年代考〕내용 중 柳成龍의 燕京 使行과 관련된 내용이 나온다.《西厓先生年譜》에 의하면 柳成龍이 燕京에 聖節使 書狀官으로 파견된 것은 宣祖 2년, 1569년 10월이다. 그 사실에 의거해서 이 편지를 己巳年(1569) 10월경에 보낸 것으로 추정하였다.

BNL0190(書-權大器-1)(樊卷15:10左)

答權景受【大器○丁卯】[35]

頃聞君有來意, 續聞君有眼患, 若然則何能冒熱以來? 今承來示如所料, 安可強也? 滉不謂推遷以至于此, 載病觸熱, 跋涉千里, 旣云難保, 旣到又更有難處者, 奈何? 然羝羊觸藩之勢, 不能自由, 可悶。惟照。不宣。謹拜復。

BNL0191(書-權大器-2)(樊卷15:11左)

答權景受[36]

鄭君來, 得見惠書, 閑中消息, 足慰人意。拙者素餐踰年, 事事皆苟, 雪水船通, 去意難遮。期在來初, 恐或有魔, 方多慮耳。餘無可云。惟自愛。不具。

---

35 丁卯年(明宗22, 1567년, 67세) 6월 6일 禮安에서 쓴 편지이다. 權大器(1523~1587)는 本貫이 安東, 字가 景受, 號가 忍齋이다. 勉進齋 琴應壎의 사위이다.〔編輯考〕李滉이 權大器에게 보낸 편지는 4통이다. 庚本에 1통이 실렸고, 樊本 內集에 나머지 3통이 추가로 실렸다.〔年代考〕初本에 실려 있는 이 편지 題下에 그 작성 연대 "丁卯季夏初六"이 小注로 기록되어 있다. 初本에는〈答權景受【丁卯季夏初六】〉으로 되어 있다.

36 己巳年(宣祖2, 1569년, 69세) 2월 28일 서울에서 쓴 편지이다.〔編輯考〕中本·樊本·上本에는 이 편지가 다음 편지와 순서가 바뀌어 편성되어 있으나 初本의 작성 연대 기록에 의거하여 연월순으로 바로 잡았다.〔年代考〕初本에 수록된 이 편지 題下에 그 작성 연대 "己巳二月卄八日"이 小注로 기록되어 있다. 初本에는〈答權景受【己巳二月卄八日】〉로 되어 있다.

KNL0192(書-權大器-3)(癸卷13:9左)(樊卷15:11右)

答權景受【大器】[37]

《令胤來, 得見惠書, 感荷。僕老病相伴, 幸免他撓。》

　　示及龍宮葬事, 曾已聞之。愚意當從遺命至痛之意, 無疑, 何者? 有棺無槨, 孔聖葬鯉之法, 顏淵之死, 嘆不得如葬鯉之得宜。《家禮》, 葬不用槨, 亦有明文, 貧窮守禮者, 猶可法此, 況此人平生懷至痛之情, 有此命, 而家人朋友, 乃欲徇情而棄遺意, 最爲無理, 故前此云云。今聞又有要措灰槨之言, 到此則吾亦難斷, 君等當觀其命之治亂, 隨宜善處。然不用至善之治命, 而用其或出之亂命, 恐非相知朋友成其美之至意也。凡此皆非滉遙斷之事, 須在旁善處爲可耳。《餘在希程、庭檜與令胤之歸。謹復。》

---

37 己巳年(宣祖2, 1569년, 69세) 10월 4일 禮安에서 쓴 편지이다.〔資料考〕이 편지는 《忍齋實紀》(下)(〈附錄〉, 1右~左)에도 실려 있다. 다만 그 제목〈與權景受〉의 "與" 자는 "答" 자의 誤字임이 분명하다.〔年代考〕初本에 수록된 이 편지 題下에 그 작성 연대가 "己巳十月初四日"이라는 小注로 기록되어 있다. 그런데 中本·樊本·上本에서는 이 편지를 己巳年(1569) 2월 28일에 보낸 위 191번〈答權景受〉앞에 편집해 두었다. 한편《退溪先生文集考證》(卷4:23右)에서는 이 편지를 그 내용에 의거해서 己巳年에 보낸 것임을 밝히고, 題下에 세차 표기 간지 '己巳'가 빠진 사실을 언급하였다. (案, 此書當在己巳。題下闕年條。) 初本에는〈答權景受【己巳十月初四日】〉로 되어 있다. 中本에는〈答權景受【己巳】〉로 되어 있다. 定草本에는〈答權景受〉로 되어 있다. 擬本에는〈答權景受〉로 되어 있다. 上本에는〈答權景受【大器○己巳】〉로 되어 있다.《忍齋實紀》에는〈與權景受〉로 되어 있다.

BNL0193(書-權大器-4)(樊卷15:11左)

答權景受【庚午】[38]

今奉辱問，感荷良深。滉山居粗遣調病，果有優許，但未遂休致之請，重擔尙厭[39]肩背，日夕仄惕而已。賢胤來此多日，自愧未有以相益也。惟照。謹謝。不具。

KNL0194(書-李全仁-1)(癸卷13:10右)(樊卷15:12右)

答李全仁【壬戌】[40]

去秋 幸得相見，宛對典刑之遺，今因書來，具悉示意，且欣且

---

38 庚午年(宣祖3, 1570년, 70세) 5월 27일 禮安에서 쓴 편지이다. 〔年代考〕初本에 수록되어 있는 이 편지 題下에 작성 연대가 "庚午午月卄七日"라는 小注로 기록되어 있다. 初本에는 〈答權景受【庚午午月卄七日】〉로 되어 있다.

39 厭 : 初本에는 "壓"으로 되어 있다.

40 壬戌年(明宗17, 1562년, 62세) 7월(혹은 겨울) 禮安에서 쓴 편지로 추정된다. 李全仁(1516~1568)은 本貫이 驪州, 字가 敬夫, 號가 潛溪이다. 晦齋 李彦迪의 아들이다. 〔編輯考〕李滉이 李全仁에게 보낸 편지는 6통이다. 그중 2통에는 別紙가 붙어 있다. 5통이 庚本에 실렸고, 나머지 1통은 樊本 內集에 추가로 실렸다. 〔資料考〕이 편지는 《潛溪遺稿》(《附錄·諸賢簡牘》6左~7右)에도 실려 있다.(〈答書【壬戌】〉) 〔年代考〕《年譜補遺》(〈壬戌, 卷2)에서 李全仁에게 답장을 보낸 것을 壬戌年(1562) 7월의 일로 기록하였다. 그러나 《月日條錄》(3책, 209쪽)에서는 본문 중 "去秋"에 서로 만난 일에 대해 언급하고 있다는 것을 근거로 하여 같은 해 겨울에 쓴 편지로 추정하였다. 中本에는 〈答李敬夫【壬戌】〉로 되어 있고, 부전지에 "當書其名【下同】'全仁'." "似當直書其名, 更議."라고 하였고, 추기에 "當直書."라고 하였다. 樊本에는 〈答李敬夫全人【壬戌】〉로 되어 있다. 上本에는 〈答李敬夫全仁【壬戌】〉로 되어 있고, "敬夫"에 산거 표시가 되어 있다.

歎, 無以爲心。

　未上之事, 勢固至此, 雖曰遺忠未獻, 至意未遂, 然其不幸, 未必不反⁴¹幸也, 須勿以爲恨, 襲藏以待之, 爲佳。

　寄示《衍義》書, 其所就緒處已如此, 而竟至爲未成之書, 天意誠不可知也, 不勝撫卷太息之至。至於來喩欲使昧者踵成之, 則又非敢必冀於萬一也。旣未承當, 所宜回納, 而惟以得見爲幸, 姑此奉留, 以少發蒙蔽, 不敢失墜耳。《惟照諒。餘惟十分加勉, 以無隳先志, 幸甚。府尹之還, 草報不具。滉拜。》

BNL0195(書-李全仁-2)(樊卷15:12左)

與李全仁【丙寅】⁴²

霜天 未知侍奉安否何如? 前因賢胤, 聞君舊患頗苦, 深以懸情。就中所囑行狀事, 自知懵鄙不足以揄揚先生之遺烈, 只緣仰德懷風, 有不能但已者, 而其間多有疑端, 小紙錄往, 試詳回報。所慮, 老病如此, 蹤跡窘縮, 得成與否, 時未可必, 可歎。不具。滉拜。

---

41 反 : 《潛溪遺稿》에는 뒤에 "爲"가 있다.
42 丙寅年(明宗21, 1566년, 66세) 9월 하순 禮安에서 쓴 편지로 추정된다. 中本・樊本・上本에는 〈與李全仁【丙寅】〉으로 되어 있다.

KNL0196(書-李全仁-3)(癸卷13:10左)(樊卷15:13右)

答李全仁【丙寅】[43]

向者人回書至, 備悉所諭, 撫攬[44]今昔, 爲之慨歎不已。適見高君將往彼云, 因略道一二者, 只欲高君詢訪, 隨便報來耳。不意君專伻, 冒寒來遠, 至苦, 且前後皆有饋遺, 豈山居約素中所宜爲耶? 令人蹙然靡寧。佩情之餘, 深冀後停, 庶安鄙悃也。

　行狀, 本非所堪, 義所難辭, 謹已草修, 恐或有疵闕, 鄭重未敢輕出, 亦念旣送于君, 因遂傳出, 世人所見, 好惡難測, 不無惹起鬧患之虞, 姑俟後日, 未晚也。遺稿, 亦已捧閱訖了, 欲再勘過, 近連有他事, 未果, 皆當俟後納還也。

　來紙, 竝曾浼墨, 今附來使去矣。但寫去大字, 可刻處刻之似可, 而吾東土石性, 例多麤頑, 不受鐫刻, 或都作一屛看, 亦可耳。拾遺詩, 承領。

　《今知君證尙未快, 懸念不可言, 冱寒愼護。不一。謹復。》

---

43 丙寅年(明宗21, 1566년, 66세) 10월 18일 이후 禮安에서 쓴 편지로 추정된다. 〔編輯考〕 본래 문집에는 수록되어 있지 않지만, 《潛溪遺稿》에 의거하여 別紙 내용을 뒷부분에 수록하였다. 〔資料考〕 遺墨(獨樂堂 소장)도 있고, 《潛溪遺稿》(《附錄·諸賢簡牘》7右~8右)에도 실려 있다. 遺墨과 《潛溪遺稿》에 실려 있는 편지 〈又【丙寅】〉에는 別紙가 있지만, 《退溪集》에 실려 있는 것에는 別紙가 없으며 본문 중에도 빠진 부분이 있다. 中本·樊本·上本에는 〈答李全仁〉으로 되어 있다.

44 攬 : 《潛溪遺稿》에는 "覽"으로 되어 있다.

別紙[45]

一。自驪州遷慶州, 在何代祖時耶?

一。〈全州上疏〉, 一綱十目, 皆書示其目。

一。陞資憲, 在何年何月?

一。爲本道監司, 在何月?

一。〈政府書啓十條〉, 往往在京時, 人有謄示云:"皆先生所草。" 今觀其言, 果非先生, 他人所不能及, 故撮要載之, 未知先生嘗言及此否?

一。甲辰, 遞監司, 爲判尹, 在何月?

一。先生參錄勳封君時, 以何官封君乎? 其錄功封君, 的在何月?

一。〈不宜垂簾箚子〉云: "判中樞府事", 不知何月以何事遞貳相爲判府事耶? 此箚亦不知以何年何月上耶? 似在丙午春未呈辭前, 或乙巳冬間所上, 竟未審何時。

一。罷職似在丙午秋間尹瑞原爲大憲時事, 然未審在何月, 以何人所啓, 其罪名云何? 兩司啓耶? 大臣啓耶?

一。丁未年, 無賴子匿名謗國之變在九月, 江界之謫, 因是事也。今見詩集向關西詩, 題下註云: "丁未仲秋", 無乃"仲"當作"季"耶?

一。孫公仲暾, 仕終何官?

一。大夫人尊府君諱崇皐, 官職有無及鄕貫, 書示。

一。君有子女幾人, 竝書示。

---

45 別紙 내용 전체는 원래 底本에 없지만《潛溪遺稿》에 의거하여 복원한 것이다. 편의상 전체를 편입하여 실었다.

KNL0197(書-李全仁-4)(癸卷13:11右)(樊卷15:13左)

答李全仁【丁卯】[46]

《人至見書, 知舊證尙未快, 無任傾馳。但審書中, 似未聞近日天恩大霈盡滌存沒之寃之事, 今想已聞矣。》

伏惟尊先晦齋先生, 廷臣入啓, 有一代儒宗之語, 仍請復職, 尤爲寵光。天道好還, 是非之公, 決無終泯之理, 於今乃驗, 爲國爲私爲儒林爲斯文, 讚賀歡抃之至, 言所難形。

病拙, 去夏冒大暑入都, 適値大變, 奔勞號[47]劇, 賤疾遽革, 莫保軀命。不欲死於尸竊之中, 狼狽來歸, 時議以不待山陵事畢而歸, 大以爲責, 慚懼方深。今日又奉召旨, 當此冬嚴, 何以趨命? 不得已又至於乞辭, 不知如此終作如何結末。憂懣無涯。

《今悉君病亦非偶然, 雖欲相見, 勢不相及, 奈何奈何?》前云行狀, 草定已久, 猶未正寫, 人回不得付送, 恨恨。隨當繕寫, 因便送傳, 來月望前後, 似可達也。不久設先王實錄廳, 則必下本家, 徵取行狀諸文字等, 君須預待也。餘詳別紙。不宣。《謹復。》

---

46 丁卯年(明宗22, 1567년, 67세) 10월 24일 禮安에서 쓴 편지이다. 〔資料考〕遺墨(獨樂堂 소장)도 있고, 《潛溪遺稿》(《附錄·諸賢簡牘》 9左~11右)에도 실려 있다. 〔年代考〕遺墨 본 편지 끝에는 "丁卯十月卄四日"로 그 작성 연대가 기록되어 있다. 《月日條錄》(4책, 111쪽)에서는 李滉이 敎旨가 담긴 同副承旨의 書狀을 받은 것이 丁卯年 10월 23일이었다는 점, 그리고 본문 중 "今日又奉召旨"라는 내용에 근거하여 그 작성 연대를 같은 해 10월 23일로 추정하였다. 中本·樊本·上本에는 〈答李全仁【丁卯】〉로 되어 있다.

47 勞號 :《潛溪遺稿》에는 "號勞"로 되어 있다.

KNL0197A(書-李全仁-4-1)(癸卷13:12右)(樊卷15:14左)

別紙

一。遺稿,僭妄標點,君當改寫數件,謹藏以待,或有朝旨取上,或時賢求見刊行,則以之應副,可也。但恐今述行狀中或有更考之事,故姑留之。其二疏亦然。

一。作序,不敢輕易爲之,旣正寫遺稿後,用以更求當世之名賢,爲可。

一。中朝使臣,問東國有能知心學人與否,禮曹列數以答,尊先先生參列其中,又以答忘機堂論無極太極四五書,爲得程、朱微旨,書以示之,但未知使臣見後以爲何如也。

一。獨樂堂溪山泉石,略具示及。此非欲入於行狀,欲知其勝槪而聊作題詠以慰遣慕仰之懷耳。但病老多掣,得遂鄙意與否,時未可必也。

一。凡歷官年月,似不必拘之盡錄,然亦有不得已書之者,或雖不書,而言意之間,有不可不知而謾言之者,故欲知其詳。但恐官敎不在,無從而考出,大槪審覈書示。

一。《九經衍義》、《求仁錄》、《大學章句更定》、《續或問》等書,具袟付來使去。若朝家取索,上進可也。

KNL0198(書-李全仁-5)(癸卷13:13右)(樊卷15:15左)

答李全仁[48]

《不意胤來得書,知前患猶未快,每深慮恨慮恨。滉畏寒閉縮,僅度朝曛, 自前冬月, 未能出頭觸冒奔馳道斃, 丁寧不得已上狀乞辭, 時未奉承兪音, 不勝憂悶。春來之事, 未遑預慮也, 奈何奈何?

就中)尊先生昭雪復職事, 頃者伻來時, 始得聞之, 書中報道云云。其翌日, 得一邸報, 政院蒙恩人等奉承傳時, 某某等三四人, 往年(《忘記某年》)已奉承傳, 故今不奉事入啓, 乃知先生曾有復職之命久矣, 自愧聞知之晩。今見來胤之言, 本家亦未得聞知, 何以如此? 可怪可怪。須遣人請受職牒于銓曹以來, 爲佳。

石物等事, 先生遺意雖不欲之, 今朝議如彼, 道主又欲力圖, 何可違之? 但碑文見囑於滉, 而書中援喩諸說, 太不相近, 何其誤之甚耶? 滉平生未嘗爲人作一碑文, 今豈敢獨當此事耶? 不但此也, 行狀曾已妄述, 所不敢隱, 今寫送呈。碑文之作, 固不當以一手累瀆爲之。須以此狀求之當世之名流, 以圖不朽。以吾料之, 奇執義 明彦可以囑請, 宜亦不至於固讓也。《餘在別紙及胤還。謹復。》

---

48 丁卯年(明宗22, 1567년, 67세) 11월 초순 禮安에서 쓴 편지로 추정된다. 〔編輯考〕《潛溪遺稿》에서는 이 편지의 別紙를 아래 199번 〈答李全仁〉의 別紙(13右~14左)로 편집해 두었다. 〔資料考〕《潛溪遺稿》(《附錄·諸賢簡牘》 11右~12右)에도 〈又〉라는 제하에 실려 있다. 中本·樊本·上本에는 〈答李全仁〉으로 되어 있다.

KNL0198A(書-李全仁-5-1)(癸卷13:13左)(樊卷15:16左)

別紙

　《遺集[49]》二卷、〈八規〉、〈十條疏〉等, 付胤送于方伯, 方伯承朝旨, 欲繕寫上達故也。然旣寫後, 須請于方伯, 再三審細校正而後上送, 乃可。不然, 文簿倥傯中, 何人能細密校正耶?
　《求仁錄》、《大學更定》、《續[50]或問》等書, 朝家旣索進遺稿, 固當上進。其《奉先雜儀》, 滉意甚欲傳布, 聞方伯亦然云, 幷上爲佳。
　惟《衍義》書, 用功最多, 議論亦好, 而未及成書, 至爲可惜。今雖未上, 亦寫一件, 隨後上稟, 亦似爲當, 此在方伯量處如何耳。向所云欲續成者, 此近處有鄭惟一佐郞, 今之名士也。見此書, 每勸滉續就事, 滉以衰病不堪任此事, 却以勸鄭, 而鄭亦不敢當云耳。此事恐亦惟奇明彦似可當之, 但不知彼意肯否也。實錄廳索取時, 必有某某等文字上送之云, 隨所云送上。大槪今所上行狀纂述文集等, 爲緊切也, 草稿序文, 亦不敢輕議, 姑待朝議而後更議, 可也。
　臺亭題詠, 雖不無願意, 病倦昏塞如此, 雖作, 何足觀也?
　實錄廳所索墓誌, 亦當上之, 但丁舍人所撰誌文, 未穩處頗多, 似難上送, 如何如何?
　前書判府事除授, 在丙午年下鄕後事。然乙巳正月, 仁廟命爲貳相, 累辭不獲, 夏, 赴闕供職, 七月, 明宗卽位, 錄功時,

---

49　集 :《潛溪遺稿》에는 "稿"로 되어 있다.
50　續 :《潛溪遺稿》에는 없다.

亦似以貳相行也。 至明年丙午, 諸狀箚皆云左贊成, 而中間〈不宜垂簾箚子〉則判中樞云云, 議垂簾事, 豈在丙午下鄕後耶? 此必是乙巳秋冬間事也。故疑於是年秋冬間, 嘗以某事暫判西樞, 而旋還政府, 此事受職牒來考[51]後, 可得其實。姑於行狀內, 依垂簾箚云云, 須更審處爲佳。

KNL0199(書-李全仁-6)(癸卷13:15右)(樊卷15:18右)

答李全仁【戊辰】[52]

伻人遠至, 拆書具悉, 深用慰喜。滉尙帶舊痾, 迎見新春, 世患嬰纏, 無路脫去。前下敎旨, 極[53]難承當, 自劾一疏, 未達朝聽, 而又蒙促召, 不得已復上辭狀, 席稿待命, 不測終如何, 憂慄日深, 奈何? 身事如此, 假使不作西行, 何可招邀遠外人如君輩, 相從於雲山烟水之間, 因以引惹得世間閑指點耶?

　　行狀改處, 自此亦曾通報于方伯, 時未見回答, 然其改處雖無甚緊, 旣知其誤, 而仍舊不改, 亦深不便, 未知方伯竟何以處之也。

　　改題神主, 不改陷中, 古禮爲然, 今雖贈諡, 亦陷中不改耳。

---

51 考:《潛溪遺稿》에는 뒤에 "之"가 있다.
52 戊辰年(宣祖1, 1568년, 68세) 1월 10~17일 禮安에서 쓴 편지로 추정된다. 〔資料考〕《潛溪遺稿》(《附錄·諸賢簡牘》12右-13右)에도〈又【戊辰】〉이라는 제하에 실려 있다. 中本·樊本·上本에는〈答李全仁【戊辰】〉으로 되어 있다.
53 極:《潛溪遺稿》에는 "亟"으로 되어 있다.

碑石、表石, 但以大小詳略而異其名別其用, 碑當立於墓道東南, 隨地形便宜。今人立於墓左者, 亦恐取東南之義也。

《人情皆以遠婚爲難, 所求兩處不成, 必以此也。稱號, 兩云皆佳, 但先生平日, 雖不以山名自號, 然後人仰止, 皆景慕於此山, 其作書院, 亦安知朝廷賜扁不以山名爲稱耶? 故君當避此號, 而只取溪山中一丘、一壑、一石、一潭、[54]一曲、一隅之佳處最所愛賞者以爲號, 乃爲穩當也。飴惠感感。柏[55]略一笑。滉拜。[56]》

KNL0200(書-李達-1)(癸卷13:16右)(樊卷15:19右)

答李達、李天機[57]

所論"廓然而大公, 物來而順應"之義, 恐未然。蓋泛言之, 天下之物, 孰非外物? 〈定性書〉乃極言以外物爲外之非, 而必內外兩忘, 然後可以定性, 何也? 物雖萬殊, 理則一也, 惟其理之一, 故性無內外之分。君子之心所以能廓然而大公者, 以能全其性而無內外也; 所以能物來而順應者, 以一循其理而無彼此也。苟徒知物之爲外, 而不知理無彼此, 是分理與事爲二致,

---

54 潭 : 《潛溪遺稿》에는 "水"로 되어 있다.
55 柏 : 《潛溪遺稿》에는 "拍"으로 되어 있다.
56 滉拜 : 《潛溪遺稿》에는 "謹白"으로 되어 있다.
57 年月未詳. 李達(1539~1612)은 本貫이 洪州, 字가 益之, 號가 蓀谷·西潭·東里이다. 李天機(1545~?)는 本貫이 全州, 字가 子雲이다. 〔編輯考〕李滉이 李達과 李天機에게 보낸 편지는 1통으로, 庚本에 실렸다.

固不可; 若只認物爲非外, 而不以理爲準則, 是中無主而物卒奪之, 亦不可。惟君子知性之無內外, 而應物一於理, 故雖日[58]接外物, 而物不能爲吾害, 澄然無事而性定矣。故卒章曰: "能於怒時, 遽忘其怒, 而觀理之是非。" "遽忘其怒", 忘外物之謂也; "觀理是非", 一循理之謂也。一部〈定性書〉, 須以此意讀之, 乃得其旨。若如所論飢思食渴思飲之類, 正是認物爲非外而不以理爲準則之病, 恐與本旨益遠也。如何如何?

太極之有動靜, 是天命之流行。【止】理爲之主, 而使之流行歟?

太極之有動靜, 太極自動靜也; 天命之流行, 天命之自流行也。豈復有使之者歟? 但就無極、二五妙合而凝, 化生萬物處看, 若有主宰運用而使其如此者, 卽《書》所謂"惟皇上帝, 降衷于下民", 程子所謂"以主宰謂之帝", 是也。蓋理氣合而命物, 其神用自如此耳, 不可謂天命流行處亦別有使之者也。此理極尊無對, 命物而不命於物故也。

理氣交感。

交感, 當以二氣言, 不當以理字兼言。

---

58 日 : 中本・定草本・庚本・甲本에는 "一"로 되어 있다. 鄭校에 "下'一'字, 疑'日'字, 或衍。【鄭】"이라고 하였다. 養校에 "下'一'恐'日'。"이라고 하였다. 李校에 "'一'字, 大山云 : '恐是「日」字之誤。'"라고 하였다.

何氣爲明爲強？何氣爲昏爲弱？

氣稟不齊之故，《大學或問》論明德處，論之詳矣。今以所問略言之，得陽氣者，爲明爲強；得陰氣者，爲昏爲弱。大概則然，而就其中又各隨所得之淸濁純駁分數多寡，而有善惡之不齊焉。故濂溪有剛善剛惡柔善柔惡中焉止矣之論。

　　理勝氣歟？氣勝理歟？理勝氣時，氣何弱歟？氣勝理時，理何弱歟？

理本其尊無對，命物而不命於物，非氣所當勝也，但氣以成形之後，却是氣爲之田地材具，故凡發用應接，率多氣爲用事。氣能順理時，理自顯，非氣之弱，乃順也；氣若反理時，理反隱，非理之弱，乃勢也。比如王者，本尊無對，及強臣跋扈，反與之或爲勝負，乃臣之罪，王者無如之何。故君子爲學，矯氣質之偏，禦物欲而尊德性，以歸於大中至正之道。

　　昏明，先昏後明；強弱，先強後弱。

此則偶然各從其語順耳，不必以程子論吉凶是非之類求之。

答金思儉【希禹】[59]

前日逢場作別, 離思如牽, 翌朝僅還, 乃知宿於山舍, 未得對月聽琴以遂一夜之款, 不意旅次垂記, 復此伻問, 感與愧幷, 不知所裁。

至如來喩所詢數說, 皆先儒所已定。滉之懵暗, 何足以知之? 然嘗聞之, 道一而已, 聖賢所指而言者或異。一貫之道, 擧全體大用而言也; 率性之道, 指人物所循而言之也。曾子言聖人之忠恕, 故直以是爲道; 子思言學者之忠恕, 故云: "違道不遠。" 然則所謂道者, 何待乎他求哉? 卽忠恕而盡其理, 則忠恕卽道; 卽仁義禮智而盡其理, 則仁義禮智卽道。今以忠恕則云未盡於道, 以仁義禮智則難名於道, 乃欲別求他物以爲道, 此則尤非淺陋所及也。

其末又云: "欲從事於道, 以何爲先?" 道不遠人, 故不可須臾離, 持敬集義, 第一要法。旣辱問寡, 不敢無言。非面不具。切幾珍重。

---

59 年月未詳. 禮安에서 쓴 편지이다. 金希禹(1519~?)는 本貫이 金海, 字가 思儉, 호가 赤松軒이다. [編輯考] 李滉이 金希禹에게 보낸 편지는 1통으로, 庚本에 실렸다. [年代考] 편지 앞부분의 내용으로, 金希禹가 禮安으로 李滉을 찾아와 가르침을 받고 돌아가는 도중에 부친 편지에 대해 답한 것임을 알 수 있다. 또한 李滉이 그때 고향 禮安, 특히 上溪에 있었음을 알 수 있다.

KNL0202(書-宋言愼-1)(癸卷13:19右)(樊卷15:22右)

答宋寡尤【言愼○庚午】[60]

滉頓首。滉遁迹迢遠,病廢人事,雖聞遭服,久未修慰,愧負無地。忽奉辱書,具悉已過卒哭,孝候支勝,不任遣釋之至。

滉休致之請,尙未蒙恩,身無所措,罪無所逃,老病日甚,恐終無以自附於淸議之末,日夕憂惶,計不知所出也,奈何奈何?

就中辱詢諸條,皆非憒陋所及,卒然垂訪,茫不知所以爲對。雖然,旣被枉勤,姑試妄道其一二,而明者擇焉。竊意"長子無子,次子之子承重",應指適子孫而言,雖有妾産,恐未可遽代承也。冢婦奉祀,當代者不得受,則祭無主人,事事皆難處,所不可行也,而國法決訟,率用冢婦奉祀法。中間,尹彥久爲大憲,欲改其法,滉謂尹曰:"此法固可改,但薄俗無義,長子死肉未寒,或驅逐冢婦,無所於歸者有之,當如之何? 故今若欲改此法,必并立令冢婦有所歸之法,然後乃可。"尹極以爲然,未知其後能卒改與否耳。

祖母及母生存而孫奉祀廟主遞遷之疑,世人亦多有之。然苟如是不可改,則《家禮》大祥前一日,何故不論祖母或母之存

---

60 庚午年(宣祖3, 1570년, 70세) 9월 禮安에서 쓴 편지로 추정된다. 宋言愼(1542~1612)은 本貫이 礪山, 字가 寡尤, 號가 壺峯이다. 〔編輯考〕李滉이 宋言愼에게 보낸 편지는 1통(별지 포함)으로, 庚本에 실렸다. 〔資料考〕이 편지는 《壺峯集》(《附錄》, 1右~4左)에도 실려 있다. 다만 《壺峯集》에 실려 있는〈退溪先生答書·別紙〉에는 편지 중간 부분 135자가 缺落되어 있다. 《退溪先生文集考證》에서는 奇大升에게 乙丑年에 보낸 別紙와 함께 보아야 한다고 했다. 〔年代考〕《要存錄》(264쪽)에서는 이 편지를 庚午年(1570) 9월에 보낸 것으로 기록해 놓았다.

否, 而直行改題遞遷之禮乎？夫莫重於昭穆之繼序, 而或子或孫旣當主祭, 則世代之變, 已無可奈何, 雖有所大悲感者, 而亦不得不隨以改遷也。

士大夫祭三代, 乃時王之制, 固當遵守, 而其祭四代, 亦大[61]賢義起之禮, 非有所不可行者。今世孝敬好禮之家, 往往謹而行之, 國家之所不禁也, 豈不美哉？但其疎數不同之說, 古者廟各爲一, 故可如此。今同奉一堂之內, 而獨疎擧於高一位, 事多礙理, 如何如何？祭之儀節饌品, 從禮文爲當, 而古今異宜, 亦有不得一一從禮文處, 循祖先所行, 恐無不可也。

婦女參祭, 如示甚善。神主旁題之左右, 古亦有兩說, 然混謂《家禮》朱子之制,《大明會典》,《五禮儀》時王之制, 皆題在人左, 今當依此而書之。近又見《濂洛風雅》, 張南軒〈武侯贊〉下, 記朱子跋云：「題其左方。」此亦必指人左而言, 不亦爲明證乎？

至於求友取辱之說, 不知盛意如何而發此言耶？愚意我苟欲求益於彼, 惟當盡在我之道而與之。豈可先計其禮際之間厚薄敬忽之故而怫然生恥辱之嫌也？且詳所論, 無非立彼我之畦, 較勝劣之辭, 欲以此心求蓬直於人, 宜乎不見益於己, 而適取困於彼也。已雖欲忠告於彼, 彼能無猜阻於我乎哉？孟子曰：「行有不得, 皆反求諸己。」此言當深味也。

求仕不必由科目, 古人已有其說, 家貧親老, 爲祿仕, 聖賢亦所屑爲也。但今之由他歧入仕者, 國家待之, 太有區別, 其

---

61 大：上本의 두주에 "一本, '大'作'古'."라고 하였다.

人自處，亦殊爲猥雜，終歸於名節掃地者滔滔焉，甚可惜也。此在當人自度其能不墜墮與否而處之，他人豈能勸沮之得當哉？胡康侯曰"出處不可謀於人"，正謂此也。

喜事不靜之習，立異干名之病，世人每以歸誚於向學之人，世固爲險隘矣。然細觀今之所謂志學之人，於學未有所得，而已先蹉入於此習此病者，果多有之，斯固後生之切戒。然豈懲此而欲其爲同流合汙之行也哉？康節打乖法門，既難於師法，延平絕世靜坐，若專以爲標準，亦或有流於一偏之弊。惟掃除百雜，一意專事於博文約禮之誨、忠信篤敬之訓，能以規矩自治，則正所以敬勝，何患於怠勝？能至於純熟，則正所以入德，何以云歸於亂德耶？惟在勉之而已，則所以處己應世者，不待安排準擬，自皆得中，而不落於一偏之域矣。

明道云"子弟凡百玩好，皆喪志"，雖書字亦不欲好之，則可知雜藝關心之爲不可。然"游於藝"，發於聖訓，亦非專禁絕也，慮耽著爲害耳。晦菴告陳膚仲以家務叢委爲用功實地，戒范伯崇以"官事擾擾，暇時能收斂省察云云，則大本可立"，則人事廢業，可知其不可惡也。苟能隨時隨事，不輟其工，則人事雖多，無非爲學之地也。

讀書固當反說約也，來說云云，皆已得之，顧恐能踐言之或不易耳。書須成誦，張子之格言，前日，滉舉似於左右，恐亦非謂天下諸書盡欲其成誦也，聖賢之書切於吾學者誦之，而其誦也，又非若今之應講舉者唇腐齒落之爲耳。

寒泉精舍，規制不詳其如何，然先生每稱爲墳庵，則與滄洲精舍專爲講道而設者，其不同必矣。況滄洲釋奠之禮，乃先生晚年以道統之傳有不得不自任者，故設[62]此禮而不疑。若恒人而欲效顰, 非大愚則大妄也。其日拜先聖, 雖非釋奠之比, 然亦恐未可率然爲之, 此中每有意於此事, 而迄不敢焉, 此未易與人人言也。

老者疾患種種, 眼昏神眩, 不能耐煩於文字間, 來人難久留, 來說許多, 自力修報於一日夕之間, 辭多鄙略, 字皆荒草, 有以恕照則幸甚。

KNL0202A(書-宋言愼-1-1)(癸卷13:23右)(樊卷15:26左)
別紙

書中, 意有未盡, 復略布於此。疎誕二字, 不知何故奉歸於左右, 初甚怪之, 及細看來諭, 雖不可謂實爲疎誕, 然不無有近似者, 恐不當以爲不害而不思矯揉之方也。大抵向見左右, 志氣頗多, 激昂軒輊, 激昂軒輊, 固勝於委靡頹塌, 然苟恃此自負而謂人之莫己若也, 則必至於矜豪縱肆, 不循軌度, 傲物輕世。其行於世也, 有無限病痛悔吝, 而猶不知自反, 又不肯遜志屈首, 密切敦厚, 加工於此學, 則無以變化其一偏之弊習, 此疎誕二字所以作祟於平素而不可解也。是以, 古之君子, 不以激昂軒輊爲貴, 有此志氣, 而積功於義理之學, 能消磨了血氣之偏弊者, 斯爲可尙也已, 不知能留意否? 狂妄之言, 發之無端, 悚息悚息。

62 設 : 上本에는 "說"로 되어 있다.

送來紙綃空帖，欲令一一書還，向者果不計鹵拙，或作無益之伎俩。今老病劇矣，求者不勝其煩，甚非老者安之之道。盈箱溢架，勢將皆歸於空返，或恐於盛囑亦有不能盡如戒者，奈何？且千里程途，如欲寄書，託人可傳，而乃如此專伻遠來，勞弊空還，亦覺多事，未安於懷。

朱子書，得見否？如欲爲學，莫切於此。

BNL0203(書-李憙-1)(樊卷15:27左)

與李子脩【憙○丙寅】[63]

一月寓旁，僅得一刻之欵，愧憾之餘，但有悵惘。辱書來問，又不勝感荷感荷。拙疾自公去後，尙彌留，良苦，多方治療，近始得差，然猶餘毒未釋，未出戶閾耳。示喩云云，病人自無功力，何能勤人？惟有爲者亦若是耳。薏苡之患，感感。伏枕草謝，不具。

---

[63] 丙寅年(明宗21, 1566년, 66세) 禮安에서 쓴 편지이다. 李憙(1532~1592)는 본관이 延安, 字가 子脩, 號가 栗里이다. 〔編輯考〕李滉이 李憙에게 보낸 편지는 5통이다. 1통이 庚本에 실렸고, 나머지 4통은 樊本 內集에 추가로 실렸다. 中本에는 〈答李子脩【憙○丙寅】〉으로 되어 있다.

KNL0204(書-李憙-2)(癸卷13:24左)(樊卷15:27左)

與李子修【憙○戊辰】⁶⁴

別後歲月如馳,忽奉尺札,深慰積思。如滉者,苦被世患驅迫,年前狼狽,君所自聞。緣此咎責塞兩儀。方俟謫罰之際,反蒙恩召,狃至荐加,曼越超異,惶戰失措。自古欺天欺世,更有如滉者乎? 然莫非自取,何所歸咎? 日夕憂惕,以病自繞而已,奈何?

學之不進,所憂者固然,而在滉尤甚,何以爲公謀耶? 每念往年,忍寒溪窩,日傍陋門,而病未接晤,愧負至今。

所付安道空帖,力疾涴墨,欲寄無便,今以附⁶⁵來使,所以謝往年愧負之意。幸勿以示人,恐亦因此招尤而速累也。

尹先正理學淵源,無所考徵,雖爲可恨,然佔畢、四佳及《輿地》諸書等,所稱許如此,則其人必有取異於世,故其於魏天使問心學答說中,亦擧尹公之名。人或疑之,然滉意如此,以之祀院,豈不可也? 苦無心緒,草草不具。

BNL0205(書-李憙-3)(樊卷15:28左)

答李子修⁶⁶

惠寄問札,審知體履勝福,欣慰。滉頃蒙命遞貳職,將降授本

---

64 戊辰年(宣祖1, 1568년, 68세) 1월 禮安에서 쓴 편지로 추정된다. 樊本・上本에는 〈與李子修【戊辰】〉으로 되어 있다.

65 附 : 鄭校에 "'附'當作'付'.【鄭】"라고 하였다.

品，眷意甚盛，爲此不得已作行計，而適值炎酷，病甚劣劣，悶慮多端。又聞不降授仍除准職，然則無益於仰感從願之意，而進退之際，處之有更難者，奈何奈何？朱子書，得之甚好，但滉蹤跡如此，雖不西行，君何可來相從耶？惟當好讀深思，無不得之理，勉之幸甚。謹拜復。

BNL0206(書-李憙-4)(樊卷15:29右)
答李子修[67]

去年書，今始奉報，病中人事曠廢故也。想兹新履多勝。知讀《朱書》一徧，甚善。如此則必有欣然會心處，何故尙爾伥伥然如捕風繫影云耶？然人患不知其無得，故終身無所得。君能自知之如此，必能奮發用力，而期於自得，不肯因循以虛了一生也。滉心與事違，俯仰愧歎，行且謀耳。謹復。

BNL0207(書-李憙-5)(樊卷15:29左)
答李子修[68]

馳戀之至，忽奉惠書，知在泮講讀，神相淸裕。孫兒慢陋，得資

---

66 戊辰年(宣祖1, 1568년, 68세) 5월 하순 禮安에서 쓴 편지로 추정된다.
67 己巳年(宣祖2, 1569년, 69세) 1월 서울에서 쓴 편지로 추정된다.
68 己巳年(宣祖2, 1569년, 69세) 11월 11~19일 禮安에서 쓴 편지로 추정된다.

麗澤, 慰幸之深, 無以爲喩。滉與病相守, 又將添齒, 他無足云。孫兒有急報事, 賴貴蒼頭傳信, 感荷。適値客來, 草草不具。惟照。謹復。

孫兒書, 當自此報答, 今不寄答, 幸以告之。

KNL0208(書-金箕報-1)(癸卷13:25右)(樊卷15:30右)
答金文卿【箕報】[69]

病中得書, 知好還, 深慰。前者, 聞君復有關東之行, 以爲有違於古人所謂得意之處勿再往之戒也。今見來詩, 所得如許, 不是虛行, 深賀深賀。

如〈狄丘關雨〉古風, 諷意深遠, 使當世牧民者見之, 能無惕然愧懼之意乎？鏡浦長篇, 辭語淸越, 三復吟玩, 怳若身在江門橋上, 座下凉生[70], 頗慰孤鬱, 深幸深幸。天賦之質, 若是

---

69 庚申年(明宗15, 1560년, 60세) 가을 禮安에서 쓴 편지로 추정된다. 金箕報(1531~1588)는 本貫이 安東, 字가 文卿, 號가 蒼筠이다. 碧梧 李文樑의 사위이다. 〔編輯考〕 李滉이 金箕報에게 보낸 편지는 5통이다. 庚本에 1통이 실렸고, 續集에 추가로 2통이 실렸으며, 樊本 內集에 또 2통이 추가로 실렸다. 〔資料考〕《蒼筠遺稿》에는 李滉이 보낸 편지 3통이, 각각 〈退溪先生書【三】〉, 〈又〉, 〈又〉란 제목으로 실려 있다. 이 편지는 《蒼筠遺稿》(《附錄》卷2:14右~左)에 실려 있는데, 〈退溪先生書【三】〉중 첫 번째 편지이다. 비록 몇 군데 탈자 등이 있기는 하지만, 《退溪集》에 실려 있는 것을 그대로 옮긴 것으로 추정된다. 中本에는 〈答金文卿〉으로 되어 있다. 樊本・上本에는 〈與金文卿【箕報】〉로 되어 있다.

70 凉生 : 養校에 "'凉生'下疑有闕字."라고 하였다.

高明, 而全不勇奮, 甘與下類爲伍, 苟遣歲月, 爲君深惜。後日
顚躓, 當思吾言, 今不縷縷。《聞又有覲行, 病未拚別, 深負深
負。秋風關嶺, 好行好行。》

SNL0209(書-金箕報-2)(續卷3:22左)(樊續卷3:23左)

與金文卿【箕報】[71]

《近者無來便, 不審哀履何如? 遙慕遙慕。病拙依舊。》
此中陶山拙記, 出於無聊中, 藏諸巾衍, 雖吾子弟, 亦不許出
見, 愛君之深, 出而見之, 豈意君傳播於士林中耶? 頃者李正
郞湛氏馳書, 來質記文中誤字, 不勝驚歎。審知君初播於林塘
家, 終致人人知之。見者非徒笑之, 亦必有怒之者, 尤不勝愧

---

71 壬戌年(明宗17, 1562년, 62세) 9월 禮安에서 쓴 편지로 추정된다. 〔編輯考〕中本에
서 이 편지를 KNL0208(書-金箕報-1) 앞에 편성해 둔 것은 편차 상의 오류인 것으로
보인다. 〔資料考〕《蒼筠遺稿》(〈附錄〉卷2:14左~15右)에도 실려 있다. 《蒼筠遺稿》에
실려 있는 같은 편지 〈又〉(2)는 《續集》에 실려 있는 것을 그대로 옮긴 것으로 추정된다.
〔年代考〕이 편지는, 남에게 보이지 말 것을 당부하고 傳寫해 가도록 허락한 《陶山記》를
金箕報가 서울로 가지고 올라가서 여러 사람들에게 전파시킨 것을 나무라는 내용이다.
특히 그 내용 중에 "頃者, 李正郞湛氏馳書, 來質記文中誤字, 不勝驚歎。"이라고 한
것을 볼 때, 李滉은 李湛의 편지로 金箕報가 《陶山記》를 서울에 전파시킨 사실을
알게 되었다. 李湛의 그 편지에 대한 李滉의 답장이 바로 壬戌年 10월에 보낸 위
87번 〈答李仲久〉이다. 87번 〈答李仲久〉의 추신에 "近檢友人傳去本"이라는 말이 나오는
데, 만약 그 "友人傳去本"이 바로 金箕報가 李滉의 이 편지를 받고 찾아서 보낸 傳寫本이
라고 한다면 1562년 10월에 退溪는 金箕報가 전사해간 《陶山記》를 돌려받은 셈이
된다. 그렇다면 이 편지는 그때를 기준으로 해서 대략 한 달 정도 전 어느 때 보냈을
것으로 추정할 수 있다. 따라서 이 편지의 작성 연대를 壬戌年 9월로 추정하였다.

懼。且傳寫之際，必未免訛誤字，不成文理，君何不掩人之惡而反播之耶？須速推元本，卽付丙丁，俾免嘵嘵之誚，幸甚。《碧梧及諸丈皆平善耳，只祝孝履萬吉。》

BNL0210(書-金箕報-3)(樊卷15:31右)

答金文卿[72]

得書，深慰孤寂，何幸何幸？如瓜之棗，又蒙佳餉，深謝深謝。若非吳剛斫樹方朔偸手，安得滿器仙果於人間耶？君之寃悶，足以快洩，當細傳此意於其日所爭諸君子爲計。呵呵。

BNL0211(書-金箕報-4)(樊卷15:3右)

答金文卿[73]

得書，知有觀周之行，嘆服嘆服。相公無解事子弟，君之陪行，

---

72 壬戌年(明宗17, 1562년, 62세) 9월~戊辰年(宣祖1, 1568년, 68세) 2월 禮安에서 쓴 편지로 추정된다. 〔年代考〕이 편지는 中本과 拾遺 해당 부분 편차에 의거할 때, 壬戌年 9월 이후에서 戊辰年 2월 이전에 보낸 것으로 추정된다.

73 戊辰年(宣祖1, 1568년, 68세) 3월 10일 禮安에서 쓴 편지로 추정된다. 〔年代考〕이 편지는 그 내용 중에 맏아들 李寯이 申暹의 말을 빌려서 타고 다니다가 잃어버렸다는 소식을 그저께 서울에서 온 편지로 알았다는 말이 나온다. 여기서 서울에서 온 편지란 李寯이 李滉에게 보낸 편지이고, 그 편지에 대한 李滉의 답장이 戊辰年 3월 10일자〈寯答書【戊辰三月十日 部洞李直長寓處〕〉이다. 특히 편지 내용의 연관성을 고려할 때, 이 편지는 그 편지와 함께 보낸 것으로 추정된다.

甚善甚善。

老拙, 獨守山村, 孤陋日深, 君且遠赴, 久未聞崇論警發, 是歎是歎。上國歸來, 胸眼必恢, 非復囊日之蒙, 錦囊所收, 莫惜開見, 令人發蒙, 是禱是禱。

昨者自京書來, 知篤扈從郊外, 馬逸, 俱鞍見失云。馬是申遲馬也, 雖付於塞翁之失, 而俱是客中, 其厄不細, 可笑歎笑歎。近者必來辭碧梧, 可得把杯敍別, 今不一一。

SNL0212(書-金箕報-5)(續卷3:23右)(樊續卷3:24右)

答金文卿[74]

秋霖開霽, 始出陶山。新築塘砌, 盡爲狂潦所破, 淨友亦爲漂沒。"伯仁由我而死", 蕭索之形, 慘不忍言。可歎。又有極怪事, 階前所種, 皆是江城黃, 而今見綻蕚, 半是頹紅, 此何理耶？ 君生長京華, 見聞必多, 小有曾見此事否？《如無大故, 莫

---

74 庚午年(宣祖3, 1570년, 70세) 9월 추정 禮安에서 쓴 편지로 추정된다.〔資料考〕《蒼筠遺稿》(〈附錄〉卷2:15右~左)에도 실려 있다.《蒼筠遺稿》에 실려 있는 같은 편지〈又〉(3)은《續集》에 실려 있는 것을 그대로 옮긴 것으로 추정된다.〔年代考〕이 편지는 그 내용 중에 陶山書堂에 심어놓은 黃菊(江城黃)이 가을장마를 겪은 다음 핀 꽃 중 반이 붉은색이 된 이유가 무엇인지 알아봐달라는 말이 나온다.《言行通錄》에는 庚午年(1570) 9월 陶山書堂에 심어놓은 黃麴(江城黃)이 모두 붉은색 꽃을 피우자, 李德弘이 그 연유가 무엇인지 물었고, 李滉이 흙비가 내리거나 장맛비가 많이 내릴 경우에 그렇게 된다고 대답한 기사가 나온다.《言行通錄》의 그 기사는 이 편지와 같은 때의 일을 두고 말하는 것이므로 이 편지를 庚午年(1570) 9월에 보낸 것으로 추정하였다.

惜惠然之勞，以破疑怪，幸甚幸甚。》

答金亨彥【泰廷】問目【己巳】[75]

今人廬墓成俗，葬不返魂，故卒哭明日而祔，率不得依禮文，退至於祥畢返魂之後，是與程子喪須三年而祔之說名雖同，而其實則大遠矣。【其失[76]不在於三年而祔，乃在於葬不返魂一事也。】今謹喪之家，若能依古禮而返魂，則事皆順矣。旣不能然，而行於祥後，則不卜日，當以返魂到家之日行之。【來諭疑禫日而祔，非也，又疑時祭日而祔，亦非也。○按《五禮儀》，大祥祭行於靈座，畢卽詣祠堂，行祔祭。】

同堂異室，群主皆遷，而獨祔祖一位，朱子亦以爲無意義，而猶以愛禮存羊之意處之，今當從之。但《家禮》，祔在卒哭後，則遷廟尙遠，猶或可也。今在祥後，正當諸位遞遷之日，而不及他位，尤爲未當。【《五禮儀》，曾祖考妣以下合祭，恐當如此。】告遷題主，大祥前一日行之，禮也。若墓遠，非一日所可往返，又不可喪主在彼而使他人攝行，則前期數日，來行告題，而還及祥祭，勢出於不得已也。如何如何？如來喩返魂之明日行之，亦

---

75 己巳年(宣祖2, 1569년, 69세) 윤6월 27일 禮安에서 쓴 편지이다. 金泰廷(1541~1588)은 本貫이 光山, 字가 亨彥이다. 〔編輯考〕李滉이 金泰廷에게 보낸 편지는 1통으로, 庚本에 실렸다. 中本에는 〈答金泰廷【亨彥】問目【己巳】〉로 되어 있다. 定草本에는 〈答金亨彥問目【泰廷○己巳】〉로 되어 있다.

76 失 : 上本에 "實"로 되어 있다.

無不可, 但欲依禮文前期而行之故耳。

右數段說, 移祔於祥後, 而據《家禮》本文、丘氏《家禮》及《五禮儀》士大夫祔禮, 參酌爲言。其節文詳於《五禮儀》, 乃時王之制, 考而行之, 可也。

若欲從朱子與學者書云云之說, 俟祫祭而行遷廟禮, 則大祥前告遷改題等禮, 皆且停退返魂日, 祔祭, 亦只請出當祔之主, 祭畢, 奉新主, 隨入其祖室, 以俟喪畢後祫祭前期一日, 乃以酒果告遷, 改題主, 猶各仍入于其室, 厥明合祭,【新主同祭。】畢, 還主時, 乃依朱子及楊氏說行之。

竊詳朱子之意, 初述《家禮》, 惟以酒果告遷者, 豈不以喪三年不祭禮也? 而合祭群室, 乃祭之大者, 非喪中可行故也歟? 後來, 又以謂世次迭遷, 昭穆繼序, 其事至重, 但以酒果告, 遽行迭遷, 爲不合情禮。故引張子語及鄭氏註, 以爲禮當如此。此古人所謂禮雖先王未之有, 可以義起者也。其用意婉轉, 得禮之懿。今如右行之, 則於祔, 既不失孫祔于祖之文, 於遷, 又以見迭遷繼序之重, 亦無古今異宜難行之事, 在人所擇也。

所謂"三年後祫祭"之"三年", 謂禫後也。未禫, 不可謂喪畢, 又不可以吉服入廟, 故俟禫後行祫祭。但士大夫祫禮, 不可考, 今以時祭當之。

祠堂三龕, 欲增作四龕, 而患狹隘。與其取東壁添作一龕, 愚意不如取西壁添一龕爲得之。蓋西壁東向, 本始祖居尊之位, 今以爲高祖之室, 非但有居尊之義, 仍不失遞遷而西之次, 未有不可。若考妣居東西向, 古禮無可據矣。

答黃君擧【遂良○甲子】[77]

《前月中, 得路中寄書, 示意周悉, 已深慰紓。茲復》專人惠音, 倂前與錦溪往復鄙簡, 積成卷帖, 開緘寓目, 宛然如對當日之心胸面目而款扣酬應也。爲之哽憯沈痛, 不能爲懷。仍知錦公所以相嚮之意如是, 而在滉無足以相益如此, 又不勝其愧慊也。

且前書示喩, 而盛之意欲於狀中改一二處, 其亦善矣。然切不可露其跡, 姑當默之, 可也。

前來遺稿, 幾盡考閱, 但於文集中諸書, 有難去取者, 久未結末, 奉還, 殊愧不敏耳。《送卷, 姑亦留置, 後日當如戒回納。》

錦陽精舍, 不至廢蕪否? 思其人, 而不可作, 欲一見其託意藏修之地, 又不可得, 忡悵又何[78]可勝耶? 惟冀左右益敦素業, 以持門戶, 嗣胤勉學, 以畢先志, 萬幸萬幸。《滉老病日深, 適加寒疾, 夜作此書, 不能道所欲言, 草率爲愧。謹拜復。》

---

77 甲子年(明宗19, 1564년, 64세) 12월 1~17일 禮安에서 쓴 편지로 추정된다. 黃遂良은 本貫이 平海, 字가 君擧, 號가 錦澗이다. 錦溪 黃俊良의 아우이다. 〔編輯考〕李滉이 權遂良에게 보낸 편지는 3통이다. 庚本에 1통이 실렸고, 樊本 內集에 1통이, 遺集外篇에 또 1통이 추가로 수집되어 실렸다. 中本에는 〈答黃君擧【甲子】〉로 되어 있다.

78 何 : 中本에는 없다.

BIL0215(書-黃遂良-2)(樊遺外卷2:10右)

與黃君擧【遂良○丙寅 先生十代孫彙溥家藏】[79]

近因周約之上舍聞好在，爲慰。就中錦溪行狀中數段，向因而盛持出，知君意亦欲改之。鄙意以爲皆因事直書，非溪翁有求於彼而致之，不改無妨。約之之來，又知諸意必欲改之爲快，不免略修錄在別紙，不知僉以爲如何？如無不可，他日亦以報知而盛可也。然此實召謗致怨之道，千萬密之密之。[80]

BNL0216(書-黃遂良-3)(樊卷15:34左)

答黃君擧【丁卯】[81]

發春履正，遠念窮老，爲垂慶問，深荷厚意。僕增年減年，舊吾今吾，情興無多，而加以感寒痰嗽，數日苦吟。今纔擧頭，餘證

---

79 丙寅年(明宗21, 1566년, 66세) 9월 25일 禮安에서 쓴 편지이다. 〔編輯考〕이 편지는 樊本을 편성할 때, 李滉의 10대손 李彙溥가 자신이 소장하던 유묵인〈君擧奉白 黃教授宅〉을〈與黃君擧【遂良○丙寅】〉라는 제목으로 遺集外篇에 실었다. 〔資料考〕李彙溥 소장 遺墨인〈君擧 奉白 黃教授宅〉은 그 뒤《嶺南墨蹟》에 실리게 되었고, 그《嶺南墨蹟》은 韓國學中央研究院 藏書閣에 기증됨과 동시에 圖錄으로 출간되었다. 특히 이 유묵은《嶺南墨蹟》이 도록으로 출간되기 이전에도 이미《陶山書院》(116쪽~117쪽)과《(韓國書藝史特別展㉑) 退溪 李滉》(157쪽) 등의 도록에 수록되어 세상에 공개되었다. 이 편지에는 원래 그 別紙가 있었던 것으로 보이지만, 현재는 유실되었다. 〔年代考〕《嶺南墨蹟》에 실려 있는 유묵〈君擧 奉白 黃教授宅〉끝에는 "丙寅 重陽月卄五日"로 그 작성 연대가 기록되어 있다.

80 千萬密之密之 : 遺墨에는 뒤에 "丙寅重陽月卄五日。"이 있다.

81 丁卯年(明宗22, 1567년, 67세) 1월 중순에 禮安에서 쓴 편지로 추정된다.

尙多, 殊爲擾悶。

　　仲擧狀中所改正如所諭, 而其他雜言猶有未息者。傳聞於吳子强, 則其時實有他人作過, 而推過於仲擧, 聞者不察, 歸罪於逝者不少云, 不勝痛嘆痛嘆。

　　紅柿何以善藏至今? 蒙惠感感。病中手顫眼昏, 草草愧愧。

KNL0217(書-李淳-1)(癸卷13:28左)(樊卷15:35右)
答李淳問目[82]

　　繼祖之小宗, 固不敢祭曾祖。若與大宗異居, 時物所得, 獨祭吾祖似未安, 奈何?

獨祭祖雖未安, 越祖而及曾祖, 恐尤未安。若是支子, 則雖權宜殺禮而祭禰, 亦未可及祖。

　　有叔父恩愛無異親父而無後, 使侍養子奉之, 欲於四時之祭, 以紙榜祔祭於祖廟, 何如?

旣有侍養子奉祀, 則祔祭亦未穩。不若以物助奉祀, 時時參祭

---

82 年月未詳이다. 李淳(1530~1606)은 字는 子眞, 號는 野老, 本貫은 鐵城이다. 〔編輯考〕退溪가 李淳에게 보낸 편지는 1통으로, 庚本에 실렸다. 그런데 이 편지는 中本에는 수록되지 않았다. 뒤늦게 수집되어 실린 것으로 추정할 수 있다. 〔資料考〕退溪가 李淳에게 보낸 이 편지는《野老堂逸集》(卷1:3右~5右)에도 실려 있다. 다만 그에 실려 있는 〈上退溪先生疑禮問目【附答批】〉은《退溪集》에 실려 있는 이 편지를 그대로 옮긴 것으로 추정된다.

而已。

父母墳與外祖同託一山，則祭之當何先？

先外祖。

驛館、寺壁，有先人遺墨或姓名，拜之何如？

但致敬慕爲可，拜之過當。

祥期已過，襄事未畢，則不當變服否？

不變。

無子而有兄弟姪壻，則喪、葬祝文宜書何名？"夙興夜處，小心畏忌"等語，當何云云？

其中必有主其喪者，當書其名，祝辭則當量宜改之。

無子妻喪，雖有姪壻，夫當自告否？

夫告。

未嫁之殤，亦可祔廟否？

何可不袝？若已嫁者，不可謂殤。

父臨子喪，亦當拜否？子若無子，則父當告否？

《禮》"同居者各主其妻子之喪。"註："妻則當拜，子不當拜。"

若有乳下兒，猶以兒名告否？

兒名，攝主告。

叔父祭姪，亦可拜否？

亦不當拜。

世有與七寸姪爲婚姻者，是絕義破族。如是則當只講婚姻之好否？

異姓七寸，非有族義，古之道也。族義已盡，故通婚。但據《禮律》，猶計其尊卑之行，若非同行，則不許爲婚。同行謂如六寸、八寸兄弟姊妹同行然者也。尊卑不同，如七寸、九寸叔姪然者也。失此則以爲亂倫有禁，今俗都不計耳。

退溪先生文集 卷十四

SNL0218(書-南彦經-1)(續卷3:23左)(樊續卷3:24左)

答南時甫[1]

朝寒病縮，悵念僉契方在憂患中，忽奉珍札，始知應吉大孝，回自山所，無任慰紓。

詮聞自大夫人以下，持喪多有過禮，因是[2]未免致有傷患，滉意至爲未安未安。僉君皆達禮盡孝，不當偏執，以越聖戒。竊恐尊閫所患，得無因是而[3]致？伏乞千萬賜採芻言之意，傳告應吉僉位而勉之，何如[4]？

且告應吉，觀古人雖在服中，講學往來書簡，未嘗廢也。近以未葬前故，滉亦不敢率煩。此後雖在廬所，望勿廢相問也。

《關西之行承示，幸幸。《沖菴日錄》送上。《易》吐因循，只考上經，近當刻日畢考，委人納去，無書痴不還之理。爲我告其主，寬旬日之限，幸甚。嶺外難得，得又空還可惜故耳。伎倆之訓，聞之釋然，多幸多幸。》

---

1 癸丑年(明宗8, 1553년, 53세) 10월에 서울에서 쓴 편지로 추정된다. 南彦經(1528~?)은 字가 時甫, 號가 東岡·靜齋, 本貫이 宜寧이다.〔編輯考〕退溪가 南彦經에게 보낸 편지는 10통이다. 庚本에 9통이 실렸고, 續集에 1통이 추가되었다. 庚本에 실린 1통은 南彦經의 동생인 南彦紀에게 함께 보낸 편지이다.〔資料考〕續集에 수록된 이 편지는 洪仁祐(字는 應吉)의 문집인《耻齋遺稿》(卷1:13左~14右)에도 洪仁祐가 퇴계에게 보낸 편지인〈答退溪書(7)〉뒤에〈答南時甫元書【景浩】〉라는 제목으로 실려 있다. 中本, 拾遺에는〈答南時甫【彦經】〉으로 되어 있다.

2 是 : 拾遺에는 뒤에 "而"가 더 있다.

3 而 : 拾遺에는 없다.

4 何如 : 中本·樊本·上本에는 "何如何如"로 되어 있다.

KNL0219(書-南彥經-2)(癸卷14:1右)(樊卷16:1右)

答南時甫【彥經○丙辰】⁵

去春一書後, 欲嗣修問, 此間往來京師人, 率由金遷路⁶, 未遇便風, 未果也。伻來, 辱書兼兩詩, 承悉近況⁷。前日心恙, 正因憂患而作⁸, 今歷時旣久, 事往境新, 如何尙未快豁耶?

滉暮齒重病, 理宜日衰, 比前相從之時, 又不啻倍甚, 鬚髮種種, 神疲眼暗, 諸證迭侵。頃者再蒙恩召, 適添⁹暑毒¹⁰, 委頓

---

5 丙辰年(明宗11, 1556년, 56세) 6월에 禮安에서 쓴 편지이다. 〔資料考〕初本에 수록되어 있는 《自省錄》草本에도 실려 있고, 木版本 《自省錄》에도 첫 번째 편지로 실려 있다. 中本에는 부전지로 "一依《自省錄》書."가 붙어 있다. 이는 곧 문집 편성 시 《自省錄》에 수록된 것에 따르라는 것이다. 이것은 中本에 수록된 것과 中本을 底本으로 한 樊本‧上本의 것이 수정 이전의 원고이고 《自省錄》에 수록된 것이 修正稿이기 때문이다. 현재 문집 목판본에 수록된 것은 《自省錄》에 수록된 것을 退溪의 수정의견에 따라 다시 일부 수정한 最終稿를 바탕으로 한 것이다. 따라서 여기에서는 癸本에 실린 것을 退溪 자신의 최종적인 修正稿로 간주하여, 다른 편지들과는 달리 산절된 부분을 본문에서는 복원하지 않고 校勘注에서 그 내용을 밝혀 두었다. 이후 《自省錄》 수록 서신들은 모두 동일하다. 〔年代考〕이 편지의 작성 연대를 《月日條錄》에서는 丙辰年 7월로 추정하였으나 初本 題下 小註에 근거하여 丙辰年 6월로 표기하였다. 初本에는 〈答南時甫【丙辰六月】〉로 되어 있고 부전지에 "彥經"로 되어 있다. 中本에는 〈答南時甫【丙辰 見《自省錄》】〉으로 되어 있고 부전지에 "一依《自省錄》書."라고 하였다. 樊本‧上本에는 〈答南時甫【彥經○丙辰 見《自省錄》】〉으로 되어 있고 《自省錄》에는 〈答南時甫【彥經】〉으로 되어 있다.

6 路 : 中本‧樊本‧上本에는 뒤에 "故【錄無"故"字.】"가 더 있다. 〔今按〕이하 中本‧樊本‧上本 본문에 달려 있는 《自省錄》 관련 小註는 특별한 境遇가 아니면 표시하지 않기로 한다. 以後 모두 同一하다.

7 況 : 中本‧樊本‧上本에는 뒤에 "欣濯鬱懷不可名言"이 더 있다.

8 而作 : 中本‧樊本‧上本에는 "所添"으로 되어 있다.

9 添 : 中本‧樊本‧上本에는 "加以"로 되어 있다.

不運, 不得已再上辭狀, 懇乞鐫罷[11]。物情深非之, 謗議沸騰, 將獲大[12]譴。幸賴天鑑矜察[13], 下旨溫諭, 已替[14]玉堂, 仍付僉知。[15] 雖在野朝銜, 大非分義, 此則無如之何。天涵微物, 得遂屛退, 感怍無窮。

　　細讀來喩, 知所患亦非偶然, 攝治誠不可忽。皆滉素所身歷, 其說略具別紙。應吉一家事, 聞之怛然忍涕。諸友皆無恙, 深荷見喩, 以慰遐思。但拙跡如此, 死者無以恤孤, 存者無時會合, 爲可歎耳[16]。

KNL0219A(書-南彥經-2-1)(癸卷14:1左)(樊卷16:2右)

別幅[17]

心氣之患, 正緣察理未透, 而鑿空以强探; 操心昧方, 而揠苗以

10　毒 : 中本・樊本・上本에는 뒤에 "脹泄交劇"가 더 있다.
11　罷 : 中本・樊本・上本에는 "免"으로 되어 있다.
12　大 : 中本・樊本・上本에는 "嚴"으로 되어 있다.
13　察 : 中本・樊本・上本에는 뒤에 "特"이 더 있다.
14　替 : 中本・樊本에는 "遞"로 되어 있다.
15　僉知 : 中本・樊本・上本에는 "樞府"로 되어 있다.
16　雖在……歎耳 : 中本・樊本・上本에는 "可安心在閑。聖朝天涵微物, 得遂其性命, 雖在野朝銜, 大非分義, 此則今時無可如何。感祝之至, 兢怍無涯。細讀來喩, 所患亦非偶然, 攝養調治, 誠不可忽。皆滉歷諳其說, 略具別幅, 未知中否。幸垂諒悉。應吉家事, 聞之怛然忍涕。諸友皆無恙, 深荷見喩, 以慰遐戀。"으로 되어 있다. 또 이어서 "士烱已入妙香, 公往從之, 共遂壯遊之懷, 遙增健羨。自此益遠, 明春還後, 來訪固未卜。苟無替問字, 幸甚幸甚。惟祈秋涼保重。千萬不宣。"이 더 있다. 이 부분은 문집 목판본에서는 《自省錄》의 편집에 따라 아래 別幅 끝에 실려 있으며, 여기에서도 그에 따랐다.

助長, 不覺勞心[18]極力以至此。此亦初學之通患, 雖晦翁先生, 初間亦不無此患。若旣知其如此, 能旋改之[19], 則無復爲患, 惟不能早知而速改[20], 其患遂成矣[21]。滉平生病源皆在於此。今則心患不至如前, 而他病已甚, 年老故耳。

　　如公靑年盛氣, 苟[22]亟改其初, 攝養[23]有道[24], 何終苦[25]之有? 又何他證之干乎? 大抵公前日爲學, 窮理太涉於幽深玄妙, 力行未免於矜持緊急, 强探助長, 病根已成, 適復加之以禍患, 馴致深重, 豈不可慮哉? 其治藥之方, 公所自曉。第一須先將世間窮通、得失、榮辱、利害, 一切置之度外, 不以累於靈臺。旣辦得此心, 則所患蓋已五[26]七分休歇矣。如是而凡日用之間, 少酬酢, 節嗜慾, 虛閑恬愉以消遣, 至如圖書、花草之玩、溪山、魚鳥之樂[27], 苟[28]可以娛意適情者, 不厭其常接, 使心氣常在順境中, 無咈[29]亂以生嗔恚, 是爲要法。看書

---

17 初本에는 없다. 中本・樊本・上本에는 〈別幅【見《自省錄》。】〉으로 되어 있다.

18 心 : 中本・樊本・上本에는 "神"으로 되어 있다.

19 之 : 中本・樊本・上本에는 "所爲"로 되어 있다.

20 改 : 中本・樊本・上本에는 뒤에 "故"가 더 있다.

21 矣 : 中本, 樊本・上本에는 없다.

22 苟 : 中本・樊本・上本에는 뒤에 "能"이 더 있다.

23 攝養 : 中本・樊本・上本에는 "調攝"으로 되어 있다.

24 有道 : 中本・樊本・上本에는 뒤에 "則"이 더 있다.

25 苦 : 中本・樊本・上本에는 "患"으로 되어 있다.

26 五 : 中本・樊本・上本에는 "六"으로 되어 있는데, 中本의 부전지에 "'六'字, 與'七'相襯。"이라고 하였고, 樊本・上本에도 同一한 內容의 두주가 있다.

27 樂 : 中本・樊本・上本에는 뒤에 "之類"가 더 있다.

28 苟 : 中本・樊本・上本에는 "凡"으로 되어 있다.

勿³⁰至勞心, 切忌多看, 但隨意而悅其味; 窮理, 須就日用平易明白處, 看破敎熟³¹, 優游涵泳於其所已知。惟³²非著意非不著意之間³³, 照管勿忘, 積之之久, 自然融會而有得³⁴, 尤不可執³⁵捉制縛, 以取³⁶其速驗也。

見喩³⁷涵養³⁸、體察, 吾家宗旨, 天理、人事, 本非二致, 善矣³⁹。但悟之一字, 力主言之, 此則⁴⁰葱嶺帶來頓超家法, 吾家宗旨, 未聞有此。然則向所謂强探助長之患, 恐⁴¹依舊未免也。滉於此病, 身親⁴²諳悉⁴³, 言之⁴⁴無疑。其攝養之道, 則於身⁴⁵尙未見⁴⁶效, 猥言⁴⁷殊愧。但同病相愛, 同患相救, 不得不云云。願勿

---

29 怫 : 中本·樊本·上本에는 "拂"로 되어 있다.
30 勿 : 中本·樊本·上本에는 "易"으로 되어 있다.
31 敎熟 : 中本·樊本·上本에는 없다.
32 惟 : 中本·樊本·上本에는 "只"로 되어 있다.
33 之間 : 中本·樊本·上本에는 "處"로 되어 있다.
34 積之……有得 : 中本·樊本·上本에는 "以待其積久融會而自得"으로 되어 있다.
35 執 : 中本·樊本·上本에는 "拘"로 되어 있다.
36 取 : 中本·樊本·上本에는 "期"로 되어 있다.
37 喩 : 中本·樊本·上本에는 "示"로 되어 있다.
38 養 : 中本·樊本·上本에는 "泳"으로 되어 있다.
39 善矣 : 中本·樊本·上本에는 "此言甚善"으로 되어 있다.
40 則 : 中本·樊本·上本에는 "是"로 되어 있다.
41 恐 : 中本·樊本·上本에는 뒤에 "猶有所"가 있다.
42 親 : 中本·樊本·上本에는 "所"로 되어 있다.
43 悉 : 中本·樊本·上本에는 "歷"으로 되어 있다.
44 之 : 中本·樊本·上本에는 "固"로 되어 있다.
45 於 : 中本·樊本·上本에는 없다.
46 見 : 中本·樊本·上本에는 없다.
47 猥言 : 中本·樊本·上本에는 "言之"로 되어 있다.

以人而棄言, 則於公不能無補也。

　《晦菴書》見成七冊, 無窮事業, 都在其中。但一味力不能趁, 而光陰不留, 恨不從數十年前做此工夫。願公以滉爲戒, 毋⁴⁸以一恙故⁴⁹, 中年自廢, 以貽晚悔⁵⁰也。盛詩古風⁵¹, 意趣深長⁵²。絶句不無可疑, 效顰⁵³寫呈⁵⁴, 千里一笑。士炯已入妙香, 公往蹱之, 以遂壯遊之志, 堪羨堪羨。自此益遠, 明春還後, 枉顧固未卜。苟無替問字, 幸甚⁵⁵。

---

48 毋 : 中本・樊本・上本에는 "勿"로 되어 있다.

49 一恙故 : 中本・樊本・上本에는 "一時之恙"으로 되어 있다.

50 晚悔 : 中本・樊本・上本에는 "晚年之悔"로 되어 있다.

51 古風 : 中本・樊本・上本에는 뒤에 "一篇"이 더 있다.

52 深長 : 中本・樊本・上本에는 "深遠絶佳"로 되어 있다.

53 效顰 : 中本・樊本・上本에는 "拙和"로 되어 있다.

54 呈 : 中本・樊本・上本에는 뒤에 "以發"이 더 있다.

55 士炯……幸甚 : 中本・樊本・上本에는 이 부분이 別幅이 아니라 본 편지의 끝에 수록되어 있으며 "士炯已入妙香, 公往從之, 共遂壯遊之懷, 遙增健羨。自此益遠, 明春還後, 來訪固未卜。苟無替問字, 幸甚幸甚。惟祈秋涼保重。千萬不宣。【自士炯至此, 《錄》作士炯已入妙香, 公往蹱之, 以遂壯遊之志, 堪羨堪羨。自此益遠, 明春還後, 枉顧固未卜。苟無替問字, 幸甚。'但此條, 《錄》在別幅'千里一笑'下。】"로 되어 있다. 다만 上本에는 小註에서 '蹱'이 '從'으로 되어 있고, "堪羨堪羨"이 "甚羨甚羨"으로 되어 있다. 《自省錄》에는 뒤에 "詩云: '與君不相見, 時序去堂堂。幽憂各抱病, 寂寞兩韜光。所希在往躅, 所服曾迷方。解牛有餘地, 揠苗斯自傷。相思欲相勵, 關嶺阻風霜。緘辭繫歸鴈, 悵望西雲蒼。'【右古風。】'聖言上達不言悟, 功在循循積久中。旣說無爲便脫誤, 如何自說落禪空。【右絶句。】"라는 내용이 더 있다. 이 시들은 약간 수정된 형태로 각각 문집 KNP0200(詩-內卷2-172)과 KBP0742(詩-別卷1-327)에 수록되어 있다.

KNL0220(書-南彦經-3)(癸卷14:3左)(樊卷16:4右)

答南時甫【戊午】[56]

自往關西, 信絶經年。今玆履端伊始, 忽奉珍翰, 具審中間遊歷, 言旋曲折之詳, 喜倒不自勝。又承舊患頓爾消釋, 從此可見新功, 尤切欣幸。

滉年時宿恙作止無定, 本以稟薄早衰, 齒髮日邁。去秋以來, 眼昏特甚, 全不辨物, 無精力可及於書冊, 雖於日間, 時見一斑半點, 終是多間斷, 不爲己有, 奈何奈何？來喩所云"悠悠泛泛其能濟事[57]"之嘆, 在左右未必然, 而在滉則實有之, 每深惕懼。

昔年與君及應吉諸人相從之日, 切偲之益, 甚多。僕暮年作意之功, 專藉於是, 而不數年間, 死別生離, 無復前日之事。鄕間雖多有儒士, 率爲世習所奪, 尋常無與論此事, 令人心緖日孤, 安得不馳懷於吾同人標格耶？

此間, 所居深僻, 雖有泉石, 無登望之勝。近別卜一處, 頗得景致, 欲造一間書屋, 以宴坐終老, 但苦無財力, 未必其能就與未？假使得就, 不得與如契右者同之, 將誰與共樂耶？詩中故略道之, 他不能悉。惟冀益膺新休, 進學自愛。

---

56 戊午年(明宗13, 1558년, 58세) 1월 1일 禮安에서 쓴 편지로 추정된다.
57 能濟事 : 李校에 "'不濟事', '不'字, 他本作'能'字。"라고 하였다.〔今按〕지금 제 판본에는 모두 '能'으로 되어 있으나, 李校 작성 시 대본(甲本)에는 '不'로 되어 있었던 것으로 추측된다. 실제로 養閑堂本(甲本)에는 해당 글자가 補刻된 흔적이 있다.

KNL0221(書-南彥經-4)(癸卷14:4左)(樊卷16:5右)

答南時甫[58]

遊山錄, 極荷不鄙, 遠示發蔽, 幸莫大[59]焉。往者得見洪應吉遊山錄, 以爲東國無復有與此山爭衡者, 今見是錄, 其雄壯奇詭殆過於彼, 乃知天下之大觀無盡, 而公獨何修得兼此偉事耶? 井蛙之見不出戶, 而知方域之大, 公之惠我, 不已厚乎? 欲依戒奉還, 忽忽數朝, 猶有未究。少留, 容得謄寫, 與應吉錄同置几几, 時時寓目, 以資臥遊之樂是計。他時奉納後, 其首尾之闕, 請須補完, 以畢稀勝, 懇祝懇祝。

都下舊遊, 杳絶音耗, 今報安信, 如見其人, 但未知其能無變其初否? 金伯獻, 不獨靑年可惜, 聞其不免有失於厥終, 此尤可歎耳。應吉女于歸得所, 想亦喜動於泉下也。來詩古雅, 理趣俱到, 其得於遊[60]觀所養者如此, 深可嘉尙。懶廢之人猶被挑興, 趁韻添和, 累篇呈似, 以發一笑。

孔明不當出之論, 向見金孝先亦有此論, 然僕之左見有異於此。孔明, 命世之才。身存漢存, 身死, 漢猶延十年之後而乃亡, 使萬世之下明大義如日月, 其出豈可謂誤耶? 惟四皓但知洩溺之辱爲可避, 不知虐[61]后、橫戚之請爲可恥, 輕出爲客, 隨

---

58 戊午年(明宗13, 1558년, 58세) 1~2월 禮安에서 쓴 편지로 추정된다.
59 莫大: 中本에는 "莫"으로 되어 있는데, 그 추기에 "'莫'下恐脫'大'字"라고 하고 그 부전지에 "傳本無'大'字"라고 하였다.
60 遊 : 上本에는 "游"로 되어 있다.
61 虐 : 上本에는 "虛"로 되어 있다.

入侍宴, 至於高帝怪問而後, 乃知其爲四皓焉, 則雖有定國本之功, 其爲枉尋直尺, 亦已甚矣。況初旣染迹如此, 後若産、祿之計得成, 而四人不死, 則杜牧所謂四皓安劉是滅劉者, 安所逃其鈇[62]鉞哉? 故聊因雅句之意而及之, 不知高明以爲如何?

KNL0222(書-南彥經-5)(癸卷14:5左)(樊卷16:6左)

答南時甫[63]

朝日書來, 適有鄕親, 久離忽逢, 喜敍之外, 更有及期措置事, 單奴終日無暇, 未卽修報, 殊失情事, 愧愧。

　　示喩縷縷, 足見近日用力進步・親切點檢處。所以每得公書, 不覺心開眼明, 而益知自檢之疎鹵也。"無容力之地, 爲安排所礙; 不可遏之機, 爲習累所蔽。"凡公所以自說病痛者, 皆說我病痛處, 然則吾何有針藥於公耶? 此則公之言過也。至言: "湛一淸明之體, 上下與大地同流。"是固如此, 但公於此發得似太早。又云: "所謂用力者, 無意而已, 無欲而已。"夫無意無欲, 乃聖者事, 一超恐難到此地位。詳此段語意, 微有禪味, 得無看《白沙》、《傳習》, 未免有少中毒耶?

　　延平所謂"太極動而生陽, 不可作已發看", 此言, 僕看未破, 今於公所引證處, 亦未契悟。幸以數語曉釋, 以去蒙蔽。如未可率爾語諭, 當俟後日面論也。

---

62 鈇 : 上本에는 "鐵"로 되어 있다.
63 戊午年(明宗13, 1558년, 58세) 9월 21일 이전에 禮安에서 쓴 편지로 추정된다.

子路問鬼神, 子曰:"未能事人, 焉能事鬼?"吾輩於民彝、天顯有多少未了處, 那敢眇眇茫茫說鬼說神? 但格物之學, 亦不可判幽明爲二途, 而偏廢其一全[64]莫之講, 故姑因來諭[65]所擧先儒說論之。程子所謂"道有來, 且[66]去尋討"者, 其意非謂眞有, 蓋以爲有亦不可, 以爲無亦不可, 當付之有無之間之意耳。而花潭則以爲眞有, 其物聚則爲人, 物散則在空虛, 迭成迭壞, 而此物終古不滅, 此與一箇大輪迴之說何擇歟? 此非僕敢作妄語, 固先儒所以議橫渠者耳。若孔子之答宰予《禮記》之言, 容有不能盡醇。但朱子旣取此言於《中庸章句》, 又自有'洋洋生活'等語, 此則誠有可疑者, 淺見不及聖賢處正在此等。今當因其所可知, 以漸求其不可知之妙, 恐不當援其近似, 附會以證師門之差說也。餘在別幅。

人或譏滉交儒生之非。滉本一寒儒, 儒而交儒, 有何罪? 但不當妄交耳。然此言深可畏, 公亦不可不知。

KNL0223(書-南彦經-6)(癸卷14:7左)(樊卷16:8右)
答南時甫[67]

《前者惠問, 草報, 繼因其病往復, 尙今未差, 久稽正復, 深以

---

64 全 : 저본에는 "專"으로 되어 있다. 甲本의 두주와 柳校에 根據하여 修正하였다.
65 諭 : 中本·樊本·上本에는 "喩"로 되어 있다.
66 且 : 저본에는 "但"으로 되어 있다.《二程外書 傳聞雜記》에 根據하여 修正하였다.

愧恨。結核, 卽日何似? 僕前來有此證, 欲發者屢, 故頗知其理。大抵因氣鬱而動, 氣暢而伏, 最不可過用心力, 勿以過憂, 亦毋忽焉, 幸甚。》

《皇極書·觀物內篇》未知所欲見者, 謂何件耶? 僕去年借得閔景說新貿來內外篇合十餘冊, 豐城 朱隱老所註, 其註華而少實, 正所謂隔壁聽隔靴爬者。然以得見爲幸, 略抄其類例未半, 已而又借得余本所註外篇四冊。以余視朱, 不啻霄壤之懸, 乃捨朱而抄余, 第恨余註又多落張, 而兩書與《性理大全》, 章節先後, 參互錯入, 竟難歸定, 且其義玄奧, 其數試以籌驗, 或合或違。去冬今春間, 以此送了許多日子, 而卒未窺其藩籬, 徒耗減病人精力, 追思悚然自笑。且自覺力盡未了抄寫, 而遽還朱註全帙[68]於閔公, 今獨留余註四卷。

但余註, 公與應吉曾所借覽, 必非謂此, 故只僕所抄二冊子呈上。此僕私所便閱, 非其書之本, 不可以示人。又恐看此等難解之書, 必極用心力, 實有妨於患證, 須[69]深戒勿强, 幸幸。

鬼神之理, 非聞見之知、料度之想所及。屢示辱訪, 無以爲對, 試以來示所擧兩條言之, 果似不同。然朱子以屈中又有伸爲鬼之有靈, 非必謂"鬼以旣屈之氣轉回來形現爲靈"也, 但言"方屈之氣而亦有靈, 其靈處謂之屈中之伸可也云爾", 豈可

---

67 戊午年(明宗13, 1558년, 58세) 9월 21일 이전 禮安에서 쓴 편지로 추정된다. 이 편지는 初本에 실려 있는《自省錄》草本,《自省錄》板本(권1:4a~b)에도 실려 있는데, 이 편지의 別紙만 〈答南時甫〉라는 제목으로 실려 있다.

68 帙 : 中本·定本·庚本·擬本·甲本에는 "秩"로 되어 있다.

69 須 : 中本에는 "行"으로 되어 있는데, 그 부전지에 "'行'字問次作'須'"라고 하였다. 定本에는 "行"으로 되어 있는데, 그 교정기에 "須"라고 하였다.

與"冰水凝釋, 一往一回, 如輪之周轉"之說, 比而同之哉?

因思花潭公所見, 於氣數一邊路熟, 其爲說未免認理爲氣, 亦或有指氣爲理者。故今諸子亦或狃於其說, 必欲以氣爲亘[70]古今常存不滅之物, 不知不覺之頃已陷於釋氏之見, 諸公固爲非矣。然滉前以爲氣散卽無, 近來細思, 此亦偏而未盡。

凡陰陽往來消息, 莫不有漸, 至而伸, 反而屈, 皆然也。然則旣伸而反於屈, 其伸之餘者, 不應頓盡, 當以漸也; 旣屈而至於無, 其屈之餘者, 亦不應頓無, 豈不以漸乎? 故凡人死之鬼, 其初不至遽亡, 其亡有漸, 古者"事死如事生, 事亡如事存", 非謂"無其理, 而姑設此, 以慰孝子之心", 理正如此故也。由是觀之, 孔子答宰我之問, 亦無可疑矣。以眼前事物言之, 火旣滅, 爐中猶有熏熱, 久而方盡; 夏月日旣落, 餘炎猶在, 至夜陰盛而方歇, 皆□理也。但無久而恒存, 亦無將已屈之氣, 爲方伸之氣耳。左見大意如此, 未知公意以爲如何? 如未中理, 亟望提諭, 以破懜惑。

痰盛頭重, 援禿亂草, 不成字林, 監司送律, 亦以病未及謄送, 亦不足煩聽。但其中有'無計酬恩重, 難圖發學懵。野僧思遠錫, 羈鳥憫深籠', 此兩句爲實錄, 而人之見者, 不甚會意耳。《滉枕上草草。》

---

70 亘 : 中本에는 "恒"으로 되어 있다.

KNL0223A(書-南彥經-6-1)(癸卷14:9左)(樊卷16:10左)

別紙[71]

此學全藉朋友切磋之力, 吾鄉士友有志者, 多緣事故, 未能專心於此事, 殊闕警益。塊坐山樊[72], 日有鈍滯之憂, 每思前日洛中[73]相從之樂而不可得, 正如來喻所云也。但向來[74]所講, 大率多墮於渺[75]茫汗漫之域。近讀[76]《晦菴書》, 窺得親切意思, 方知其誤。蓋此理洋洋於日用者, 只在作止語嘿之間、彝倫應接之際, 平實明白, 細微曲折, 無時無處無不然, 顯在目前[77], 而妙入無眹[78]。初學舍此, 而遽從事於高深遠大, 欲徑捷而得之, 此子貢所不能, 而吾輩能之哉? 所以徒有推求尋覓之勞, 而於行處莽莽然無可據之實矣。[79] 延平曰: "此道理全[80]在日用處熟。"

---

71 初本에는 〈答南時甫〉로 되어 있다.
72 樊 : 初本에는 "中"으로 되어 있다. 柳校에 "'樊', 《自省錄》作'中'"이라고 하였다.
73 洛中 : 中本·樊本·上本에는 없다.
74 向來 : 中本·樊本·上本에는 "前時"로 되어 있다.
75 渺 : 中本·樊本·上本에는 "緲"로 되어 있다.
76 讀 : 中本·樊本·上本에는 "於"로 되어 있다.
77 無時……目前 : 中本·樊本·上本에는 "無不該貫近在目前"으로 되어 있다.
78 眹 : 中本·樊本·上本에는 "窮【窮, 錄作'眹'】"으로 되어 있다. 庚本·擬本·甲本에는 "朕"으로 되어 있다. 養校에 "眹"이라고 하였다. 李校에 "'朕', 兆也。《東屛錄 聲彙》作'眹', 音'진'."이라고 하였다.
79 初學……實矣 : 中本·樊本·上本에는 "聖門教不躐等, 非於高深遠大禁使勿爲, 只爲先從事於卑近淺小, 眞積力久, 而有得焉, 則所謂高深遠大者, 初不外此, 理無大小故也。吾輩忽躬行而談性命, 失先後之序, 所以徒有推求尋覓之勞, 而行處莽莽然無所得之實, 此滉向來受病之原, 而左右所患, 亦恐正在於此。幸思而戒之, 如何?"로 되어 있다.
80 全 : 中本·樊本·上本에는 "專"으로 되어 있다.

旨哉言乎!⁸¹

KNL0224(書-南彦經-7)(癸卷14:10左)(樊卷16:11左)

答南時甫⁸²

人回辱書, 備審別後北觀南遊, 探歷旣富, 滯煩頓快, 祠隱靜謐, 讀書有味, 甚慰甚善。

所云"謹獨爲日用親切工夫", 此固爲確論, 又須見得此理流行, 無物不有, 無時不然, 故吾之用工, 亦當無時無處而不用其力焉。蓋謂酬酢處旣常戒謹, 而於獨處尤當加謹耳, 非謂可忽於彼, 而只謹於此也。大抵《大學》一書, 一舉目, 一投踵, 而精粗本末都在此, 人患不用其力耳。苟作之不已, 不患不到聖賢地位, 而今吾輩減裂如此, 無怪於不得力。見朱先生嘗以門人讀《大學》者無得力爲歎, 是則可怪也。

需⁸³劒巖號額, 意思則好矣。然晦菴甚愛廬山, 東坡甚愛羅浮, 而皆不以爲號, 豈不以彼實不與於我, 我不可强挽而屬我作號也耶? 則遠取劒巖, 反不如近取月嶽猶是爲公往來瞻仰之切也。如何如何?

《節要》書二冊, 領得。三冊, 如示爲佳。
蟬聲一條喩意似當, 然作歇後看, 則爲歇後語, 作⁸⁴緊切看, 則

---

81 旨哉言乎 : 中本에는 "此言深有味也"로 되어 있다.
82 庚申年(明宗15, 1560년, 60세) 1월 초순에 禮安에서 쓴 편지로 추정된다.
83 需 : 鄭校에 "'需'字未詳, 恐有{所}'字。"라고 하였다.

豈非緊切語耶？鳴鶴一稱於《周易》，而爲感應故事之名言；飛鴞一稱於《魯頌》，而爲變著故事之名言。其中皆有無窮好意味。蟬者，物之至淸至潔，而爲大賢因物懷人之所稱，所懷之人亦大賢，以此作懷人故事之名言，其間好意思爲如何耶？

嘗見禪家者流，稱述其祖師之言，苟有一段譬喩，無不稱揚，至於詩人墨客，剽掠誇說，擬以爲故事名言。若吾程、朱諸賢說話，如菽粟，如布帛，切於人之日用，而人反不知其貴。況知稱揚，而爲故事名言耶？他人不知不須言，到公亦不知其貴，而以爲歇後語，何耶？

大抵《節要》書，歸重在於學問，則所取皆當以訓戒責勵之意爲主。然一向取此，則不幾於使人拘束切蹙，而無寬展樂易、願慕興起底意思耶？故其間雖不係訓警之言，如此條之類，亦多取之，所以欲見大賢尋常言動游息之際，向人應物之頃，興緖情味之爲如何，而目想心追。則宛然若與一時及門諸人陪侍從容，周旋酬應於一堂之上，或時遇此景、此物、此人、此事，怳若聆其謦[85]欬，睹其儀刑，而不覺有怡悅欣適之意。則其所以助發其慕古嚮道，進進無已之心者，爲益豈少耶？書之末端，菖蒲安問之類，所取亦猶是也。公意竟以爲何如耶？

所論朱子敬一段，語意甚當，而答太輝言，所辭亦殊爲痛快。太輝尙自是而不服耶？太輝亦不易得底人，其病如此，令人失望，奈何奈何！

---

84 作：中本·定草本·樊本·上本에는 "爲"로 되어 있다. 定草本의 부전지에 "'語'下'爲'字, 無乃'作'字耶？考{次}."라고 하였다.

85 謦：中本·定草本·庚本·擬本에는 "警"으로 되어 있다.

承柳判書失攝，至於解職，無任憂戀。與吾兄契款甚厚，滉亦累忝僚分。今之來也，意甚拳拳，悶其病深而有難於世議也。今所諭兩相之言之意，若判書不屑於心，安得聞此而又轉以喩及乎？感佩深矣。往謁判書，毋忘爲致謝意懇懇。

九龍新硯，能發墨潤墨，又能不滲液，而其色則想古所稱端溪猪肝色，正如此色，眞是佳品，而始發於今。乃知天地間至寶不終祕，必有發現之時也。

但看公筆法，近覺殊進，何不留此供臨池之興，而贈我眼花閣筆之老，終歸於無用耶？日對几案，遠擬象德，意多紙盡，不能具悉。臘去春回，惟珍衛加重，時惠一字，以慰病悰。滉推枕草草。

聞士烱得官，可賀，但近年朋友稍稍皆從此路去。其爲祿隱之計，則反覺此一路甚好，只恐志業不修，則遂成汙下，無復救拔之期也。如何如何？如公猶未忘情於此事。觀士烱之志，正古人所謂長沙時已不如南康時者。今又汩之以俗務，能保其不變乎？幸公深勸其毋自墮坑落塹而自謂得計也。

KNL0225(書-南彥經-8)(癸卷14:13左)(樊卷16:14左)

答南時甫[86]

近鄭子中過宿溪莊，頗談左右春夏間動靜，頗以慰懷。今復黃仲擧見訪，投以惠札，因云"數次款接"，怳若承眄開襟。幸荷幸荷。

　滉宿痾自分與之同生死,非如退之送窮復延。第一衰甚昏倦,時於文字裏,覰得義理,雖有一餉間欣悅,終是精力擔著不得,深恐難成己物耳。《節要》書,人或有意取看,看未了一二卷,輒已生厭色,無一人入得意味研過數卷者。今示留意如此,此必非勉強外爲,深賀深賀。其末二卷,在朴君處,曾已見還,今在許國善處,若欲之則就國善索取爲佳。其見在几間三卷,國善欲看則送付,仍囑以覽訖還于弊居,庶無失去也。

　所云白沙構齋之人,許欲考示,幸幸。其條非在《詩教》,乃在文集欲末處,自下泝看,則度猶在十餘板以上也。

　太輝所云,雖不敢輕議,然花潭何敢望白沙耶?白沙雖亦虛蕩入禪窟去,其人品超邁爽徹,詩亦高妙。花潭其質似朴而實誕,其學似高而實駁,其論理氣處,出入連累,全不分曉。原頭處如此,下學處,可以類推。其詩文,好處好,不好處亦多。若擬於白沙,恐失其倫也。

　大抵近世諸人,於其帥門,務極推尊,吏不論當與不當,欲以之誇耀世俗,其用意不公如此。衆人且不可欺,況後世豈無具眼人能覰破眞贗者耶?甚可畏也。故古人尊敬師門,非不至也。五峯《知言》駁處,南軒不諱;龜山之言苟涉佛、老處,晦菴不隱。南軒,五峯之門人;晦菴,龜山之源流也。非徒龜山,雖延平之言,有少差,晦菴亦不回護者,此理至公,著一毫私意不得耳。松堂之理學,亦有可疑處,而其門人推尊,似恐過

86 庚申年(明宗15, 1560년, 60세) 8월 하순 禮安에서 쓴 편지로 추정된다.

實。嘗妄有一說, 今不知所置, 不得送上耳。太輝好執己見, 聞吾言, 想大訶怪。須勸其平心熟思, 毋但爲一時計, 如有所言, 詳以報來。惟照察。無計覿面, 臨紙依依。不宣。

KNL0226(書-南彦經-9)(癸卷14:15右)(樊卷16:16左)
答南時甫[87]

示喩"怳惚前後, 存之極難"者, 僕正自墮落於其中, 何能爲公謀耶? 然公旣知私意私欲之爲害, 但當隨時隨事, 力加克治之功, 勿忘勿助, 敬義夾持, 無少間斷, 此最緊切工夫。朱子曰: "若知其病而欲去之, 則卽此欲去之心, 便是能去之藥。"又曰: "勿倚靠他人, 勿等待後時。"正謂此也。

莊子鋩刃不鈍之說信奇。然借彼善喩之辭, 悟我觀物之妙則可, 若謂周亦有見於不忘不助之學則不可。蓋彼之離世遺物, 虧肢體, 黜聰明, 乃是忘之之極致, 何可以是同於吾敬學乎?

至於天之穿之等語, 僕看《莊子》已久, 不記爲何義。大抵吾道自足, 何必匍匐於異學而援引求合乎? 向者, 公欲看《莊子》, 吾意謂汎觀以資博耳。今覺已中其毒如此。異學移人之易深可畏。千萬切戒之。

---

87 年月未詳이다。〔編輯考〕이 편지는 中本에서는 이 자리에 부전지를 붙여 편입해 놓았다。부전지의 내용에 의해,《文藁》에 실려 있던 것을 나중에 添入한 것임을 알 수 있다。中本의 부전지에 "考《文藁》添入。未知■書■, 姑付於{此}。"라고 하였다。

KNL0227(書-南彦經-10)(癸卷14:16右)(樊卷16:17右)

答南時甫、張甫【彦紀○甲子】[88]

《久不相聞,金而精之來,惠及僉翰,喜甚幸甚。但審時甫患颯,細問而精,殊駭聽聞,旋知彼時已得痊平。想今更益調健完實矣,不勝馳遡之懷。若如老謬,舊痾新病,更迭去來,待之爲難。而精來此,他無所見,但飽看主人病中辛苦耳。》

所喩留意《晦菴書》,甚善。其或有難曉處,亦固不免。蓋先生文字如靑天白日,本無纖翳,只義理淵深微奧,學者用意未深,用工未熟,猝難得入處多矣。要當把作久遠功夫,到眞積力久,看如何耳?

許尹近得其書,無事在官,期以欲一相見,已告以遠道不可任意之意辭之矣。

所喩諸說,果於鄙意亦可疑。蒙兩君見囑云云,未免各有小辨說。他日而精之還,欲以呈兩君耳。不意而精取其中一說,送于許尹,尹大示峻却。觀此氣象,似難與爭鋒。然所怪者,道理只是平坦如大路[89],必欲舍之而側入榛莽中,何耶?歲除,惟泰履僉慶。不宣。《謹拜白。》

---

88 甲子年(明宗19, 1564년, 64세) 12월 30일(그믐)에 禮安에서 보낸 편지로 추정된다. 南彦起(1534~?)는 字가 張甫·季憲, 號가 考槃, 本貫이 宜寧이다. 南彦經의 동생이다.

89 路 : 上本에는 "道"로 되어 있다.

KNL0228(書-南彦紀-1)(癸卷14:16左)(樊卷16:18右)

答南張甫【乙丑】[90]

《去冬, 得昆仲同寄書, 嘗略修報, 附金而精蒼頭以送矣。見正月初十日、二十三日兩書, 皆似未見鄙報, 何耶? 彼蒼頭入京, 正值其家初喪之日, 無乃遑遽失亡而不傳耶?

時甫患證, 今已平善如常否? 最所欲聞, 而兩書不及, 戀戀。而精誤計遠來, 遭變甚酷。每念之, 哽怛不已。》

示喩少連辱身之說, 所疑果然。然此所謂辱, 乃身處困辱之辱, 非道屈玷辱之辱。古之聖賢不避嬰身於困辱, 正所以謀伸其道, 與枉道屈辱之辱相反, 何害之有?

"無極而太極", 前後書來說皆得之。或人所謂無窮極之說, 朱子已嘗非之, 今何可更襲其謬耶? 然極之爲義, 非但極至之謂, 須兼標準之義中立而四方之所取正者看, 方恰盡無遺意耳。

"無可無不可", 亦說得無差, 但所謂胡氏之說有不同處, 未知指何而言, 故未敢臆對。

滉舊病新患, 無有平時, 今日正苦寒痰, 强作此書, 書不成字, 言不盡意, 惟[91]因粗入精, 據一推十, 可也。去冬書所云五六條, 皆嘗有說, 而精早晩必以呈似。謹拜。

---

90 乙丑年(明宗20, 1565년, 65세) 2월 禮安에서 쓴 편지로 추정된다.
91 惟 : 上本에는 "猶"로 되어 있다.

KNL0229(書-李珥-1)(癸卷14:17右)(樊卷16:19右)

答李叔獻【珥○戊午】[92]

前月中, 金子厚人還, 奉書, 知好抵北坪, 學履勝迪, 欣寫鬱懷。
未遇歸便, 修復[93]不時。子厚之回, 又蒙惠書及詩, 兼墮詢蕘之
語, 感怍無已。

　　滉也[94]僻陋寡徒, 無與爲學, 病中看書, 時有意會處, 及到
體行, 或相矛盾者多矣[95]。年衰力微, 又不能取[96]友四方以自輔
益[97], 恒自企佇。[98] 兩書之來, 乃不及藥石, 而反欲[99]借聽於聾

---

92 戊午年(明宗13, 1558년, 58세) 4월 禮安에서 쓴 편지로 추정된다. 李珥
(1536~1584)는 字가 叔獻, 號가 栗谷・石潭・愚齋, 諡號가 文成, 本貫이 德水이다.
〔編輯考〕退溪가 李珥에게 보낸 편지는 7통이다. 庚本에 5통이 실렸고, 續集에 2통이
추가로 실렸다.〔資料考〕이 편지는《自省錄》(15)에도 실려 있다.《自省錄》에 실려
있는 것에 따라 中本에 실려 있는 草稿의 본문 자구를 수정하는 과정에 別紙 맨 끝의
한 조목('四皓出處~愧恨')이 산거되었다. 그 산거된 조목은 拾遺와 續集에 〈答李叔
獻別紙〉(卷3:24右)라는 제목으로 별도로 실려 있으며 樊本에서도 續集에 별도로 편
성되어 있다. 이 편지의 別紙는 李珥가 戊午年(1558) 2월 上溪로 退溪를 찾아왔다가
江陵으로 간 다음, 같은 해 3월에 부친 두 번째 편지인 〈上退溪李先生別紙【戊午】〉에
대한 답장이다.《栗谷全書》(卷9:1右~6右) 〈上退溪李先生別紙【戊午】〉에는 李珥가
문의한 내용뿐 아니라, 이 별지의 내용인 退溪의 답변도 일부 내용이 刪節되어 실려
있다. 樊本・上本에는 〈答李叔獻【珥○戊午 見《自省錄》】〉으로 되어 있고,《自省錄》에
는 〈答李叔獻【珥】〉로 되어 있다.

93 復 : 中本・樊本・上本에는 "報"로 되어 있다.

94 也 : 中本・樊本・上本에는 없다.

95 多矣 : 中本・樊本・上本에는 "有之"로 되어 있다.

96 取 : 中本・樊本・上本에는 "求"로 되어 있다.

97 自輔益 : 中本・樊本・上本에는 "祛蔽惑"으로 되어 있다.

98 企佇 : 中本・樊本・上本에는 "慨嘆"으로 되어 있다.

99 欲 : 中本・樊本・上本에는 "有"로 되어 있다.

者¹⁰⁰, 何耶? 踧踖¹⁰¹不敢承, 然而欲遂無言, 則又非相與之道, 終不敢¹⁰²有隱於情素也.

前書深以往時失學爲歉. 足下行年甫弱冠耳, 而穎脫¹⁰³如許, 不可謂失學, 而尙且云然者, 豈不以所學有差同於未¹⁰⁴學也耶? 悟前非而思改¹⁰⁵, 又知從事於窮理居敬之實, 可謂勇於改過, 急於向道, 而不迷其方矣.

聖遠言堙, 異端¹⁰⁶亂眞, 古之聰明才傑之士, 始終迷溺者, 固不足論矣. 亦有始正而終邪¹⁰⁷者, 有中立而兩是者, 有陽排而陰右者, 其入雖有淺深, 而其誣天罔聖、充塞仁義之罪, 一也.

惟程伯子、張橫渠、朱晦菴諸先生, 其始若不能無少出入, 而旋覺其非. 噫! 非天下之大智、大勇, 其孰能脫洪流而返¹⁰⁸眞源也哉?

往聞人言, 足下讀釋氏書而頗中其毒, 心惜之久矣. 日者之來見我也, 不諱其實, 而能言其非¹⁰⁹, 今見兩書之旨又如此, 吾知足下之可與適道也. 所懼者, 新嗜靡甘, 熟處難忘, 五穀

---

100 聾者 : 中本・樊本・上本에는 뒤에 "之意"가 있다.
101 踖 : 中本・樊本・上本에는 "蹐"로 되어 있다.
102 敢 : 中本・樊本・上本에는 "得"으로 되어 있다.
103 穎脫 : 中本・樊本・上本에는 "該博"으로 되어 있다.
104 未 : 中本・樊本・上本에는 "不"로 되어 있다.
105 改 : 中本・樊本・上本에는 뒤에 "之"가 더 있다.
106 異端 : 中本・樊本・上本에는 "竺學"으로 되어 있다.
107 邪 : 中本・樊本・上本에는 "陷"으로 되어 있다.
108 返 : 中本・樊本・上本에는 "得"으로 되어 있다.
109 非 : 中本・樊本・上本에는 "誤"로 되어 있다.

之實未成, 而稊稗之秋遽及也。如欲免此, 亦不待他求, 惟十分勉力於窮理居敬之工, 而二者之方, 則《大學》見之矣,《章句》明之矣,《或問》盡之矣。

足下方讀此書, 而猶患夫未有所得者, 得非有見於文義, 而未見於身心、性情之間耶？雖見於身心、性情, 而或不能眞切體驗, 實昧膏肓耶？二者雖相首尾, 而實是兩段工夫, 切勿以分段爲憂, 惟必[110]以互進爲法。勿爲[111]等待, 卽今便可下工；勿爲[112]遲疑, 隨處便當著力。虛心觀理, 勿先執定於已見；積漸純熟, 未可責效於時月；弗得弗措[113], 直以[114]爲終身事業。其理至於融會, 敬至於專一, 皆深造之餘自得之耳。豈若一超頓悟立地成佛者之略見影象於怳[115]惚冥昧之際, 而便謂一大事已了耶？

故窮理而驗於踐履, 始爲眞知；主敬而能無二三[116], 方爲實得。今雖見理而未免於淺淡, 雖持敬而或失於暫頃, 則其日用應接之間, 從而壞之者, 沓至而無窮, 豈但所謂思慮、食色、燕談之爲害而已乎？

雖然, 爲學之初, 見理未眞, 持敬屢失, 亦人之通患。若如滉者, 非但厥初, 至[117]白首尤甚, 常恐吾生之浪過, 而有望於

---

110 惟必：中本·樊本·上本에는 "必須"로 되어 있다.
111 勿爲：中本·樊本·上本에는 "不須"로 되어 있다.
112 勿爲：中本·樊本·上本에는 "不須"로 되어 있다.
113 弗得弗措：中本·樊本·上本에는 "不得不措"로 되어 있다.
114 直以：中本·樊本·上本에는 없다.
115 怳：中本·樊本·上本에는 "恍"으로 되어 있다.
116 無二三：中本·樊本·上本에는 "不間斷"으로 되어 있다.

竝世之君子, 不啻如飢渴之在躬。

顧嘗以是觀於一時之人, 其英材絶識, 未可一二數, 未達則奪於科目, 已達則沒於利害, 縱或有意, 而不能勇爲者[118]滔滔也。若[119]足下之所存, 則有異於是[120], 以其曾不難於斷置知之矣。足下苟能移斷置不難之心[121], 以行於世, 雖科目、利害之在前, 其不與衆人同其怵迫也無疑。此滉所以有感於足下者也。

第以[122]超詣之資容易於講解, 故其發爲言論者, 有不由憤悱; 見於推行者[123], 似欠於懇篤。誠恐若此不已, 未保其終不受變於世習也。故不計其有無於己而輒言之。後書所問, 亦粗見別紙, 幷冀諒[124]察[125]。不宣。

KNL0229A(書-李珥-1-1)(癸卷14:20右)(樊卷16:22右)
別紙[126]

朱子謂"安而後能慮, 非顏子, 不能之", 誠如所疑。然聖人之

---

117 至 : 中本・樊本・上本에는 없다.
118 者 : 中本・樊本・上本에는 없다.
119 也若 : 中本・樊本・上本에는 "如是"로 되어 있다.
120 是 : 中本・樊本・上本에는 "此"로 되어 있다.
121 移斷置不難之心 : 中本・樊本・上本에는 "推是心"으로 되어 있다.
122 以 : 中本・樊本・上本에는 "慮"로 되어 있다.
123 見於推行者 : 中本・樊本・上本에는 "其見於推行"으로 되어 있다.
124 諒 : 中本・樊本・上本에는 "照"로 되어 있다.
125 察 : 中本・樊本・上本에는 뒤에 "有未中理, 毋惜垂誨。"가 더 있다.

言,徹上徹下,精粗具^{127}備,隨人所學之淺深^{128},皆可用得。安而能慮,自其粗者言之,中人以下,猶可勉進,自其精之極致言之,非大賢以上,固有所不能焉。朱子此言,乃以其極致言之耳。若以是藉口而自棄者,其人之識趣^{129},已不足與議於道,何可憂彼之藉口而卑吾說以就之耶?【"藉口"二字,才有一毫此意,便不可與入堯、舜之道。】

無事時存養惺惺而已,到講習應接時,方^{130}思量義理,固當如此。蓋才思義理,心已動了,已不屬靜時界分故也。然此意分明,似不難知,而人鮮能眞知,故靜時不思^{131},便認以爲窈冥寂滅,動時思量^{132},又^{133}胡亂逐物去,都不在義理上。所以名爲學問而卒不得力於學^{134}也。惟主敬之功,通貫動靜^{135},庶幾不差於用工爾。

窮理多端,不可拘一法。如窮一事不得,便生厭倦,遂不復以窮理爲事者,謂之遷延逃避,可也。不然,所窮之事,或値盤錯肯綮,非力索可通,或吾性偶闇^{136}於此,難強以燭破,且

---

126 初本에는 없다. 樊本・上本에는 〈別紙【見《自省錄》。】〉으로 되어 있다.
127 具 : 中本・樊本・上本에는 "該"로 되어 있다.
128 深 : 中本・樊本・上本에는 뒤에 "而"가 더 있다.
129 其人之識趣 : 中本・樊本・上本에는 없다.
130 方 : 中本・樊本・上本에는 "便"으로 되어 있다.
131 不思 : 中本・樊本・上本에는 뒤에 "則"이 있다.
132 量 : 中本・樊本・上本에는 뒤에 "則"이 있다.
133 又 : 中本・樊本・上本에는 뒤에 "不過"가 있다.
134 不得力於學 : 中本・樊本・上本에는 "不得於學力"으로 되어 있다.
135 靜 : 中本・樊本・上本에는 뒤에 "然後"가 더 있다.
136 闇 : 中本・樊本・上本에는 뒤에 "窒"이 더 있다.

當置此一事, 別就他事上窮得。如是窮來窮去, 積累深[137]熟, 自然心地漸明, 義理之實漸著目前。時復拈起向之窮不得底, 細意紬繹, 與已窮得底道理[138], 參驗照勘, 不知不覺地, 幷前未窮底, 一時相發悟解。是乃窮理之活法, 非謂窮不得而遂置之也。 若延平說"待一事融釋脫落而後, 循序少進"者, 卽是窮理[139]恒規當如是, 其意味尤爲淵永, 與程子之言初不相妨。格菴所論, 無可疑矣。

"敖惰"之說, 胡氏謂爲衆人言者是也。故章首以"人"之一字爲言, 而朱子解之, 亦曰"人謂衆人", 又曰"常人之情, 惟其所向而[140]不加察", 可見其本非爲君子言也。然其說衆人病處, 正所以曉君子, 使之知病矯偏, 以致之於中[141]道。故敖惰二字, 亦不可不就君子而論其所處之如何也。

蓋由衆人言之, 雖曰因人可敖, 亦曰[142]情所宜有, 猶未免於帶累凶德者, 以其[143]陷於一偏故也。 在君子則[144]因其人平平, 而我略於爲禮, 乃事理當然之則也[145], 亦洒然無一點帶累向一邊底意思, 而[146]其渾厚懇惻, 中正和平氣象, 依然自在。

---

137 深 : 中本·樊本·上本에는 "久"로 되어 있다.
138 理 : 中本·樊本·上本에는 뒤에 "互相"이 더 있다.
139 理 : 中本·樊本·上本에는 뒤에 "之"가 더 있다.
140 而 : 中本·樊本·上本에는 없다.
141 之於中 : 中本·樊本·上本에는 "修身之"로 되어 있다.
142 曰 : 中本·樊本·上本에는 없다.
143 其 : 中本·樊本·上本에는 없다.
144 在君子則 : 中本·樊本·上本에는 "自君子所處而言"으로 되어 있다.
145 事理當然之則也 : 中本·樊本·上本에는 "事理之當然"으로 되어 있다.

朱子所以援取瑟隱几爲證者,非實謂孔、孟爲敖惰,謂敖惰之在聖賢做處如是而已爾。然則何嫌於同歸敖惰,亦何慮學者之傲物輕世乎?【"敖"字與凶德之敖,本非字同義異,就君子說時,其義方少異耳。】

溫公旣誤解格物之格爲扞禦之義,則其爲說,固不得與程、朱同矣。然其泛論爲學,則有不違義理處[147],所謂天資粹美,暗合道妙者也。來喩以"事物之理舉集目前,可者學之"一段爲近於格物,而深斥"可者學之"之說爲誤。滉不記前日[148]面論如何,以今所見[149],殆不如盛喩[150]也。

蓋嘗反復其上下文義,而揆以知行之說,所謂"窺仁義之原,探禮樂之緒"者,是乃[151]格物事[152]也,而"事物之理舉集目前"者,卽[153]致知之效也。"可者學之",當爲[154]力行事[155]也,而"未至夫可",又爲[156]行之未至而自勉之辭也。夫天下之理,舉集目前,非窮理之深,不能也。惟其窮理旣深,故於天下之理,一目無全,能知其孰可孰否,而學其可者,此因其所知而身履

---

146 而 : 中本・樊本・上本에는 없다.
147 處 : 中本・樊本・上本에는 뒤에 "亦身有之故其言有味"가 더 있다.
148 日 : 中本・樊本・上本에는 "者"로 되어 있다.
149 見 : 中本・樊本・上本에는 뒤에 "言之"가 더 있다.
150 喩 : 中本・樊本・上本에는 "諭"로 되어 있다.
151 是乃 : 中本・樊本・上本에는 없다.
152 事 : 中本・樊本・上本에는 "工夫"로 되어 있다.
153 卽 : 中本・樊本・上本에는 없다.
154 當爲 : 中本・樊本・上本에는 없다.
155 事 : 中本・樊本・上本에는 "工夫"로 되어 있다.
156 又爲 : 中本・樊本・上本에는 없다.

之也。

　　"可"猶善也, "學"猶行也。"可者學之[157], 未至夫可", 猶言得一善則拳拳服膺, 而猶未至於至善之地也。若以"可者學之", 亦爲格物事, 則上文"窺"、"探"、"集前"數句, 已[158]說知了, 再著此一句說知, 其說知[159]爲重複矣[160]。下文無一語說及行, 而遽以"未至夫可"一句, 懸空說未至自勉之意, 則其說行處, 又爲無頭矣。溫公之學, 雖未有傳授, 不應如是之疎繆[161]也。

　　況此二句, 如鄙說而求其義[162], 則正見公學如不及, 惟恐失之, 俛焉[163]孳孳[164], 知有[165]此樂, 不知其他之意。故其下係以[166]"何求於人, 何待於外"之語, 此正是公獨樂之實事, 至"志倦"以下, 乃樂之餘事耳。然則此數句, 非徒無誤, 實爲至論也。

　　事物之理, 循其本而論之, 固莫非至善, 然有善斯有惡, 有是斯有非, 亦必然之故也。故凡格物、窮理, 所以講明其是非、善惡而去取之耳[167]。此上蔡所以以求是論格物也.[168]

---

157 之 : 中本・樊本・上本에는 뒤에 "猶"가 더 있다.
158 已 : 中本・樊本・上本에는 "盡"으로 되어 있다.
159 其說知 : 中本・樊本・上本에는 없다.
160 矣 : 中本・樊本・上本에는 없다.
161 繆 : 中本・樊本・上本에는 "謬"로 되어 있다.
162 義 : 中本・樊本・上本에는 "意"로 되어 있다.
163 焉 : 中本・樊本・上本에는 뒤에 "日有"가 더 있다.
164 孳 : 中本・樊本・上本에는 뒤에 "忘食忘憂"가 더 있다.
165 知有 : 中本・樊本・上本에는 "惟知"로 되어 있다.
166 係以 : 中本・樊本・上本에는 "有"로 되어 있다.
167 講明……之耳 : 中本・樊本・上本에는 "講去其非與惡, 而求其是與善耳。"로 되어 있다.

今曰:"事物之理, 莫非至善, 何嘗有不可?"以此[169]而訾溫公可者學之之說, 恐如此論理, 將墮於一偏, 而非內外一致之學也。

"割股", 先儒之論, 盡矣。至於迫切之極, 旣不可取之他人, 則容有不得不權以處之者。蓋此外更無他道理, 則寧毀體以救親命, 亦人子至痛之情[170]。然終不可以是訓人爲孝, 故朱子止謂之庶幾, 而不以爲至善也。凡事到無可奈何處[171], 無恰好道理, 則不得已擇其次者而從之, 乃所謂權, 亦此時所當止之處也。然尤當審處, 不然, 或至於乖僻亂道之罪也[172]。

所論"主一無適"、"酬酢萬變"之義, 甚善。其引朱子"隨物隨應, 此心元不曾有這物事"及方氏"中虛而有主宰"等語, 尤爲的確。惟此理, 非知難而行難, 非行難而能眞積力久爲尤難。[173] 此衰拙所深[174]懼, 而亦不能[175]不爲高明懼也[176]。

---

168 論格物也 : 中本・樊本・上本에는 "論格物之義, 而莊周〈齊物論〉所以爲異端者"로 되어 있다.

169 以此 : 中本・樊本・上本에는 없다.

170 情 : 中本・樊本・上本에는 뒤에 "仁人之所難禁也"가 더 있다.

171 處 : 中本・樊本・上本에는 "而"로 되어 있다.

172 然尤……罪也 : 中本・樊本・上本에는 없다.

173 非知……尤難 : 中本・樊本・上本에는 "非知之難, 行之難, 非行之難, 能眞積力久不爲浮論所遷奪爲尤難。"으로 되어 있다.

174 深 : 中本・樊本・上本에는 "愧"로 되어 있다.

175 能 : 中本・樊本・上本에는 "敢"으로 되어 있다.

176 所論……懼也 : 《栗谷全書》에 의하면 이 부분은 "無事時, 存養惺惺而已" 운운한 것과 "窮理多端" 사이에 배치되어 있다. 〔今按〕내용상 이 부분은 "無事時, 存養惺惺而已" 운운한 답변과 연속된 것이라고 볼 수 있다. 따라서《栗谷全書》의 배치가 원래 형태에 더 가까운 것으로 판단되지만 기준본(癸本)에 따라 그대로 두었다.

SNL0229B(書-李珥-1-2)(續卷3:24右)(樊續卷3:25左)

答李叔獻 別紙[177]

四皓出處, 來喩及詩三首與前日面論鄙意, 相符合無漏。自非屑意念聽, 何以如此? 向風悚厲悚厲。和詩, 尤荷佳惠, 皆未暇奉酬。愧恨。

KNL0230(書-李珥-2)(癸卷14:24左)(樊卷16:27右)

答李叔獻[178]

頃者入城無聊中, 得接英眄, 灑然如濯垢也。續令孫兒往候之, 未仕而君已南行。欲作一書道意, 未遇便風未果, 而辱書先至, 深愧不敏也。仍審天寒, 學履珍勝。

　　滉拙病隨身, 隨處作魔, 今已不仕恩遞, 深閉龜殼, 不得出一步。看此頭緒, 豈堪久冒居此? 唯是不得其便, 恒憮然耳。一身行止, 尙不能自謀如此, 他有何取? 而盛有所稱說, 豈足

---

177 〔編輯考〕이 편지는 中本에는 앞의 편지 본문에 이어서 본문의 일부로 수록되어 있으나 初本에는 해당 내용이 없다.《自省錄》에도 수록되어 있지 않다. 拾遺와 목판본 續集에 같은 제목(〈答李叔獻別紙〉)으로 수록되었으며, 樊本에도 續集에 같은 제목으로 수록되어 있다. 이 편지는 원래 앞의 '書-李珥-1-1' 別紙의 일부였으나, 그것이《自省錄》에 수록되면서 刪節되었고, 庚本에서 그대로 반영되었다가, 續集을 편성할 때 별도의 편지로 追錄된 것으로 추정할 수 있다.

178 戊午年(明宗13, 1558년, 58세) 11월 23~30일(그믐) 서울에서 쓴 편지로 추정된다. 中本・定草本에는〈答李叔獻【戊午】〉로 되어 있다.

下嘗試之意耶？雖然，足下之言，發於溰則誤矣，而足下之心，誠切於學如許，則求之於四書有餘師，求之於程、朱書有餘地矣。古人云：“少年登科一不幸。”足下之失於今榜，殆天所以大成就也。足下其勉之。

四印公立廟建院事，去秋，兒子寯自南州還，言而知之，故見足下日，亦略言之。李公生於亂世，身事昏君，歷變履險，而志操如金石，忠直之風動當時而聳後世。祀爲鄉賢，何不可之有？惟仁復則殊無可述之跡，似可疑也。且李公雖有此美，而不以經術、道學見稱，此爲少欠。不知本州名宦中流寓中，有以經術、道學鳴世者乎？有則以是爲主，而李公配之，無乃尤好耶？此意與四印公商議處之。

伻人立俟，且有客至，不及致書於四印公，草報爲愧。如見李承旨，亦以是達之何如？謹報。

SNL0231(書-李珥-3)(續卷3:24右)(樊續卷3:25左)

答李叔獻【甲子】[179]

頃者安道孫還自都下，得奉垂問，兼承謬囑成徵君誌銘事，非所敢當。驚悚之餘，卽欲奉回來狀，具由請辭，未遇的便，久稽報音。不意今者致誤孝嗣之望，千里遣人，來下諸君勤懇之書，丁寧强委如此，益使人恐懼羞汗，無地容措容措。

---

179 甲子年(明宗19, 1564년, 64세) 4~6월 禮安에서 쓴 편지로 추정된다.

夫以斯人之篤行、高義, 紀傳之責, 豈可輕託？假使其嗣誤有意嚮, 在諸君熟諳老拙之無似, 尤當明告以不堪屬之意, 庶不至虛致孝懇於不可强之地, 而早得援控於當世鉅手, 以遂其罔極之誠也。

竊觀來諭, 兼想孝嗣之意, 所以欲得謬述者, 豈不以滉投迹山野, 似若知隱君子心事之所在者故耶？夫知人心迹, 而善言德行, 以傳於後世, 顧在其人風義與文辭如何耳。豈擇其迹於朝野間哉？若必欲不求於朝中, 則來狀之文自足以昭潛德而發幽光, 只可就此稍更裁鍊, 以成誌體, 而綴銘其下, 恐高明自可任之, 不得以推諸人也。

如滉所難者非一：文拙, 一也；動輒得謗, 二也；不當不揣分, 三也。向者鄭君碣文, 苦被數君煎迫, 聊述故情而已[180], 懇祝勿宣。今則諸君皆已知之, 烏在其欲密耶？

況聽松, 一國之所仰, 非如鄭君之晦迹。一有撰述, 便播四方, 指點訾議之間, 玷累於高風者必多, 不但賤末得謗之可虞而已。以此不敢承諾, 愧死萬萬。

來狀卽當回上, 緣欲校定前來狀異同處, 故姑留。初秋間, 兒子以事當西入, 其時附還呈納。筆墨則不敢冒受。其孝嗣前, 爲致此意, 不勝幸甚。餘惟勉珍日進。不宣。

---

180 而已：中本에는 뒤에 "而"가 더 있고, 續草本의 추기에 "'已'下, 初本有'而'字。"라고 하였다.

KNL0232(書-李珥-4)(癸卷14:25)(樊卷16:28右)

答李叔獻【庚午】[181]

成君奴來, 獲奉寄書, 知自關東已還闕下。又一書送自鄭司諫廬所而來, 乃在臨瀛日所遺也。因知令外祖妣夫人竟至背違, 緬惟義愛, 傷割深切難堪。今則事過, 奔命罔攸避免, 顧念前後, 誠所慨歎。然亦無可如何, 不如職思其憂, 隨時處義, 思無負於所學而已。惟此"無負"二字, 處實不易, 正如來書所云三則之間, 而其拘執不許, 益所難處。古之遇此善處者, 未知何人, 今之遇此不能善處者, 卽滉是也。至今白首將就木, 旣退而請休, 反惹起收召之端, 毀譽如山, 兩皆驚愕, 罔攸措地, 奈何奈何? 方在迷塗, 欲求指南, 爲可笑耳。

　　聽松碣文, 本不敢當, 今果多謬誤, 愧仄何喩? 試欲依改, 適有小冗, 隨後看如何。知其終歸於無用必矣, 不必更多云也。前示講疑, 久不報, 今又有垂問, 今皆未暇, 亦俟後便。惟冀珍愛崇深。不宣。

---

181 庚午年(宣祖3, 1570년, 70세) 4월 20일 禮安에 쓴 편지로 추정된다.〔資料考〕이 편지는 李珥가 보낸〈上退溪先生【庚午】〉에 대한 答書이다. 李珥의 편지는《栗谷全書》(卷9:9左~10右)에 실려 있다.《要存錄》(276쪽~277쪽)에서도 주석 과정에 李珥의 편지를 부분적으로 인용하였다.

答李叔獻問目[182]

《中庸讀法》註

眞西山說，與朱子意微有不同。然朱子本謂篤恭之極，其妙如此，可見無聲無臭之妙由篤恭而然也。然則西山亦謂因篤恭而有此妙耳。豈由篤恭而力行，漸進至彼之謂哉？西山之學，不如是之疎，勿以辭害意，可也。

饒氏說云云：《大學》，是敎人之法，故言爲學當如是如是；《中庸》，傳道之書，故言此道如此如此。二書主意本不同，故言各有攸當，饒氏說不差。今來喩謂以學與道歧而二之爲未安，正是公自看得有差也。【曾見朱先生答呂子約書能與所能之說乎？其分道與行、學與義理之蘊不同處，至爲精密。看此則知自看得差也。蓋學是能，道是所能，則其不可混作一說，尤曉然矣。其書見《朱子大全》第四十八卷二十七張，然須連其上二十五、二十六張書說通看，方得其味。】

序注勿齋程氏云云：來諭謂此說未安，然則靜時工夫何事耶？當初舜說人心道心，皆就已發處言，故精一執中，皆因其發而加工之事，未說到靜時工夫。今當據本說，而講究體行，豈可强將所無而添作剩言語，與元說合爲一工夫耶？此所謂多挿入

---

182 庚午年(宣祖3, 1570년, 70세) 5~6월에 禮安에서 쓴 편지로 추정된다.〔資料考〕《栗谷全書》에는 이 편지에 대응하는 편지는 실려 있지 않다. 따라서 그 질문 내용을 확인할 수 없으며, 다만 退溪의 답변 내용 속에서 직접 혹은 간접으로 언급하는 내용을 통해 질문 내용을 추정 혹은 확인할 수 있다.〔年代考〕中本 해당 부분 편차에 의거해서 이 문목을 庚午年(1570) 5~6월에 보낸 것으로 추정하였다.

外來義理, 儳[183]亂本文正意, 最爲讀書之病, 朱門深戒之。

若如來說, 孔子所不言底, 孟子言之; 孟子所不言底, 程、朱子言之者多矣。今何可以後出之說, 每牽引附會於前所不言處, 袞合作一說以求備耶?

心之虛靈知覺, 格菴 趙氏云云: 此亦來喩看得差。凡有血氣者, 固皆有知覺, 然鳥獸偏塞之知覺, 豈同於吾人最靈之知覺乎? 況此說知覺, 實因傳心之法"危微精一"之義, 而以此二字, 幷虛靈言之, 發明人心體用之妙。讀者當就吾心知覺處, 玩味體認出正意思來, 方見得眞實無差。豈可遠引鳥獸之知覺, 以汨亂正意, 而置疑於不當疑之地耶?

若夫衆人知覺, 所以異於聖賢者, 乃氣拘欲昏而自失之, 又豈當緣此而疑人心之不能識與悟耶?【來喩云: "知覺恐不可如此釋。今衆人至於鳥獸, 皆有知覺, 此豈識其所當然、悟其所以然者耶?"】

《中庸》

饒氏謂"見與顯皆是道", 來喩謂: "幽暗之中、細微之事, 有邪有正, 烏可謂之皆是道耶?": 觀朱子及諸說, 皆以善惡之幾言, 饒說果爲未安。蓋子思、朱子意本謂道無不在, 而隱微之見顯, 不可掩也。故愼其獨, 所以存其道云爾, 非謂見顯是道也。

饒氏謂"《大學》不言戒懼", 來喩云云: 此段所疑, 正與精

---

183 儳: 中本에는 "攙"으로 되어 있다.

一執中無靜時工夫之說同病。蓋《大學》固不言戒懼矣，故朱子於正心章注，亦只舉"察"字，以直解本文正意。惟於"視不見"注，始拈出"存"字、"敬"字而言之，亦因傳者說無心之病，故以此救其病，而戒懼之功，隱然在不言中耳。雲峯胡氏前念後事之說意亦如此，皆未嘗云正心章說戒懼也。今來諭直以正心章當戒懼，非也。【來喻云："無戒懼之功，何以明明德？"此則然矣。故朱子說"古人涵養本原，《小學》已至，所以《大學》直以格致爲先"云，又患後世之不能然，則以"敬"字補《小學》之闕功，今亦只當依此而用功。又當知《大學》雖不言戒懼，而有曰顧諟、曰敬止，則其中自兼戒懼之意，有曰定、曰靜，雖是知止之效，而靜時工夫亦不外是。如是爲言則可矣，何可以所不言而強以爲已言耶？】

陳氏云"致中卽天命之性"云：陳說猶云："致中之中卽天命之性，致和之和卽率性之道也。"今只云云，語有木瑩。米說是也。

陳氏又曰："中之大本，原於天命之性。"來諭謂："中之大本，卽天命之性，若謂之原，是大本上面又有性也。"：陳氏說如董子所謂"道之大原出於天"之義。蓋中之大本，以人所有而言；天命之性，自天所賦而言，故可如此說。

來喻謂："饒氏以首章爲涵養性情之要，恐欠'省察'字。"：此則不然。嘗觀諸儒說，若言存養以對省察，則分動靜爲兩段事，若只言涵養，則兼動靜說處多矣。此說恐非欠也。

首章《或問》陳氏曰："中和位育，聖神之能事，由教而入者，果能盡致中和之功云云。"來喻云云：安有致中和，而猶未盡位育？但庶幾乎位育者，賢人之學。雖曰及其成功一也，然至論神化妙用處，則孔子之綏來動和，豈顏、曾所能遽及哉？

第二章饒氏云云，來喩謂"中和、中庸不可分內外云云。"：中和、中庸以理言之，固非二事。然以所就而言之地頭論之，安得不異？今以游氏說觀之，以性情言之曰中和。旣曰性情，非內乎？以德行言之曰中庸。旣曰德行以對性情，則寧不可謂之外乎？【德以行道有得言，已是兼內外而名之。行則專以日可見之迹言，豈非外耶？】故饒氏本游氏，而推衍爲說，未見其有不是處。若如來說，則未免有喜合惡離之病，而卒不得眞見子思之本意隨處立言精微的確處也。【首章用"中庸"字不得，二章以後用"中和"亦不得。】

　　第四章饒氏行不是說人去行道云云，來喩謂："道之行不行、明不明，皆由人云云。"：固是人不行道，故道不行；人不明道，故道不明矣。然此所謂不行，指道之不行而言，非謂人不行也；此所謂不明，指道之不明而言，非謂人不明也。饒說精當，不可非之。

　　十章饒氏以四强哉爲有次第：說得有牽強之病。來說是也。

　　十二章，來喩謂："饒氏以道不可離，爲無時不然，費隱爲無物不有云云。"：朱子於道不可離處，已兼說無物不有，饒氏乃如此分配，太涉破碎。其直內方外之分，非不可如此說，但子思本語，未必有此意，皆是剩說。而來說，說得簡當。

　　雲峯胡氏謂："費是說率性之道，隱是說天命之性。"：若單說此二句，亦似衍說。第雲峯此段，乃鋪說一篇言道字，皆自率性之道說來，故其說不得不如此。正如朱子《或問》通論誠處，直自天命之性說起來也。恐無害也。

　　十三章袁氏曰"不曰我治人云云"，又曰"責人已甚，違天則矣"，因竝以違道不遠爲說：皆與本文義不相應。來喩非之當矣。

　　饒氏"道是天理，恕是人事"之說：舊亦每疑之，今來喩非之,而引朱子"仁是道,忠恕是學者,下工夫處"一語以爲證,此意甚善。

十六章朱子"鬼神只是氣之屈伸"一條:與侯氏說不見有異,而《或問》深斥侯說,殊不可曉。更細參詳,朱子答門人問鬼神之德曰:"此言鬼神實然之理,猶言人之德,不可道人自爲一物其德自爲德。侯氏謂:'鬼神爲形而下者,鬼神之德爲形而上者。'且如中庸之爲德,不成說中庸,形而下者;中庸之德,爲形而上者。"雙峯亦曰:"所謂德,指鬼神而言。"

以此觀之,朱子只指形而下之鬼神性情、功效之實然處,以是爲德,卽其理也,其誠也。侯氏則以鬼神爲形而下之一物,指其所具之理,以爲形而上之一物。是以,鬼神與德,判然認作二物看。朱子所以非之者,正在於此也。然則朱子謂其德則天命之實理等語,其辭意曲折之間,亦似欠商量,恐記者之失旨也[184]。

二十六章饒氏謂人之誠有至與不至,聖人誠之至,故可說至誠,天地無至不至云云,來喩:"聖人、天地,同是至誠。若曰無至與不至,則恐近釋氏無聖無凡之說。":以滉所見,饒說亦有理,非如釋氏說歸空無也。然《論語》一貫章注,有"天地之至誠無息"之語。"至誠"字,朱子於天地亦言之矣。饒氏以悠久爲指外面底,蓋其所見如此。然朱子兼內外之說,自是周徧。

《心經》

---

184 也 : 中本의 부전지에 "此段可疑處,考或問等書。傳本準此。"라고 하였다.

王魯齋〈人心道心圖說〉謂"正字、私字皆見乎外"者, 其意謂: "此二心字, 皆以已發爲言, 故以爲見乎外耳。"此句則非不可喩也。其下係之曰: "故人心不可謂之人欲。"此是不可喩處。大抵此〈圖說〉多有說不出曉不得底, 故此間諸友相與勘定, 以爲不必看。

性情心意

"性發爲情, 心發爲意", 來說已得之。大抵此等名理分屬, 乃講明義理到十分精密處, 各推原其義緖之所相類、脈絡之所從來, 以爲某當爲某, 某當屬某云爾。若以爲一屬乎此, 斷不與他相涉相用, 是痴人前說夢也。

KNL0234(書-李珥-6)(癸卷14:34右)(樊卷16:36左)
答李叔獻[185]

饒氏中和、中庸分內外之說, 再承鐫誨, 猶恐公之訶叱人或太過也。觀饒氏, 不曰此是內工夫, 彼是外工夫, 只云內外交相養之道也。此言致中和, 亦有踐中庸底事, 踐中庸, 亦有致中

---

185 庚午年(宣祖3, 1570년, 70세) 5~6월 禮安에서 쓴 편지로 추정된다. 〔資料考〕 이 편지는 李珥가 보낸〈上退溪先生問目〉(《栗谷全書》卷9:10右~14左)에 대한 답장이다.〈上退溪先生問目〉에는 李珥가 문의한 내용뿐 아니라, 이 편지의 내용인 退溪의 답변이 부분적으로 刪節되어 실려 있다.〔年代考〕中本 해당 부분 편차에 의거해서 이 편지를 庚午年(1570) 5~6월에 보낸 것으로 추정하였다.

和底意, 互相滋益, 故謂之"交相養"耳。若隔截內外, 各作一邊工夫, 何有於交相養義耶?

且如來喻謂: "致中和以性情包德行而言也。中兼中和之義, 以德行兼性情而言也。" 旣曰以此包彼, 又曰以彼兼此, 亦豈非內外交相養意思乎? 以愚言之, 來說與饒說, 無甚相遠, 而於饒獨加苛斥, 無乃饒不心服也耶?

〈西銘〉穎封人、申生等, 當初張子意, 非謂此人等盡道, 特借其事, 以就事天人分上而言。則當作盡其道說, 不應與舜、禹等分別人品, 以不盡道之義, 和泥帶水說了, 使事天人遇此等事, 亦和泥帶水, 不盡其道也。林隱識得此意, 故幷謂之盡道耳。來說張子但取其一事云云, 固亦知張子本意之所在如此, 則於林圖, 亦當以此意看了, 何必獨議林隱過許人耶?

〈心學圖〉所論諸說, 尤未敢聞命。而如叔獻說, 是當時程氏之爲是圖, 何異於痴人前說夢耶? 彼世之見未透而好攻人者云云, 固不足怪, 不意叔獻高明脫灑之見, 亦如是拘拘牽滯於看此圖也。使程氏爲之言曰"欲全其道心者, 必先有大人心; 欲其有大人心者, 必先得其本心", 又曰: "欲求放心者, 必先要心在, 欲要心在者, 必先要克復"云爾, 則叔獻如是出氣力, 攻辯而欲去之, 可也。今其說止於云云, 則豈盡以用工之次, 一一分先後, 如叔獻所攻者耶?

其心圈上下左右六個心, 只謂聖賢說心, 各有所指有如此者, 以其本然之善, 謂之良心; 本有之善, 謂之本心; 純一無僞而已, 謂之赤子心; 純一無僞而能通達萬變, 謂之大人心; 生於形氣, 謂之人心; 原於性命, 謂之道心。於是以良心、本心其義類相近, 故對置諸上左右, 赤子心·大人心、人心·道心,以其本語之相對,故對置諸中下左右。此六者正如朱子以〈西銘〉前一段爲棋盤者同焉。當其說棋盤時,安有工夫之可分先後耶?故程氏自說止如此,未嘗及於工夫、功效先後之說。今來諭云云,豈不爲程氏所笑耶?【大人心若與人較功效、爭高下,孟子豈與赤子竝稱之耶?只是就見成底大人上,指言其心之如此。故朱子嘗曰:"赤子之心,純一無僞;大人之心,亦純一無僞。但赤子是無知無能底純一無僞,大人是有知有能底純一無僞。"今須以此等說而細思之,則可知程圖意非謂大人之工夫地位當在此,只謂心之爲物,在赤子如何,在大人如何,以見聖賢論心如此如此,欲人從這邊體認,從那邊潛玩,體認潛玩之多般,庶幾交相證驗,融會貫通,而識心之體用,以爲精一以下用工之地爾。

滉少時得《心經》而愛此圖,然於六心字處,未有所領會,疑晦之端不去於心,久矣。十餘年前,始得林隱本圖本說而讀之,方悟其精微之意。蓋以六心兩下分說,其理趣脈絡,自然分明貫穿,而不涉於工夫、功效先後等之說。其見非淺淺,恐未易以率然立論陵駕之也。】

自惟精惟一以下,方說做工夫底,亦猶《西銘》後一段下棋子處一般也。其以遏人欲、存天理爲相對工夫,叔獻亦非之,然此之相對,匪今斯今,其來尙矣。眞西山亦云:"克治、存養,交致其功。"於此對說,何爲而不可乎?

其爲工夫也,精一盡矣,戒懼、謹獨又密矣。孔子之說爲仁以克復,孟子之論夜氣以操存,亦已足矣。舉此數者,而徑以從心、不動心終之,奚不可也?所以必歷舉其餘而言之者,是豈謂必由於此一層而至於彼一層,又以彼一層爲梯級,而又上至第幾層耶?蓋以爲聖賢論心法處,不止一端,或以爲如此,或以爲如彼,歷指而示人,以爲皆不可不知,皆不可不用功力云爾。

其從上排下, 亦以其作圖之勢, 有不得不然者, 非謂其如
《大學》條目之有工程先後也。故程氏之說, 但擧愼獨以下, 爲
遏人欲工夫, 而終之以不動心; 戒懼以下, 爲存天理工夫, 而
終之以從心而已。何嘗曰"欲爲某者, 必先爲某, 或先由某而後
至某也"耶?

其求放心之在第四, 此中學者, 亦有訑訾之者。大抵此三
字, 以略綽之見, 粗疎而論, 必皆如來諭之云, 非但今時之論如
此, 前賢之論, 亦有如此者。然若其理、其事至[186]於此而已, 孟
子當言曰"學問之始, 當求其放心", 足矣。何得謂學問之道無他
云云耶? 明道又當曰"聖賢敎人, 其初且欲人將已放之心云云",
足矣。何得曰"聖賢千言萬語, 只是欲人將已放之心約之, 使反
復入身來"耶?

今若將此句, 只作泛泛粗粗, 爲學者始初路頭一番過關
底, 過此以後, 都作筌蹄看, 不與於吾精底工夫, 則是孟子"學
問無他"之語、明道"千萬只是"之說, 皆爲孟浪訑人底說矣。若
謂到顔子地位, 工夫已精細, 無復有一毫放心之可言, 則"纔差
失, 便能知"之說, 著不得矣。惟聖罔念作狂者, 實無其事, 而
聖人謾爲虛設之辭, 以誣天下後世人矣, 而自古聖人賢人, 其
學已至, 其地位已高, 則便可安意肆志, 無復戰兢臨履底心矣。

朱子平日, 每每爲學者擧道性善章及此章以勉勵之者, 未
知其意只欲學者之於始也, 泛泛粗粗, 姑假此一段工夫, 以爲
一宿過去之蘧廬耶? 抑以爲始之固在此, 終之亦以此, 以爲了

---

186 止:底本에는 "至"로 되어 있다. 中本·定草本·樊本·上本에 根據하여 修正하였다.

得聖賢千言萬語底基址、田地也？故滉妄以爲斯語也，略綽粗舉而言，因以揆之於此圖，固有如或者之疑，若以孟子、明道之語，推其極而細論之，顏子之不遠復，亦可以擬言於此矣。然則程氏敍次之意，亦不當遽加貶駁也。

至如心在、心思、盡心、正心之易置，則如來說亦似有理。然心非省察，何由而在思，而立乎大，豈不是涵養？則二者所屬，初亦無礙。忿懥、恐懼等，一有之而不能察，則欲動情勝云云，則正心豈必偏屬於涵養乎？盡心雖云屬知，此圖非分知行，只分遏人欲與存天理耳。盡心之訓曰："極其心之全體而無不盡者，必其能窮理而無不知也。"以此屬之理一邊，豈有不可？程氏之分屬，意或如此乎！

故滉竊以謂前賢著述之類，如或有義理大段乖謬[187]，誤後人底，不得不論辨而歸於正矣。若今所論，彼本不謬[188]，而我見未到，固不宜強作議論，而欲去取之。或微文精義分屬彼此之間，兩行不悖處，且當從其見成底，毋爲動著，仍須把來點檢得此件事於自家這裏有無能否如何，而日加策勵之，是爲要切。必欲爲你洗垢索瘢，而爲之移易去取，恐非急務也。

朱先生答劉季章書曰："所謂隨看便有是非之心，此句最說讀書之病。蓋理無不具，一事必有兩途。今纔見彼說晝，自家便尋夜底道理反之，各說一邊，互相逃閃，更無了期。今人問難，往往類此，甚可笑也。"夫讀書而分辨是非，乃窮理之要，今告之如此，必因季章之病而藥之也。

---

187 謬：中本·定草本에는 "繆"로 되어 있다.
188 謬：中本·定草本에는 "繆"로 되어 있다.

滉非敢便謂叔獻有此病也。爲見叔獻前後論辨, 每把先儒說, 必先尋其不是處, 務加貶斥, 使你更不得容喙而後已, 至於尋究得個是處, 要從這明白平實正當底道理, 朴實頭做將去意思, 殊未有見得, 或恐久遠, 深有礙於正知見實踐履。故妄言及此, 不覺自犯於芸人田之戒, 悚汗無已。

滉又嘗謂古人以名理分屬之類, 往往只大槪取義, 不甚拘攣。如《中庸》道中庸、崇禮, 匹似說存心, 而乃屬之致知, 今豈可以《章句》之誤分屬而易置之耶?[189]

〈仁說圖〉當在〈心學圖〉之前, 此說甚好, 此見甚超詣。滉去年歸來, 始審得當如此, 及得來說而益信之, 卽已依此說互易矣。其他改定處, 亦不下四五處。有不善, 從而改之, 雖多不厭。但出於經進之後, 煩數上稟, 極是難事。講學素不明, 以致自納於罪辜如此, 仄惕冞增。欲自上書陳之, 兼之待罪, 只緣休致一事未結末, 不暇及他而未果, 不得已待事畢, 乃可爲耳。所改諸說, 皆在金誠一、金就礪等處, 可取看也。

---

189 滉又……之耶 : 中本의 부전지에 "極行或單行註書。"라고 하였고, 또 부전지에 "■似非誤■他問目。"이라고 하였다.〔今按〕모든 판본에 이 내용은 低一字로 편집되어 있다. 中本의 부전지 내용은 低一字하지 말거나 혹은 單行의 著者 自註로 처리하라는 것이다. 원래 退溪 자신의 添言 혹은 自註에 해당하는 것으로 추정된다. 하지만 기준본의 편집에 따라 低一字하였다.

SNL0235(書-李珥-7)(續卷3:25左)(樊續卷3:27右)

答李叔獻[190]

庚熱, 想瀛仙地位淸高, 隔風雨, 瞻遡無已。老拙尙未得安所處, 奈何奈何?

嚮[191]來諸說, 因循久未報, 今始率意寫呈, 恐多謬妄。須却垂開撥, 令少祛昏惑也。就中似聞時賢皆知滉無復仕進之理, 然猶往往於榻前拈出, 因致滉如此顚沛。憂懣之極, 無如之何。當今可以脫略時論, 援據古義, 明達宸旒, 以救此絆縶之勢, 惟公能爲之。何故熟視老病故舊, 落在深井中, 而不一引手出之耶? 千萬懇懇。情在所急, 他未縷縷。

190 庚午年(宣祖3, 1570년, 70세) 6월 禮安에서 쓴 편지로 추정된다. [資料考] 中本의 추기에 "寒二十五"라고 되어 있다. 이는 이 편지가 初本 중 《千字文》의 '寒'字에 해당되는 제25책에 실려 있다는 것을 지적한 것으로 보인다. 하지만 현재 남아 있는 初本에서 '寒'字 책에는 行狀들이 수록되어 있고, 李珥에게 보낸 편지들이 수록된 책자는 남아 있지 않다. [年代考] 이 편지는 그 내용 중에 "庚熱, 想瀛仙地位淸高"라는 말이 나온다는 사실과 中本 해당 부분 편차를 더해서 볼 때, 庚午年(1570) 6월에 보낸 것으로 추정된다. 혹은 "嚮來諸說, 因循久未報, 今始率意寫呈"이라고 한 것에 근거해 볼 때, 앞의 편지(書-李珥-6)를 別紙로 하는 원 편지일 가능성도 있다.

191 嚮: 上本에는 "向"으로 되어 있다.

退溪先生文集

卷十五上

退溪先生文集　卷十五上

KNL0236(書-許曄-1)(癸卷15:1右)(樊卷17:5左)

答許太輝【曄】[1]

《頃者率然有叩, 承辱報峻却, 懍然頗以爲訝。契許之間, 何至如是耶?》蒙示淸牧刊了《延平書》, 何其敏於事耶? 吾輩可相賀也。序跋曾囑於滉, 滉不敢擔當其事, 屢辭之, 必以是更囑於左右也。此事雖不可易, 亦不可皆讓不爲, 使此書終無序[2]跋以行世也。如已草定, 乞無惜寄示, 以破聾瞽, 尤幸尤幸。

　　滉亦終辭未安, 近方起藁, 如畫天地, 絶不近似, 欲上呈求敎, 病倦未暇淨寫, 故未果爲恨。所問鄕貫者, 亦欲用諸此文中也。蓋此書本公與希正、彦久傳看, 而滉因得見之, 及囑剛而入梓, 亦自希正所爲。凡序跋, 必言其書來歷及刊行之故, 故欲知之耳。文章, 公器, 當取其可者傳之。公勿以僕有拙藁, 而遂隱其文。況古書序跋累至三五, 而皆傳耶?《千萬欲見, 明

---

1 甲寅年(明宗9, 1554년, 54세) 9월 17일경 서울에서 쓴 편지로 추정된다. 許曄(1517~1580)은 字가 太輝, 號가 草堂, 本貫이 陽川이다. 許篈과 許筠의 아버지이다. 〔編輯考1〕退溪가 許曄에게 보낸 편지는 11통이다. 庚本에 5통이 실렸고, 나머지 6통은 樊本 內集에 추가로 실렸다. 〔編輯考2〕中本 및 樊本과 上本에서는 이 편지를 許曄에게 보내는 맨 끝 편지인 아래 246번 〈答許太輝【戊辰】〉다음에 편집해 두었다. 〔資料考〕이 편지들 중 10통이 文草에 실려 있고, 《草堂集》(〈附錄〉28右~左)에도 〈退溪書【本集云答許太輝】〉라는 제목 아래 10통이 실려 있다. 여기에서는 수록 순서에 따라 제1서를 〈退溪書【本集云答許太輝】-1〉로 기록하고, 이하 순서대로 일련번호를 옆에 붙여 구별하였다. 이 편지는 文草에는 7번째 편지로 수록되어 있고 《草堂集》에는 제1서로 수록되어 있다. 文草에는 〈答許舍人太輝書〉로 되어 있고, 中本・定草本에는 〈答許太輝〉로 되어 있으며, 上本에는 〈答許太輝【曄○甲寅】〉으로 되어 있다.

2 序 : 文草・中本・定草本・庚本擬本・甲本・《草堂集》에는 "敍"로 되어 있다.

當使人。惟照。謹復³。》

BNL0237(書-許曄-2)(樊卷17:1右)

答許太輝【曄○戊午】⁴

鄙藁送去, 望須痛加刪補, 其有可存而未粹處, 并加評駁以示, 幸甚幸甚。貴藁, 乞須毋惜辱示, 以洗蒙吝, 尤幸。且吾文若可用, 則是當爲跋, 公須爲序而弁首, 爲望。

昨稱南時甫所傳鄙語, 大槪則然矣。但"甚似"二字, 時甫語次不審, 下得太壓重了。鄙意當初只謂"略似", 而其實入處, 亦太不似耳。謹稟⁵。

此文旣不可書職銜, 又不可徒稱姓名, 故欲知鄕貫。希正鄕貫, 錦城是否? 并示。

---

3 復 : 文草에는 뒤에 "景浩"가 더 있다.
4 甲寅年(明宗9, 1554년, 54세) 9월 18일경 서울에서 쓴 편지로 추정된다.〔資料考〕文草에는〈答太輝書〉(1)라는 제목으로 실려 있으나《草堂集》에는 실려 있지 않다.〔年代考〕中本·樊本에서 이 편지 題下에 '戊午'로 작성 연대를 기록해둔 것은 '甲寅'의 오류로 추정된다.《月日條錄》의 考證(제2책, 265쪽) 참조. 文草·上本에는〈答許太輝〉로 되어 있다.
5 稟 : 文草에는 뒤에 "景浩"가 더 있다.

BNL0238(書-許曄-3)(樊卷17:1左)

答許太輝⁶

累年在外, 無怪相阻, 入城又值公出, 悵惘何堪？書至, 承體味似愆, 深用懸系。

僕宿患月益歲增, 僅保喘息, 世所共知, 尙不在斥退之例, 忝竊極矣。今復有特恩, 控辭至再, 未副微懇, 不勝憂煎。姑待彈章而已。

所惠承荷。但常患親舊間此等事難處, 公亦如是, 無乃未安？但以信字相問足矣, 不須備物。惟公不怪故云⁷。

BNL0239(書-許曄-4)(樊卷17:2右)

答許太輝【甲子】⁸

伻來辱書, 欣慰無量。但所患痁證⁹, 久而猶在, 是爲深慮。每

---

6 戊午年(明宗13, 1558년, 58세) 12월 17일 서울에서 쓴 편지로 추정된다. 〔資料考〕文草에는 〈答許白川 太輝書〉(5)라는 제목으로 실려 있고, 《草堂集》(〈附錄〉 31a)에서는 〈退溪書【本集云答許太輝】-6〉에 해당한다. 〔年代考〕文草에 실려 있는 〈答許白川 太輝書〉끝에는 '戊午臘望後二日'로 그 작성 연대가 기록되어 있다. 文草에는 〈答許白川太輝書〉로 되어 있고, 中本에는 〈答許太輝【戊午】〉로 되어 있다.

7 云 : 文草에는 뒤에 "戊午臘望後二日, 滉頓。"이 더 있다.

8 甲子年(明宗19, 1564년, 64세) 11월 25일 禮安에서 쓴 편지로 추정된다. 〔資料考〕文草에는 〈答許太輝〉(9)(부전지)라는 제목으로 실려 있고, 《草堂集》(〈附錄〉31左)에서는 〈退溪書【本集云答許太輝】-7〉에 해당된다. 文草에는 없고 부전지에 "答許太輝"라고 되어 있다.

思本府近多滯務, 不知公何敢[10]耶? 又何暇問人於千里外耶?

　　禹上舍之歸, 適因兄子名完, 以推逃婢事, 捧簡未久, 故不修尺書。旣而完侄有故停行, 遂致兩闕, 良用缺然耳。金而精遠來相尋, 其志甚佳, 但失所當依歸, 所謂身勤而事左, 可笑可愧。況令公又欲以守令越境遠來, 豈足於聞聽? 吾意恐未可輕爲也。愼思處之, 幸幸。

　　惠致巨魚, 深荷深荷。而精客中得惠, 又爲深幸。餘情未悉。惟冀令加珍毖萬萬。[11]

BNL0240(書-許曄-5)(樊卷17:3右)

與許太輝[12]

今聞令公病辭決歸, 不由此路, 不得面晤, 恨極恨極。然其爲歸計, 甚善甚善。當初聞令體不無少愆, 而求慶尹以來, 於鄙意甚爲未安。求之雖誤, 去之甚當, 何問其他? 今因禹上舍之行, 草修問狀, 不具。惟祈[13]道間善攝萬萬[14]。

---

9 證 : 文草에는 "症"으로 되어 있다.
10 堪 : 底本에는 "敢"으로 되어 있다. 文草·《草堂集》에는 "堪"으로 되어 있고, 上本의 두주에 "'敢'可疑, 恐'堪'。"이라고 하였다. 이에 根據하여 修正하였다.
11 萬萬 : 文草에는 뒤에 "謹拜謝。甲子十一月二十五日, 滉頓。"이 더 있다.
12 乙丑年(明宗20, 1565년, 65세) 2월 19일 禮安에서 쓴 편지로 추정된다. 〔資料考〕 文草에는 〈與許太輝書〉(4)라는 제목으로 실려 있고, 《草堂集》(《附錄》32a)에서는 〈退溪書【本集云答許太輝】-9〉에 해당한다.
13 祈 : 拾遺에는 "冀"로 되어 있다.

KNL0241(書-許曄-6)(癸卷15:1左)(樊卷17:2左)

答許太輝【乙丑】[15]

景善之來，奉承六月十二日惠書，具悉示意，感慰交騈。拙者之病，與老相謀，長留一身，固所宜也。在令公宜若不然，而痁患等證，連累歲月，尙未快去，何耶？然亦在善調攝耳，用是祈幸祈幸。

　　鄙人於尊先，年分之僭果有之，然從前令公於滉，有過當[16]之禮。意謂令意爲是故耳，猶尙有不敢當之意。今得示又如此，雖使令公早知此，更復有何等禮耶？

　　鄙書爲景善煎迫，聊戲應副，不意轉浼齋玩，可愧。"人心爲已發，道心爲未發"之非，所論甚善。大抵整庵於大原處見未透，而寡悔尊信整庵大過，故寡悔之論亦有此誤處，可惜。向者南彦紀問以此說，答之頗詳密，令須推見，則可悉鄙意，今不縷縷。然"凡言心者，皆指已發而言"，程子嘗有是言，而旋自道其非是；朱子亦初取前說，而後悟其非。今來諭引此說，以證寡悔之失，則亦爲未當。幷惟參照[17]。

---

14 萬 : 文草에는 뒤에 "乙丑二月十九日，滉頓。"이 더 있다.
15 乙丑年(明宗20, 1565년, 65세) 7월 11일 禮安에서 쓴 편지로 추정된다. 〔編輯考〕中本에서는 이 편지를 위 BNL0240(書-許曄-6) 뒤에 편집해 두었다. 〔資料考〕文草에는 〈答太輝書〉(3)라는 제목으로 실려 있고,《草堂集》(〈附錄〉, 28b～30a)에서는 〈退溪書【本集云答許太輝】-2〉에 해당된다.《草堂集》(〈附錄〉, 장32a)에는 내용 일부 '鄙人……禮耶'가 독립된 편지(〈退溪書【本集云答許太輝】-8〉)의 형태로 중복해서 실려 있다. 다만 '尊先'이 '尊兄'으로 바뀌어 있는 차이가 있다. 文草·定草本에는 〈答許太輝曄〉으로 되어 있다.
16 當 :《草堂集》에는 "恭"으로 되어 있다.

KNL0242(書-許曄-7)(癸卷15:2左)(樊卷17:3左)

答許太輝【丙寅】[18]

伏承令問, 諭以進退之誼, 指示迷塗, 可謂至切, 感荷感荷。但自古人處此時, 固當如此。滉虛名欺世, 以致上誤, 罪未加而恩太濫, 又出於力辭之餘。滉若隱然冒恥而進受, 管子所憂四維不張之患, 由滉而作, 故不敢以私計處之。況勞病之人不可近耿光, 古有其說, 而心疾又兼, 尤以是惶惑。至此極難處之地, 席稿以俟, 無以應誨諭之盛意, 死罪死罪。《伏惟令垂諒察[19]。》

KNL0243(書-許曄-8)(癸卷15:3右)(樊卷17:4右)

答許太輝[20]

《謹承報書, 具悉樂育清暇, 欣賀殊深。滉積病圍中, 又患風,

---

17 照 : 文草에는 뒤에 "近苦腹患, 草草奉復。乙丑七月十一日, 滉。"이 더 있다.
18 丙寅年(明宗21, 1566년, 66세) 10월 10일 禮安에서 쓴 편지로 추정된다. 〔資料考〕文草에는 〈答許大司成書〉(8)라는 제목으로 실려 있고, 《草堂集》(《附錄》30右~左)에서는 〈退溪書【本集云答許太輝】-3〉에 해당된다. 〔年代考〕文草에 실려 있는 편지의 끝부분에는 '丙寅十月初十日'로 그 작성 연대가 기록되어 있다. 文草에는 〈答許大司成書〉로 되어 있고 부전지에 "太輝"로 되어 있다.
19 察 : 文草에는 뒤에 "丙寅十月初十日, 滉頓。"이 더 있다.
20 丙寅年(明宗21, 1566년, 66세) 윤10월 22일 禮安에서 쓴 편지로 추정된다. 〔資料考〕文草에는 〈答許大司成太輝書〉(10)라는 제목으로 실려 있고, 《草堂集》(《附錄》30左)에서는 〈退溪書【本集云答許太輝】-4〉에 해당된다. 〔年代考〕文草에 실려 있는 편지의 끝부분에는 '丙寅閏十月二十二日'로 그 작성 연대가 기록되어 있다. 文草에는 〈答許大司成太輝書〉라고 되어 있다.

耳鳴重聽, 鬱悶倍劇。

禹景善高占爲喜, 竟屈於講經, 良恨良恨。惠及淸香, 寒齋擁爐, 可遣孤寂, 幸荷。

就中)示諭謙問之意甚盛。滉自救不暇, 何敢妄對? 但有少鄙悃, 風傳函丈所論經義, 或多可疑, 恐不可不致意思改, 庶不誤後學也。凡看文義與講究道理, 必先虛心退步, 勿以私見爲主, 不論古人、今人, 惟從其是處, 乃得其眞實恰好處。苟或反是, 深恐自誤誤人必多。願切留意, 非細故也。《眼昏病憊, 草草悚復[21]。》

《禹景善, 聞遭服, 因人忙, 未修慰狀, 恨仰。》

BNL0244(書-許曄-9)(樊卷17:4左)

答許太輝【丁卯】[22]

鄭子中來, 拜領手翰, 承悉解官之由。一痁往復, 累年猶爾, 奉慮惟深。滉春來痰鬱大作, 伏枕不踰閾者數月, 方纔向甦, 忽被召旨, 駭慄無地。前時誤恩, 旣不敢當, 今此例召, 又欲辭

---

21 復 : 文草에는 뒤에 "丙寅閏十月二十二日, 滉頓。"이 더 있다.
22 丁卯年(明宗22, 1567년, 67세) 3월 2일 禮安에서 쓴 편지로 추정된다.〔資料考〕文草에는 〈答許大司成書〉(6)라는 제목으로 실려 있고,《草堂集》(〈附錄〉32右~左)에서는 〈退溪書【本集云答許太輝】-10〉에 해당된다.〔年代考〕文草에 실려 있는 편지의 끝부분에는 '丁卯踏靑前日'로 그 작성 연대가 기록되어 있다. 文草에는 〈答許大司書〉로 되어 있고, 上本에는 〈答許太輝〉로 되어 있다.

避, 誠是無說, 亦聞天使來期似遠, 其間調理, 幸不至死, 則強作一行, 似不得免, 不勝憂悶萬萬[23]。

示諭草堂新扁, 令人遐想而起敬也, 但欲得拙者一辭, 以爲日新之助, 則令計之誤, 而滉不敢承也。況大病之餘, 神思[24]彫落, 何能率爾妄發, 以浼高居之雅致耶? 此實情悃, 幸寬諒勿誚。書香、筆墨、臘劑、《李文公集》種種佳貺, 奉受朋錫, 莫有李報, 愧佩徒深。春和惟冀珍福[25]。不宣[26]。

BNL0245(書-許曄-10)(樊卷17:5右)

答許太輝[27]

承問, 荷感。滉傷悳特甚, 伏枕度日。示索人極等說, 託人謄寫, 持元本去, 謄來則呈似, 照遲。謹復[28]。

23 鄭子……萬萬 :《草堂集》에는 없다.
24 思 :《草堂集》에는 "相"으로 되어 있다.
25 福 : 文草에는 "重"으로 되어 있다.
26 宣 : 文草에는 뒤에 "謹復。丁卯踏青前日, 滉頓。"이 더 있다.
27 丁卯年(明宗22, 1567년, 67세) 3~4월 禮安에서 쓴 편지로 추정된다. 〔資料考〕文草에는 〈答太輝書〉(2)라는 제목으로 실려 있다.《草堂集》에는 실려 있지 않다. 文草에는 〈答太輝書〉로 되어 있다.
28 復 : 文草에는 뒤에 "滉"이 더 있다.

KNL0246(書-許曄-11)(癸卷15:3右)(樊卷17:5左)

答許太輝【戊辰】²⁹

《滉去夜寒疾又動, 僅自救歇, 可悶。承問, 感荷。亦審令候猶未全安, 兵務當寒, 望須愼處。》

　示及蓮坊書, 謹悉。其所謂輕論先輩之病甚善。此必有爲而發。如滉者恐或有未免此病之時, 爲之悚惕, 當思改轍。但朱先生雖有此戒, 及其論辨道學差誤處, 纖毫不放過, 不以前輩而有所掩覆, 此必有意在耳。如何如何？

BNL0247(書-柳仲郢-1)(樊卷17:6左)

答柳彦遇【仲郢】³⁰

滉白。伏承令書, 兼詢賢胤³¹, 備審襄事甫訖, 孝候支持, 無任仰慰。示諭葬所曲折, 前此因往來人傳言, 頗聞其槪, 誠是至痛極難之處, 未嘗不爲大孝左右懸慮。兩皆未安之事, 固不能

---

29 戊辰年(宣祖1, 1568년, 68세) 11월 서울에서 쓴 편지로 추정된다. 〔資料考〕《草堂集》(〈附錄〉, 31a)에서는 〈退溪書【本集云答許太輝】-5〉에 해당된다. 文草에는 실려 있지 않다. 上本에는 〈答許太輝〉로 되어 있다.

30 己未年(明宗14, 1559년, 59세) 11월 禮安에서 쓴 편지로 추정된다. 柳仲郢(1515~1573)은 字가 彦遇, 號가 立巖, 本貫이 豊山이다. 柳雲龍과 柳成龍의 아버지이다. 〔編輯考〕退溪가 柳仲郢에게 보낸 편지는 14통이다. 3통이 庚本에 실렸고, 續集에 2통이 추가되었으며, 樊本 內集에 나머지 9통이 추가로 실렸다. 拾遺에는 〈答柳彦遇〉로 되어 있고, 上本에는 〈答柳彦遇【仲郢○己未】〉으로 되어 있다.

31 胤 : 上本에는 "允"으로 되어 있다.

兩全。今旣已定於一, 雖復摧傷, 更有何及？惟當盡意於所定之處而已。

　承囑碣銘, 所不敢當, 不勝汗悚。滉鹵莽不文, 本不堪爲人秉筆, 鋪敍先美。從前有誤來相要者, 苦辭蘄免, 以致怨謗非一二。其或甚不得已而試爲之, 非唯不滿人意, 滉亦自知其不可用矣。況今衰病昏眩, 倍加於前, 卽日方以寒疾伏枕呻吟, 何能勝此事乎？欲遂奉還行狀, 徒以忝分之厚義, 有所未敢率意孤負者, 姑此奉留, 觀開春病勢, 若終不可爲, 然後具由回納, 伏計。冒受誤托, 無任愧縮, 無由面辭, 尤切拳拳。惟祈强勉俯就萬萬。不宣。

SNL0248(書-柳仲郢 2)(續卷3:26右)(樊續卷3.27左)

答柳彥遇[32]

令嗣之來, 承寄書, 伏審孝候支勝, 深以慰釋。滉種種病痛, 僅持餘息,《伏惟令照。》

　就中示諭事, 具悉。此出於追慕罔極之情, 以是永示後昆, 豈不甚悗於心乎？在滉亦無可辭之義, 第恐古人之於此, 非無慮及之者, 而未聞有某時某人爲此事者。至於今日獨擧而行,

32 庚申年(明宗15, 1560년, 60세) 1~3월 禮安에서 쓴 편지로 추정된다.〔年代考〕中本의 해당 부분 편차에 의거해서 庚申年(1560) 1~3월에 보낸 것으로 추정하였다.〔年代考〕中本의 해당 부분 편차에 의거해서 庚申年(1560) 1~3월에 보낸 것으로 추정하였다.

非徒有異於俗爲未安, 亦恐無倣於古爲可畏, 如何如何?

又有一難, 所寄挽章, 皆一時名流之作。滉以瞽見懵識, 乃敢分優劣, 有所去就[33]於其間? 此尤極難之事。況《乾坤錄》眞贗之辨, 無由得實。滉不敢以重違令意之故, 勉爲仰副, 無任恨懼之至。紙封還上。鄙意詳在令嗣之還, 不復一一。《伏惟令量裁處何如? 謹拜復狀。》

BNL0249(書-柳仲郢-3)(樊卷17:7左)

與柳彥遇[34]

滉惶恧拜言。滉前蒙誤囑, 不獲辭避, 昏病強勉, 不足以發揚先德, 反增爲累, 不容遂罷, 冒此呈納, 須改求他手, 庶安拙懷。且因賢嗣所傳, 似有復以書字爲託。滉旣濫撰述, 已極塵瀆, 何敢更當此命? 況一時能者如林, 撰寫二事, 并欲妄作, 何辭於訕笑? 頃來病困亦倍於前, 決未奉承, 敢此預陳, 伏乞原照。

33 就 : 中本·樊本에는 "取"로 되어 있다.

34 庚申年(明宗15, 1560년, 60세) 1~3월 禮安에서 쓴 편지로 추정된다. 〔資料考〕《立巖逸稿》(39쪽)에 실려 있는 〈上退溪李先生-1〉은 비록 이 편지와 직접적인 與答 관계에 있는 것은 아니지만, 柳仲郢이 退溪의 이 편지를 받고 보낸 것은 분명하다. 《立巖遺稿》에 실려 있는 柳仲郢이 退溪에게 보낸 편지는 여기에서는 그 제목 뒤에 앞에서부터 순서대로 일련번호를 붙여 구별해서 기록하였다. 〔年代考〕 이 편지는 退溪가 柳仲郢의 아버지와 어머니의 묘갈명, 곧 墓碣誌銘-19번 〈通訓大夫行杆城郡守柳公墓碣銘(幷序)〉와 墓碣誌銘-20번 〈淑人李氏墓碣銘(幷序)〉를 지어서 부치면서 보낸 편지이다. 退溪가 그 글들을 지은 것은 庚申年(1560년 봄) 곧 1~3월로 추정된다. 그에 의거해서 이 편지를 庚申年(1560) 1~3월에 보낸 것으로 추정하였다.

BNL0250(書-柳仲郢-4)(樊卷17:8右)

答柳彦遇[35]

前月金生之行, 未及知, 恨闕修問。其還反承令寄寒暄, 愧與感集。仍審俯就祥除, 令候綏勝, 忻慰無量。滉老病窟中, 坐送烏兔, 魯拙日深, 無他事矣。曠廢人事, 無緣晤對, 不任悠悠。惟冀珍嗇萬萬。不宣。

BNL0251(書-柳仲郢-5)(樊卷17:8右)

答柳彦遇[36]

龍寺主僧齋傳令翰, 知入京後動履佳勝, 欣慰。但前日幸承枉過, 適值他客, 未得從容而別, 追恨至今。

　　病蹤如縶, 無緣奉面, 今因賢胤之行, 短幅修問, 臨風遡馳。

---

35 辛酉年(明宗16, 1561년, 61세) 7월 禮安에서 쓴 편지로 추정된다. 上本에는 〈答柳彦遇【辛酉】〉로 되어 있다.

36 辛酉年(明宗16, 1561년, 61세) 8~9월 禮安에서 쓴 편지로 추정된다. 〔年代考〕이 편지는 그 내용을 살펴볼 때, 柳仲郢이 脫喪하고 서울로 올라간 다음에 부친 편지에 답한 것임을 알 수 있다. 〈先府君行年記〉에 의하면, 柳仲郢은 辛酉年(1561) 7월에 脫喪하고 義興衛司正에 임명되어 같은 해 8월에 서울로 올라갔다. 그에 의거해서 이 편지를 辛酉年(1561) 8~9월에 보낸 것으로 추정하였다.

BNL0252(書-柳仲郢-6)(樊卷17:8左)

答柳彥遇[37]

萬里行還, 未及修問起居, 而先得惠書, 愧感之餘, 不勝好歸之賀。

　　滉以事適往豐山, 賢胤來, 見傳書, 因擾未卽修報, 因循至今, 尤深愧恨。不知何時可作鄉行？滉病況如前, 老態日深, 兩胤誤來相從, 何不訶叱而反云云耶？令公其亦誤矣。

　　名香、綵牋, 荷意珍重, 感感。太浩令公又去遠外, 悵悵。惟照。不宣。

BNL0253(書-柳仲郢-7)(樊卷17:8左)

答柳彥遇[38]

千里書來, 伏審按臺動履康福, 欣豁無量。如滉病漢, 亦保無

---

37 癸亥年(明宗18, 1563년, 63세) 3~4월 禮安에서 쓴 편지로 추정된다.〔年代考〕이 편지는 柳仲郢이 명나라 북경에 갔다가 서울로 돌아온 뒤 보낸 편지에 답한 것이다.〈先府君行年記〉에 의하면, 柳仲郢이 管押使로 북경에 갔다가 서울로 돌아온 것은 癸亥年(1563) 2월의 일이다. 한편 이 편지에서는 "滉以事適往豐山, 賢胤來見傳書, 因擾未卽修報, 因循至今, 尤深愧恨。"이라고 하였다. 退溪는 癸亥年(1563) 3월에 先塋에 省墓하기 위해 豐山에 간 적이 있다. 곧 柳仲郢이 중국 북경에 갔다가 서울로 돌아온 직후인 癸亥年(1563) 2월에 보낸 편지를 退溪는 같은 해 3월에 豐山에서 받고, 일 때문에 다소 지체한 다음 答書로 이 편지를 보낸 것이다. 그 지체한 기간을 감안해서 이 편지를 癸亥年(1563) 3~4월에 보낸 것으로 추정하였다. 따라서 上本에서 이 편지 題下에 '壬戌'로 그 보낸 연대를 기록한 것은 오류로 추정된다. 上本에는〈答柳彥遇【壬戌】〉로 되어 있다.

他, 近免苟職, 分願幸甚。
《心經》舊有數本, 或爲朋友轉借, 或已故敝難看。
蒙寄新件幷新製各品玄玉, 炫燿文房, 無任珍佩感仰之至。伏惟令諒。未涯奉晤, 惟以時加愛。

KNL0254(書-柳仲郢-8)(癸卷15:3左)(樊卷17:9右)

答柳彦遇【仲郢○丙寅】[39]

《頃自安東傳寄令翰, 眞所謂千里面目, 甚慰傾傃之懷。風土異宜, 向嘗經行, 亦各[40]有異, 然想素養深厚, 不至爲患也。

38 乙丑年(明宗20, 1565년, 65세) 5~6월에 禮安에 쓴 편지로 추정된다. 〔年代考〕이 편지는 그 내용 중에 "伏審按臺動履康福"이라는 말이 나오는 것을 볼 때, 柳仲郢이 觀察使로 재직할 때 보낸 것임을 알 수 있다.〈先府君行年記〉에 의하면, 柳仲郢은 甲子年(1564) 7월에 黃海道觀察使에 임명되어 같은 해 8월에 부임하였다. 그렇다면 이 편지는 일차 甲子年(1564) 8월 이후에 보낸 것임이 드러난다. 다음 이 편지에는 "如滉病漢, 亦保無他, 近免苟職, 分願幸甚。"이라는 말도 나온다. 退溪는 己未年(1559) 이후로 주욱 고향에 물러나 있으면서도 오래도록 同知中樞府事란 관직을 그만두지 못하고 있다가, 乙丑年(1565) 4월에야 明宗이 遞職을 허락하여 비로소 그만둘 수 있게 되었다. 退溪가, 同知中樞府事에서 遞職시킨다는 明宗의 敎旨를 받은 것은 乙丑年(1565) 5월의 일이다. '近免苟職'은 그 사실을 가리키는 것으로 보인다. 특히 그 사실을 '近'이라는 가까운 사실로 언급하고 있는 것에 의거해서 이 편지를 乙丑年(1565) 5~6월에 보낸 것으로 추정하였다.

39 丙寅年(明宗21, 1566년, 66세) 윤10월 1~20일 禮安에서 쓴 편지로 추정된다. 〔資料考〕《立巖逸稿》(41쪽)에 실려 있는 〈又-2〉는 비록 이 편지와 직접적인 與答 관계에 있는 것은 아니지만, 柳仲郢이 退溪의 이 편지를 받고 보낸 것은 분명하다. 初本·中本에는 〈答柳彦遇〉으로 되어 있고, 上本에는 〈答柳彦遇【丙寅】〉으로 되어 있다.

滉顚頓之餘, 衆苦迭侵, 難以支吾, 而物情不貸, 尙有餘責云, 深以慮悶。》

《晦菴書》有關於學者固切, 今聞令圖鋟行, 豈非盛擧? 只緣經滉妄有節約, 用爲私便看讀則猶可, 至以刊布於世, 恐得罪於識者之論, 心常慄慄。且凡讎校註釋, 殊未斷手, 而徑印於星, 已爲疎率, 再印於海, 仍蹤[41]前疎。方略加讎正補添, 而又已有入梓之擧, 雖一用校本, 猶未盡善, 況校本未到前所刊者乎? 來諭:"紙頭所添, 未注入, 欲別錄印附于逐篇之末。"此卽《大全》書元本各篇〈考異〉之例, 似無不可。但前刻者如此, 後刻者不如此, 一書而異前後, 爲未穩爾。

今見賢胤書, 欲仍於紙頭追刊云, 此說似當。近年梁山郡新刊《朱子年譜》, 其正誤註解等語, 皆刊在上頭, 實爲無妨。但賢胤又云:"板上頭若有餘地者, 如此可也, 板若無餘, 則無由可刊。"此則恐不然也。梁譜刊後, 校出其闕誤處, 令裴三益往監校正之, 則一一抉去誤處, 而別用木片, 刊入補改, 無所不可云。板頭雖無木地, 寧不可補入木片而刊得耶? 又補註添文處, 如〈答陸子壽書〉中《儀禮》朔日條等處, 亦如賢胤所云, 刮舊補新, 細書改刊, 恐亦無所不可。若兩策俱有礙難從, 則只得依〈考異〉處之, 何如? 目錄依令示爲之, 甚好甚好。但病昏如此, 無絲毫餘力可及, 此等恐未必辦得, 姑未敢諾, 愧恨。

---

40 各 : 初本에는 "覺"으로 되어 있다.
41 蹤 : 두주에 "'蹤'疑'踵'之誤。"라고 하였고, 甲本에도 동일한 두주가 있다. 樊本·上本의 두주에도 "'蹤'恐'踵'之誤。"라고 하였다. 鄭校에 "'蹤'似是'踵'.【鄭。】"이라고 하였고, 擬校에 "'蹤'字似是'踵'字.【愚伏校。】"라고 하였다.

早晚若遂成, 追刊亦可耳。

《賢胤講經等事, 時未聞知, 佇聞吉語。併冀珍重萬萬。謹拜復。》

BNL0255(書-柳仲郢-9)(樊卷17:10左)

答柳彦遇⁴²

別後馳溯, 玆獲惠書, 下車以來, 撫莅多慶, 慰情何已？滉近因臘寒, 閉門深潛, 猶未免病, 惶悶奈何？

示喩刊書事, 時未有可刊書, 從當求得奉告, 照遲爲幸。前留屛題二首兼敍別意, 錄在小幅, 笑覽是望。時未題屛, 題後因翰林寄呈, 幷照。謹拜謝。

BNL0256(書-柳仲郢-10)(樊卷17:11右)

答柳彦遇⁴³

再承令問, 荷感爲慰。滉與病相持, 除舊迓新。

---

42 戊辰年(宣祖1, 1568년, 68세) 12월 서울에서 쓴 편지로 추정된다. 〔年代考〕 내용 중 "滉近因臘寒, 閉門深潛, 猶未免病, 惶悶奈何？……前留屛題二首兼叙別意, 錄在小幅, 笑覽是望。"이라고 하였다. 여기서 말하는 別紙에 기록한 '前留屛題二首兼敍別意'는 바로 戊辰年(1568) 12월에 지은 것으로 추정되는 〈題柳彦遇河隈畫屛(幷序)〉라는 詩이다. 그 사실에 의거해서 이 편지를 戊辰年(1568) 12월에 보낸 것으로 추정하였다. 따라서 上本에서 이 편지 題下에 '丁卯'로 그 보낸 연대를 기록한 것은 오류로 추정된다. 上本에는 〈答柳彦遇【丁卯】〉로 되어 있다.

拙詩, 時未上屛, 若春歸得, 遂上屛, 付之令嗣而去耳。栢子領愧。幷照。惟冀新慶益茂。謹復。

KNL0257(書-柳仲郢-11)(癸卷15:4左)(樊卷17:11右)

答柳彥遇【戊辰】[44]

承令問, 具審起處淸裕, 欣寫無比。滉推遷至今, 如飮醋三斗, 近有脫身之由, 猶多疑慮耳。

送示《童子習》, 未知是出於何代何人, 何自而傳入公手? 其書皆言孝悌、行檢、敦厚、彝倫之事, 殊有益於童習。繡梓廣布, 豈不幸補世敎? 但亦須尋其所從來, 知其爲某所爲而後爲之。蓋傳其書而不知其人, 或其人不足爲法, 則不無後悔故也。《量照何如? 謹拜復。》

---

43 戊辰年(宣祖1, 1568년, 68세) 12월 서울에서 쓴 편지로 추정된다. 〔年代考〕 내용 중에 "除舊迓新"라고 한 것을 볼 때 이 편지는 12월에 보낸 것이 분명하다. 여기에 中本의 해당 부분 편차를 더해서, 이 편지를 戊辰年(1568) 12월에 보낸 것으로 추정하였다.

44 戊辰年(宣祖1, 1568년, 68세) 12월에 서울에서 쓴 편지로 추정된다. 〔資料考〕《立巖逸稿》(497쪽)에도 실려 있다. 〈答柳彥遇【仲郢 ○戊辰〕〉. 〔年代考〕 中本의 해당 부분 편차에 의거해서 戊辰年(1568) 12월에 보낸 것으로 추정하였다. 中本에는 〈答柳彥遇〉로 되어 있다.

KNL0258(書-柳仲郢-12)(癸卷15:5右)(樊卷17:11左)

答柳彥遇【己巳】[45]

內翰還, 承令問, 無任荷慰。滉處此極難, 不得不出於歸計, 他不暇論耳。

　《童子習》本書示及, 得見其所從來, 深幸。其書旣如此, 其人又如此, 雖不考《一統志》, 刊之何疑? 徐君諺翻, 意亦好矣。但翻作俗語, 未必皆中, 又未必能不失前賢本意, 恐不如只刊本書之爲得也。跋語, 恩恩恐難及成, 則囑他爲之, 可也。《奉先儀》得之亦不難也。盧寡悔病如此, 甚可憂也, 驚歎不已。謹拜復。》

SNL0259(書-柳仲郢-13)(續卷3:26左)(樊續卷3:28右)

答柳彥遇[46]

《還家, 伏承陵寺所寄書, 因有河隈便人, 略修報去, 今復承惠

---

45 己巳年(宣祖2, 1569년, 69세) 2월 24일 서울에서 쓴 편지이다. 〔資料考〕《立巖逸稿》(p.498)에도 실려 있는데, 제목이 〈又【己巳】〉로 되어 있다. 初本에는 〈答柳彥遇【己巳二月廿四日】〉로 되어 있다.

46 己巳年(宣祖2, 1569년, 69세) 4월 16일 禮安에서 쓴 편지로 추정된다. 〔資料考〕 이 편지는 柳仲郢이 己巳年(1569) 4월 초순 경에 보낸 것으로 추정되는 〈又-5〉에 대한 答書이다. 《立巖逸稿》(45쪽, 499쪽)에는 柳仲郢이 보낸 〈又-5〉뿐만 아니라, 退溪의 이 편지와 같은 편지인 〈又〉도 실려 있다. 〔年代考〕 初本 이 편지 題下에 '己巳四月十六日'로 그 작성 연대가 기록되어 있다.

問, 感荷念逮, 不以言喩。滉特蒙天恩, 無事還鄕, 但有祝幸之至。》

《童子習》跋語, 豈不欲仰副示索? 但新退之餘, 世多論說, 未知厥終如何, 方深畏縮, 何敢作文字刊行以增人指目耶? 須改求京中, 如奇大諫、朴大提等處求之, 宜無不得也。東方先正事蹟撰出, 亦甚好事。但其諸人, 率多無跡可考, 又無著述, 不可輕易爲之, 故有意而不敢, 久矣。《伏惟令諒。不宣。謹拜謝。》

BNL0260(書-柳仲郢-14)(樊卷17:12右)

答柳彦遇[47]

一昨令胤來尋, 今復承令問, 甚慰馳想之懷。滉歸來數年, 尙未休致, 三箋、四狀, 輒見落虛, 屛息山樊, 撓鬱奈何?

郭索佳惠, 感荷感荷。年凶之歎無處不劇, 邦本將搖, 憂之如何? 惟令照。不宣。謹拜。

---

47 庚午年(宣祖3, 1570년, 70세) 11월 8일 禮安에서 쓴 편지로 추정된다. 〔年代考〕 내용 중 "三箋四狀"이라 한 것은 己巳年(1569) 4월부터 庚午年(1570) 9월(24일)까지 致仕를 청하는 箋과 狀을 계속해서 올린 사실을 그 구체적인 횟수를 들어서 말한 것이다. 그 말로 이 편지는 우선 庚午年 10월 이후에 보낸 것임을 알 수 있다. 또한 "一昨令胤來尋, 今復承令問"이라고 한 것에서 이 편지는 柳仲郢의 아들이 어저께 退溪를 찾아왔을 때 가지고 온 편지를 받고 보낸 것임을 알 수 있다. 柳仲郢의 맏아들 柳雲龍은 庚午年(1570) 11월 7일에 退溪를 찾아와서 얼마동안 陶山書堂의 隴雲精舍에 묵으면서 가르침을 받다가 돌아간 적이 있다.(《月日條錄》4, 622쪽 참조). 柳雲龍이 退溪를 찾아온 庚午年(1570) 11월 7일이 어저께라면, 이 편지는 庚午年(1570) 11월 8일에 보낸 것이 분명하다.

校勘標點 退溪全書 4

2025년 7월 15일 초판 1쇄 펴냄

지은이 이황
펴낸이 김흥국
펴낸곳 보고사

등록 1990년 12월 13일 제6-0429호
주소 경기도 파주시 회동길 337-15
전화 031-955-9797
팩스 02-922-6990
메일 bogosabooks@naver.com
http://www.bogosabooks.co.kr

ISBN 979-11-6587-881-8 94150
      979-11-6587-751-4 (세트)

정가 35,000원
사전 동의 없는 무단 전재 및 복제를 금합니다.
잘못 만들어진 책은 바꾸어 드립니다.